Bergen Stuttgart Wien / Vienna

Politik der Politics of Form

Die drei Projekte: / The Three Projects:

Index

- Der Ungeduld der Freiheit Gestalt zu geben / Giving Form to the Impatience of Liberty
- Monday Begins on Saturday / Der Montag fängt am Samstag an
- Unruhe der Form / Unrest of Form

Essays

Württembergischer Kunstverein Stuttgart
Bergen Assembly
Wiener Festwochen

Hrsg. / Eds.: Hans D. Christ, Iris Dressler
Spector Books

Vorwort / Preface
Hans D. Christ, Iris Dressler

Die Politisierung der Künste ist heute, das heißt unter den Bedingungen eines scheinbar allmächtigen und allgegenwärtigen Neoliberalismus, einer Reihe von mehr oder weniger berechtigten Vorbehalten und Verdachtsmomenten ausgesetzt. Neben der Auffassung, der Einfluss der Kunst auf die Welt sei ohnehin verschwindend gering, zählt hierzu der Vorwurf, sie würde gesellschaftliche Verwerfungen und Missstände lediglich kompensieren, ästhetisieren, verharmlosen oder banalisieren. Sofern die Kunst nicht ihre angestammten Plätze verlässt und authentisch politisch wirksam wird – was immer das meint –, sei sie nur mehr politisches Dekor.

Die vorliegende Publikation widmet sich drei gleichermaßen eigenständigen wie miteinander verschränkten Projekten, die die Beziehungen zwischen Kunst, Politik und Wissensbildung weder mit naiver Euphorie noch aus der lethargischen Position einer abgeklärten Distanz heraus untersucht und neu vermessen haben: die Ausstellungen *Unruhe der Form: Entwürfe des politischen Subjekts* im Rahmen der Wiener Festwochen (kuratiert von Karl Baratta, Stefanie Carp, Matthias Pees, Hedwig Saxenhuber und Georg

The politicization of the arts today—meaning under the conditions of a seemingly omnipotent and ubiquitous neoliberalism—is subject to a series of more or less legitimate concerns and dubious factors. Relevant here, aside from the notion that art's influence on the world is actually infinitesimally small, is the charge that art merely compensates, aestheticizes, downplays, and banalizes societal upheaval and deficiencies. As long as art will not depart from its traditional place to become authentically politically operant—whatever that means—it remains nothing more than politcal décor.

The publication at hand is devoted to three equally independent and interlaced projects, which explored and resurveyed the relations between art, politics, and knowledge production—yet neither with naïve euphoria, nor from the lethargic position of a detached, distanced perspective: the exhibitions *Unrest of Form: Imagining the Political Subject* as part of the Wiener Festwochen in Vienna (curated by Karl Baratta, Stefanie Carp, Matthias Pees, Hedwig Saxenhuber, and Georg Schöllhammer); *Monday Begins on Saturday* in the scope of the Bergen Assembly (curated by Ekaterina

Schöllhammer), *Monday Begins on Saturday* im Rahmen der Bergen Assembly (kuratiert von Ekaterina Degot und David Riff) und *Der Ungeduld der Freiheit Gestalt zu geben* (kuratiert von Hans D. Christ und Iris Dressler) im Württembergischen Kunstverein Stuttgart.

Wie lässt sich eine widerständige Kunst denken, obwohl sie in die ökonomischen Strukturen, die es zu bekämpfen gälte, verstrickt ist? Wie ist mit den Tücken, die die Beziehungen zwischen Kunst und Politik bergen, umzugehen? Welches andere Wissen, welche anderen Gemeinschaften kann Kunst hervorbringen? Welche Werkzeuge und Waffen kann sie bereitstellen?

Die drei Ausstellungen setzten an diesen und weiteren Fragen an, um ihnen auf je andere Weise und in unterschiedlichen Formaten nachzugehen. So fand *Unruhe der Form* an diversen Orten im Kontext eines Theaterfestivals statt und befragte die politischen Implikationen und Potenziale der Kunst im Hinblick auf die möglichen und unmöglichen Beziehungen zwischen bildender Kunst, Theater und Performance. Die Ausstellung *Monday Begins on Saturday* wurde im Rahmen einer Triennale konzipiert und kuratorisch entlang des gleichnamigen fantastischen Romans von Arkadi und Boris Strugazki entwickelt, der unter anderem den Anstoß für das Modell einer aus verschiedenen im Stadtraum verstreuten Instituten lieferte. Bei *Der Ungeduld der Freiheit Gestalt zu geben* handelte es sich schließlich um eine für die klassische Kunstinstitution konzipierte Ausstellung, deren räumliche Struktur eine Vielzahl von Ein- und Ausstiegen, Konstellationen und Verzweigungen offerierte, sodass sich immer andere, auch widerstreitende Möglichkeiten der Lektüre ergaben.

Die Publikation *Politik der Form* umfasst zum einen Fotodokumentationen und Texte zu den drei Ausstellungen, die in drei separaten, aufeinanderfolgenden Kapiteln erscheinen. Iris Dressler nähert sich dabei dem Projekt

Degot and David Riff); and *Giving Form to the Impatience of Liberty* (curated by Hans D. Christ and Iris Dressler) at the Württembergischer Kunstverein Stuttgart.

How might a resistive art be imagined, despite it being enmeshed in the economic structures that need to be countered? How about circumventing the pitfalls that harbor the relations between art and politics? What other knowledge, and which other communities, can art foster? Which tools and arms can it supply?

The three exhibitions set out to explore these questions, and many others, each taking a unique approach and a different format. For example, *Unrest of Form* played out at various sites in the context of a theater festival, questioning the political implications and potentials of art in view of the possible and impossible relationships between the visual arts, theater, and performance. The exhibition *Monday Begins on Saturday* was conceptually initiated as part of a triennale. Its curatorial approach was developed in accordance with the eponymous science fantasy novel by Arkady and Boris Strugatsky, who inspired, among other things, the model of different institutes spread throughout urban space. *Giving Form to the Impatience of Liberty*, in turn, was focused on an exhibition conceptualized for the classic art institution. The exhibition's spatial structure offered a multitude of entries and exits, constellations and ramifications, which resulted in ever-shifting and sometimes antagonistic interpretative potentialities.

The publication *Politics of Form* encompasses photographic documentation and texts on the three exhibitions, which are divided into three separate, consecutive chapters. Here, Iris Dressler approaches the project *Giving Form to the Impatience of Liberty* with both a general theoretical analysis of the interrelations between art and politics and an exploration of concrete examples from the exhibition. Ekaterina Degot and David Riff's

Der Ungeduld der Freiheit Gestalt zu geben sowohl über eine allgemeine theoretische Auseinandersetzung zum Verhältnis von Kunst und Politik als auch entlang konkreter Beispiele aus der Ausstellung an. Bei Ekaterina Degots und David Riffs Beitrag über *Monday Begins on Saturday* handelt es sich um die über ein Fußnotensystem als Sub- und Metatext organisierte Erweiterung ihres für den Ausstellungskatalog verfassten Essays. *Unruhe der Form* wird wiederum im Format eines Gespräches zwischen Georg Schöllhammer, Keti Chukhrov, Hannah Hurtzig, Chris Kondek, Carola Dertnig, Stefanie Carp und Iris Dressler über die Beziehungen von bildender und darstellender Kunst verhandelt.

Quer dazu enthält dieses Buch einen umfangreichen Index, der sämtliche Werke der drei Ausstellungen zu einer Art Anti-Enzyklopädie der politischen Kunst zusammenfasst – und dabei keinerlei Anspruch auf Vollständigkeit, Allgemeingültigkeit oder Objektivität erhebt. Alphabetisch geordnet ergeben sich dabei – über die Ordnungen und Grenzen der drei Ausstellungen hinweg – völlig neue und überraschende Konstellationen.

Als Inserts erscheinen schließlich zwei Texte von Marina Naprushkina, die sich auf ihr Berliner Projekt mit Flüchtlingen beziehen: ein Projekt, in der die Kunst als Rahmen, Werkzeug und Kontext des konkreten politischen Handelns deutlich zutage tritt.

Das Projekt *Politik der Form*, das sich in erster Linie als eine reflexive Klammer zwischen drei Ausstellungsprojekten versteht, wäre ohne die Unterstützung zahlreicher Institutionen und Einzelpersonen nicht denkbar gewesen, von denen an dieser Stelle nur jene erwähnt werden können, die an den Scharnieren zwischen den drei Ausstellungen aktiv waren.

So möchten wir zuallererst unseren KuratorenkollegInnen, Karl Baratta, Stefanie Carp, Ekaterina Degot, Matthias Pees, David

contribution dealing with *Monday Begins on Saturday* involves an expansion of their essay penned for the exhibition catalogue through a kind of meta- and subtext situated in the footnotes. *Unrest of Form*, in turn, is negotiated in the format of a conversation between Georg Schöllhammer, Keti Chukhrov, Hannah Hurtzig, Chris Kondek, Carola Dertnig, Stefanie Carp, and Iris Dressler on the connections among the visual arts and the performing arts.

In this book, the essay section is contrasted with a copious index, which takes a rather anti-encyclopedic approach to compiling all works shown in the three exhibitions—while making no claim to comprehensiveness, universal validity, or objectivity. The alphabetical order employed here—moving beyond the structure and bounds of the three exhibitions—gives rise to fully new and surprising constellations.

Finally, two inserts are included with texts by Marina Naprushkina that relate to her Berlin-based project with refugees. This is a project in which art clearly manifests as a framework, tool, and context for concrete political activity.

The project *Politics of Form*, which was first and foremost conceived as a reflexive interface between the three exhibitions, would not have been feasible without the support of numerous institutions and individuals. Our gratitude is extended to all, though we are here only able to mention several of those active in the junctions between the three exhibitions.

First, we would like to thank our curator colleagues—Karl Baratta, Stefanie Carp, Ekaterina Degot, Matthias Pees, David Riff, Hedwig Saxenhuber, and Georg Schöllhammer—as well as our partners, the Wiener Festwochen and the Bergen Assembly.

We would furthermore like to mention the European Commission as our financial partner in this undertaking. Our warm gratitude is also extended to Silke Albrecht, managing

Riff, Hedwig Saxenhuber und Georg Schöllhammer, sowie unseren Partnern, den Wiener Festwochen und der Bergen Assembly, danken.

Hervorzuheben ist überdies als finanzieller Partner die Europäische Kommission. Für die professionelle Betreuung dieser Förderung sowie die reibungslose Koordination zwischen den drei Partnerinstitutionen und der Europäischen Kommission gilt unser großer Dank Silke Albrecht, der Geschäftsführerin des Württembergischen Kunstvereins.

Was die Realisierung dieser Publikation selbst betrifft, so danken wir Christine Peters für die hervorragende und geduldige Redaktionsarbeit sowie den beiden Gestaltern, Till Gathmann und Benedikt Reichenbach, die ein ästhetisch wie strukturell anspruchsvolles Buch geschaffen haben, das den drei Ausstellungen eine neue Bühne bereitet.

Nicht zuletzt möchten wir uns aber vor allem bei allen beteiligten KünstlerInnen bedanken, die immer wieder unter Beweis stellen, dass Kunst politisch werden und wirken kann und die Ordnung der Dinge ganz entscheidend zu ändern vermag.

director of the Württembergischer Kunstverein, for her professionalism in managing this funding situation and in smoothly coordinating between the three partner institutions and the European Commission.

In terms of the publication itself, we would like to thank Christine Peters for her outstanding and patient editorial work and the graphic designers Till Gathmann and Benedikt Reichenbach for creating an aesthetically and structurally discerning book, which provides a new stage for the three exhibitions.

Last but not least, our utmost gratitude goes to all participating artists, who have proven again and again that art can become political and have a political effect, thus altering the order of things in a very decisive way.

Württembergischer Kunstverein Stuttgart

Der Ungeduld der Freiheit Gestalt zu geben / Giving Form to the Impatience of Liberty

Heinz Frank *Keine Augen, die das Nichts sehen*

WKV

Heinz Frank *Die unvermutete Totenmaske eines noch Lebenden*

Heinz Frank *Meine Hände erzählen von ihrer Sprachlosigkeit*

Heinz Frank *Die Zunge an den Gaumen drücken*

Kiluanji Kia Henda *Balumuka – Ambush*

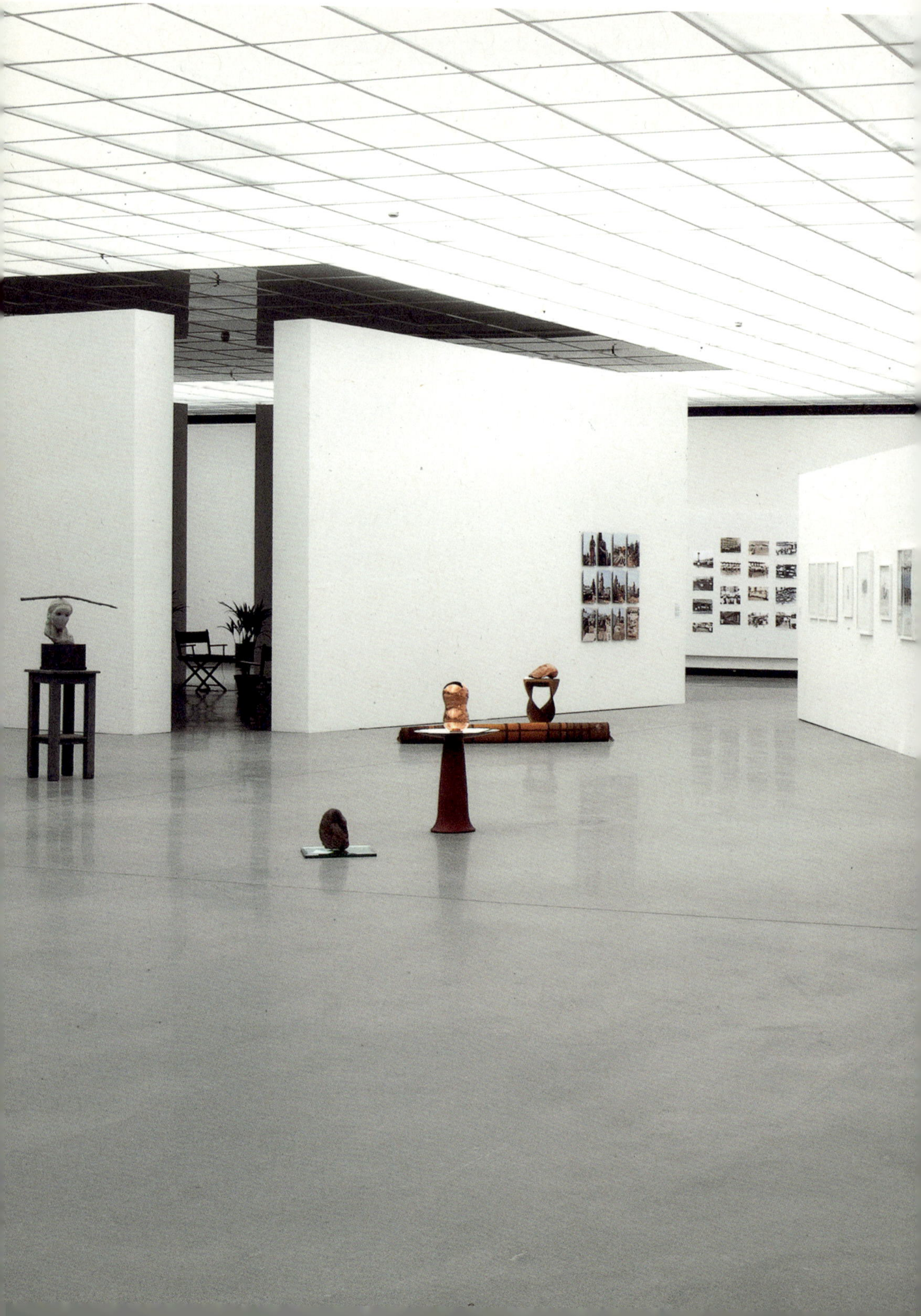

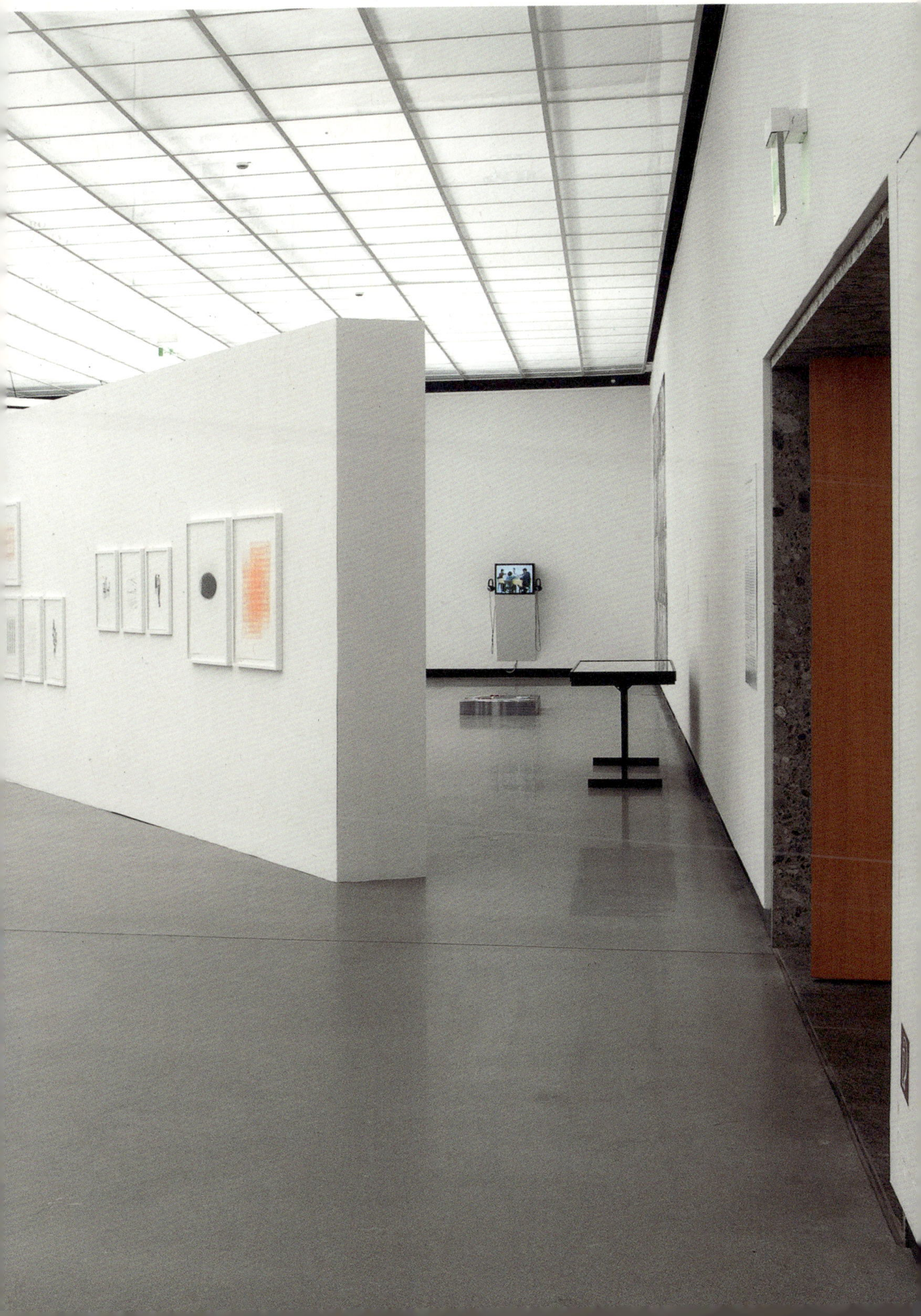

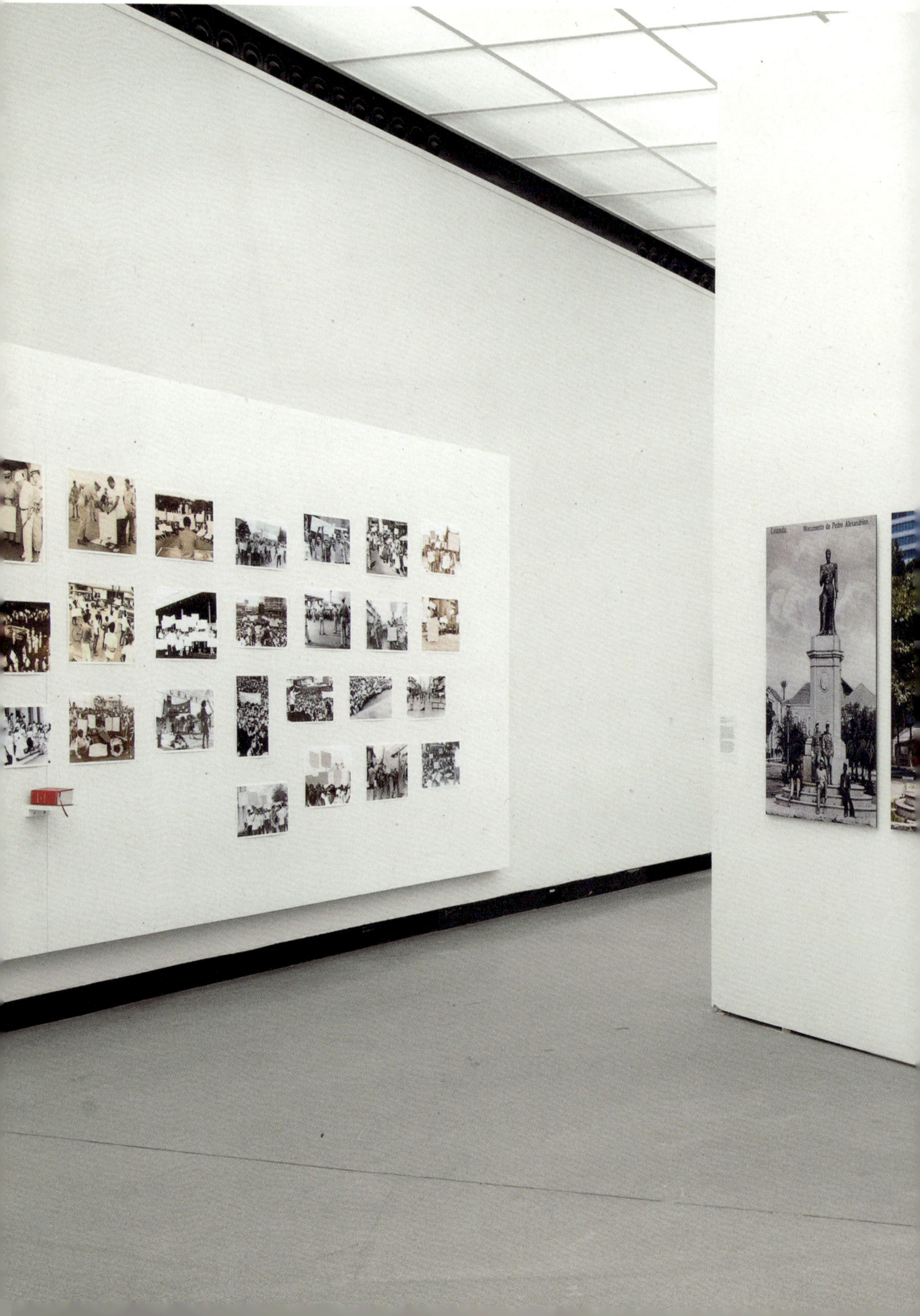
Loanda. Monumento de Pedro Alexandrino.

Jakob Kolding Untitled (Graz); Untitled, 2001; Untitled (Copenhagen), 2007; Untitled (Graz); Untitled
Kiluanji Kia Henda *Redefining the Power III*

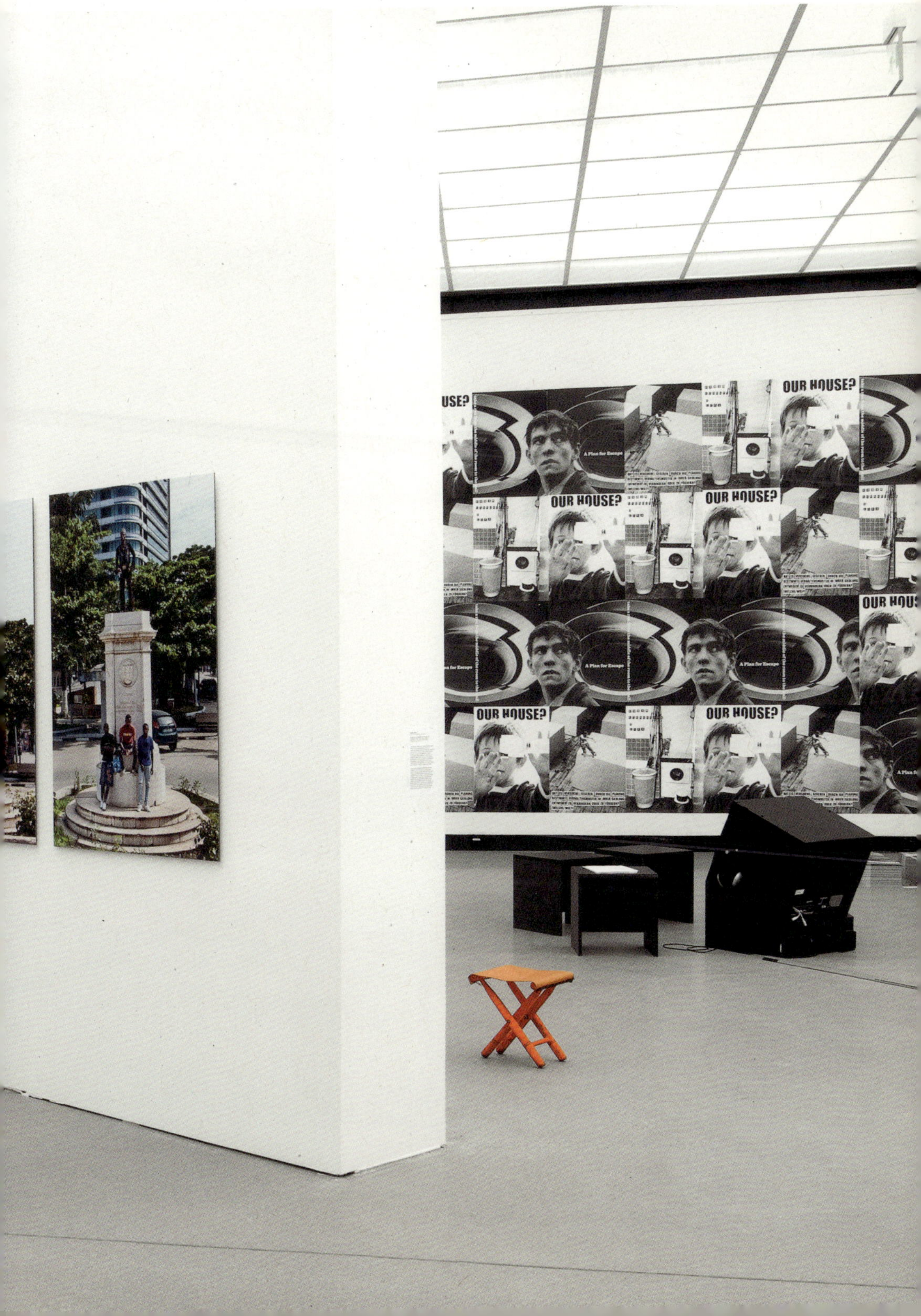

WKV

Kiluanji Kia Henda *Redefining the Power III* **Ştefan Constantinescu** *An Infinite Blue*
Grupo Baja Mar *Cerrado – Estamos Vigilando – Ocup[ ]do*

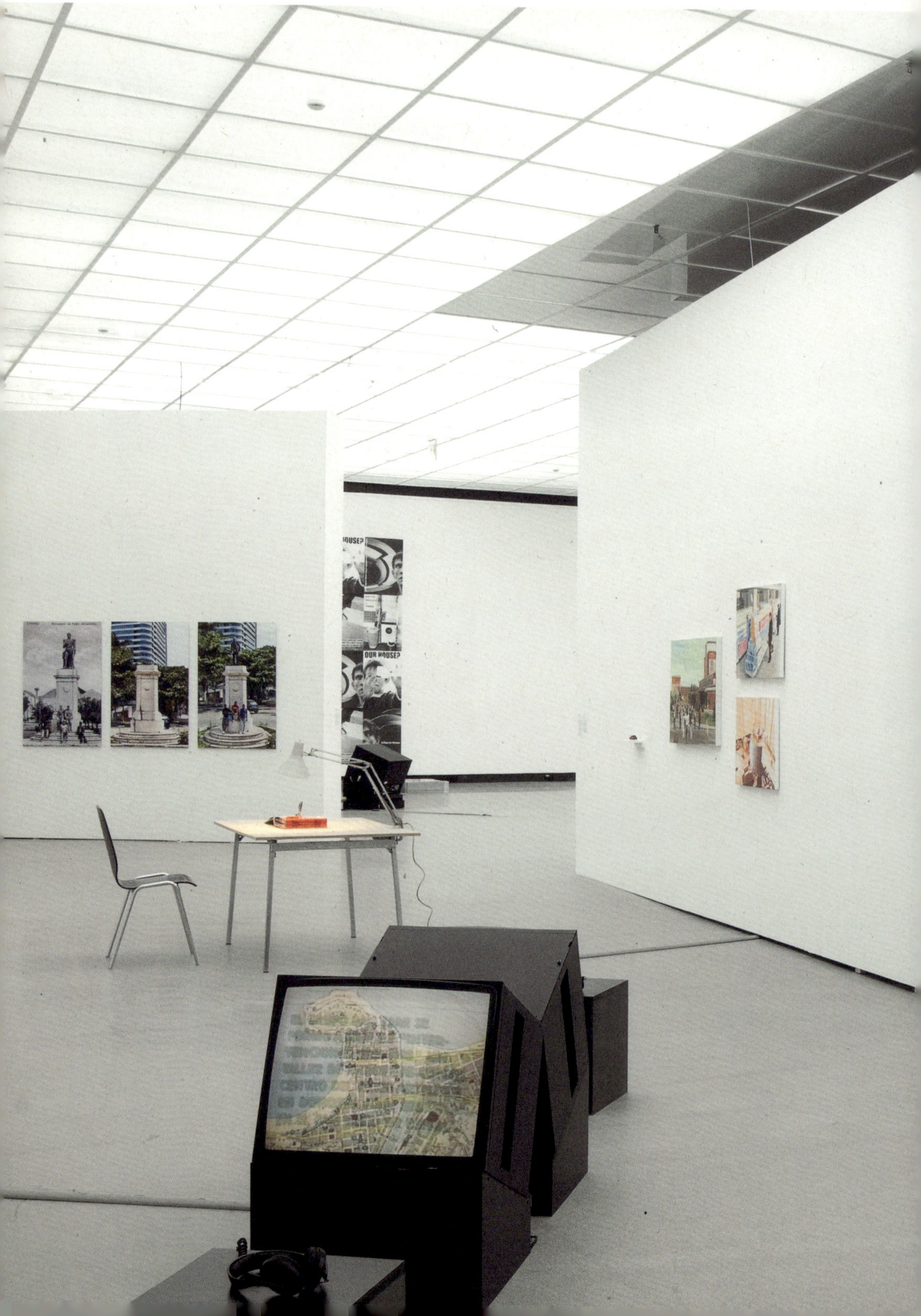

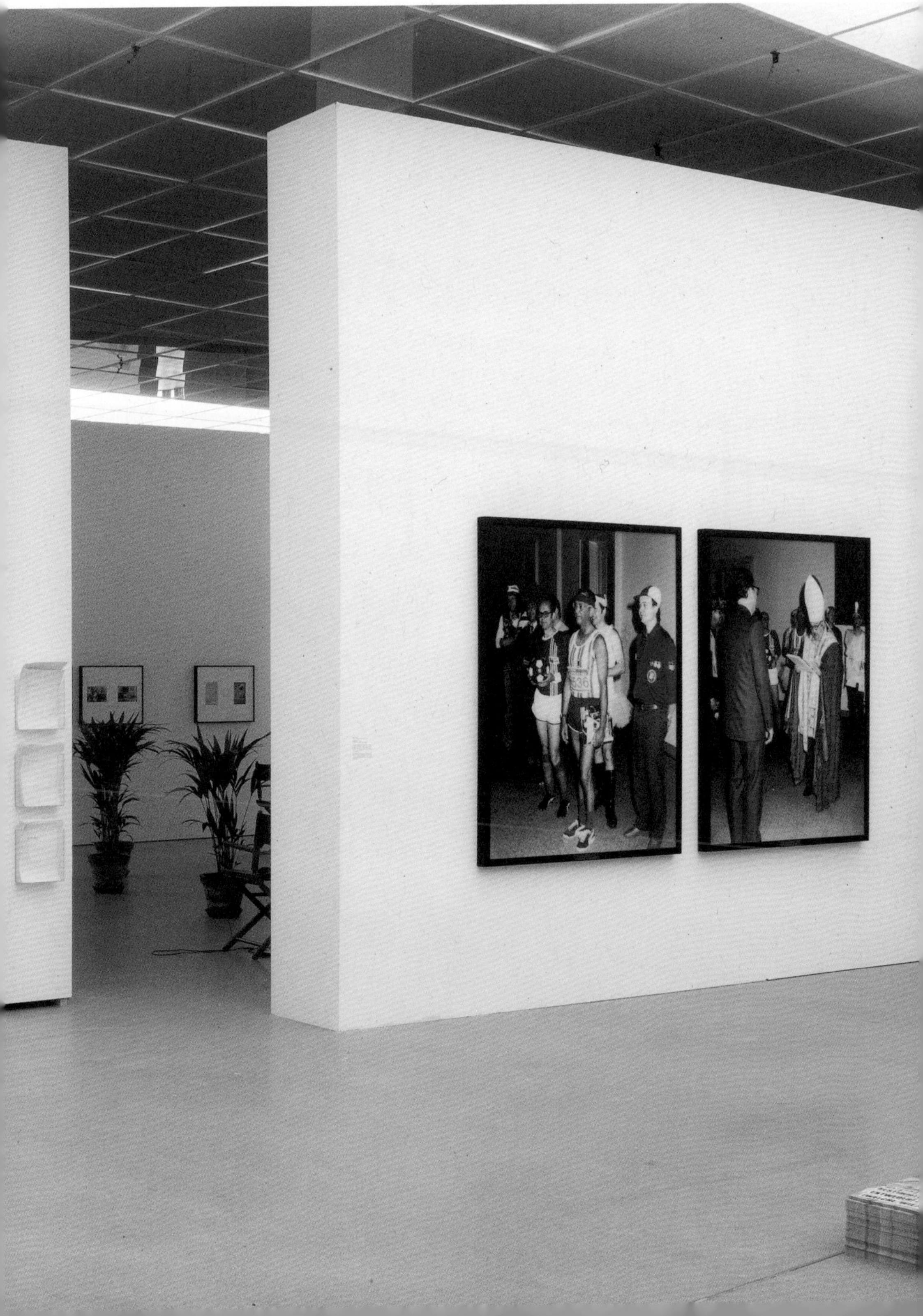

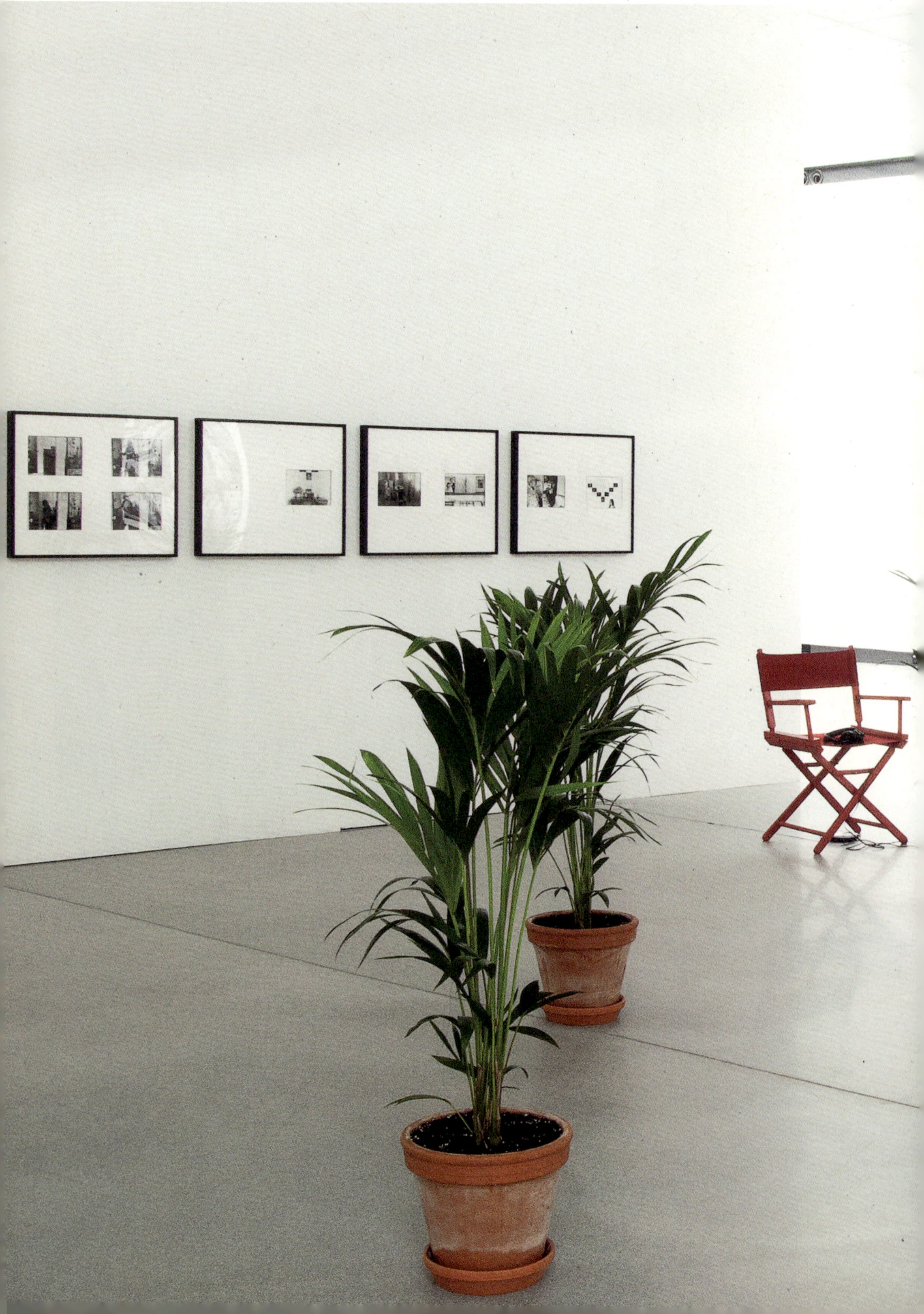

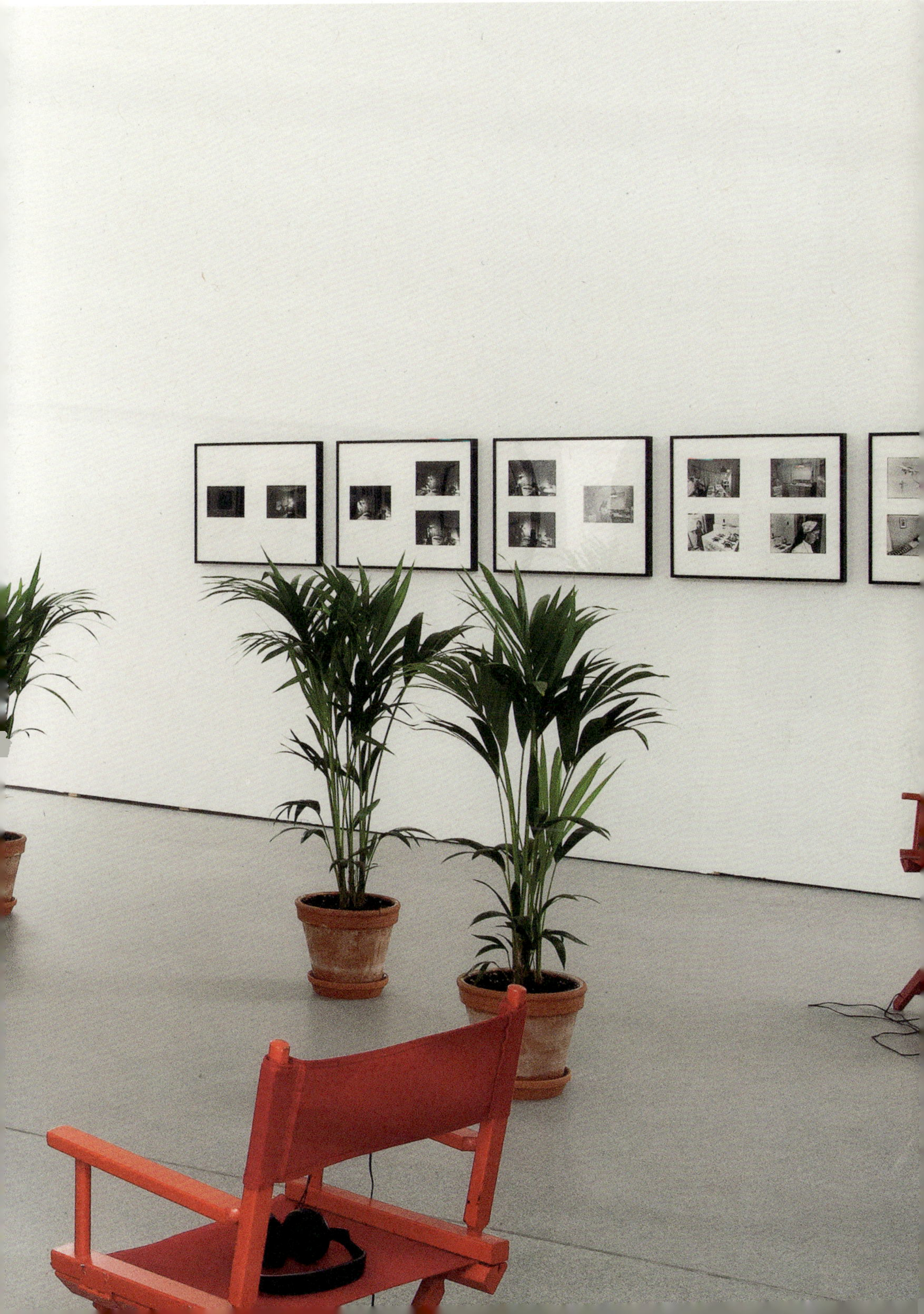

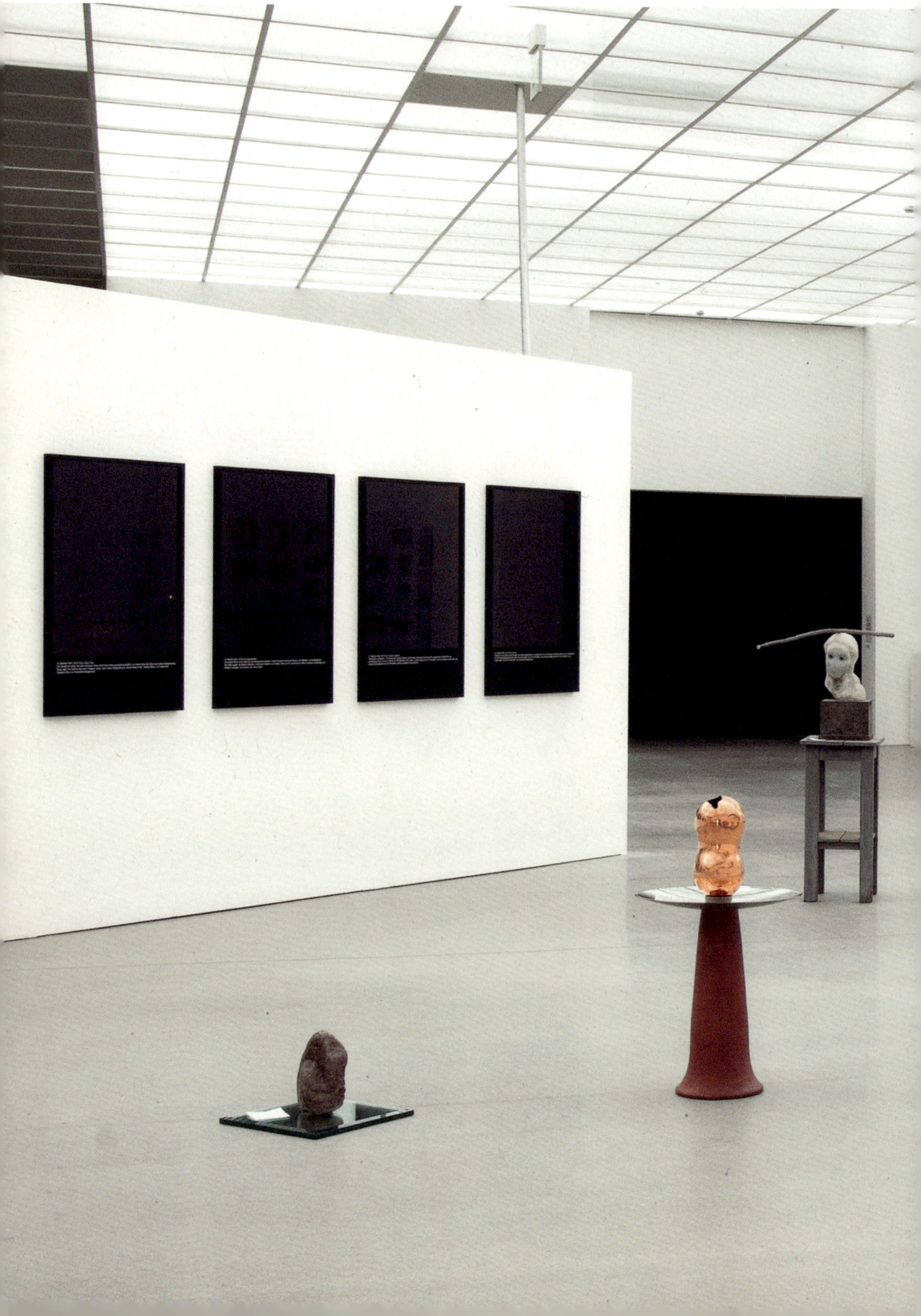

Kiluanji Kia Henda *Karl Marx, Luanda*

Klaus Staeck *Die Demokratie muß gelegentlich in Blut gebadet werden*

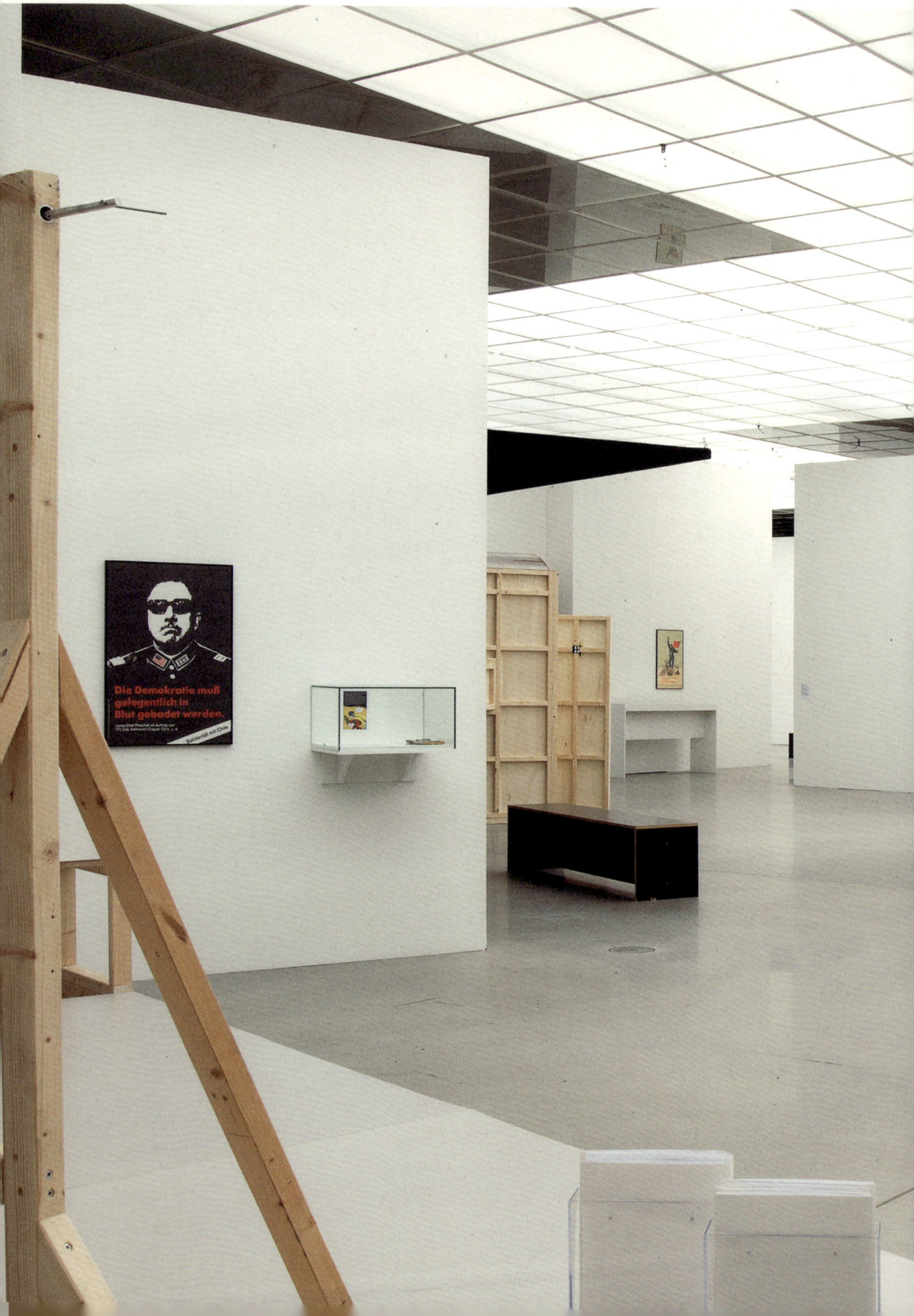

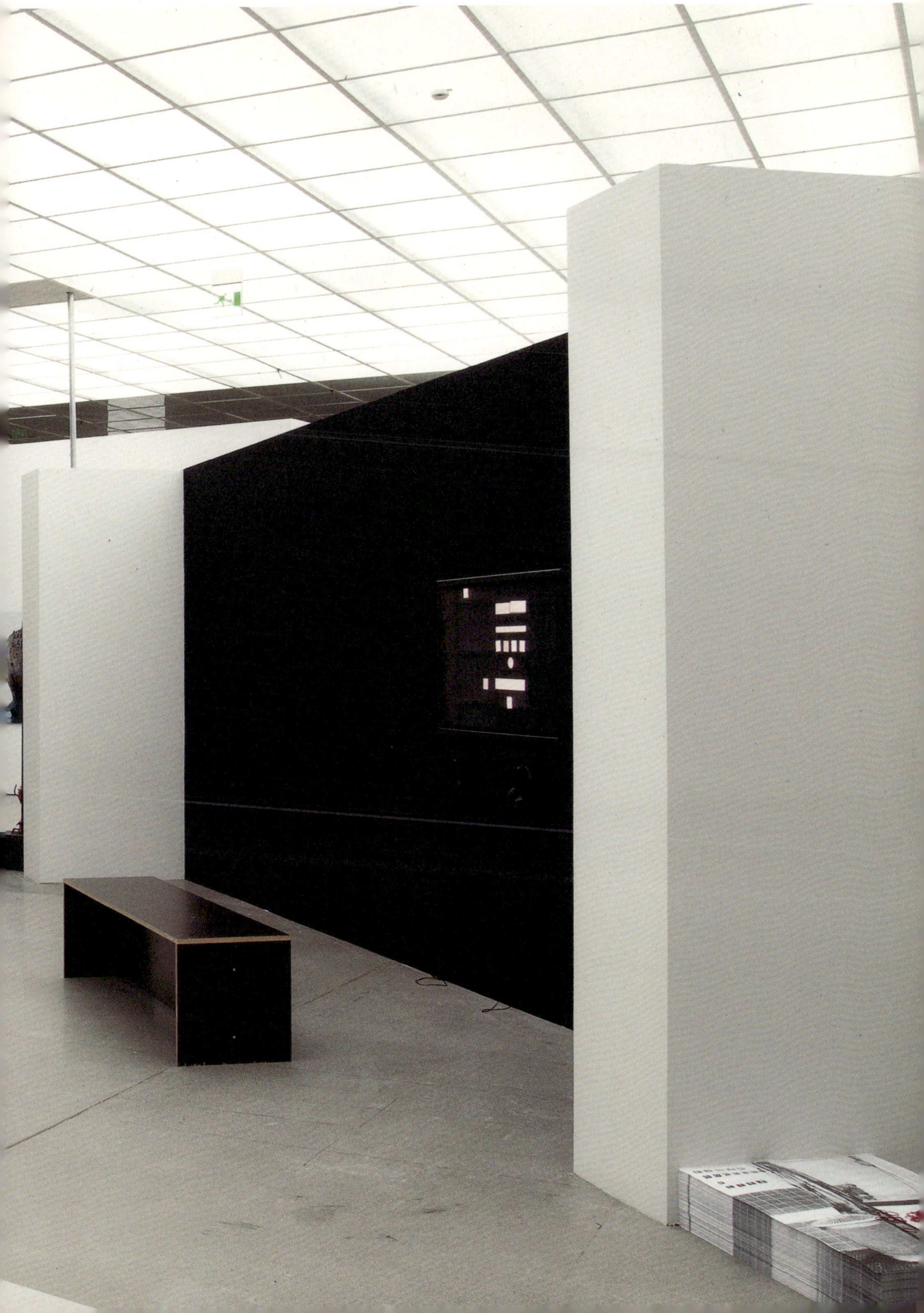

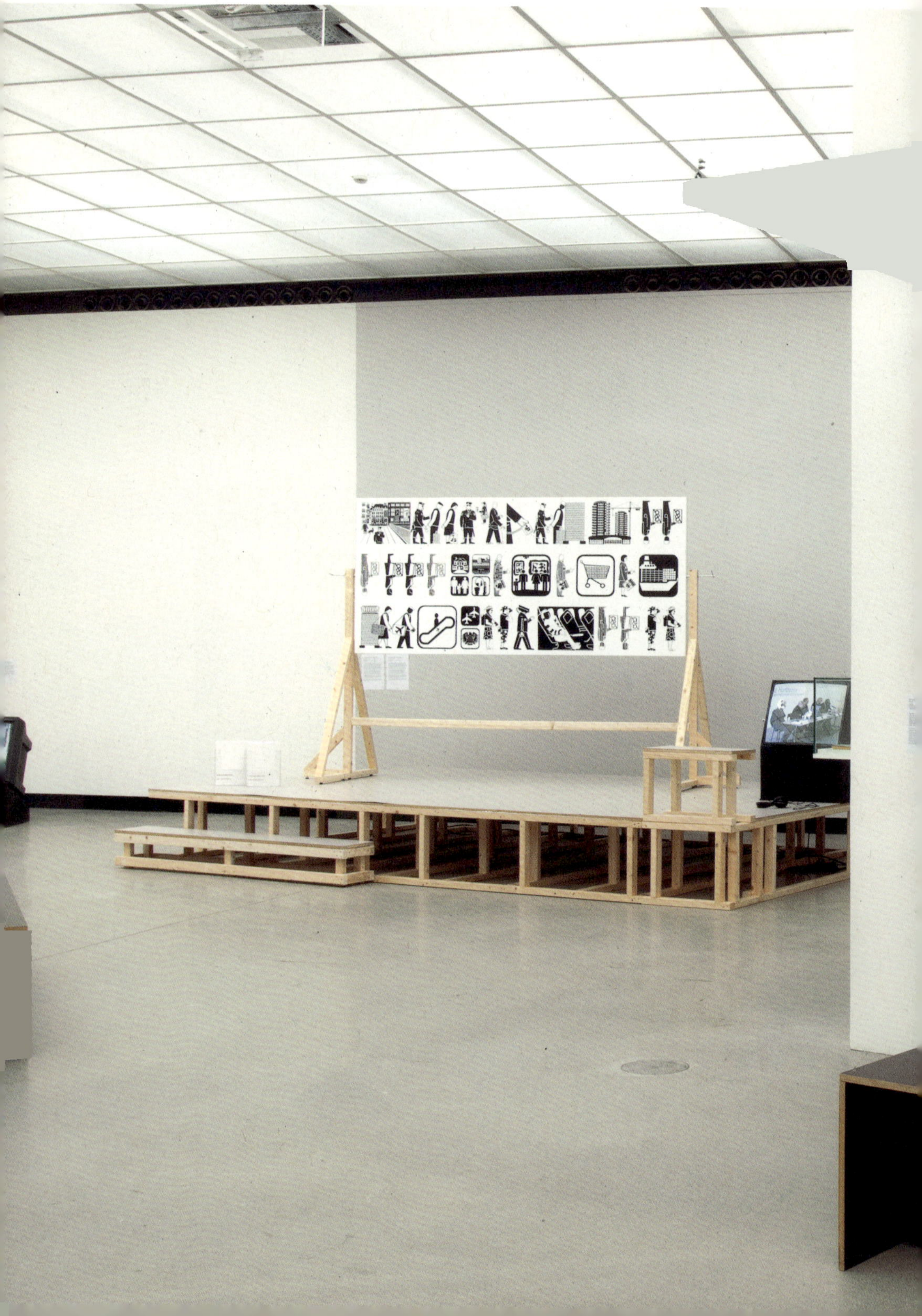

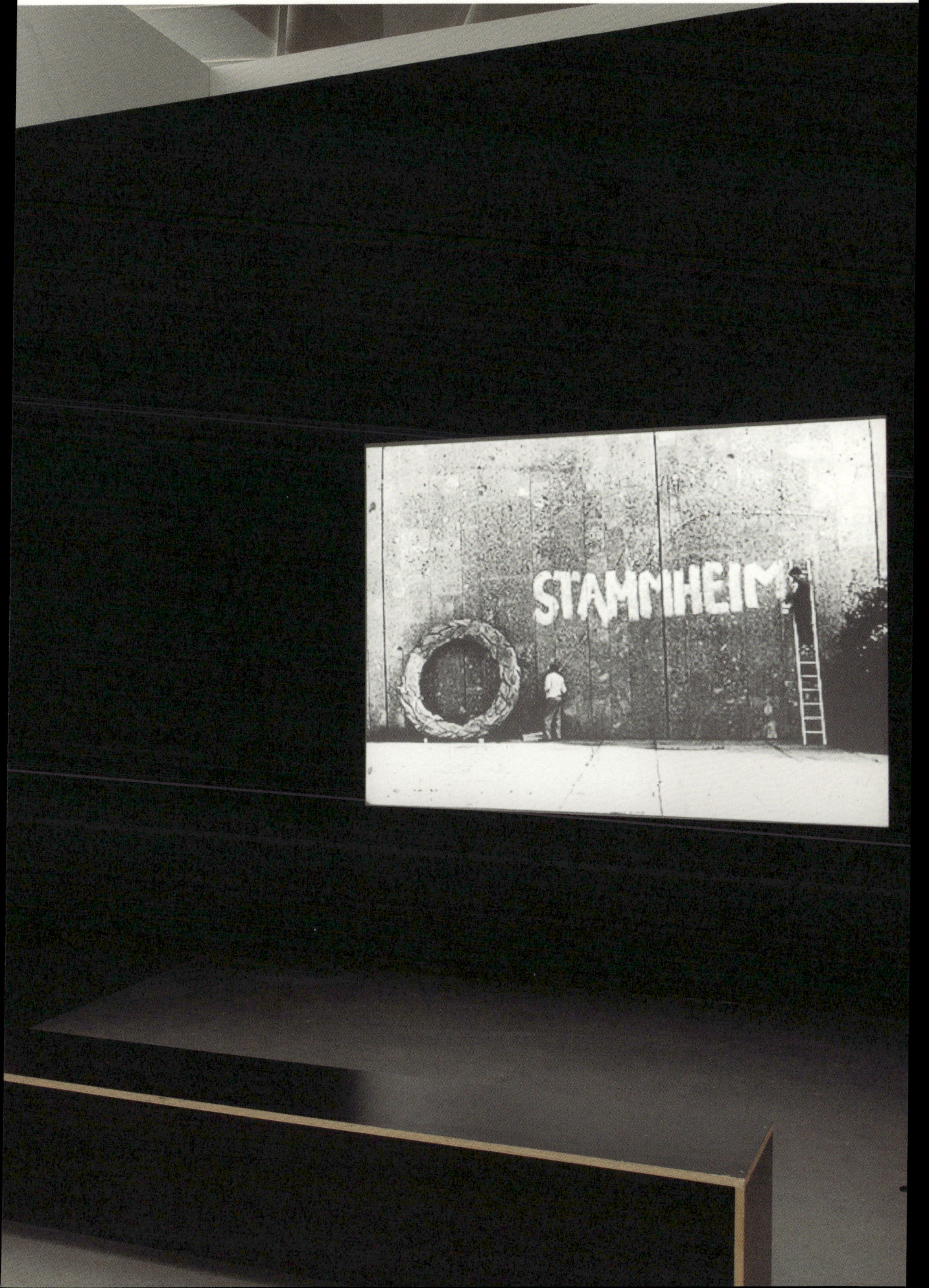
STAMMHEIM

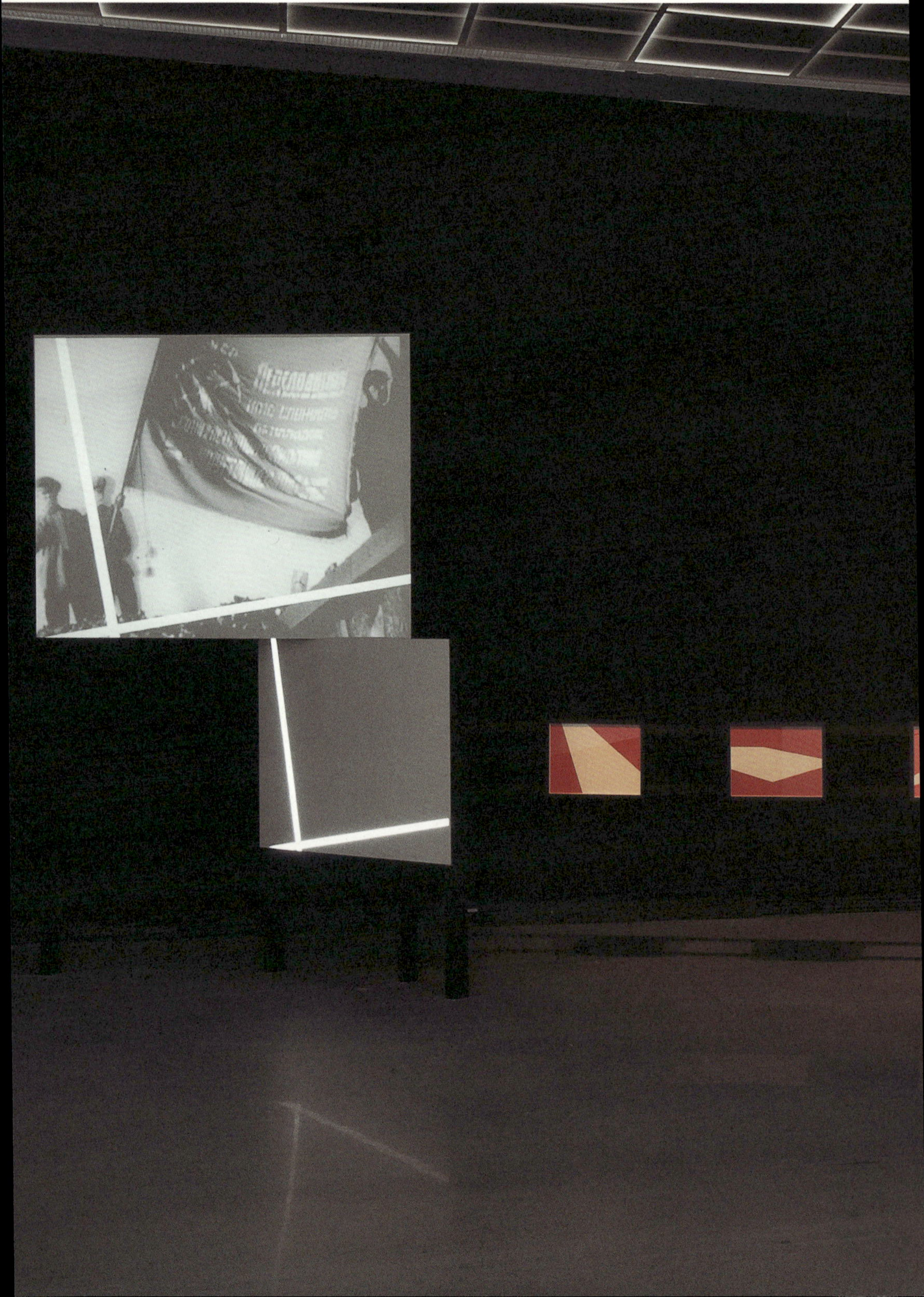

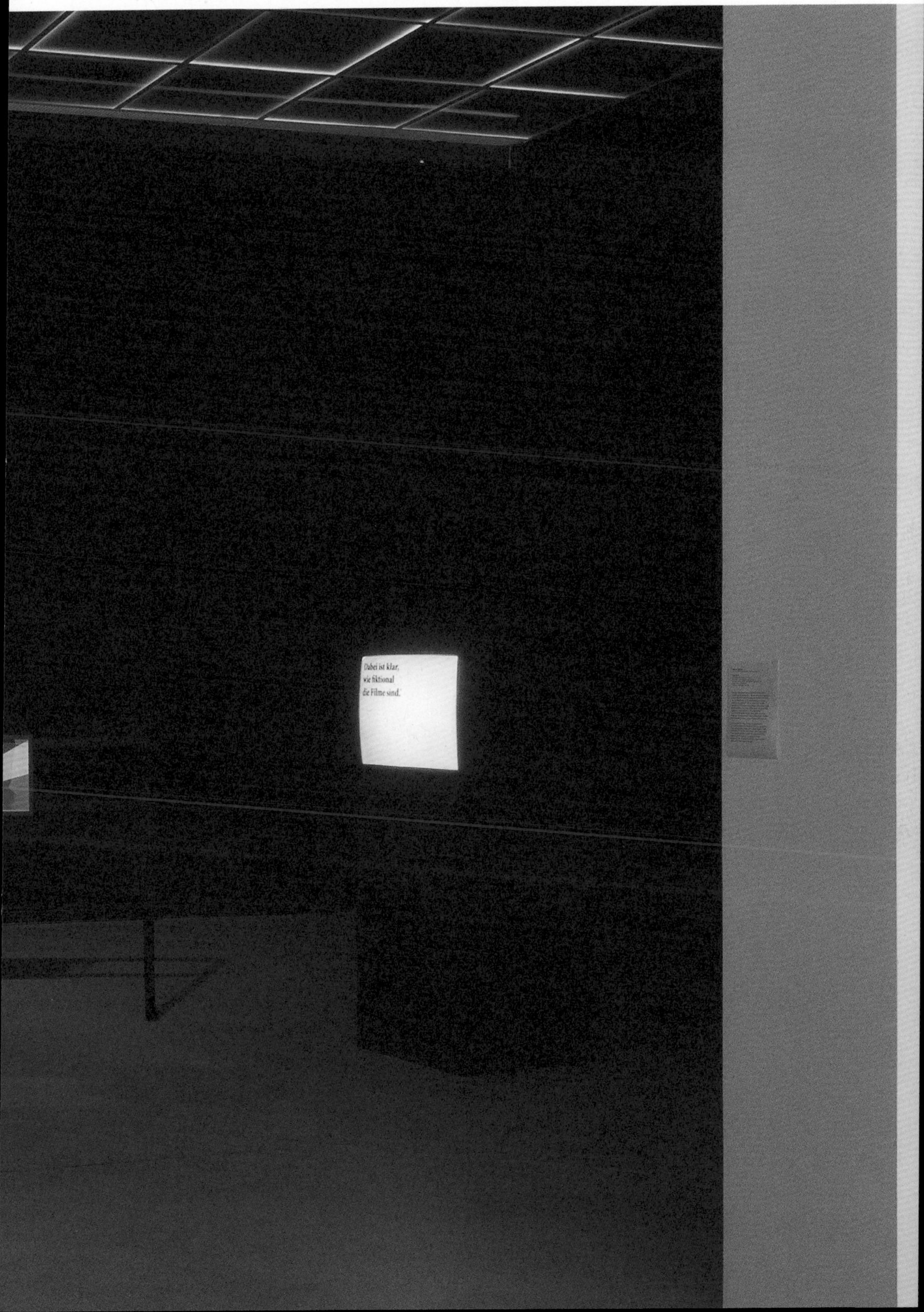
Dabei ist klar,
wie fiktional
die Filme sind.

Hassan Khan *Studies for Structuralist Film n. 2* **Pedro G. Romero** *Entrada: Barraçao*

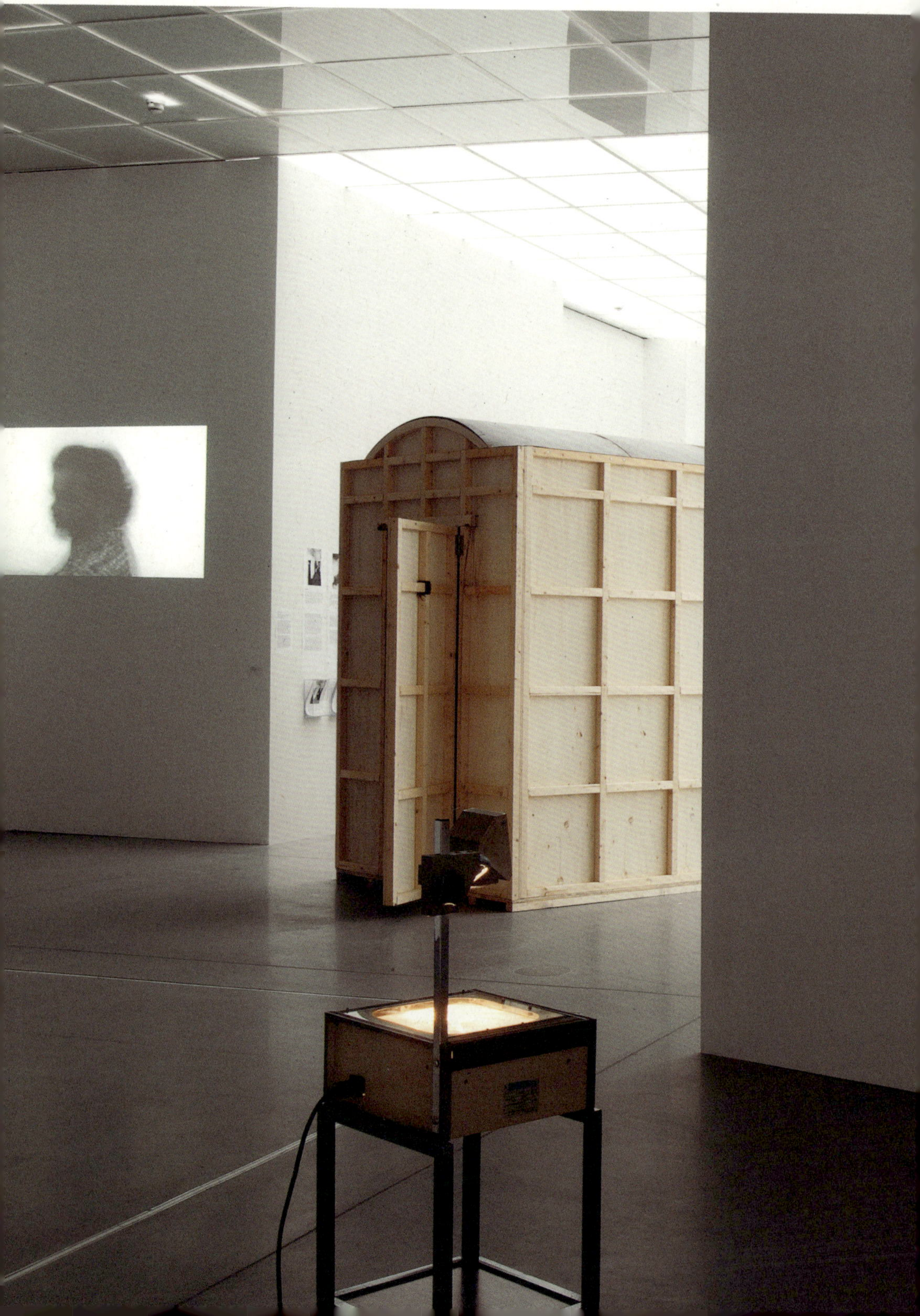

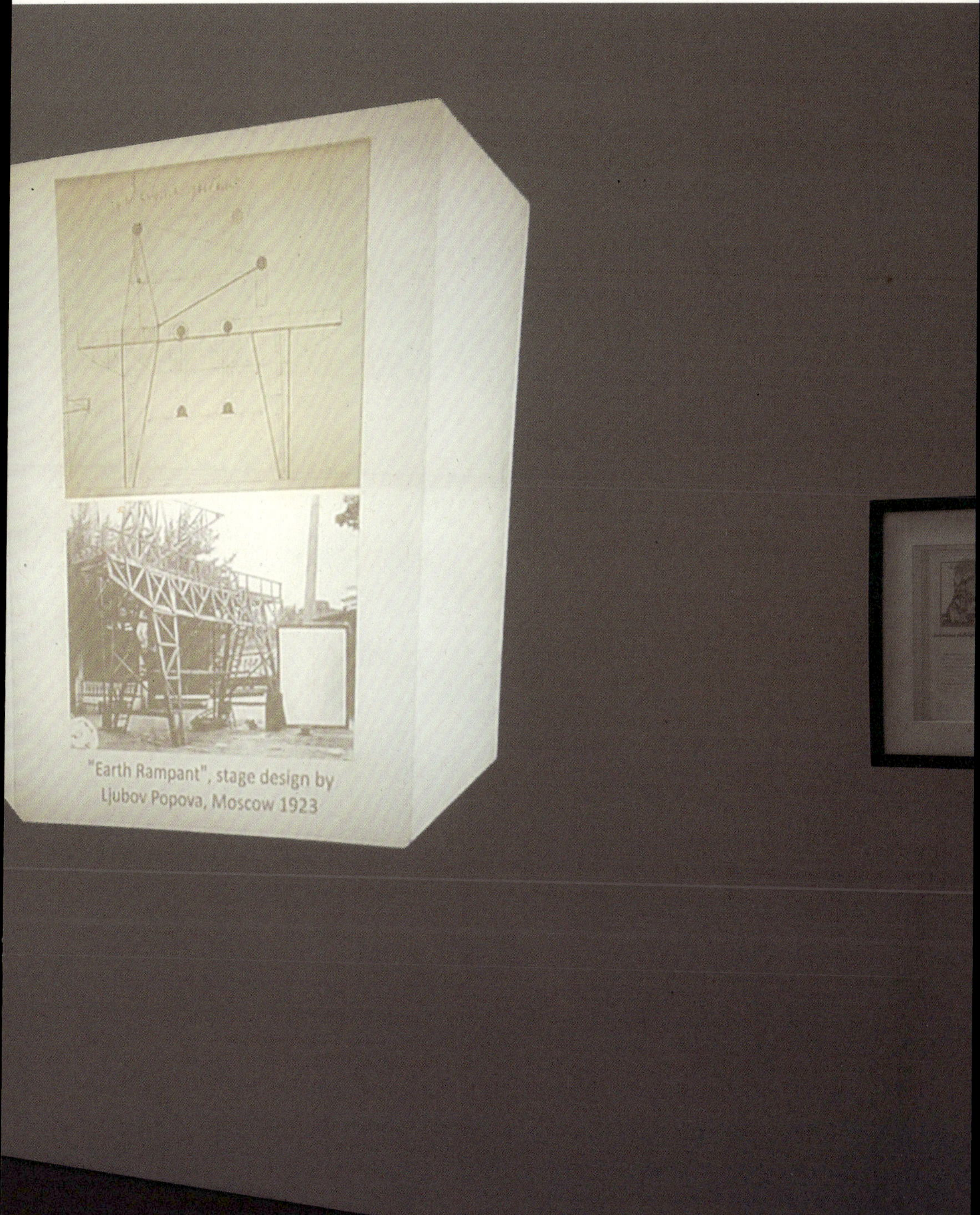
"Earth Rampant", stage design by
Ljubov Popova, Moscow 1923

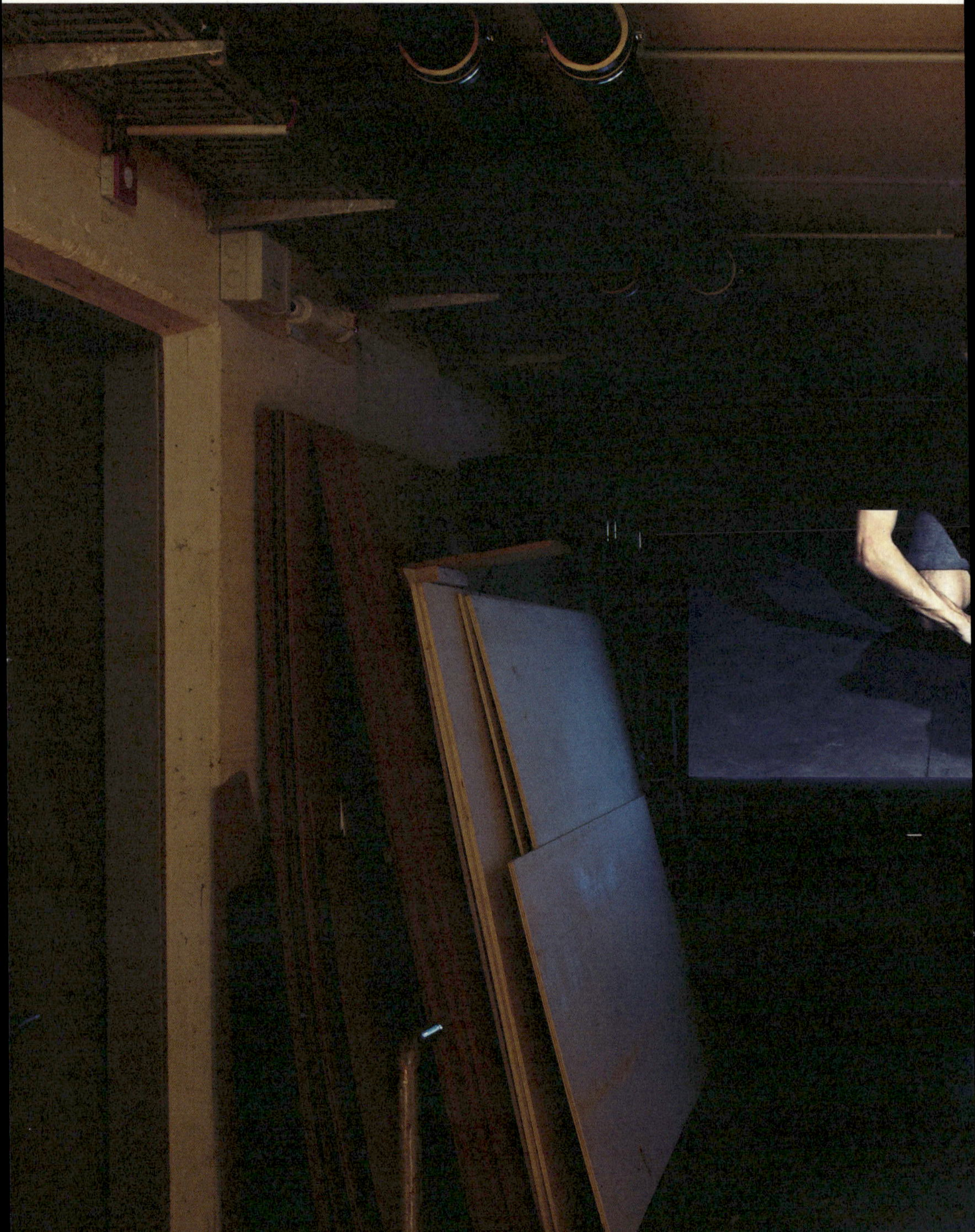

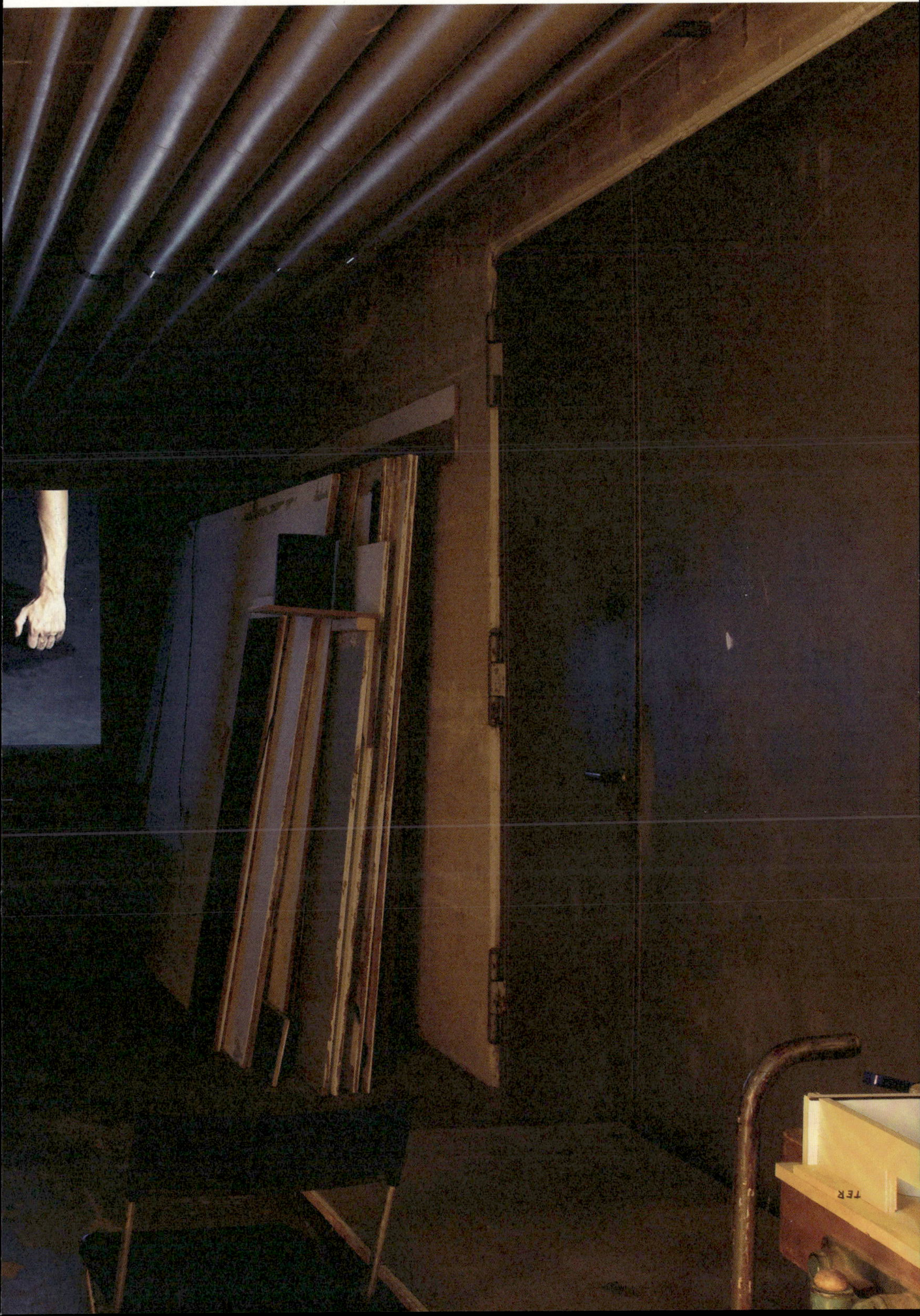

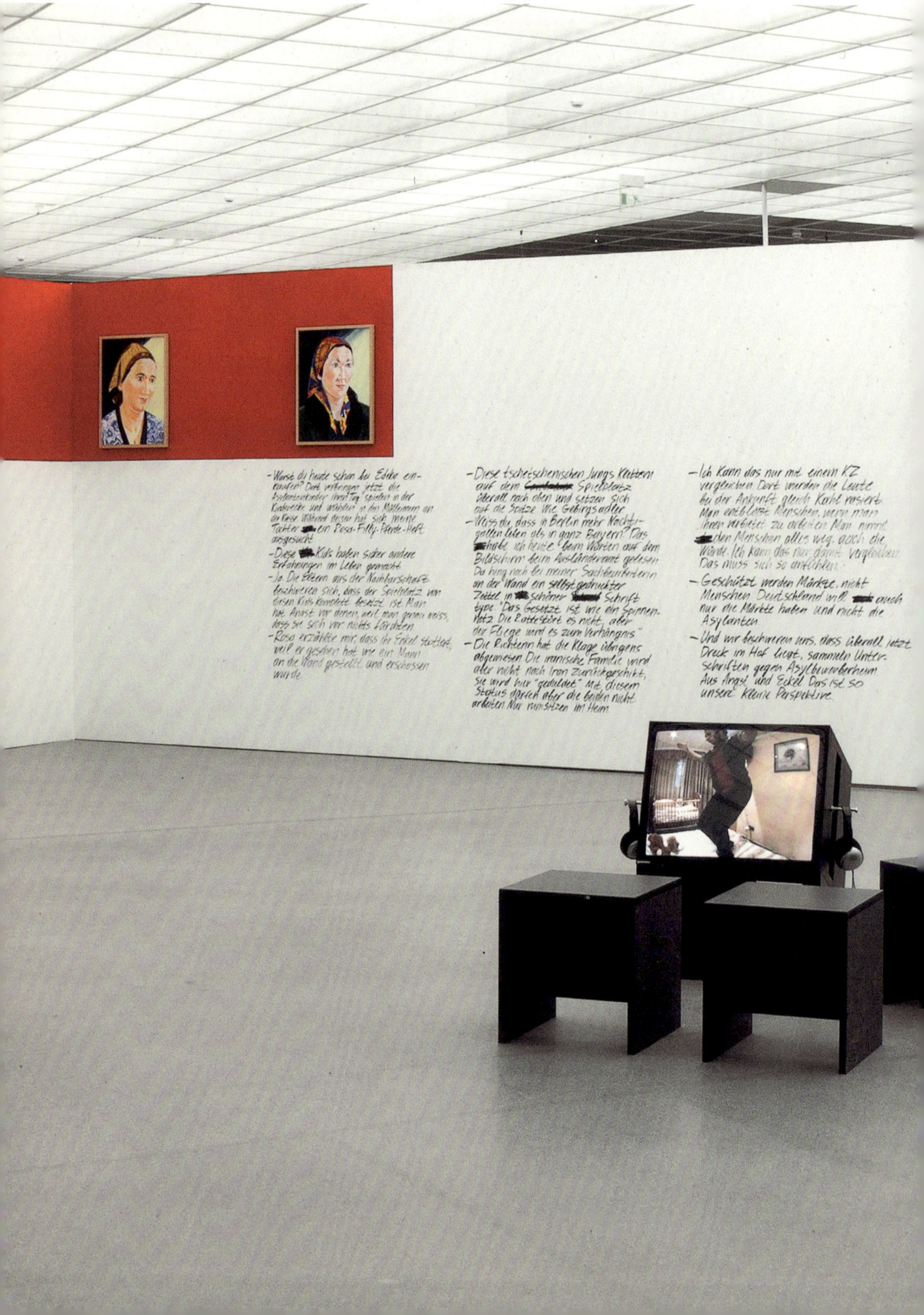
-Diese Kids haben sicher andere Erfahrungen im Leben gemacht
-Ja. Die Eltern aus der Nachbarschaft beschweren sich, dass der Spielplatz von diesen Kids komplett besetzt ist. Man hat Angst vor denen, weil man genau weiss, dass sie sich vor nichts fürchten
-Rosa erzählte mir, dass ihr Enkel stottert, weil er gesehen hat wie ein Mann an die Wand gestellt und erschossen wurde
-Diese tschetschenischen Jungs klettern auf dem Spielplatz überall nach oben und setzen sich auf die Spitze wie Gebirgsadler
-Weiss du, dass in Berlin mehr Nachtigallen leben als in ganz Bayern? Das habe ich heute beim Warten auf dem Bildschirm beim Ausländeramt gelesen
Da hing noch bei meiner Sachbearbeiterin an der Wand ein selbst gedruckter Zettel in schöner Schrift type: "Das Gesetzt ist wie ein Spinnennetz. Die Ratte stört es nicht, aber der Fliege wird es zum Verhängnis."
-Die Richterin hat die Klage übrigens abgewiesen. Die iranische Familie wird aber nicht nach Iran zurückgeschikt, sie wird hier "geduldet". Mit diesem Status dürfen aber die beiden nicht arbeiten. Nur rumsitzen im Heim
-Ich kann das nur mit einem KZ vergleichen. Dort wurden die Leute bei der Ankunft gleich kahl rasiert. Man entblößt Menschen, wenn man ihnen verbietet zu arbeiten. Man nimmt den Menschen alles weg, auch die Würde. Ich kann das nur damit vergleichen. Das muss sich so anfühlen.
-Geschützt werden Märkte, nicht Menschen. Deutschland will auch nur die Märkte haben und nicht die Asylanten
-Und wir beschweren uns, dass überall jetzt Dreck im Hof liegt, sammeln Unterschriften gegen Asylbewerberheim. Aus Angst und Eckel. Das ist so unsere kleine Perspektive

Der Ungeduld der Freiheit Gestalt zu geben

Iris Dressler

Von Paris nach China

Die „Zusammenhänge zwischen kulturellen und politischen Vorgängen darzustellen, gehört seit Jahren zu den wesentlichen Zielen der Ausstellungstätigkeit des Württembergischen Kunstvereins". Diese Worte stammen von Tilman Osterwold, Direktor des Württembergischen Kunstvereins von 1973 bis 1993 – genauer aus seinem Vorwort zum Katalog der Ausstellung *Die politische Lithographie im Kampf um die Pariser Kommune*, die er gemeinsam mit einer Frankfurter Arbeitsgruppe[1] kuratiert und vom 15. April bis 23. Mai 1976 im Kunstverein gezeigt hatte. Er weist ferner darauf hin, dass ein Großteil der gezeigten Lithografien von dem Frankfurter Sammler Helmut Poetter stammt, der sie im Anschluss an die Ausstellung der Volkrepublik China schenken wolle: aus Anlass ihres 25-jährigen Bestehens. Und als wäre das alles nicht schon bemerkenswert genug, findet man am Ende des Kataloges ein kommentarlos abgedrucktes Schreiben der Staatsanwaltschaft Duisburg von 1976, das sich an den Kommunisten Gerhard Schneider richtet, der zur Arbeitsgruppe der Ausstellung gehörte. Der Romanistik-Professor, der wegen seiner Nähe zu KPD und Sozialismus 1975 von seinem Hochschuldienst an der Universität Frankfurt suspendiert worden war[2], hatte sich öffentlich zum Tod des Arbeiters Günter Routhier geäußert. Routhier war 1974 an den Folgen eines Polizeiübergriffs gestorben, der sich im Duisburger Arbeitsgericht ereignet hatte. Der Vorfall löste damals eine breite Welle des Protests aus und wurde

1 Angela Bork, Veronika Erdmann, Detlev von Graeve, Renate Rütten, Raimund Rütten, Gerhard Schneider.

2 Vgl. *Der Spiegel*, Nr. 34, 1978, http://www.spiegel.de/spiegel/print/d-40616133.html

von zahlreichen Linken, darunter auch von Schneider, als Mord bezeichnet, was wiederum ebenso viele Prozesse nach sich zog. Das Schreiben der Staatsanwaltschaft kündigt ein Ermittlungsverfahren gegen Schneider „wegen Verunglimpfung des Staates und Beleidigung“ an und enthält zudem eine Stellungnahme des Beschuldigten.

Durch die Veröffentlichung dieses Schriftstücks im Katalog zur *Lithographie im Kampf um die Pariser Kommune* bekundet Osterwold seine Solidarität mit dem zivilen Ungehorsam eines Kommunisten – und das in einem von Berufsverboten gegen ebendiese geprägten politischen Klima. Zugleich findet hier aber auch ein interessanter Kurzschluss zwischen der Neubetrachtung einer ästhetischen Artikulation von Widerstand – die politische Karikatur des 19. Jahrhunderts in Frankreich, die einst die Zensoren herausgefordert haben mag, jedoch 1976 längst zum Kanon der Kunstgeschichte zählte – und einem aktuellen Konflikt der politischen Artikulation und der ihr drohenden Zensur statt.

Was ist Kunst, was ist Politik, was ist politische Kunst?

Die Frage nach den Beziehungen zwischen Kunst und Politik – die meist als eine Frage nach den legitimen und illegitimen, guten und schlechten, wahren oder falschen Beziehungen zwischen Kunst und Politik gestellt wird – ist mit den Fragen „Was ist Kunst?“ und „Was ist Politik?“ beziehungsweise „Was ist gute Kunst?“ und „Was ist gute Politik?“ auf das Engste verknüpft. Dies gilt gleichermaßen für die gegenseitige Ausschließung – Kunst ist, was Politik nicht ist, und umgekehrt – wie für die mal besorgt und mal euphorisch konstatierten Allianzen zwischen beiden: vom Lamento der Instrumentalisierung der Kunst durch die Politik über die Behauptung, Kunst sei grundsätzlich politisch, bis zur Position, Kunst sei nicht *an sich* politisch, könne es aber *werden.*

Die Trennung von Kunst und Politik folgt zum einen der Auffassung, dass Kunst keinen Zweck außer sich selbst habe, dass das Eigene und Widerständige (und somit nicht zuletzt das Politische) der Kunst genau darin bestehe, sich einem gesellschaftlichen Nutzen radikal zu entziehen. Zum anderen resultiert diese Trennung aus der spätestens mit der Postmoderne einhergehenden Ernüchterung, dass mit Kunst alles, nur keine Revolution zu machen sei – ganz davon abgesehen, dass ohnehin jedweder Kampf früher oder später von den herrschenden gesellschaftlichen Systemen einkassiert werde.

Der Vorwurf der politischen Instrumentalisierung von Kunst meint in der Regel nicht nur, dass es sich in diesem Falle um schlechte, da schwache und unautonome Kunst handle – und dass im Umkehrschluss starke, qualitativ hochwertige Kunst autonom sei –, sondern auch, dass sie sich einer schlechten Sache, einer schlechten Politik (zum Beispiel dem Faschismus oder Stalinismus) verschreibe und somit auch auf moralischer Ebene schlecht sei – was wiederum impliziert, dass Kunst *an sich* Ausdruck des Guten sein müsse.

Das Diktum, Kunst sei per se politisch, hat wiederum zum einen mit der Öffnung des Begriffs des Politischen zu tun, wie es die berühmte Formel vom Mai '68, „Alles ist politisch", zuspitzt. Seit den 1920er-Jahren, so Alain Badiou, habe sich das Wort derart erweitert, „dass es auf unbestimmte Weise jeden radikalen Bruch, jede Aufkündigung des Konsens bezeichnet"[3]. Zugleich ist dieses Diktum nicht ohne die Erweiterung des Kunstbegriffs zu denken: jenem großen Projekt der Avantgarde, das sich aufgemacht hat, die Grenzen zwischen Kunst und Leben niederzureißen.

Die politischen Potenziale der Kunst werden indes nicht nur im Sinne des Emanzipatorischen und Widerständigen verhandelt. Spätestens seit den 1990er-Jahren[4] wird der Kunst auch die Komplizenschaft mit den kapitalistischen beziehungsweise neoliberalen Ökonomien und Gesellschaftssystemen unterstellt: Kunst ist eben auch deshalb politisch, weil sie symbolisches Kapital, Sinn, soziale Beziehungen, Affekte und vor allem Subjektivität herstellt: also die primären Nährstoffe des kognitiven Kapitalismus.

Die vierte Position (und natürlich gibt es noch viele mehr), Kunst sei nicht per se politisch, könne es aber werden, zieht schließlich die Frage nach sich, ob dies ihre ureigenste Aufgabe, ihr Ziel, ihre Berufung sei. Wird sie erst in ihrem Politisch-Werden zur Kunst? Ist das ihr gesellschaftlicher Auftrag? Hat die Gesellschaft, die *politische Gemeinschaft*, das Anrecht auf eine Politisierung oder, allgemeiner gefragt, auf eine bestimmte Form, Aufgabe und einen bestimmten Inhalt der Kunst: das Schöne, das Gute, Bildung, Forschung, Partizipation, Inklusion, Wahrheit, Rettung et cetera? Oder besteht das Politische – *und* das Künstlerische – der Kunst nicht gerade darin, dass sie sich als Unbefugte, als unerwarteter und ungebetener Gast solcher Territorien – seien sie nun ästhetischer, politischer, ökonomischer, moralischer, philosophischer oder wissenschaftlicher Art – bemächtig, die ihr nicht zustehen? Dabei wäre auch zu klären, was wir meinen, wenn wir „Politik" oder „politisch" sagen: Widerstand oder Komplizenschaft, Emanzipation oder Regiert-Werden, Dissens oder Konsens, Ungehorsam oder Gehorsam, Politik oder Polizei?

Wohl kaum jemand würde heute – zumindest offiziell – in unseren westlich-demokratischen Kulturkreisen eine Kunst im Dienste der Regierung einfordern, obwohl die Kunst bei genauerer Betrachtung von ihren repräsentativen Funktionen bis zum Bildungs- und Sozialauftrag womöglich

3 Alain Badiou, *Das Jahrhundert*, Zürich und Berlin 2006, S. 183.

4 Ich bezieh mich hier auf die Diskurse der 1990er-Jahre vom „umherschweifenden Produzenten" und der „immateriellen Arbeit" bis zum „neuen Geist des Kapitalismus". Siehe: Toni Negri, Maurizio Lazzarato, Paolo Virno, *Umherschweifende Produzenten. Immaterielle Arbeit und Subversion*, hrsg. von Thomas Atzert, Berlin 1998; Luc Boltanski, Ève Chiapello, *Der neue Geist des Kapitalismus*, Konstanz 2003 (Original: Le nouvel Ésprit du Capitalisme, Paris 1999).

mehr denn im Dienste der Regierung steht. Zu fragen ist indes, ob hier nicht viel grundsätzlichere Verschränkungen am Werk sind. Wenn wir mit Michel Foucault davon ausgehen, dass Regiert-Werden mit der Akzeptanz und Unterwerfung unter eine zu einer bestimmten Zeit und an einem bestimmten Ort gültigen Form des Seins, Wissens und Handelns zu tun hat[5], geht es darum zu untersuchen, welche Rolle die Kunst einerseits beim Akzeptabel-Machen dieser Gültigkeiten, bei ihrer Ausstattung mit Macht und Wahrheit spielt – und über welche Werkzeuge und Potenziale sie zugleich verfügt, ebendiese Gültigkeiten zurückzuweisen. Kunst mag immer schon Teil der herrschenden Systeme, der Regierung sein – und sicher auch Komplizin der neoliberalen Narrative von Subjekt, Arbeit, Produktion und Konsum. Sie *kann* dabei aber auch die Position der Kritik, der „Entunterwerfung", wie Foucault sagen würde, einnehmen, indem sie sich zuallererst das „Recht herausnimmt, die Wahrheit auf ihre Machteffekte hin zu befragen und die Macht auf ihre Wahrheitsdiskurse hin"[6].

Kunst *kann* politisch werden – und das meine ich gerade nicht im Sinne des Notwendigen, sondern des *Möglichen*, der Kontingenz. Ist es doch erst die Kontingenz, das Auffinden der Willkür und des Zufalls als Bedingungen der bestehenden Denk-, Macht- und Ordnungssysteme – und nicht etwa ihre Natürlichkeit –, die jene Lücken aufreißt, die den Raum, den *möglichen* Raum der Kritik, des Widerstands, des Ungehorsams und Unmöglichen eröffnen. Es geht mir um eine politische und kritische Potenzialität der Kunst, die ganz im Sinne von Foucaults Begriff der Kritik eben „nicht aus der Form unseres Seins das ableitet, was wir unmöglich tun und wissen können; sondern [...] in der Kontingenz, die uns zu dem gemacht hat, was wir sind, die Möglichkeit" auffindet, „nicht länger das zu sein, zu tun oder zu denken, was wir sind, tun oder denken"[7].

Wenn wir davon ausgehen, dass Kunst und Politik Teil gesellschaftlicher Diskurse und diskursiver Formationen sind, die weder eine universelle noch natürliche, notwendige oder ewige Wahrheit besitzen, sondern kontingent sind, kann die Debatte über ihre Funktion – je für sich und in ihrem Verhältnis zueinander – nur etwas sein, dass es immer wieder erneut auszuhandeln gilt. Insofern ist das Politisch-Werden der Kunst auch kein Prozess, der irgendwann zu einem Ziel oder Abschluss käme, sondern ein unabschließbares Werden. Wenn nichts universelle Gültigkeit hat, bleibt

5 Vgl. Michel Foucault, *Was ist Kritik?*, Berlin 1992.

6 Ebda., S. 15.

7 Michel Foucault, „Was ist Aufklärung?", in: Eva Erdmann, Rainer Forst, Axel Honneth (Hrsg.), *Ethos der Moderne. Foucaults Kritik der Aufklärung*, Frankfurt am Main und New York 1990, S. 35–45, S. 49.

immer etwas strittig. Genau darin sehe ich den Movens und die Performativität von Kunst und Politik begründet.

Das Politisch-Werden der Kunst hat in diesem Sinne eher mit Kritik als mit *criticality* zu tun, jener Formel, mit der darauf hingewiesen werden soll, dass man über das eigene Eingebettet-Sein in jene Strukturen, die zu kritisieren man vorhat, Bescheid weiß. Eine Kritik *light* mit doppeltem Sicherheitsnetz, das einen unangreifbar machen soll?

Parrhesia, die vielleicht radikalste Form von Kritik, bedeutet dagegen, sein Leben für das Wahrsprechen aufs Spiel zu setzen. Die Figur des Anderen, die einem sagt, was man nur ungern hört, ist dabei zentral: eine Art ungebetener Gast, auf den man nicht vorbereitet war, der das eigene Denken überschreitet, es gänzlich in Frage stellt, umwertet und durcheinanderbringt[8] – und dessen verletzender Rede man sich mit demselben Mut zuwenden muss, den er dafür aufbringt, sie auszusprechen.[9]

Es ist nicht die Aufgabe der Kunst, uns schonungslos die Wahrheit zu sagen oder uns einen entlarvenden Spiegel vorzuhalten; aber es ist ihr Vermögen, die Dinge, so wie sie sind, radikal in Frage zu stellen und dabei ihren und unseren Kopf zu riskieren. Sich stattdessen immer wieder nur auf die eigene Ohnmacht und das Eingebettet-Sein in Strukturen der Macht zu berufen, führt dagegen unweigerlich zu einer Fiktion der Unantastbarkeit, über die Jacques Rancière schreibt:

„Es genügt ihr, [...] sich die Position des hellsichtigen Geistes zu reservieren, der einen abgeklärten Blick auf die Welt wirft, in der die kritische Interpretation des Systems ein Element des Systems selbst geworden ist[10] [...] Die Maschine kann so bis zum Ende der Zeiten laufen, indem sie sich die Ohnmacht der Kritik, die die Ohnmacht der Idioten aufdeckt, zum Kapital macht."[11]

Kunst, Politik und Kritik im Sinne von widerständigen, auf Dissens statt auf Konsens ausgerichteten Praktiken bedeuten indes nicht nur, immer auch mit einem Fuß auf der falschen Seite zu stehen – denn es bleibt

8 Es geht, wie Michel Foucault in seinen Ausführungen zum Wahrsprechen und zur Lebensweise der Kyniker – jenem bellenden Leben – schreibt, um nicht weniger als die schwerwiegende Frage: „Muss das Leben, um wirklich das Leben der Wahrheit sein zu können, nicht ein anderes Leben sein, ein radikal [...] anderes Leben [...], weil es völlig und in allen Punkten mit den traditionellen Formen der Existenz bricht [...]", in: Michel Foucault, *Der Mut zur Wahrheit. Die Regierung des Selbst und der anderen II*, Berlin 2010, S. 319.

9 Vgl. ebda., S. 29.

10 Jacques Rancière, *Der emanzipierte Zuschauer*, Wien 2009, S. 48f.

11 Ebda., S. 60.

immer etwas strittig –, sondern auch, das Risiko einzugehen, sich zum Idioten zu machen.

Innerhalb der alten wie neuen Debatten darüber, was denn nun wirkliche politische Kunst im Gegensatz zum nur marktkonformen Label sei, wird derzeit auch versucht, in griffigen und reduktionistischen Formeln Aktivismus, Partizipation, Authentizität und gesellschaftliche Nützlichkeit gegen ästhetische Form, Theorie, Ambivalenz und Komplexität auszuspielen. Mal abgesehen davon, dass der Begriff des Aktivismus in seiner Institutionalisierung, Kanonisierung und Vermarktung selbst dringend einer Neubetrachtung bedarf, kann es weder darum gehen, dass Aktivismus den alleinigen Möglichkeitsraum politischer Kunst abbilde, weil es allem anderen an Authentizität und „street credibility" fehle, noch darum, dass sich aktivistische Kunst frevelhafterweise an etwas versuche, das nicht ihr Job sei. Widerständige Praktiken – in welchem gesellschaftlichen Bereich auch immer – finden auf verschiedensten Ebenen und unter Verwendung vielfältigster Methoden, Formen, Sprachen, Werkzeugen und Waffen statt. Dabei geht es immer auch um Komplexität, Ambivalenz und Widerstreit, ohne die jede Politik zur Polizei wird. Aktivistische Formen der Kunst – von der Beteiligung an Demonstrationen, Hausbesetzungen und Widerstandscamps bis hin zur „Sozialarbeit" – sind nicht deshalb relevant, weil sie so authentisch oder nützlich wären, sondern weil sich dabei Kunst und politischer Kampf bei allen gemeinsamen Interessen und Zielen gerade auch in ihrer Andersheit, ihrem Widerspruch und in ihren je eigenen Begrenztheiten begegnen: sich quasi gegenseitig gegen den Strich zu bürsten vermögen.

Zudem begreife ich Kunst als eine ästhetische, intellektuelle und politische Kraft, deren widerständige Potenziale sich nicht nur in Form von Handlung und Aktion, sondern ganz entscheidend auch in Formen der Passivität, Verweigerung, des „Lieber-nicht-Wollens" manifestieren. Gerade in Anbetracht der zahlreichen Agenden, die heute an Kunst, KünstlerInnen und Kunstinstitutionen herangetragen werden – Bildung, Partizipation, Inklusion, Forschung, Innovation, Unterhaltung, Prestige, Umwegrentabilität et cetera –, scheinen Strategien der Verweigerung angebracht. Zu verweigern ist dabei in erster Linie ein gesellschaftlich verordneter Legitimations- und Nützlichkeitsdruck. Die Freiheit der Kunst bedeutet nicht, dass diese in einem völlig luftleeren Raum ohne jegliche Sachzwänge existieren würde, aber dass sie die Erwartungen, die an sie gestellt werden, zurückweisen, dass sie verschwinden und gerade dort, wo man sie nicht erwartet, wieder auftauchen kann. Der wie auch immer geartete gesellschaftliche Nutzen der Kunst ist jedenfalls keiner, der sich einfordern oder gar in Kennziffern darstellen ließe, sondern hat mit ihrer Vielschichtigkeit, einer Haltung des „Sowohl-als-auch" zu tun, die nicht mit Beliebigkeit zu verwechseln ist.

Über das Zaudern hat Joseph Vogl geschrieben, es wende sich „gegen die Festigkeit von Weltlagen, gegen die Unwiderruflichkeit von Urteilen,

gegen die Endgültigkeit von Lösungen, gegen die Bestimmtheit von Konsequenzen [...] und das Gewicht von Resultaten. In ihm artikuliert sich ein komplizierender Sinn, der weniger Antworten zu den Fragen [...] sucht, sondern unterstellt, dass in den gegebenen Antworten und Lösungen unerledigte Fragen und Probleme weiterhin insistieren [...] Das Zaudern hegt einen Komplexitätsverdacht; es folgt einer Arithmetik, die vom Hundertsten ins Tausendste geht."[12]

Die Freiheit der Kunst, so könnte man sagen, ist die Freiheit des Zauderns – und der Unruhe der Form, wie ich hinzufügen möchte; einer Form, die, wie Alain Badiou schreibt, „in der Belebung ihres Akts, das Unendliche ist, dessen die Kunst fähig ist. Das Unendliche ist nicht *in* der Form gefangen, es wird *durch die Form befördert.* Die endliche Form kann, wenn sie ein Ereignis ist, gleichbedeutend sein mit einer unendlichen Öffnung. Die Kunst des zwanzigsten Jahrhunderts ist [...] von einer ständigen formalen Unruhe gekennzeichnet."[13]

Über die Ausstellung „Der Ungeduld der Freiheit Gestalt zu geben"
Mit der Ausstellung *Der Ungeduld der Freiheit Gestalt zu geben*, deren Titel dem bereits mehrfach zitierten Aufsatz *Was ist Aufklärung?* von Michel Foucault entnommen ist, lag es uns daran, das Politisch-Werden der Kunst auf formaler, methodischer und inhaltlicher Ebene zu verhandeln und entlang verschiedener und dabei auch gegenläufiger aktivistischer wie passivistischer, offensichtlicher wie subtiler, konkreter wie struktureller Formen und Motive des Ungehorsams und der Kritik auszuloten.

In einem historischen Bogen, der von der Pariser Kommune bis zur aktuellen Krise der Europäischen Union, vom Fall der Berliner Mauer bis zu den unzähligen neuen Grenzen der heutigen Migrations- und Flüchtlingspolitiken reichte, nahm die Ausstellung auf inhaltlicher Ebene die Entwicklungen zwischen der modernen kapitalistischen Disziplinar- und der postmodernen neoliberalen Kontrollgesellschaft in den Blick.

Dabei ging es im Wesentlichen um eine kritische und zugleich mehrstimmige Analyse der Jetztzeit und ihren möglichen anderen, gegenläufigen historischen Narrativen. Was bedeutet es für die Gegenwart, wenn man ihre Geschichte im Rückgriff auf Fiktionen, Gerüchte, Lügen oder VerräterInnen neu erfindet? Insofern zählten Relektüre, Montage und Reenactment zu den zentralen ästhetischen Methoden, die in der Ausstellung zu finden waren – letzteres in Form von künstlerischen Aneignungen, Um- und Verkehrungen, die von dem eigentlichen Motiv des Reenactments, sei es im Sinne eines möglichst detailgetreuen szenischen Nachspielens historischer Ereignisse oder der Aktualisierung historischer Performances, weit entfernt sind.

12 Joseph Vogl, *Über das Zaudern*, Zürich und Berlin 2008, S. 108.

13 Alain Badiou 2006, wie Anm. 3, S. 189f.

Die Form der Wiederaufführung, um die es in der Ausstellung ging und die ich im Folgenden als eine unter vielen möglichen widerständigen und kritischen Praktiken der Kunst genauer beleuchten möchte, entspricht vielmehr dem, was Jacques Derrida eine „performative Interpretation" genannt hat, das heißt eine Interpretation, die das, was sie interpretiert, zugleich verändert[14]. Es geht um Formen der „Wi(e)derholung und „Wi(e)deraufführung", die fremde Elemente in bestehende Narrative einfügen, die rekonstruieren, was nicht gewesen ist, was versäumt wurde oder fehlt; die die Ordnungen von Zeit und Raum ebenso durcheinanderbringen wie die zwischen Relevanz und Irrelevanz, Wirklichkeit und Fiktion, „nicht mehr" und „noch nicht." Es sind Versuchsanordnungen, die durch eine verkehrte und verkehrende Aneignung und Einverleibung der Dinge – ob nun als Geste oder Akt – auf Unerwartetes stoßen, auf das, was strittig blieb – und die es freilegen oder erst hervorbringen.

So haben Alice Creischer, Christian von Borries und Andreas Siekmann in ihrer 2009 live und am ursprünglichen Ort des Geschehens performten Wiederaufführung einer Pressekonferenz aus dem Jahr 2008 nachträglich in deren Ablauf eingegriffen. Es ging um die Wiederholung *und* Kaperung einer Veranstaltung, bei der die drei damals amtierenden Generaldirektoren der Staatlichen Museen zu Berlin, Dresden und München – Peter-Klaus Schuster, Martin Roth und Reinhold Baumstark – den gemeinsamen Plan der Konzeption eines Universalmuseums für Dubai verkündeten. Ihr Auftritt war an unverhohlenen patriarchalen, imperialistischen und kolonialen Gesten kaum zu überbieten. Genau diese werden mittels der künstlerischen Eingriffe in die wiederholte, real-fiktive Pressekonferenz angegangen – Einschübe, die nicht weniger als eine Neuerfindung der Vergangenheit vornehmen. „Mit dem, was vergangen ist", heißt es in einem Videoessay von Eva Meyer und Eran Schaerf, „muss man sich abfinden, sich arrangieren. Ungeschehen machen kann man das Geschehene wenigstens nicht. Das stimmt meistens, aber nicht immer."[15]

In die Vergangenheit greift auch das Pil and Galia Kollectiv[16] ein, indem es eine im Internet gefundene Serie von Fotografien, die den Aufbau eines frühen Computerunternehmens dokumentiert, mit einer falschen Erzählung belegt – und so zu einer Art Lehr- und Beweisstück über die Anfänge der biopolitischen Regime neoliberaler Arbeitswelten macht. Die Künstlerin Kiri Dalena hat wiederum hunderte Fotodokumente der 1950er- bis

14 Vgl. Jacques Derrida, *Marx' Gespenster,* Frankfurt am Main 1996, S. 77.

15 Eva Meyer und Eran Schaerf, *Flashforward,* Videoessay, 2004.

16 Pil and Galia Kollectiv, *Co-Operative Explanatory Capabilities in Organizational Design and Personnel Management,* 2010, DVD, 23 Min.

1970er-Jahre, die verschiedene Massenproteste und Demonstrationen in den Philippinen festhalten, manipuliert, indem sie die Parolen von den Transparenten entfernte. Sie öffnet den Raum des Historischen, des bereits Geschehenen, des „Nicht-mehr" hin zu einem utopischen Raum des Möglichen, des „Noch-nicht" – und transformiert dabei das Banner, als Träger der öffentlichen Artikulation schlechthin, zu einer Art kollektivem Wunderblock.

Mit der Überlagerung von Dokumentation und Fiktion sowie den Räumen zwischen dem „Nicht-mehr" und „Noch-nicht" haben auch Francis Hungers und Jeronimo Voss' Arbeiten zu tun. So lässt Hunger in seiner Videoinstallation *Tolpa*, die nach den möglichen Gründen für das Ende der russischen Avantgarde fragt, das fiktive, noch zu realisierende Projekt der Entwicklung eines Bühnenstücks über den sowjetischen Filmemacher Dziga Vertov diskutieren. Dabei referiert Hunger nicht nur auf Sergej Eisensteins gescheitertes Vorhaben, Karl Marx' *Das Kapital* zu verfilmen, sondern auch auf Alexander Kluges fast zehnstündigen Videoessay *Nachrichten aus der ideologischen Antike* (2008), der Eisensteins Vorhaben und dessen Scheitern zum Ausgangspunkt nimmt.

Voss setzt in seiner Installation *Aufstand der Fischer* (2011) ebenfalls am Scheitern eines Filmprojektes an, das heißt an Erwin Piscators Versuch, Anna Seghers Novelle *Aufstand der Fischer von St. Barbara* zu verfilmen und mit diesem Film ein Instrument zur antifaschistischen Mobilisierung zu schaffen. Dieses Ziel sollte nicht erreicht werden, denn bei der Premiere des Films 1934 waren die Nationalsozialisten bereits an der Macht. Voss' Installation rekonstruiert eine Art fiktiven Dialog zwischen Seghers und Piscator, der in Form einer simulierten Live-Präsentation von Overhead-Folien vorgeführt wird, deren Vortragende jedoch physisch abwesend ist.

Formen des persönlichen Reenactments, die wie Studien zur Untersuchung der eigenen Lebensumstände anmuten, lassen sich sowohl in Alan Sekulas umfangreicher Foto-Audio-Installation *Aerospace Folktales* (1973), in der er in einer Art fiktivem Filmset – genauer in dem Setting eines in seine Einzelteile zerlegten, nicht existenten Films – seiner eigenen Klassenherkunft nachgeht, als auch in Stefan Constantinescus Malerei-Serie *An Infinite Blue* (2009–2010) ausmachen. Letztere ist eine Annäherung des Künstlers an seine unter der Ceaușescu-Diktatur erworbene Ausbildung als Maler. Beide Künstler führen auf eindrückliche Weise vor, wie politisch das Private ist.

Ein explizites Reenactment führten die Herausgeberinnen der in den 1970er- und 1980er-Jahren erschienenen feministischen Zeitschrift *Schwarze Botin* in Form einer öffentlichen Redaktionskonferenz durch, die auf einer Bühne während der Wiener Festwochen stattfand und an der sowohl damalige Autorinnen als auch Protagonistinnen einer jungen Generation von Feministinnen teilnahmen. Hier ebenso wie in der daraus resultierenden Videoinstallation geht es um eine Neubetrachtung theoretischer und politischer Ansätze auf der Basis künstlerischer Mittel und Formen. Dies

gilt in gewisser Weise auch für die Präsentation des 1994 von den Künstlern Dmitry Gutov und Konstantin Bokhorov in Moskau gegründeten Lifschitz Instituts, das sich der Relektüre des Werks des sowjetischen Denkers Michail Lifschitz widmet. Anliegen des Institutes ist es, Lifschitz' Theorien jenseits ihrer üblichen Verurteilung als orthodox-marxistische und anti-modernistische Pamphlete zu betrachten. Der Kontext von Kunstausstellungen ist dabei eines von verschiedenen Formaten, in denen das Institut als Denkumfeld eines anderen, gegenläufigen Wissens auftritt.

Pedro G. Romero hat im Rahmen der Ausstellung ein illegales Gefängnis aus dem Spanien der 1930er-Jahre, eine sogenannte *cheka*, rekonstruiert. Konkret handelt es sich dabei um eine jener psychotechnischen Folterzellen, die während des spanischen Bürgerkriegs von einem Franzosen slowenischer Herkunft, Alphonse Laurencic, nach den ästhetischen Maßgaben moderner Künstler wie Itten, Kandinsky, Klee oder Vasarely gestaltet wurden – denn deren grelle Farben und abstrakte Formen galten als besonders geeignet, die Wahrnehmung der Menschen bis aufs Äußerste zu irritieren.[17] Moderne Kunst als Folter. Slavoj Žižeks beginnt sein Buch *Parallaxe* mit einer Beschreibung dieser psychotechnischen Gefängnisse, die ihm zur Annäherung an seinen Begriff der „parallaktischen Lücke" dienen: dem „*unmöglichen Kurzschluss* von Ebenen, […] die sich aus strukturellen Gründen niemals treffen"; die „zwei Seiten desselben Phänomens, die eben weil es zwei Seiten sind, niemals zusammenkommen können"[18]. Romeros Rekonstruktionen und Neuverortungen der laurencicschen *chekas* finden im Rahmen seines seit 2000 als *work in progress* betriebenen Projektes *Archivo F.X.* statt[19], das ganz im Sinne von Žižeks Begriff der Parallaxe Zeugnisse des antiklerikalen Ikonoklasmus in Spanien mit der internationalen Kunst der Avantgarde in Verbindung bringt.

Diese Form der Montage des Unvereinbaren entspricht überdies dem, was Jacques Rancière im Gegensatz zur dialektischen Montage, die einen Schock erzeugen und die Welt hinter einer anderen Welt sichtbar machen möchte, die symbolische Montage genannt hat: „Denn die symbolische Montage versucht tatsächlich, eine Familiarität zwischen den fremden Elementen zu inszenieren."[20] Erst diese inszenierte Familiarität zwischen den

17 Nach Romeros Recherchen verfügte Alphonse Laurencic über nur begrenzte Kunstkenntnisse. Sein Konzept der nach den Prinzipien der modernen Kunst gestalteten Folterzelle hatte mehr mit der Entwicklung eines cleveren, da singulären Geschäftsmodells denn mit der Kenntnis der modernen Kunst zu tun.

18 Slavoj Žižek, *Parallaxe*, Frankfurt am Main 2006, S. 8f.

19 Siehe: *Pedro G. Romero. Archivo F.X. Wirtschaft, Ökonomie, Konjunktur*, hrsg. von Hans D. Christ und Iris Dressler, Ausst.-Kat. Württembergischer Kunstverein Stuttgart, Stuttgart 2010.

fremden Elementen ermöglicht eine gegenseitige und in ihren Auswirkungen unvorhersehbare Affizierung, lässt die Dinge „fremdgehen", anders werden und neue Beziehungen knüpfen.

Dies gilt auch für die poetischen Skulpturen des Wiener Künstlers Heinz Frank. Sie bestehen aus rohen und bearbeiteten Steinen, Holz- und Metallresten, ungebranntem Ton, Teilen von Möbeln, Teppichen, Gestellen und anderen Dingen, die Frank zu narrativen, szenischen und meist figurativen Ensembles zusammenfügt. Die einzelnen Teile werden dabei nicht fixiert, sondern durch diverse Balance-Akte zusammengehalten. Ihre Anordnung ist fragil und bleibt ebenso wie ihre Bedeutungen und Lesbarkeit im Fluss.

Neben Arbeiten, deren politische und kritische Potenziale mit Methoden der Montage, Relektüre und Wiederaufführung zu tun haben, umfasste die Ausstellung auch solche künstlerischen Praktiken, die sehr direkt Bezug auf öffentliche Räume nehmen und / oder Formen des gesellschaftspolitischen Engagements und der Partizipation mit den Mitteln der Kunst neu erproben. Das Projekt des Künstlerkollektivs Grupo Baja Mar (Ebbe-Gruppe) beispielsweise, das 1994 darin bestand, diverse Botschaften, Verbote und Regularien in den Strand von San Sebastián zu schreiben und dabei weite Flächen des öffentlichen Raums in Beschlag zu nehmen, verhandelt Partizipation nicht im Sinne eines harmonischen Miteinanders, sondern des Konfliktes.

Die sich in den Stadtraum einschreibenden Machtverhältnisse sowie die Möglichkeiten ihrer Durchkreuzung sind auch Thema in Kiluanji Kia Hendas Projektreihe *Redefining The Power*, das an den zahlreichen leeren Sockeln im Stadtraum Luandas ansetzt. Einst standen darauf die Skulpturen der Kolonialisten, die im Zuge der Unabhängigkeit Angolas entfernt wurden. Hendas Projekt besteht darin, lokale KünstlerInnen dazu einzuladen, für ein Foto auf den diversen Sockeln zu posieren. Jedes dieser Fotos wird zusammen mit einer Aufnahme des historischen Monuments und einer aktuellen Abbildung des leeren Sockels gezeigt.

Eine Intervention in die privaten Räume städtischer Gefüge unternahmen Pedro G. Romero und der Flamenco-Tänzer Israel Galván in Badía del Vallès, einer Kleinstadt nahe Barcelona. Das Viertel, auf das sich das Performance-Video *La Casa* bezieht, besteht, wie man zu Beginn desselben lesen kann, nahezu ausschließlich aus Sozialwohnungen. Genau genommen gibt es nur ein einziges Appartement, das privatisiert worden ist, und ebendieses bildete den Ausgangspunkt für das Projekt, das in ironischen Wendungen danach fragt, was die Privatisierung wohl mit einer Wohnung macht, die plötzlich auf dem freien Markt erhältlich ist. Kann man diese Befreiung spüren? Galván geht der Frage nach, indem er die Wohnung Zimmer für Zimmer durch seinen Tanz physisch neu vermisst.

20 Jacques Rancière, *Politik der Bilder*, Zürich und Berlin 2005/2009 (Original: *Le destin des images*, Paris 2003), S. 70.

Marina Naprushkina nutzte die Ausstellung schließlich dazu, um ein neues Projekt, das sie in Berlin begonnen hatte, vorzustellen: den Aufbau eines Netzwerks von Personen, das die BewohnerInnen eines AsylbewerberInnenheims in Berlin-Moabit unterstützt und hier einen gemeinsamen offenen Ort des Austauschs schaffen wollte – ohne Hierarchien und ohne staatliche Stellen.

Eine Stuttgarter Sozialarbeiterin, die auf Naprushkinas Projekt aufmerksam wurde, stellte noch während der Ausstellung erste Kontakte zwischen dem Kunstverein und in Stuttgart lebenden AsylbewerberInnen her, die schließlich an einem zweiteiligen Workshop von und mit Naprushkina teilnahmen. Dieser fand sowohl in Stuttgart als auch in Berlin statt, um das Projekt und seine Beteiligten auch vor Ort kennenzulernen. Ohne dass dies in irgendeiner Form geplant worden wäre, entstand ein Netzwerk zwischen Stuttgarter und Berliner Flüchtlingen und deren UnterstützerInnen. Ein zentrales Element sind dabei zum Beispiel die schriftlichen und zeichnerischen Protokolle, die Naprushkina von öffentlichen Gerichtsverhandlungen zu Asylverfahren angefertigt und in diverse Sprachen übersetzt hat, um sie unter Flüchtlingen zur Vorbereitung auf diese Verfahren zu verbreiten.

Ich kann an dieser Stelle nicht auf alle Aspekte der Ausstellung, geschweige denn auf jedes einzelne Werk mit der gebührenden Aufmerksamkeit eingehen. Hervorheben möchte ich jedoch, bevor ich mich der Ausstellungschoreografie zuwende, noch ein Projekt: Banu Cennetoglus und Yasemin Özcans Videoarbeit *What Is It That You Are Worried About?* von 2013, das in gewisser Weise auf einer Verweigerung basiert. Eingeladen, im Rahmen der Biennale *D-0 ARK Underground* in Konjic (Bosnien-Herzegowina) etwas für den ehemaligen Bunker Titos zu produzieren, lehnten es die beiden Künstlerinnen ab, sich für diese Form des ethisch-moralischen Exorzismus eines Ortes vereinnahmen zu lassen. Stattdessen delegierten sie dieses Problem an eine professionelle Austreiberin negativer Schwingungen, Zeynep Sevil Güven. Von einem Aufnahmestudio in Istanbul aus und mithilfe eines Raumplans unterzog Güven den Bunker auf der Basis verschiedener Methoden, wie das *InnerSpeak*-Protokoll oder die von ihr entwickelte ZSG-Heilmethode, einer umfassenden Reinigung.

Einer der maßgeblichen kuratorischen Ansätze der Ausstellung *Der Ungeduld der Freiheit Gestalt zu geben* im Hinblick auf ihre konzeptuellen, inhaltlichen, räumlichen wie choreografischen Setzungen bestand darin, die politischen Praktiken der Kunst entlang widerstreitender und sich ausschließender Positionen zu verhandeln – ohne dabei die Widersprüche miteinander zu versöhnen. Statt die vielen historischen Referenzen in chronologische Zusammenhänge zu bringen, ging es Hans D. Christ und mir darum, Diskontinuitäten ins Spiel zu bringen. Ein solcher Anspruch lässt sich von der Frage der räumlichen Inszenierung einer Ausstellung nicht trennen. So war das räumliche Setting der Ausstellung zum Beispiel nicht als Parcours mit einem klaren Anfang und Ende, sondern als eine Art offene Landschaft konzipiert, die eine Vielzahl an möglichen Ein- und

Ausstiegen, Bewegungsachsen, Konstellationen, Begegnungen, Querverweisen, Brüchen, Wiederaufnahmen und Sackgassen offerierte. Ein Weg führte gar in das Kellerlager des Kunstvereins, wo man, einem vermeintlichen Klopfzeichen folgend, auf einen weiteren Tanz Israel Galváns stieß.

Wir vermitteln in unseren Ausstellungen keine Erzählungen, die auf schlüssige und konzise Weise erklären würden, um was es geht. Vielmehr interessiert es uns, zwischen den kuratorischen und künstlerischen Setzungen sowie den Bewegungen und Aneignungen der BesucherInnen Raum für Unerwartetes, Unbedachtes und auch für Missverständnisse zu lassen. Der performative Aspekt einer Ausstellung hat nicht nur mit dem Grad der Performativität ihrer einzelnen Werke, sondern vor allem mit der Öffnung ihrer Lesbarkeiten zu tun. Die Idee des Performativen im Sinne des Unabschließbaren, des stets neu zu Verhandelnden und immer strittig Bleibenden – im Sinne einer nicht zu beruhigenden Unruhe von Form und Inhalt – entspricht dabei gleichermaßen unserem Verständnis von Institution und Kuratieren wie von Kunst und Politik.

Giving Form to the Impatience of Liberty

Iris Dressler

From Paris to China

"Showing the correlations between cultural and political processes has for years counted among the essential goals of the exhibition activity at the Württembergischer Kunstverein." These words originated with Tilman Osterwold, director of the Württembergischer Kunstverein from 1973 to 1993—or actually with his preface to the catalogue accompanying the exhibition *Die politische Lithographie im Kampf um die Pariser Kommune* (Political Lithography in the Struggle for the Paris Commune), which he curated in collaboration with a work group from Frankfurt am Main[1] and presented at the Kunstverein from April 15 to May 23, 1976. Further, he noted that a large portion of the lithographs being shown came from the Frankfurt-based collector Helmut Poetter, who planned to donate them to the People's Republic of China after the exhibition concluded on the occasion of the twenty-fifth anniversary of the country's founding. As if that weren't strange enough, at the end of the catalogue we find a letter from the public prosecutor's office in Duisburg, dated 1976 and printed in the catalogue without commentary, that is addressed to the communist Gerhard Schneider, who was a member of the exhibition's work group. The Romance Studies professor, who had been suspended from his position at the University of Frankfurt in 1975 due to his connections with the Communist Party of Germany (KPD) and socialism,[2] made a public statement about the death of the laborer Günter Routhier, who had died the previous year

1 Angela Bork, Veronika Erdmann, Detlev von Graeve, Renate Rütten, Raimund Rütten, and Gerhard Schneider.

2 See *Der Spiegel* 34 (1978), http://www.spiegel.de/spiegel/print/d-40616133.html.

from the effects of a police assault in a labor court in Duisburg. At the time, the incident sparked a broad wave of protest and was tagged as murder by countless leftists, including Schneider, which in turn caused just as many court cases. The prosecutor's letter announces the investigative proceedings against Schneider "due to insulting the state and slander" and moreover contains a statement by the defendant.

By publishing this written document in the catalogue on the lithography about the Paris Commune, Osterwold was expressing his solidarity with the civil disobedience of a communist–and, at that, in a political climate marked by occupational bans against precisely such political stances. Yet at the same time, found here is an interesting short circuit between the reevaluation of an aesthetic articulation of resistance–nineteenth-century political caricature in France, which may have once challenged censors but by 1976 had long become embedded in the canon of art history–and a present-day conflict of political articulation and the imminent censorship it faces.

What Is Art, What Is Politics, What Is Political Art?

The issue of the relationship between art and politics–which is usually addressed as a question of the legitimate and illegitimate, good and bad, true and false relations between art and politics–is inextricably linked to the questions "What is art?" and "What is politics?" or "What is good art?" and "What is good politics?" This equally applies to mutual exclusion–art is what politics is not, and vice versa–and to the sometimes uneasily and sometimes euphoric considered alliances between the two: including the lament that art is instrumentalized by politics, the assertion that art is fundamentally political, and the position that art is not *inherently* political but could well *become so.*

The separation of art and politics is aligned, on the one hand, to the belief that art has no purpose other than its own ends, that the inherent and resistive (and thus, not least, political) facets of art lay precisely in the act of radically eluding beneficial use within society. On the other hand, this separation results from the disillusionment, arising from postmodernism at the latest, that anything can be done with art except inciting a revolution–not to mention the fact that any struggle would be redeemed sooner or later by the prevailing societal systems anyway.

The charge that art is politically instrumentalized generally implies not only that we are dealing in this case with poor art since weak and non-autonomous–and that, inversely, strong art of high quality is autonomous–but also that it is dedicated to a bad issue, to bad politics (for example, fascism or Stalinism), and thus remains in a deplorable state of morality. This, in turn, implies that art must *inherently* be an expression of good.

The dictum that art is political per se actually has to do with the opening of the concept of the political, as escalated with the famous slogan of May '68: "Everything Is Political." Since the 1920s, according to Alain Badiou, the word has dilated "to the point of vaguely designating every radical break,

every escape from consensus."[3] At the same time, this dictum is not conceivable without the expansion of the art concept: that grand avant-garde project that vowed to tear down the walls between art and life.

Thus, the political potentials of art are not only negotiated in terms of their emancipatory and resistive qualities. At least since the 1990s,[4] art has been accused of being complicit with capitalist or neoliberal economies and societal systems. Art in this sense is considered political because it produces the primary nutrients of cognitive capitalism: symbolic capital, meaning, social relations, affects, and (most especially) subjectivity.

The fourth position (and of course there are many more) averring that art, while not inherently political, could indeed become so ultimately raises the question as to whether this is its most primary task, its objective, its calling. Does it first become art through the process of becoming political? Is that its social mandate? Does society, that is, the *political community*, have a claim to politicization–or, stated more generally, to a certain art-related form, function, and content: the beautiful, the good, education, research, participation, inclusion, truth, salvation, et cetera? Or is the political–*and* the artistic–potentiality of art not rather related to its interference as unauthorized protagonist, to its appearance as unexpected and unsolicited guest usurping such territories to which it is not entitled–be it of aesthetic, political, economic, moral, philosophical, or scientific nature? Here it would be important to clarify what we mean when we say "politics" or "political": resistance or complicity, emancipation or being governed, dissent or consensus, disobedience or obedience, politics or police?

Hardly anyone today, in our Western democratic cultural spheres, would demand that art be created in service of the government–at least not officially–although, upon closer examination, art seems to be well beholden to the government more than ever, from its representational function to its educational and social mandates. However, the question arises as to whether there are not even more fundamental entanglements at play here. If we join Michel Foucault in presuming that being governed involves acceptance and subjection to a certain form of being, knowledge, and action valid at a certain time and in a certain place,[5] then the point is to explore which

3 Alain Badiou, *The Century*, trans. Alberto Toscano (Malden, MA, and Cambridge, 2007), p. 150.

4 Here I am referring to discourses from the 1990s ranging from "vagabond producers" and "immaterial work" to the "new specter of capitalism." See Toni Negri, Maurizio Lazzarato, and Paolo Virno, *Umherschweifende Produzenten: Immaterielle Arbeit und Subversion*, ed. Thomas Atzert (Berlin, 1998); Luc Boltanski and Ève Chiapello, *Der neue Geist des Kapitalismus* (Constance, 2003), originally published as *Le nouvel Ésprit du Capitalisme* (Paris, 1999).

5 Michel Foucault, "What Is Critique?," in *The Politics of Truth*, ed. Sylvère Lotringer and Lysa Hochroth (New York, 1997).

role art plays in making acceptable these validities, their endowment with power and truth—and which tools and potentials it wields simultaneously in order to reject just such validities. Art may have always been a part of the prevailing systems, of the governing bodies—as well as an accomplice to the neoliberal narrative of subject, labor, production, and consumption. Yet it indeed *can* also assume the position of critique, of "desubjugation," as Foucault would say, by first and foremost giving oneself "the right to question truth on its effects of power and question power on its discourses of truth."[6]

Art *can* become political—and this I specifically mean not in the sense of the necessary, but rather the *possible*, of contingency. For it is this contingency, the recognition of arbitrariness and chance as conditions of the existing systems of thought, power, and order—and not their naturalness—that first pries open those gaps that give rise to space, the *possible* space of critique, resistance, disobedience, and the impossible. Here I am concerned with a political and critical potentiality of art that, fully in line with Foucault's concept of critique "will not deduce from the form of what we are what it is impossible for us to do and to know; but it will separate out, from the contingency that has made us what we are, the possibility of no longer being, doing, or thinking what we are, do, or think."[7]

If we assume that art and politics are part of societal discourse and discursive formations, which possess neither universal nor natural, necessary, or eternal truth, but which are rather contingent, then the discussion of their function—individually and in relation to one another—can only involve something that repeatedly needs to be renegotiated. So in this sense, the becoming-political of art is not a process that would ever reach a preset goal or completion; it is rather an interminable act of becoming. If nothing has universal validity, then something always remains contestable. It is precisely herein that I believe the driving force and performativity of art and politics to be founded.

In this context, the becoming-political of art has more to do with critique than with *criticality*, that formula which intends to suggest that we are aware of our own embeddedness in those structures that we mean to criticize. A critique-light with a dual safety net that is meant to make us unassailable?

6 Ibid., p. 32.

7 Foucault, "What Is Enlightenment?," in *The Politics of Truth*, p. 125.

8 As Michel Foucault notes in his remarks on the speaking the truth and on the modus vivendi of cynics, those loud ways of life, the issue is nothing less than this difficult question: "for life truly to be the life of truth, must it not be an other life, a life which is radically and paradoxically other? It is radically other because it breaks totally and on every point with the traditional forms of existence, . . ." See Michel Foucault, *The Courage of the Truth*, ed. Frédéric Gros, trans. Graham Burchell (Basingstoke and New York, 2011), p. 245.

Parrhesia, which is perhaps the most radical form of critique, in turn means that life is jeopardized for the speaking of truth. Pivotal here is the figure of the other, who tells us what we really don't want to hear: a kind of uninvited guest for whom we were unprepared, someone who transcends our thinking and actually utterly questions it, reassesses it, and fosters confusion[8]–and whose offending speech must be faced with the same courage that this uninvited guest himself musters in saying it.[9]

It is not the task of art to bluntly tell us the truth or to hold to our faces a mirror of revelation; but art does intend to radically challenge things as they are, while risking its head and ours as well. To repeatedly focus only on our own impotence and embeddedness in structures of power, instead, inevitably leads to a fictitious state of inviolability, which Jacques Rancière describes as follows:

"It is enough ... to convert it into a generalized impotence and reserve for itself the position of the lucid mind casting a disenchanted eye over a world in which critical interpretation of the system has become an element of the system itself."[10] ... "The machine can work in this way until the end of time, capitalizing on the impotence of the critique that unveils the impotence of the imbeciles."[11]

Art, politics, and critique in the sense of resistive practices aligned to dissent rather than consensus not only imply always having one foot on the wrong side–for something always remains disputable–but also in chancing the risk of becoming an imbecile.

As part of both old and new debates about what is actually political art in contrast to a market-conforming label, there is presently an attempt to invoke catchy and reductionist formulas for leveraging activism, participation, authenticity, and social utility value against aesthetic form, theory, ambivalence, and complexity.

Aside from the fact that the concept of activism itself is in dire need of reevaluation in terms of its institutionalization, canonization, and commercialization, the position that activism represents the only space of potentiality for political art because everything else is lacking in authenticity and "street credibility" is as indefensible as the claim that activistic art outrageously has a try at something that is not its job. Resistive practices–regardless of which realm of society–play out on countless levels and employ divergent methods, forms, languages, tools, and arms. This always also involves complexity, ambivalence, and conflict, without which every politics becomes police. Activistic forms of art–from participation in demonstrations, squats, and resistance camps to "social work"–do not

9 Ibid., p. 13.

10 Jacques Rancière, *The Emancipated Spectator*, trans. Gregory Elliott (London and New York, 2009), p. 37.

11 Ibid., p. 48.

hold relevance because they would be so authentic or useful, but rather because here, art and political struggle—with all their common interests and goals—could encounter each other especially through their alterity, their antagonism, and their own respective limitations: basically, brushing each other against the grain.

Moreover, I consider art to be an aesthetic, intellectual, and political force whose resistive potentials manifest not only in the form of agency and action, but also very significantly in the forms of passivity, refusal, in the stance of "I'd rather not." Strategies of refusal seem appropriate, especially considering the many agendas with which art, artists, and art institutions are faced today: education, participation, inclusion, research, innovation, entertainment, prestige, indirect profitability, et cetera. Here, the act of refusal reflects, first and foremost, socially dictated pressure to provide legitimacy and utility. Freedom of art does not mean that it would exist within a completely airless space devoid of any practical constraints; it means that art may reject the expectations placed on it, that it may disappear and then resurface in unexpected places. In any case, the value of art within society, whichever form it may take, is certainly not something that can be demanded or even parameterized; rather, it involves a complexity, a stance embracing multiple facets, that should not be confused with arbitrariness.

On dithering, Joseph Vogl writes that it turns "against the stability of global situations, against the irrevocability of judgments, against the finality of solutions, against the determinacy of consequences ... and [against] the weight of results. Articulated in it [dithering] is a complicated purpose that does not seek answers to questions ... but rather asserts that unaddressed questions and problems continue to fester within the given answers and solutions ... Dithering nurtures suspicion of complexity; it follows an arithmetic that ranges from the hundreds into the thousands."[12]

The freedom of art, one might say, is the freedom of dithering—and, as I would like to add, the unrest of form: "The infinite is not captured *in* form; it *transits through form.* If it is an event—if it is *what happens*—finite form can be equivalent to an infinite opening ... twentieth-century art is marked by an enduring formal unease."[13]

On the Exhibition "Giving Form to the Impatience of Liberty"

With the exhibition *Giving Form to the Impatience of Liberty*, its title borrowed from the already frequently cited essay "What Is Enlightenment?" by Michel Foucault, we set out to negotiate the becoming-political of art on a formal, methodological, and content-based level. The aim was to explore this becoming-political along various forms and motifs of disobedi-

12 Translated from Joseph Vogl, *Über das Zaudern* (Zurich, 2008), p. 108.

13 Badiou, *The Century*, p. 155.

ence and critique which are even of contrary nature: activist and passivist, obvious and subtle, concrete and structural.

In a historical arch spanning from the Paris Commune to the current crisis within the European Union, from the fall of the Berlin Wall to countless new perimeters of present-day migration and refugee policy, the exhibition focused, in terms of content, on the developments between the modern capitalist disciplinarian society and the postmodern neoliberal control society.

The exhibition essentially pursued a critical and simultaneously polyphonic analysis of the present day and its possible other, contrary historical narratives. What implications does it have for the present when we reinvent its history by taking recourse to fictions, rumors, lies, or renegades. In this sense, among the main aesthetic methods found in the exhibition were rereading, montage, and reenactment. The latter took the form of artistic appropriation, inversions and reversals that were far removed from the actual motif of reenactment–be it in the sense of scenically reenacting historical events with as much detail as possible or updating historical performances.

The form of reenactment on which the exhibition was focused, and which I would like to more closely examine in the following as one of many resistive and critical art practices, more closely correlates with that which Jacques Derrida has called a "performative interpretation," that is, an interpretation that simultaneously alters that which it is interpreting.[14] This has to do with forms of "Wi(e)derholung" (repetition / counter-repetition) and "Wi(e)deraufführung" (reenactment / "counter"-actment),[15] which insert foreign elements into existing narratives, which reconstruct things that did not happen, that were neglected or are missing, which disrupt the orders of time and space just as those between relevance and irrelevance, reality and fiction, the "no longer" and the "not yet." These are experimental arrangements that encounter the unexpected through an inverted or inverting appropriation and embodiment of things, whether as gesture or act, encountering that which remains disputable–or exposing and evoking it.

In 2009, Alice Creischer, Christian von Borries, and Andreas Siekmann, for example, performed the reenactment of a press conference live at the site of the original event (conducted in the year 2008) and retroactively intervened in its process. This reenactment involved repeating *and* capturing a situation in which the three officiating general directors of the National Museums in Berlin, Dresden, and Munich at the time–Peter-Klaus Schuster, Martin Roth, and Reinhold Baumstark–announced their joint

14 Jacques Derrida, *Specters of Marx*, trans. Peggy Kamuf (New York, 1994), p. 51.

15 This play on words refers to the phonetic closeness in German language between "wider" (against) and "wieder" (again).

plan to open a Universal Museum in Dubai. Their appearance can hardly be topped in terms of blatant patriarchal, imperialist, and colonial gestures. It is precisely these gestures that are addressed by means of artistic intervention in the reiterated, real-fictitious press conference–interpolations that aim for nothing less than a reinvention of the past. As stated in a video essay by Eva Meyer and Eran Schaerf: "We must reconcile ourselves and come to terms with [situations in] the past. In any case, it is impossible to undo that which has transpired. This is usually true, though not always."[16]

The Pil and Galia Kollectiv likewise intervenes in the past[17] by assigning a false narrative to a found series of photographs documenting the establishment of an early computer company–turning it into a kind of didactic or evidential piece on the origins of the biopolitical regime of the neoliberal working world. The artist Kiri Dalena, in turn, has manipulated hundreds of photographic documents from the 1950s and 1960s that record various mass protests and demonstrations in the Philippines by removing the slogans from the banners. She opens up the space of history, of that which has already come to pass, of the "no longer," probing a utopian space of potentiality, of the "not yet"–and thereby transforms the banner, as the carrier of public articulation par excellence, to something of a collective *Wunderblock*.

Works by Francis Hunger and Jeronimo Voss also deal with the superimposition of documents and fictions, as well as with the spaces between the "no longer" and "not yet." Hunger, for instance, in his video installation *Tolpa*, which explores the possible reasons for the end of the Russian avant-garde, furthers the discussion of the fictitious, yet-to-be-realized project of developing a stage play about the Soviet filmmaker Dziga Vertov. Here, Hunger is not only referencing Sergei Eisenstein's failed experiment of filming Karl Marx's *Capital*, but also Alexander Kluge's almost ten-hour-long video essay *Nachrichten aus der ideologischen Antike* (2008), which takes as its point of origin Eisenstein's project and its failure.

Voss also focuses on the failure of a film project in his installation *Aufstand der Fischer* (2011), namely, Erwin Piscator's attempt to film Anna Seghers's novella *Revolt of the Fishermen of Santa Barbara* and, with this film, to create an instrument of anti-fascist mobilization. This goal was never reached since the National Socialists had already risen to power by the time the film premiered in 1934. Voss's installation reconstructs a kind of fictive dialogue between Seghers and Piscator, presented in the form of a simulated life presentation of overhead transparencies, during which the speaker herself is physically absent.

16 Eva Meyer and Eran Schaerf, *Flashforward*, video essay, 2004.

17 *Co-Operative Explanatory Capabilities in Organizational Design and Personnel Management*, 2010, DVD, 23 min.

Forms of personal reenactment, which appear to be studies for the analysis of one's own environment, can be found in the work of both Alan Sekula and Stefan Constantinescu. In the extensive photo-audio installation *Aerospace Folktales* (1973), Sekula traces his own class origins through a fictive film set—or, more precisely stated, through the setting of a non-existing film that has been disassembled into fragments. In Constantinescu's series of paintings called *An Infinite Blue* (2009–10), the artist homes in on his training as a painter under the Ceaușescu dictatorship. Both artists do an impressive job of demonstrating how political the private sphere actually is.

An explicit reenactment was initiated by the editors of the feminist magazine *Schwarze Botin*, published in the 1970s and 1980s. It took the form of a public editorial conference playing out on a stage at the Wiener Festwochen in Vienna, with the authors at the time and also the protagonists of a young generation of feminists participating. Here, just as in the resulting video installation, the focus is on a reconsideration of theoretical and political approaches on the basis of artistic means and forms. In a certain sense, this also applies to the presentation of the Lifshitz Institute, which was founded 1944 in Moscow by the artists Dmitry Gutov and Konstantin Bokhorov and was devoted to the rereading of the work of the Soviet intellectual Michail Lifschitz. The objective of the institute is to view Lifshitz's theories from a perspective that transcends the usual condemnation of the material as Orthodox-Marxist and anti-modernist pamphlets. The context of art exhibitions here is but one of many formats in which the institute appears as an intellectual environment of different, contrary knowledge.

Pedro G. Romero developed, in the scope of the exhibition, a so-called *cheka*, an illegal prison from the 1930s in Spain. In a concrete sense, it is one of those psycho-technical torture chambers from the Spanish civil war, designed by a Frenchman of Slovenian descent, Alphonse Laurencic, according to the aesthetics of Johannes Itten, Wassily Kandinsky, Paul Klee, or Victor Vasarely—for their brash colors and abstract forms were considered to be especially suitable for irritating the perception of humans to the ultimate limits.[18] Modern art as torture. Slavoj Žižek begins his book *The Parallax View* with a description of these psycho-technical prisons, which help him to approximate his "parallax gap" concept: the "*impossible short circuit* of levels which, for structural reasons, can never meet"; the "*two sides* of the same phenomenon which, precisely as two sides, can never meet."[19] Romero's reconstructions and relocalizations of the Laurencician

18 As per Romero's research, Alphonse Laurencic was only in possession of a limited knowledge of art. His concept, developed according to the principle of a torture chamber integrating modern art, had less to do with modern art than with the creation of a clever and unique business model.

19 Slavoj Žižek, *The Parallax View* (Cambridge, MA, and London, 2006), pp. 3–4.

chekas are found in his *Archivo F.X.*, a project that since 2000 has been a work in progress[20] and which, quite similar to Žižek's parallax concept, associates examples of anticlerical iconoclasm in Spain with international avant-garde art.

This form of montage of the irreconcilable moreover correlates that which Jacques Rancière called the symbolic montage, as opposed to dialectical montage, which intends to induce shock and make the world behind another world visible. The symbolic montage, in contrast, "works to establish a familiarity" between "elements that are foreign to one another."[21] It is first this staged familiarity among the foreign elements that facilitates a reciprocal and, in terms of their effects, unpredictable conflation; it allows the things to "stray," to become different, and to enter into new relationships.

This also applies to the poetic sculptures of the Vienna-based artist Heinz Frank. They are fashioned from raw and processed stones, scrap wood and metal, unfired clay, furniture components, rugs, frames, and other items that Frank combines to create narrative, scenic, and usually figurative ensembles. The individual parts are not fastened but rather held together by various balancing acts. Their arrangement is fragile and remains in flux, as does their meaning and interpretability.

In addition to works of art whose political and critical potentials deal with methods of montage, rereading, and reenactment, the exhibition also touched on artistic practices that very directly reference public space and/or forms of sociopolitical commitment and that take a new approach to testing acts of participation using art-related means. The project by the artists' collective Grupo Baja Mar (Low Tide Group)–which was initiated in 1994 and set out to write various messages, prohibitions, and rules onto the beach of San Sebastian, thus monopolizing large expanses of public space–negotiates participation in the sense of conflict rather than harmonious coexistence.

Power relations inscribed into urban space, along with the possibilities for thwarting them, is a topic in Kiluanji Kia Henda's project series *Redefining the Power*, which focuses on the many empty plinths in the urban space of Luanda. They once served as a base for the sculptures of colonialists that were removed as part of Angola's independence movement. For Henda's project, a number of local artists were invited to pose for a photo on one of the many plinths. Each of these photos is shown in conjunction with a historical monument and a present-day rendering of the respective empty plinth.

20 See *Pedro G. Romero: Archivo F.X. Business, Economics, Conjuncture*, ed. Hans D. Christ and Iris Dressler, exh. cat. Württembergischer Kunstverein Stuttgart (Leipzig, 2015).

21 Jacques Rancière, *The Future of the Image* (London and New York, 2007), p. 57. Originally published in French as *Le destin des images* (Paris, 2003).

An intervention into the private spaces found within the urban fabric was undertaken by Pedro G. Romero and the flamenco dancer Israel Galván in Badía del Vallès, a small town near Barcelona. The district to which the performative video *La Casa* refers is almost completely made up of social housing, as the viewer reads at the beginning of the film. Technically speaking, there is only one apartment that has been privatized, and it is this particular one that has been selected as the point of departure for the project, which explores by way of ironic twists and turns: How does privatization impact an apartment that is suddenly available on the free market? Can this liberation be felt? Galván pursues this issue by physically surveying the apartment room for room through his dance.

Marina Naprushkina saw the exhibition as an opportunity to introduce a new project that she had started in Berlin: the establishment of a network of individuals who support the residents of a refugee shelter in the Moabit district of Berlin. There she set out to create an open site for mutual exchange–without hierarchies and without government agencies. A Stuttgart-based social worker who became aware of Naprushkina's project facilitated, already during the exhibition period, initial contact between the Kunstverein and refugees living in Stuttgart, who then ultimately participated in a two-part workshop by and with Naprushkina. It was held both in Stuttgart and in Berlin with the aim of getting to know the project and its participants on site. Thus a network arose fully spontaneously between refugees living in Stuttgart and Berlin and their supporters. A central element here was, for example, the written and sketched transcripts that Naprushkina made of public court proceedings on asylum-related issues. She translated these minutes into different languages in order to help refugees prepare for such court situations.

It is impossible to go into all aspects of the exhibition here, let alone give each individual artwork the attention it deserves. However, I would like to mention one more project before I move on to discussing exhibition choreography: Banu Cennetoğlu and Yasemin Özcan's video work *What Is It That You Are Worried About?* (2013), which in a certain sense is based on refusal. Invited to develop a piece for Tito's former bomb shelter in the scope of the biennale *D-0 ARK Underground* in Konjic (Bosnia and Herzegovina), the two artists refused to be pulled into this form of ethical-moral exorcism of a site. Instead, they delegated this problem to Zeynep Sevil Güven, who professionally eliminates negative energy. From a recording studio in Istanbul with the help of a spatial plan, Güven subjected the bomb shelter to a deep cleansing based on various methods, such as the InnerSpeak protocol or the ZSG healing method that she herself developed.

One of the definitive curatorial approaches of the exhibition *Giving Form to the Impatience of Liberty*, as respects its conceptual, content-related, spatial, and choreographic measures, lay in negotiating the political practices of art along conflicting and antagonistic positions–yet without reconciling these contradictions. Instead of setting the many historical references in

chronological contexts, Hans D. Christ and I were concerned with bringing discontinuities into play. Such an aspiration cannot be disassociated from the issue of spatially staging an exhibition. As such, the spatial setting of the exhibition, for example, was not designed as a parcourse with a clear beginning and end, but rather as a kind of open landscape that offered a multitude of potential entries and exits, axes of movement, constellations, encounters, cross-references, disruptions, recommencements, and dead ends. A path even led into the Kunstverein's basement storage rooms, where, after following what sounded like knocking, one encountered another dance by Israel Galván.

In our exhibitions, we do not convey narratives that would explain what is going on in a coherent and concise way. Instead, we are interested in leaving space–between the curatorial and artistic positions and the visitors' movements and appropriations–for the unexpected, unreflected, and even for misunderstandings. The performative aspect of an exhibition not only has to do with the degree of performativity of its individual works, but most of all with the fostering of its interpretative agency. The idea of performativity in the sense of something that is unfinishable, that always requires renegotiation, that remains disputable–in terms of an unappeasable unrest of form and content–here likewise reflects our understanding of institution and curating, art and politics.

Deutschland. Refugees Welcome

Marina Naprushkina

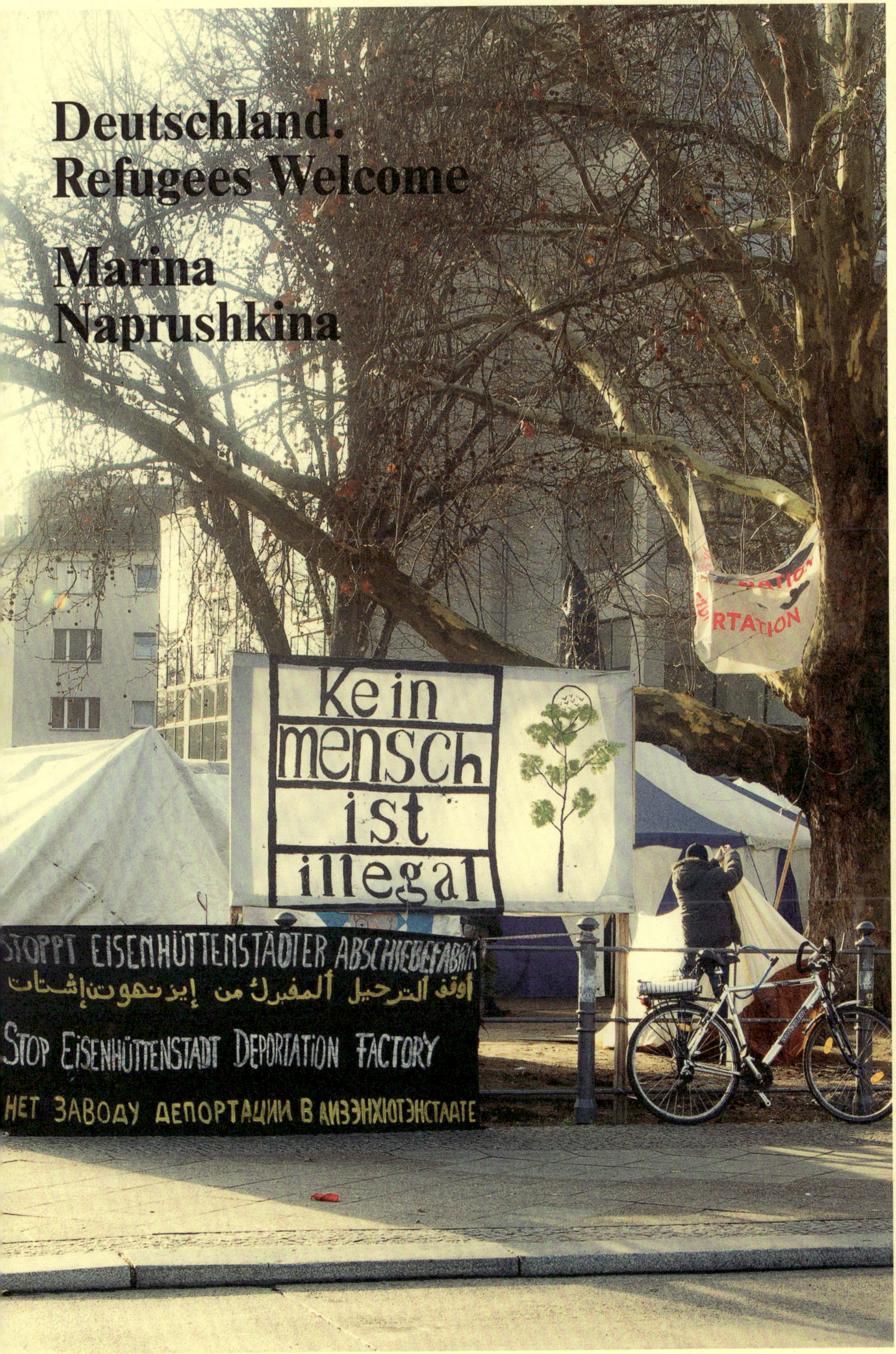

Kurz vor Weihnachten berichtete die Berliner Presse über einen Farbanschlag auf das Privathaus von Franz Allert, dem Präsidenten der zuständigen Behörde für Flüchtlingsangelegenheiten. „Refugees welcome" war großformatig auf sein Haus gesprüht worden, der Staatsschutz ermittle in alle Richtungen, war in den Artikeln zu lesen. Ich schrieb meinem Mitstreiter Tobias aus unserer Flüchtlingsinitiative sofort eine Nachricht: „Sag deinen Eltern, wenn die Polizei bei ihnen vor der Tür steht, sie sollen auf keinen Fall aufmachen."

Aber der Reihe nach:

Im Sommer 2013 wurde bei mir um die Ecke ein AslybewerberInnenheim eröffnet. Die Flüchtlinge wurden in einem großen Gebäude, der ehemaligen Heinrich-von-Kleist-Schule, untergebracht. Ein fünfstöckiges Haus, gebaut Ende der 1920er-Jahre. Damals eine Innovation im Schulbau. Die Fassade mit rotem Klinker verblendet. Heute steht das Gebäude unter Denkmalschutz.

Von außen war kein Hinweisschild zu entdecken, dass das Gebäude jetzt eine andere Funktion bekommen hatte. Auch im Internet gab es keinerlei Informationen über das neue AslybewerberInnenheim in Berlin-Moabit.

Fatima habe ich auf dem Spielplatz kennengelernt. Sie hat auf ihre Enkel aufgepasst. Die Jungs sind mit schwarzen T-Shirts rumgelaufen, auf denen mit großen weißen Buchstaben „Чечня" (Tschetschenien) stand. Dies war auch die Zeit, in der ich öfters ins Verwaltungsgericht in Moabit gegangen bin, um mir Asylprozesse anzuschauen. Ich habe Zeichnungen gemacht. Im Gerichtssaal konnte ich in den Stuhlreihen für Besucher sitzen – sie waren immer komplett leer. Den Flüchtlingen mit ihren Anwälten und Übersetzern konnte ich nur in den Rücken starren. Ich sah nur das Gesicht des Richters, von dem ich nicht ablesen konnte, wie er den Fall beurteilte und ob er im Sinne der Flüchtlinge entscheiden würde.

Shortly before Christmas, the Berlin press reported about a graffiti attack at the private home of Franz Allert, the president of the governmental office responsible for refugee matters. The slogan "Refugees Welcome" was sprayed on the front of his house and, according to the papers, state security was investigating all possible leads. I wrote the following message to Tobias, my colleague from our refugee initiative: "Tell your parents that if the police ring their doorbell, they should definitely not answer the door."

But let's start at the beginning:

In the summer of 2013, a refugee shelter was opened just around the corner from my home. The refugees were housed in a large building, which had formerly been the Heinrich von Kleist School. It is a five-story structure, built in the late 1920s. At the time it was an innovation in school architecture. The façade is covered in red brick. Today the building is protected as a historical site.

There was no indication on the outside, no sign, that the building had now assumed a new function. Nor was there any information to be found on the Internet about this new refugee shelter in the Moabit district of Berlin.

I met Fatima at the playground. She was taking care of her grandchildren. The boys were running around in black T-shirts featuring large, white lettering that read "Чечня" (Chechenya). This was during the period where I frequently visited the administrative court in Moabit to follow asylum cases. I made drawings. In the courtroom, I could sit in the rows of chairs for visitors—they were always completely empty. I could only stare at the backs of those who had fled, and of their lawyers and translators. I saw only the face of the judge, which gave nothing away about how he assessed the case or whether he would make a decision that was favorable for the refugees.

Mir wurde klar: Wenn die Leute nach ihrer Flucht nach Deutschland endlich vor Gericht stehen, damit über ihren Asylantrag entschieden werden kann, haben sie schon zwei bis fünf Jahre in Deutschland verbracht. Wie war diese Zeit für sie?

Als ich Fatima, ihren Sohn und die Kinder im Heim besuchte, kamen immer mehr Mitbewohner, um mich interessiert zu beäugen. Gäste „im Lager", wie sie selbst das Heim nannten, waren eine Seltenheit. Die Erwachsenen waren vorsichtig und standen schweigend in der Zimmertür, die Kinder gingen sofort auf mich zu und verlangten nach Aufmerksamkeit. Schon nach zwei Wochen stand ich im „Büro" der Heimleitung. Es war gerade Mittagspause. Ich wurde reingelassen, die Tür hinter mir sofort abgeschlossen. Draußen tobten die Kinder, es klopfte heftig an der Tür. Serbische Männer, die sich um einen Waschtermin stritten. Einer der Mitarbeiter im Büro kicherte über seine Kaffeetasse hinweg und sparte nicht mit deftigen Kommentaren. Dann erkundigte er sich nach meinem Wunsch.

Ein Atelier für die Kinder. Gern. Ich wurde in einen Raum gebracht.

Das Zimmer war klein, leer, die Wände pissgelb gestrichen und ziemlich dreckig. An der Tür hing ein Zettel „Kindergarten".

Ich fing an: Über 40 Kinder kamen ins Studio. Viermal in der Woche. Schon ab dem ersten Tag merkte ich, dass ich es allein nicht schaffen würde. Freunde und Bekannte, Bekannte von Freunden – sie alle kamen, um zu helfen. Wir richteten den Raum selbst ein, brachten Tische, Stühle, Papier und Farbe. Wir schmierten Nutellabrote, die Kinder fielen über uns her.

Später haben wir sogar eine Kinderdisco organisiert, mit einem Sprachkurs für Erwachsene begonnen. Aber die Mitbewohner kamen mit Beschwerden über die Missstände im Heim zu uns. Ich konnte sie nicht ignorie-

It became clear to me: when people finally arrive in court after having fled to Germany, where a judge will decide their asylum case, they have already been in the country for two to five years. How is this time spent?

When I visited Fatima, her son, and the children at the shelter, more and more fellow occupants came to eye me with interest during my visits. Guests in the "Lager" (camp), as they called the shelter, were a rarity. The adults were cautious and stood silently near the doorway to the room, but the children approached me immediately and demanded attention. After two weeks, I was already standing in the "office" of the shelter management. It was during the lunch break. I was welcomed in, and the door was locked behind me straight away. The children were running riot outside, knocking loudly on the door. Serbian men were arguing about the washing schedule. One of the staff in the office chuckled behind his coffee cup and didn't refrain from making a few choice comments. Then he asked how he could help me.

An art studio for the children? Sure. He took me to a room.

The room was small, empty, the walls painted a urinous yellow and quite dirty. Hanging on the door was a slip of paper that read "Kindergarten" (preschool).

I started my work: over forty children visited the studio. Four times a week. Already on the first day it became clear to me that I could not do this alone. Friends and acquaintances, and acquaintances of friends—all came to help. We furnished the room ourselves, brought tables, chairs, paper, and paint. We made Nutella sandwiches and the children came in droves.

Later we even organized a disco for kids and started a language course for adults. But the residents came to us with complaints about the injustices within the shelter. I couldn't ig-

ren. Wir konfrontierten das „Büro“ damit und bekamen keine Antworten. Wir fingen an zu recherchieren. Das Heim wurde im Auftrag des Landes Berlin von einer privaten Firma geleitet. Die Firma war erst vor einem Jahr gegründet worden, als die Flüchtlingszahlen in Deutschland deutlich zu steigen begannen. Wir fanden heraus, dass es keinen schriftlichen Vertrag zwischen dem Ministerium und der Firma gab, alles auf Zuruf, nicht kontrollierbar, jedem ernsthaften Bürokraten hätten die Haare zu Berge gestanden. Und das in Deutschland. Ich war schockiert.

Es geht dabei um viel Geld, alleine in diesem Berliner Heim sind 300 Flüchtlinge untergebracht, davon 100 Kinder. Der Staat bezahlte viel Geld dafür, zum Beispiel auch für die Kinderbetreuung. Nur kontrollierte das niemand – oder wollte das niemand kontrollieren?

Der Eklat wurde öffentlich und zog ziemlich weite Kreise. Die *BILD*-Zeitung titelte mit „Patensohn-Affäre“, weil bald klar wurde, was das zugrunde liegende Problem war: Der Behördenchef war Patenonkel des Heimbetreibers.

Es kam, wie es kommen musste: Unsere Initiative wurde vor die Tür gesetzt. Ich bekam Hausverbot. Und viele aus dem Kiez solidarisierten sich mit uns, wir wurden eine echte Nachbarschaftsinitiative und wuchsen rasant. Wir erschlossen uns neue Räume außerhalb des Heimes in der nächsten Querstraße und legten richtig los.

Es ist nun schon fast zwei Jahre her, dass ich Fatima zum ersten Mal im Heim besucht habe. Mittlerweile kenne ich um die 20 Familien aus Tschetschenien, die nach Deutschland geflüchtet sind. Ich habe gefühlte tausend Namen von Roma-Kindern gelernt. Ich habe viele Freunde, die aus Syrien kommen. Ich treffe ständig Leute auf der Straße, die bei uns in der Initiative aktiv sind. Mehr als hundert aus der Nachbarschaft sind inzwischen involviert. Wir sind zur größten Initiative in

nore them. So we confronted the “office” with this information but received no answers. We started doing research. The shelter was being run by a private company on behalf of the state of Berlin. The company had been founded just a year earlier, when the number of refugees in Germany really started to climb. We learned that there was no written contract between the ministry and the company, that everything took place by acclamation, so there was no accountability, which was enough to make the hairs of any serious bureaucrat stand on end. I was shocked.

A lot of money was at stake here. In this Berlin shelter alone there were three hundred refugees, of which one hundred were children. The government funneled a great deal of money into this shelter, for instance for child care. But nobody was overseeing the situation—or perhaps no one wanted to?

The scandal was made public and attracted much attention. The newspaper *BILD* ran an article that was titled “Patensohn-Affäre” (The Godson Affair) because it soon became clear where the fundamental problem rested: the head of the government office was the godfather of the man running the shelter.

And so the inevitable happened: our initiative was kicked out. I was banned from entering the shelter. And since many people in the district showed solidarity, we became a true neighborhood initiative that rapidly grew. We found a new place to meet outside of the shelter, on a nearby street, and really got started.

Now almost two years have passed since I visited Fatima at the shelter for the first time. In the meantime I have met over twenty families who fled from Chechenya to Germany. It feels like I have learned a thousand Roma children’s names. I have many friends from Syria. I am constantly encountering people on the street who actively participate in our initiative. More than one hundred neighbors are already involved. We have become the larg-

Berlin geworden. Deutschkurse, Kinderbetreuung, Kochen, Konzerte, gemeinsame Ausflüge, Begleitung zu Behörden, Anwälten, Ärzten und und und. Wir sind rund um die Uhr beschäftigt.

Es ist eine Nachbarschaftsinitiative, ein Ort, wo Leute zusammenkommen, die sich sonst nicht begegnen würden. Hier entstehen soziale Kontakte und Freundschaften. Interessant ist auch: Am meisten profitieren davon nicht die Flüchtlinge, sondern die Freiwilligen. Ich weiß inzwischen, was die Arbeit in einer solchen Initiative mit einem macht.

Ich habe mich selbst stark verändert. Ich habe viele eigene Vorurteile entdeckt und aufgearbeitet, meine Introvertiertheit überwunden. Ich habe unendlich viel gelernt. Ich habe keine Illusionen mehr, was Staat und Behörden angeht. Ich musste mich oft über die Ignoranz der Einzelnen wundern und mir die Frage stellen, ob wir nicht als Gesellschaft komplett versagt haben. Es klingt komisch, aber es ist das Einfachste und Natürlichste, was die Neuankommenden von uns brauchen: menschliche Zuwendung. Und die ist nicht vorgesehen im System. Stattdessen vielleicht Integrationskurse. Wenn man als Flüchtling Glück hat, kann man 30 Stunden deutsche Grammatik in der Woche lernen und noch dazu zwei Stunden deutsche Geschichte. Für die meisten gilt aber Studien- und Arbeitsverbot. Die Leute verlieren ihre Würde, leben ohne jede Perspektive. Sie scheitern bei jedem kleinen Schritt, den sie machen.

Wir wollen unsere „Neue Nachbarschaft“ und das Netzwerk nicht professionalisieren. Weil wir nicht ein Teil des Systems sein möchten. Das klingt pathetisch, aber genau das ist der Punkt. In diesem System ist der Flüchtling der Letzte, um den es geht. Systemanpassung an die Wirklichkeit passiert nicht, weil zu viele von den aktuellen Strukturen profitieren. Ich spreche nicht über Menschenhandel, Sklavenarbeit auf den Obst- und Gemüsefeldern, Eroberung von neuen Märkten in armen Län-

est initiative in Berlin. German classes, child care, cooking, concerts, group excursions, escorts to appointments with government offices, lawyers, doctors, and so on and so forth. We are active around the clock.

It is a neighborhood initiative, a place where people gather who would not otherwise meet. Social contacts and friendships are created here. Also interesting: the volunteers benefit the most, not the refugees. By now I am aware of how moving it is to work in such an initiative.

I myself have changed a great deal. I have identified and processed many prejudices within and have overcome my introversion. I have learned an incredible amount. I no longer have any illusions about the government and related offices. I have often been surprised by the ignorance of certain individuals and have wondered whether we have not utterly failed as a society. It may sound strange, but it is the most simple and natural thing that the newly arriving people need from us: human affection. And our present system does not take this into account. Perhaps integration courses. If refugees are lucky, they can study German grammar for thirty hours a week and German history for two hours. But most are faced with bans on studying and working. The people lose their dignity, live a life without any prospects. They fail when taking even the smallest steps.

Our aim is not to professionalize our “Neue Nachbarschaft” (new neighborhood) and the related network. Because we don’t want to become a part of the system. This may sound pathetic, but precisely that is the point. This system is not focused on helping the refugees. And modifying the system to adapt to reality doesn’t happen because too many people benefit from the current structures. I’m not talking about human trafficking, slave labor on the fruit and vegetable fields, the conquering of new markets in poor countries, the destruction of the local economy, or depriving people

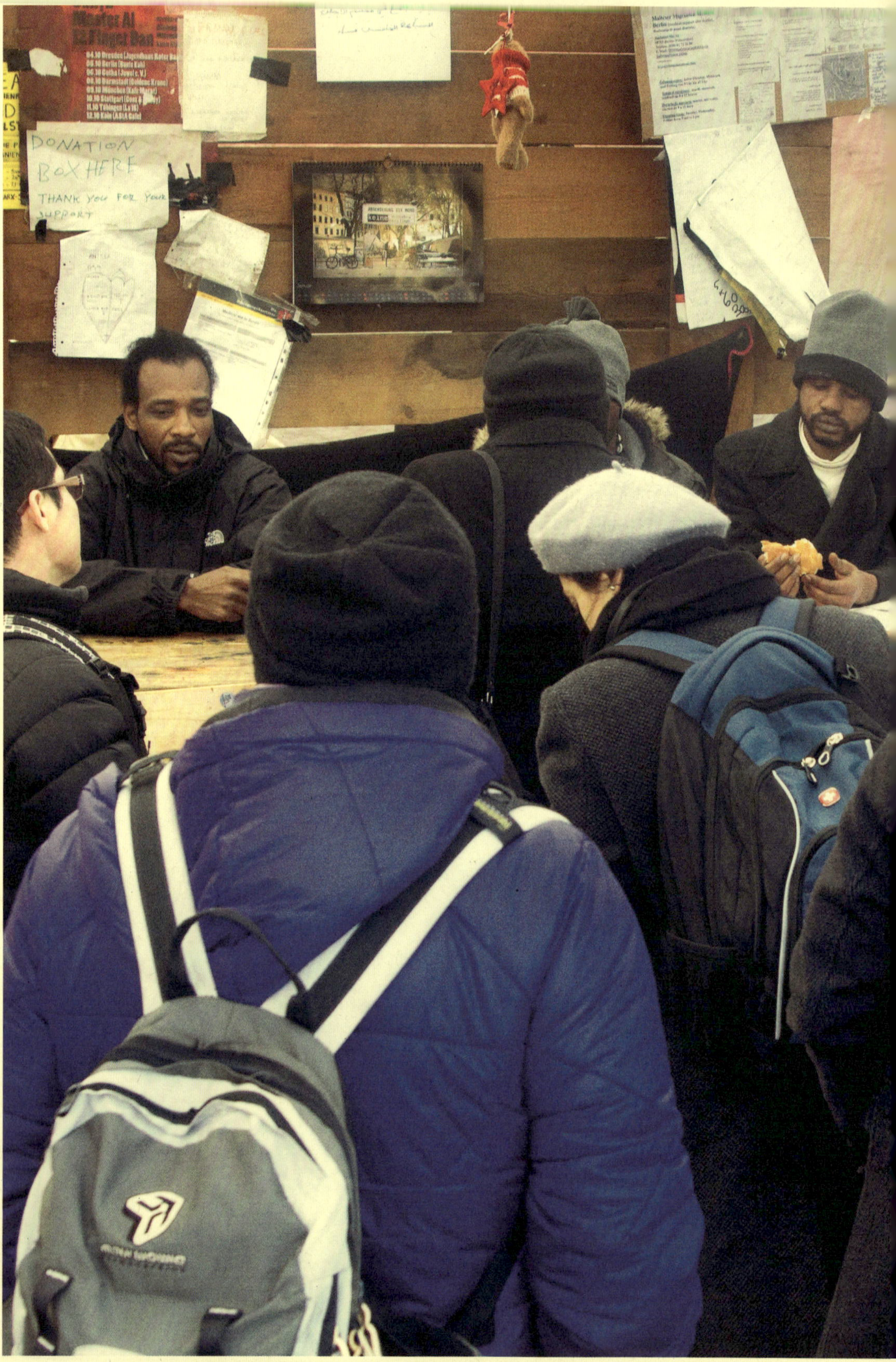
DONATION
BOX HERE
THANK YOU FOR YOUR
SUPPORT

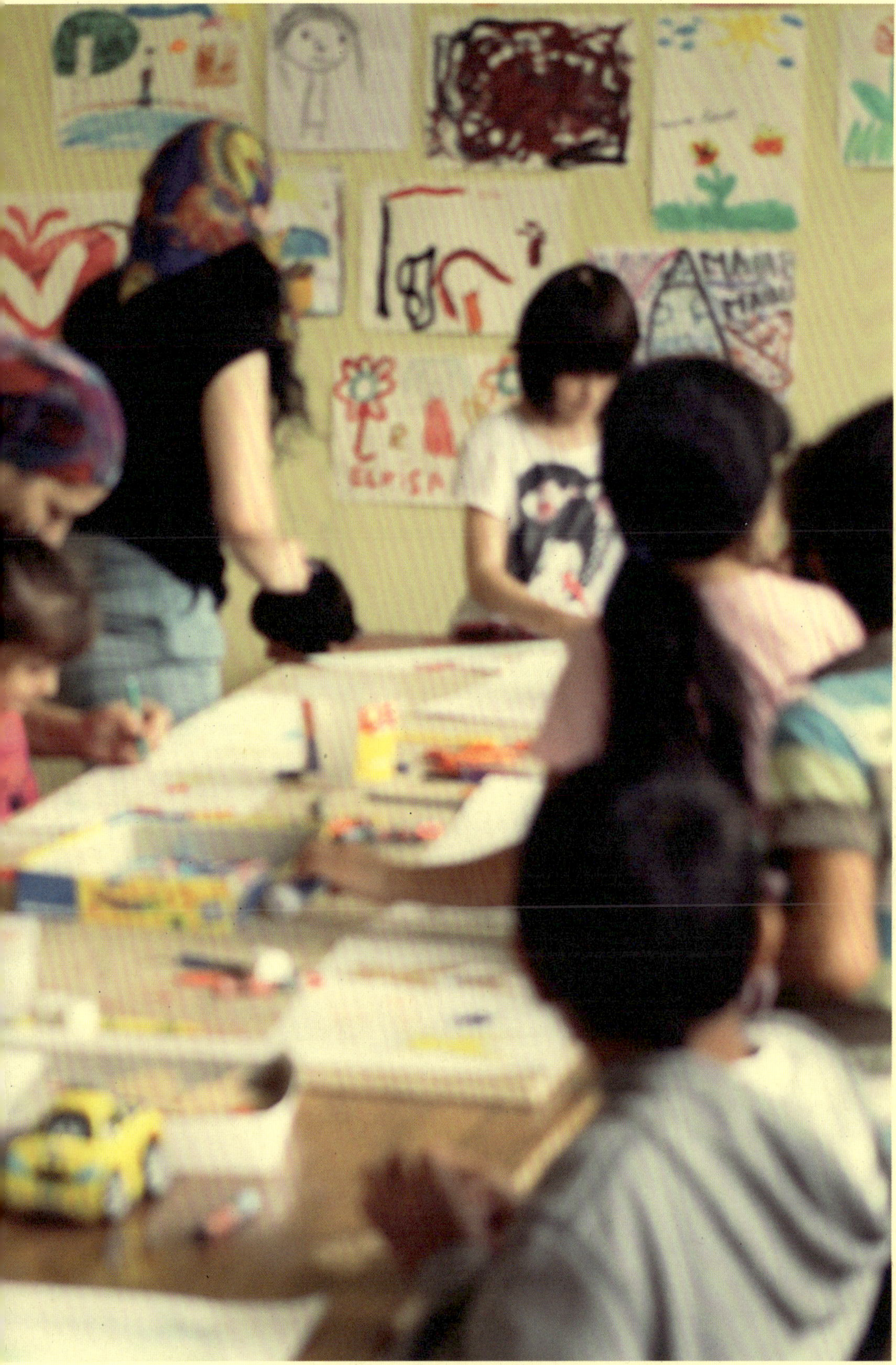

dern, die die lokale Wirtschaft zerstören und den Menschen die Lebensgrundlage entziehen. Ich meine damit nicht die Schleuser, die verteufelt und kriminalisiert werden.

Ich möchte auf einer ganz niedrigen Stufe bleiben. Tausende von Beamten, Hilfs- und Bildungsorganisationen sind mit Flüchtlingen beschäftigt. Flüchtlingsverwaltung ist ein Wirtschaftsfaktor geworden. Papiere spielen eine wichtige Rolle in diesem System, Bestätigungen vom Arzt, Anwaltsschreiben usw. Deren Beschaffung kostet Geld und Zeit. Anas, ein junger Syrer, zeigte mir seinen 10 cm dicken Ordner. Er ist nicht mal vier Monate in Deutschland. Auf dem Weg zum Aufenthaltsstatus gehen die Menschen selbst kaputt.

Man muss das System ändern. Wir bleiben dran. Und wo ist der künstlerische Mehrwert? Der könnte auch der Farbanschlag auf das Haus von Franz Allert sein. Wir waren es nicht, aber vielleicht hat unsere Sensibilisierung der Öffentlichkeit dazu beigetragen.

Am 16. Dezember 2014 berichtet *Die Welt*, dass nun ein „Bekennerschreiben" einer bislang nicht bekannten Gruppe vorläge. Darin heißt es, der Senat tue nicht genug für die Flüchtlinge und sei lediglich daran interessiert, „privaten Heimbetreibern die Taschen zu füllen". Treffender hätten wir das Problem auch nicht zusammenfassen können.

Ich danke dem Team des Württembergischen Kunstvereins für die Unterstützung bei der Gründung der Initiative „Neue Nachbarschaft/Moabit" und die Durchführung der Workshops in Stuttgart und Berlin.

Besonderen Dank an Patrycja Przybilla für die Mitwirkung bei den Workshops.

Freie Initiative
„Neue Nachbarschaft/Moabit":
www.neuenachbarschaft.wordpress.com

of their livelihood. I don't mean the smugglers who are demonized and criminalized.

I'm trying to stay at a very basic level. Thousands of civil servants, charities, and educational institutions are dealing with refugees. Refugee management has become an economic factor. Paperwork plays a crucial role in this system: certificates from doctors, letters from lawyers, and so forth. Obtaining such papers costs money and takes time. Anas, a young Syrian, showed me his ring binder, which is ten centimeters thick. And he hasn't even been in Germany for four months yet. On the path to obtaining a residency permit the people themselves are broken down.

The system must be changed. We will persevere. And where is the artistic added value? It might be found in the attack on Franz Allert's house using graffiti paint. We didn't do it, but perhaps our raising of public awareness helped contribute to the act.

On December 16, 2014, the newspaper *Die Welt* reported that they had access to a "letter of confession" from a yet-unnamed group. There it says that the senate is not doing enough for the refugees and is only interested in "filling the pockets of private shelter operators." We couldn't have summarized the problem better ourselves.

I would like to thank the team of the Württembergischer Kunstverein for their support in founding the initiative Neue Nachbarschaft/Moabit and in carrying out the workshops in Stuttgart and Berlin.

Special thanks go to Patrycja Przybilla for her help in putting on the workshops.

Open initiative
Neue Nachbarschaft/Moabit:
www.neuenachbarschaft.wordpress.com

Bergen Assembly

Monday Begins on Saturday / Der Montag fängt am Samstag an

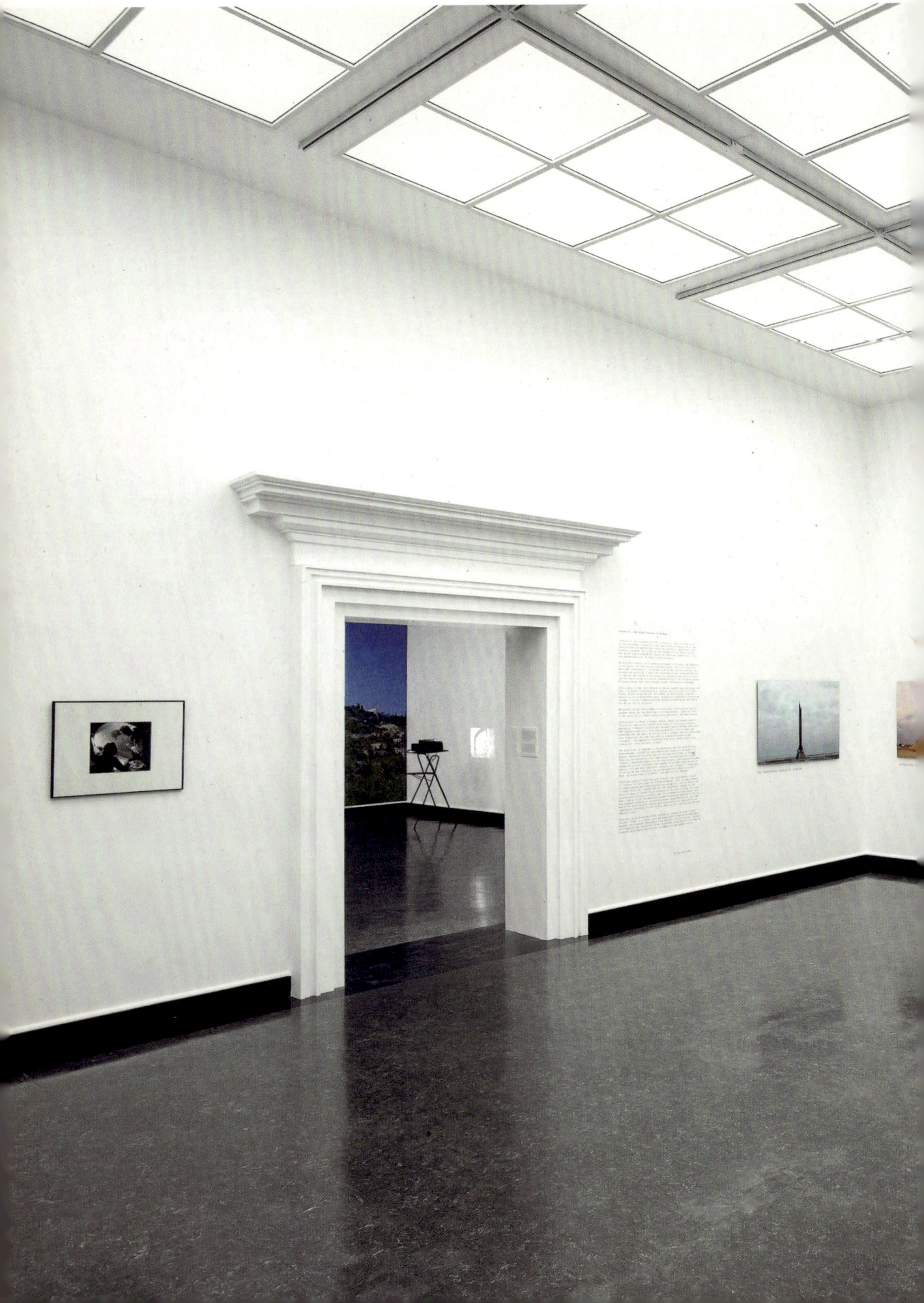

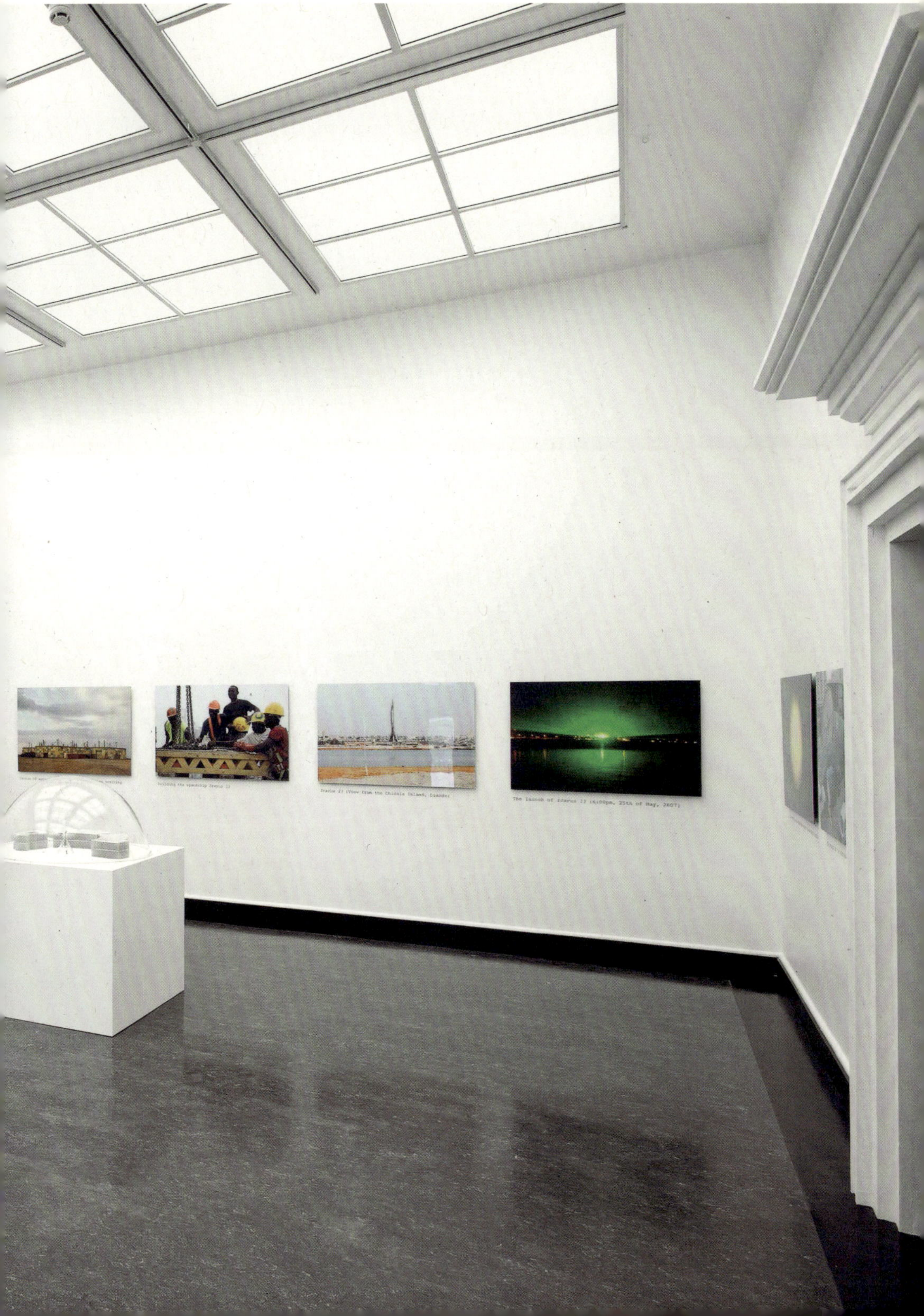

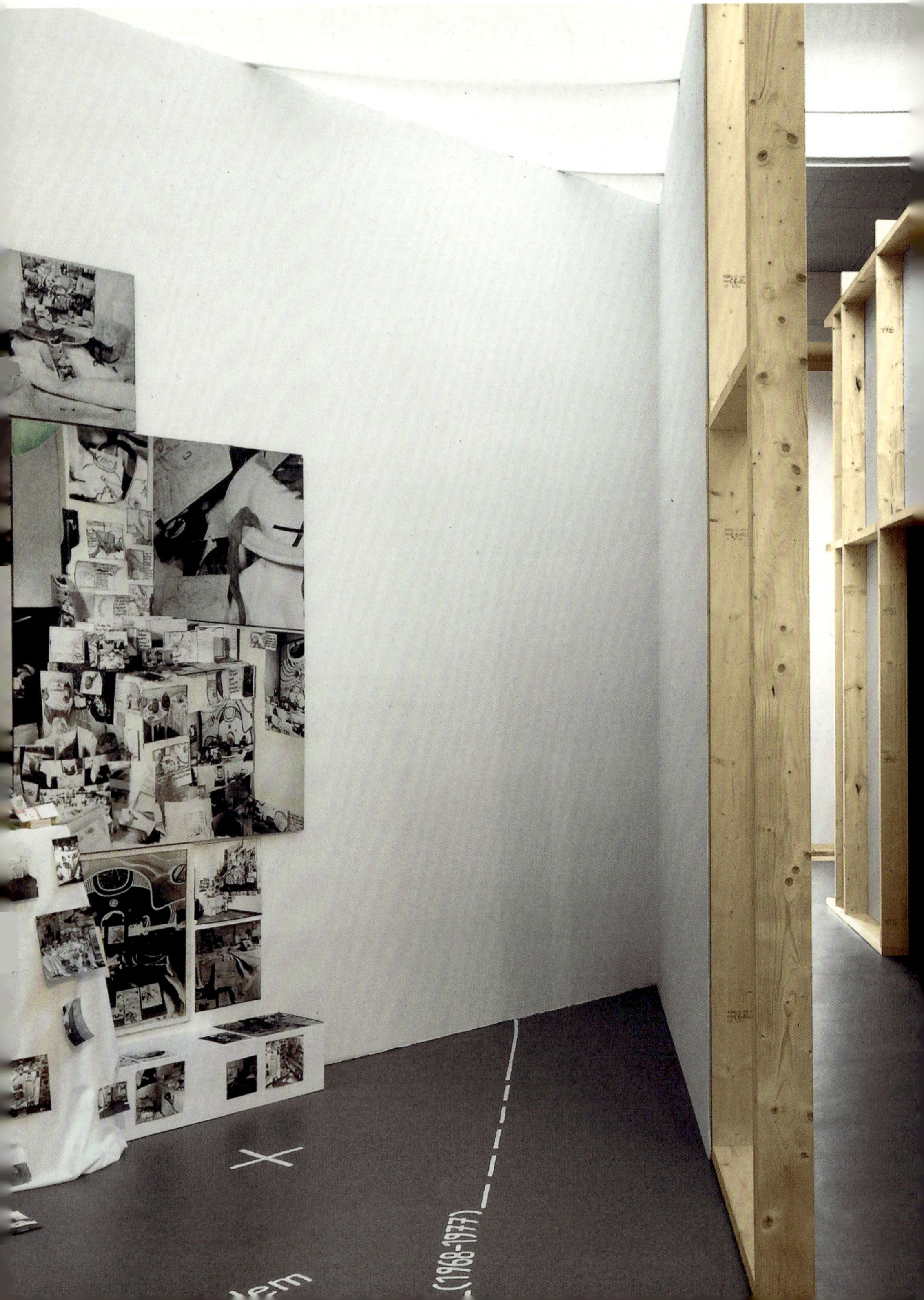

Ada Rybachuk / Volodymyr Melnychenko *Mauer der Erinnerung*

Anna Oppermann *Ersatzproblem am Beispiel der Bohne*

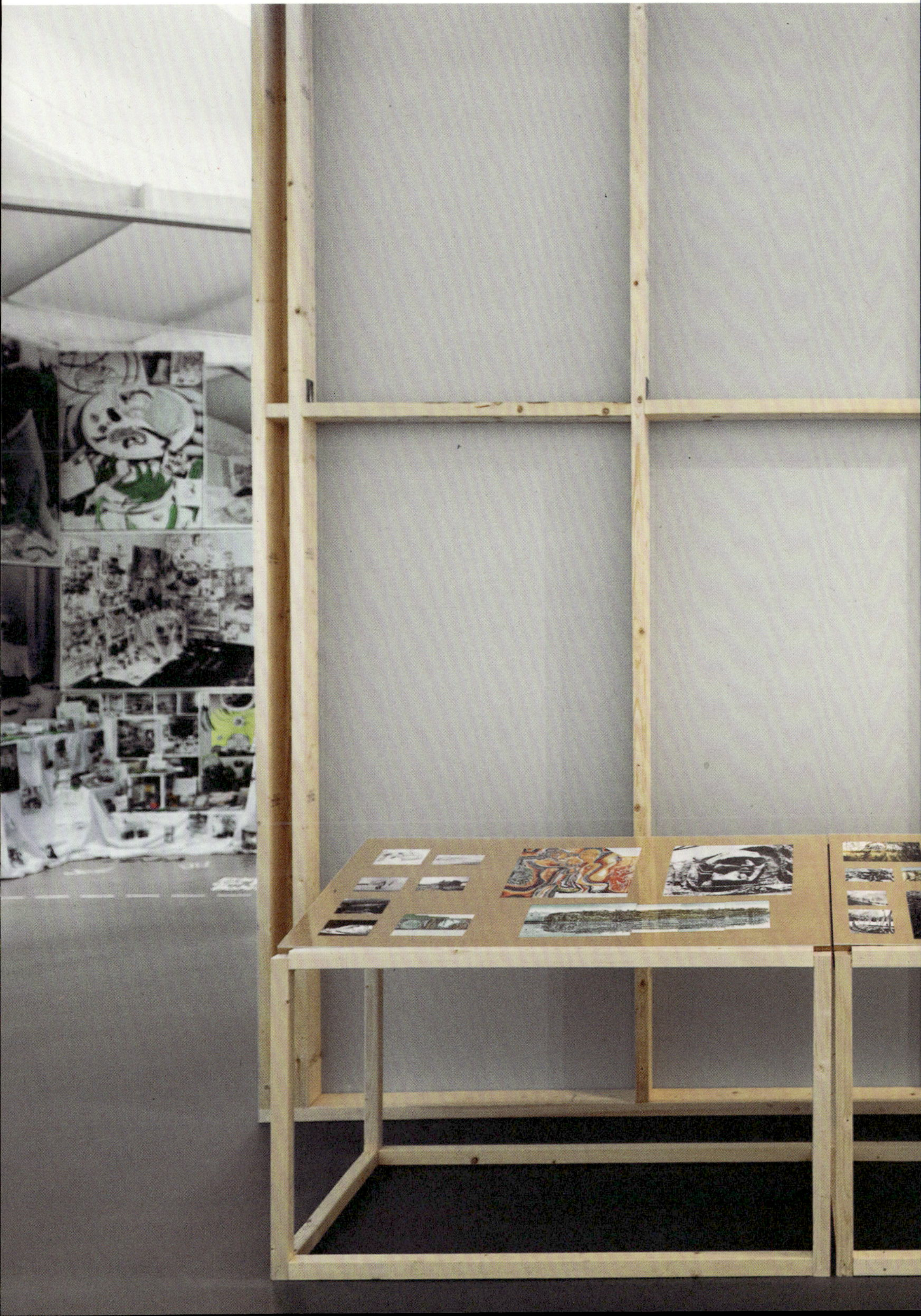

Eduardo Molinari—Archivo Caminante *B.O.G.S.A.T. / The Responsibility*

Pavel Pepperstein Ohne Titel

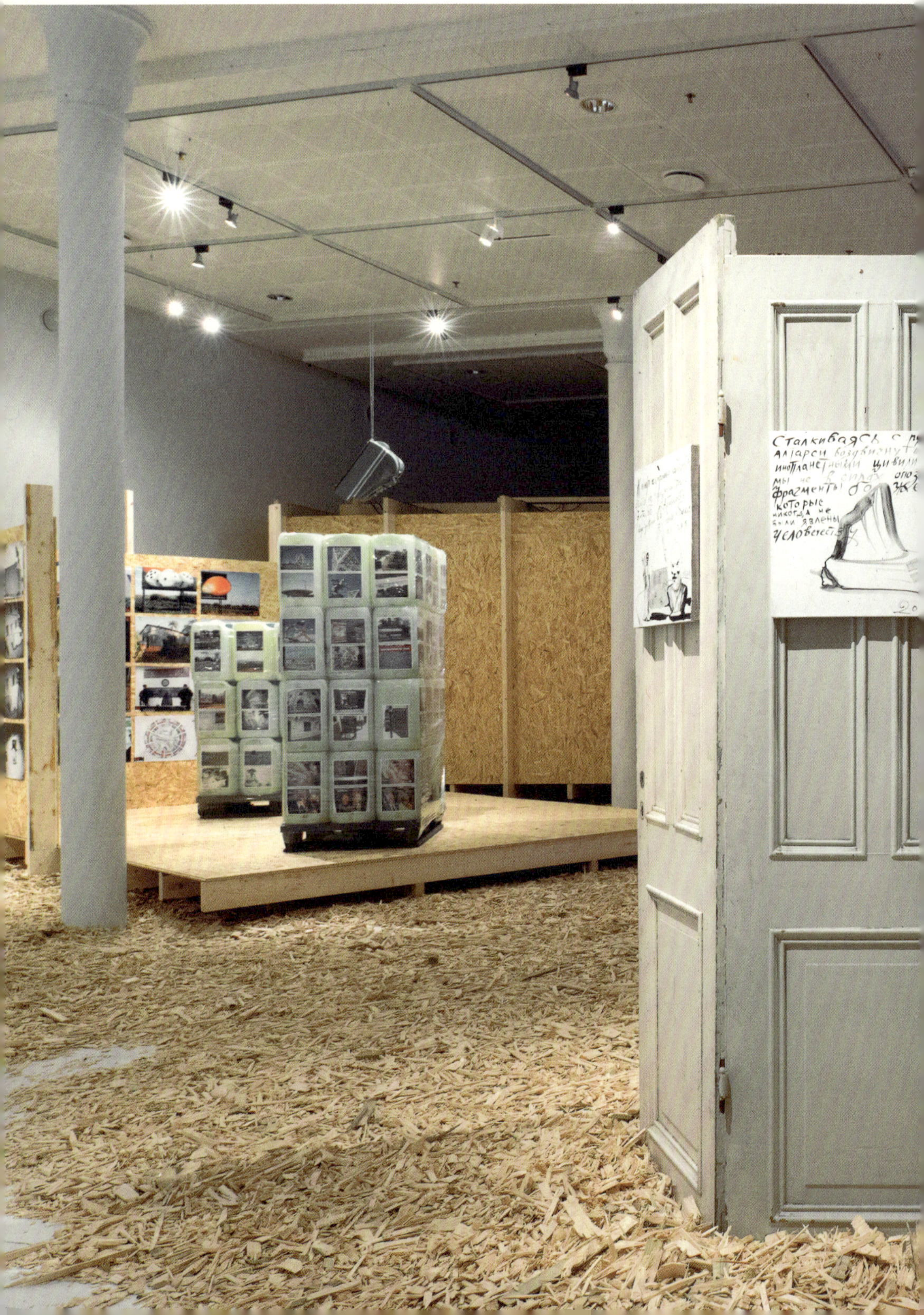

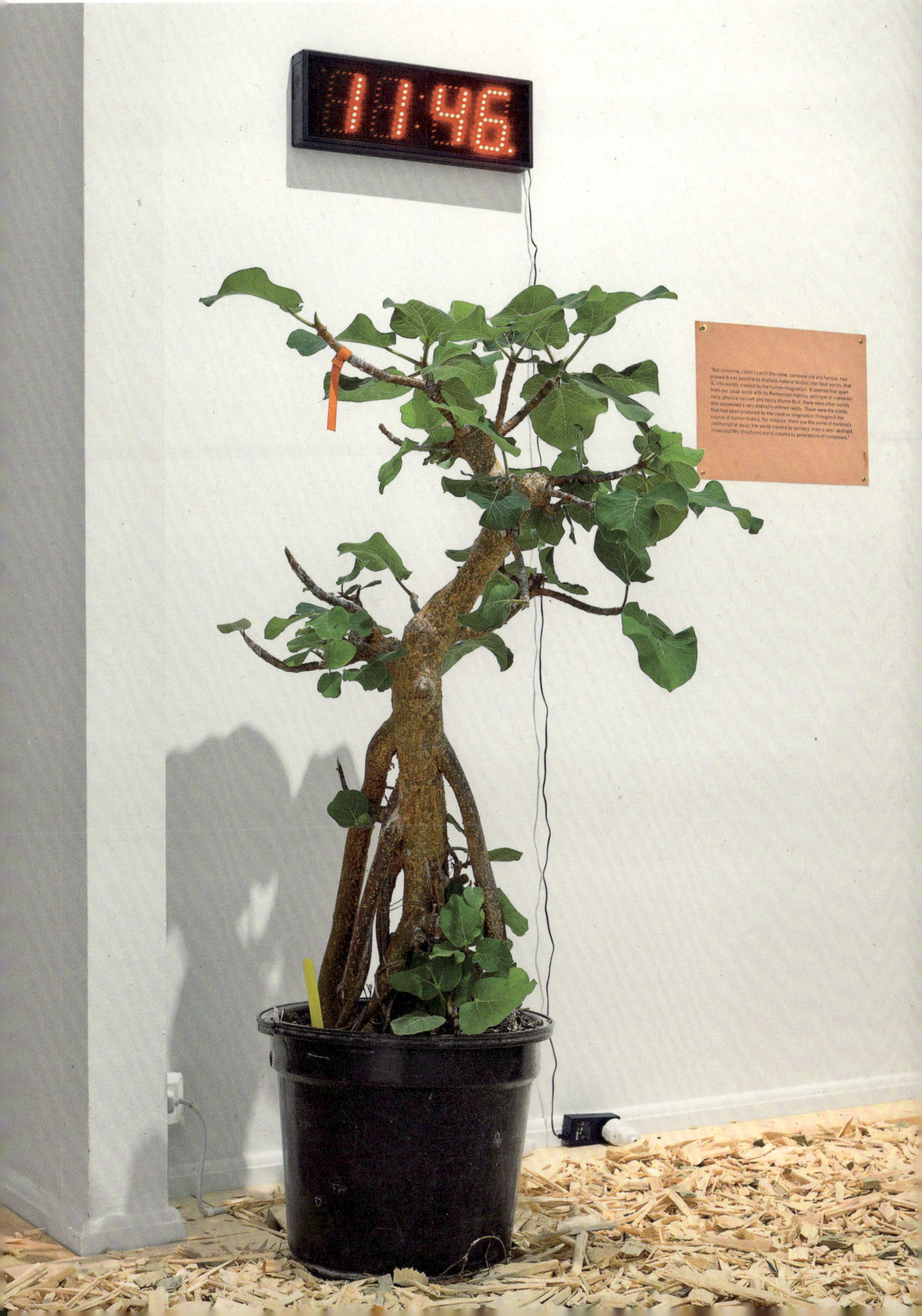
17:46
"But someone, I didn't catch the name, someone old and famous, had proved it was possible to displace material bodies into ideal worlds, that is, into worlds created by the human imagination. It seemed that apart from our usual world with its Riemannian metrics, principle of indeterminacy, physical vacuum and boozy Khoma Brut, there were other worlds that possessed a very distinctly defined reality. These were the worlds that had been produced by the creative imagination throughout the course of human history. For instance, there was the world of mankind's cosmological ideas; the world created by painters; even a semi-abstract, imperceptibly structured world created by generations of composers."

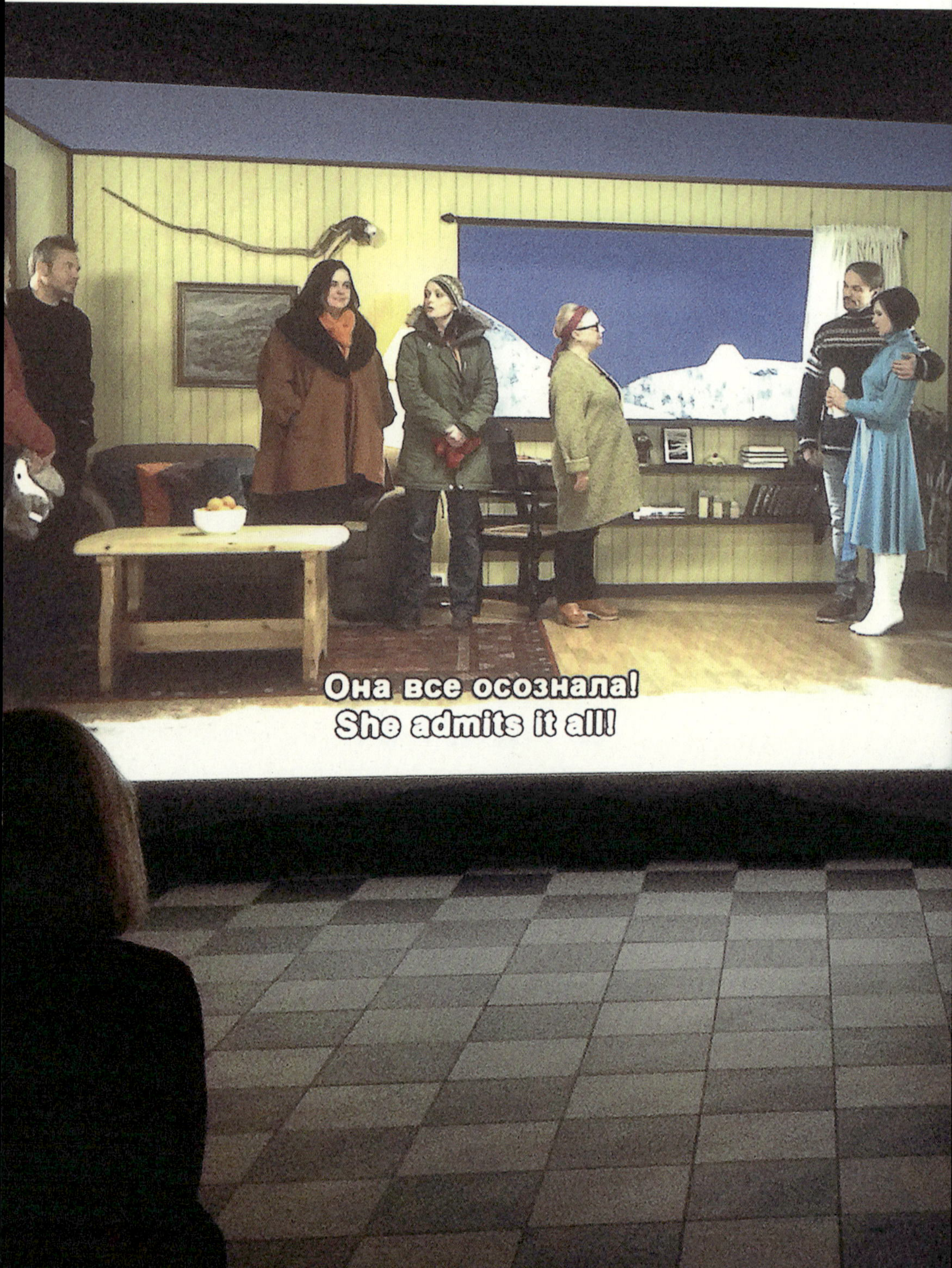
Она все осознала!
She admits it all!

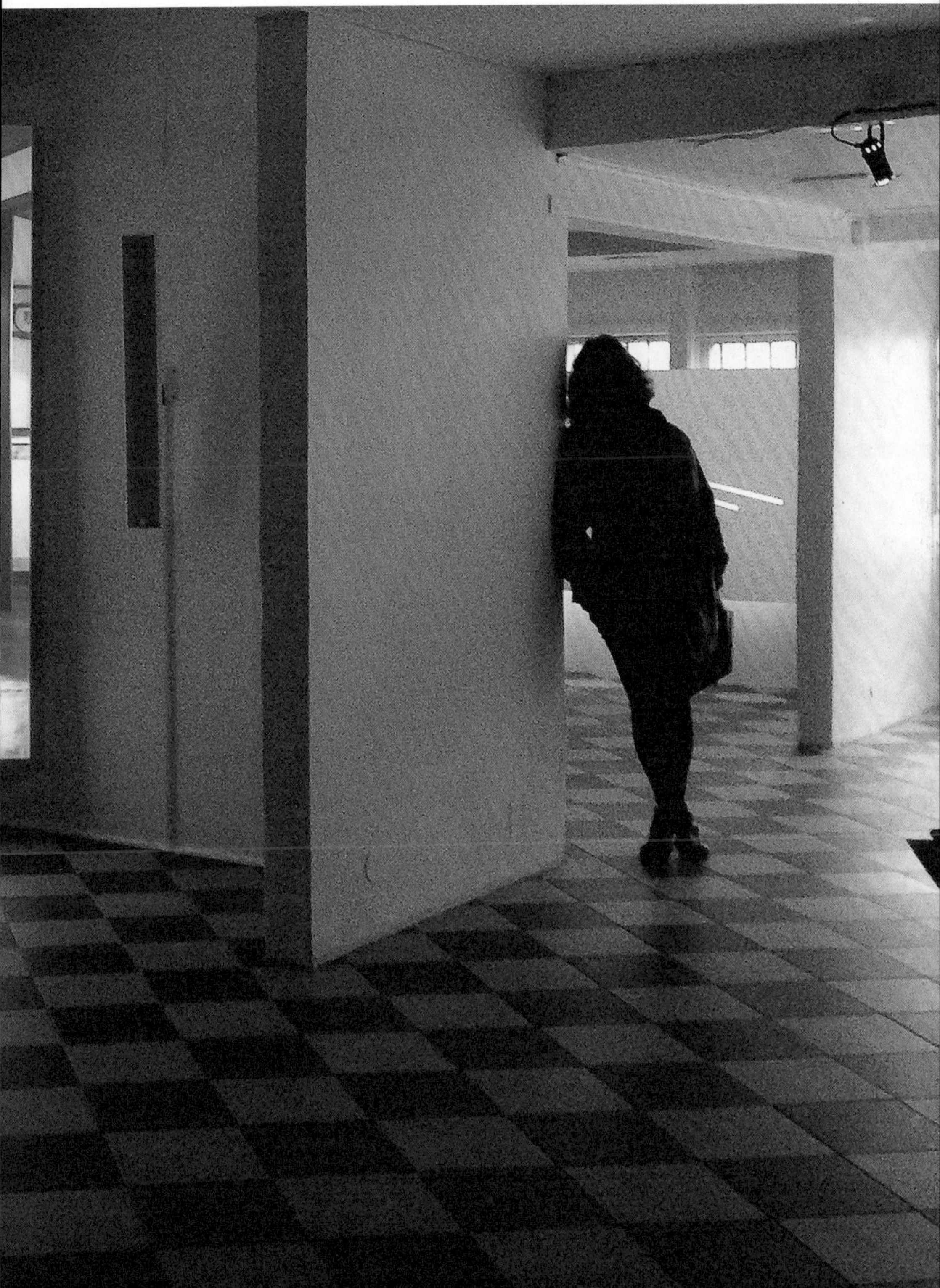

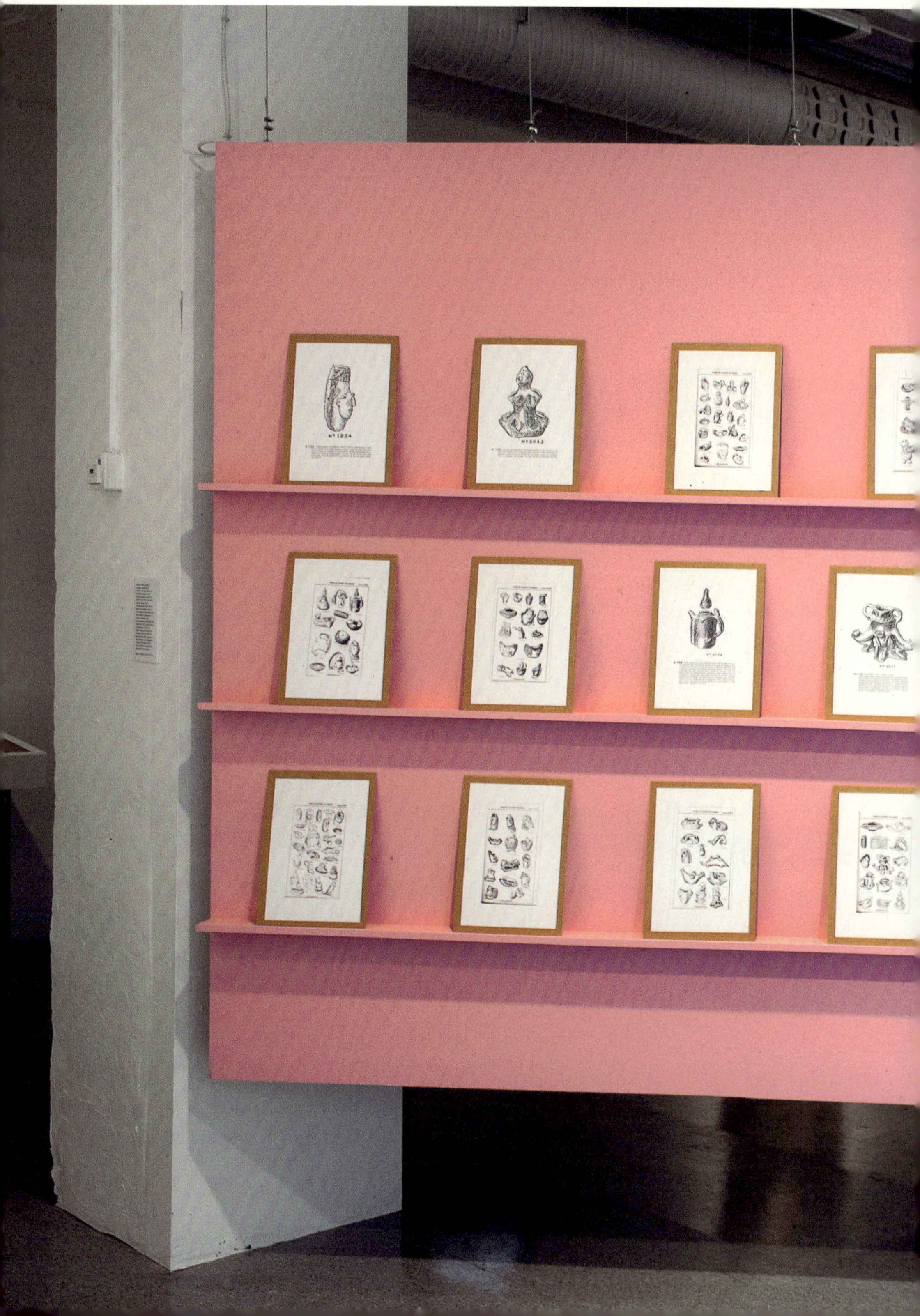

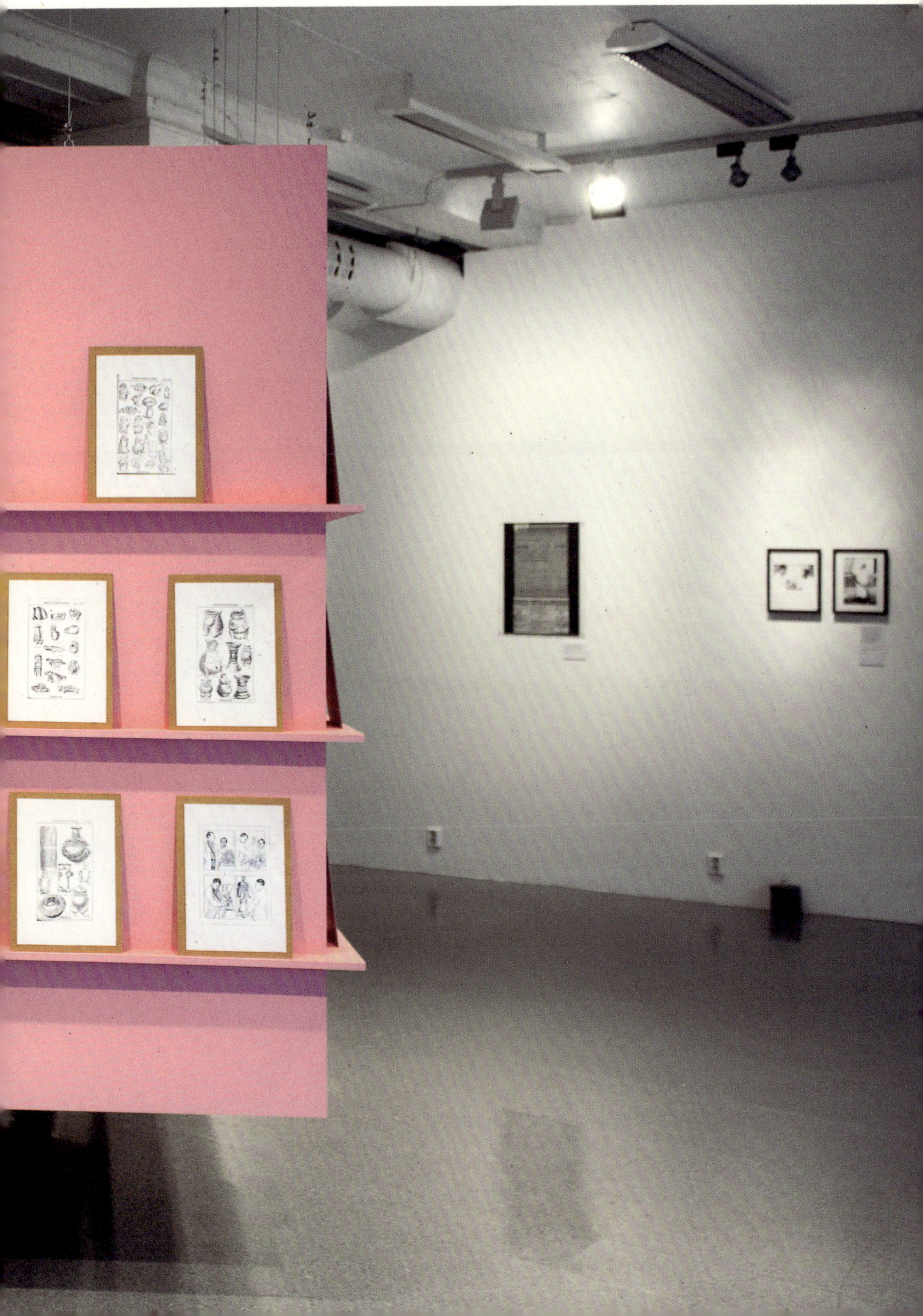

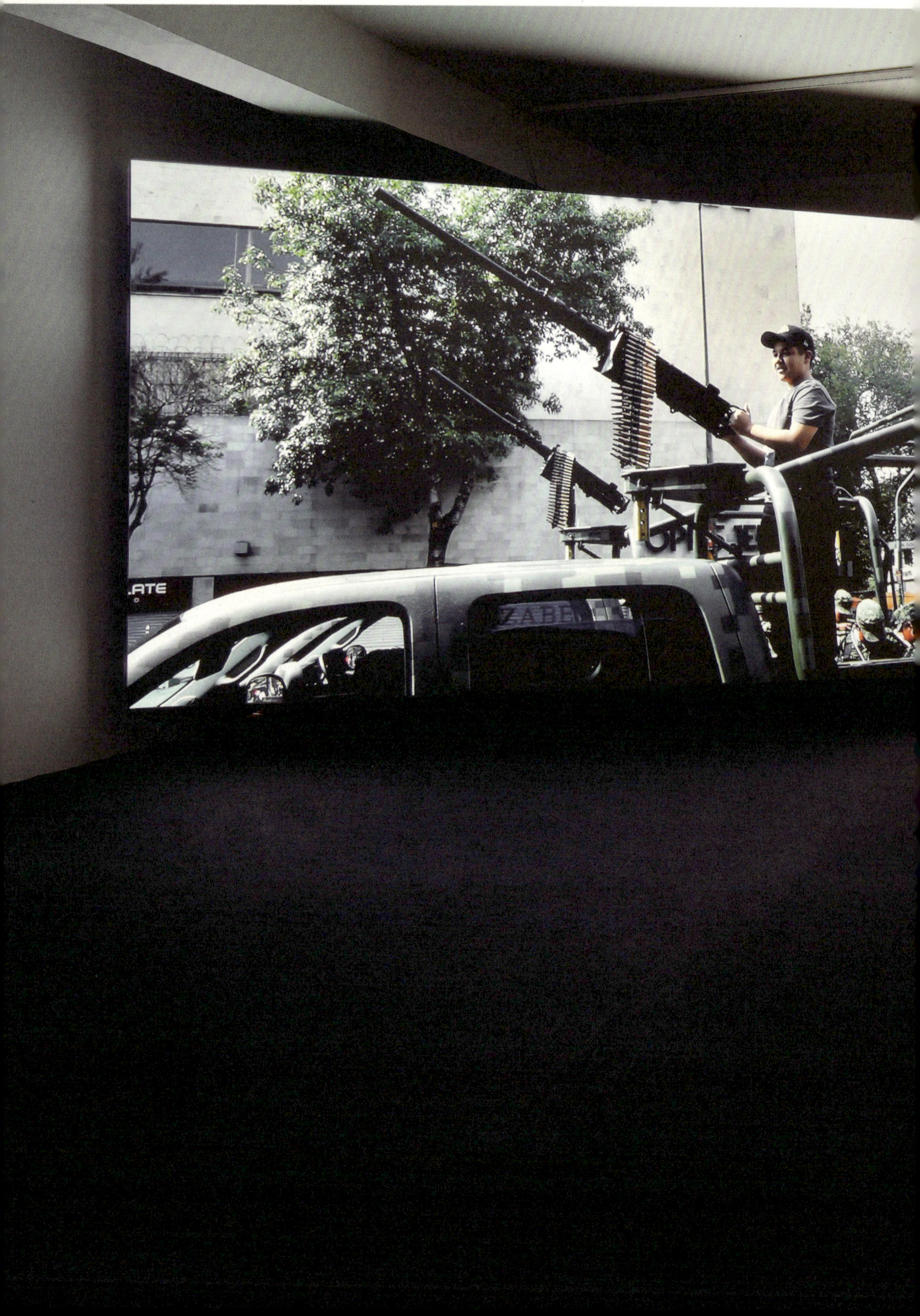

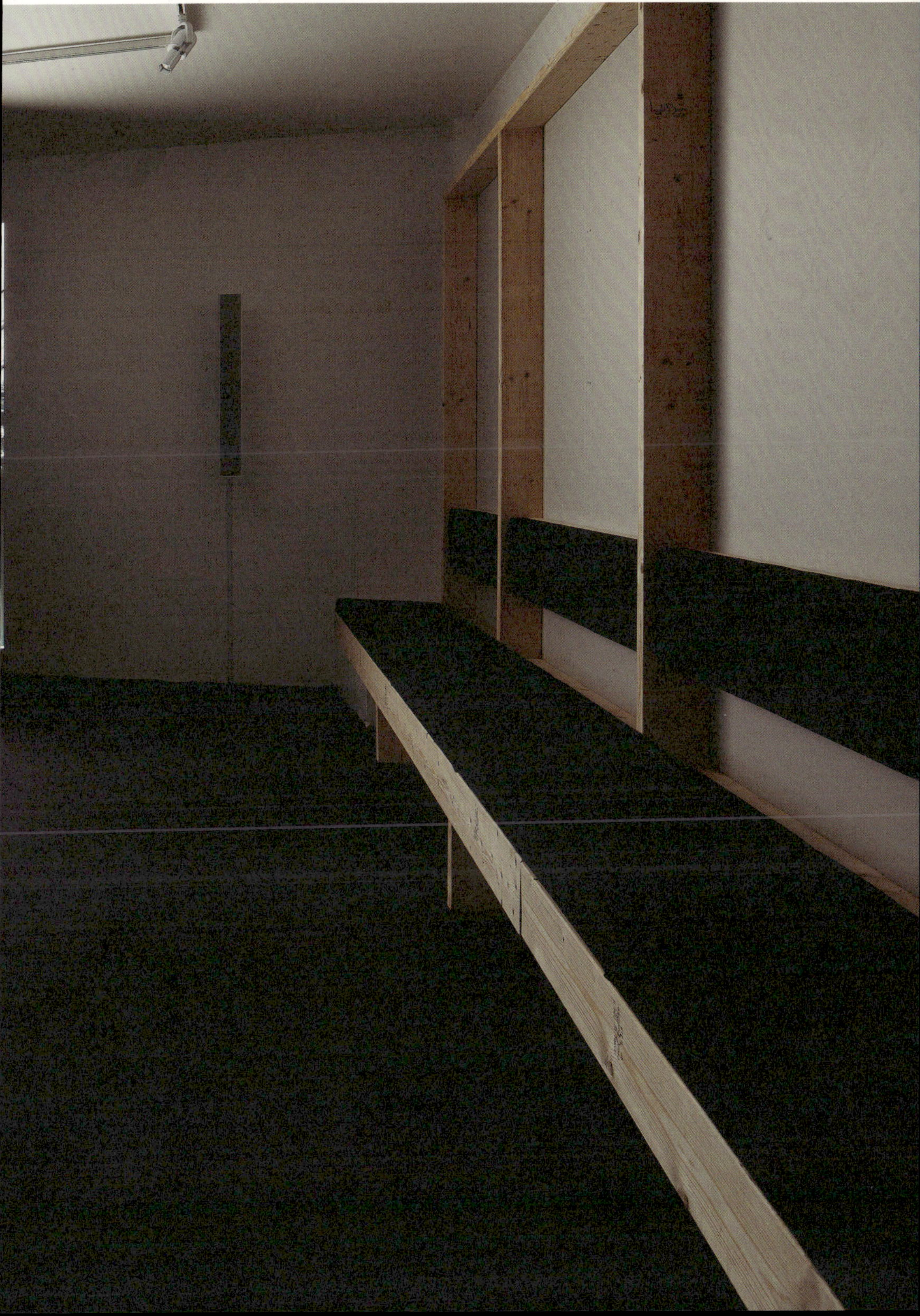

Imogen Stidworthy *A Crack in the Light*

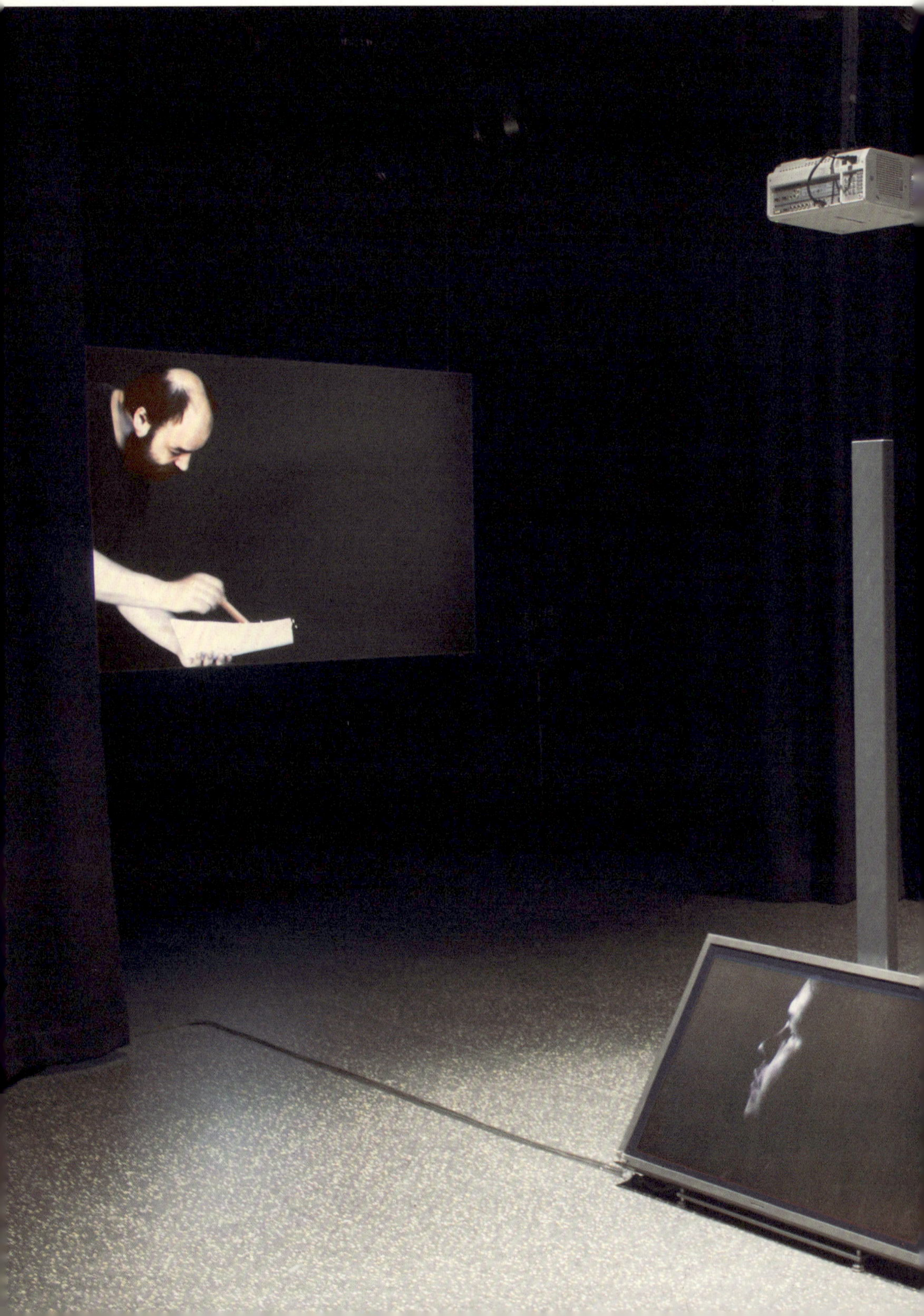

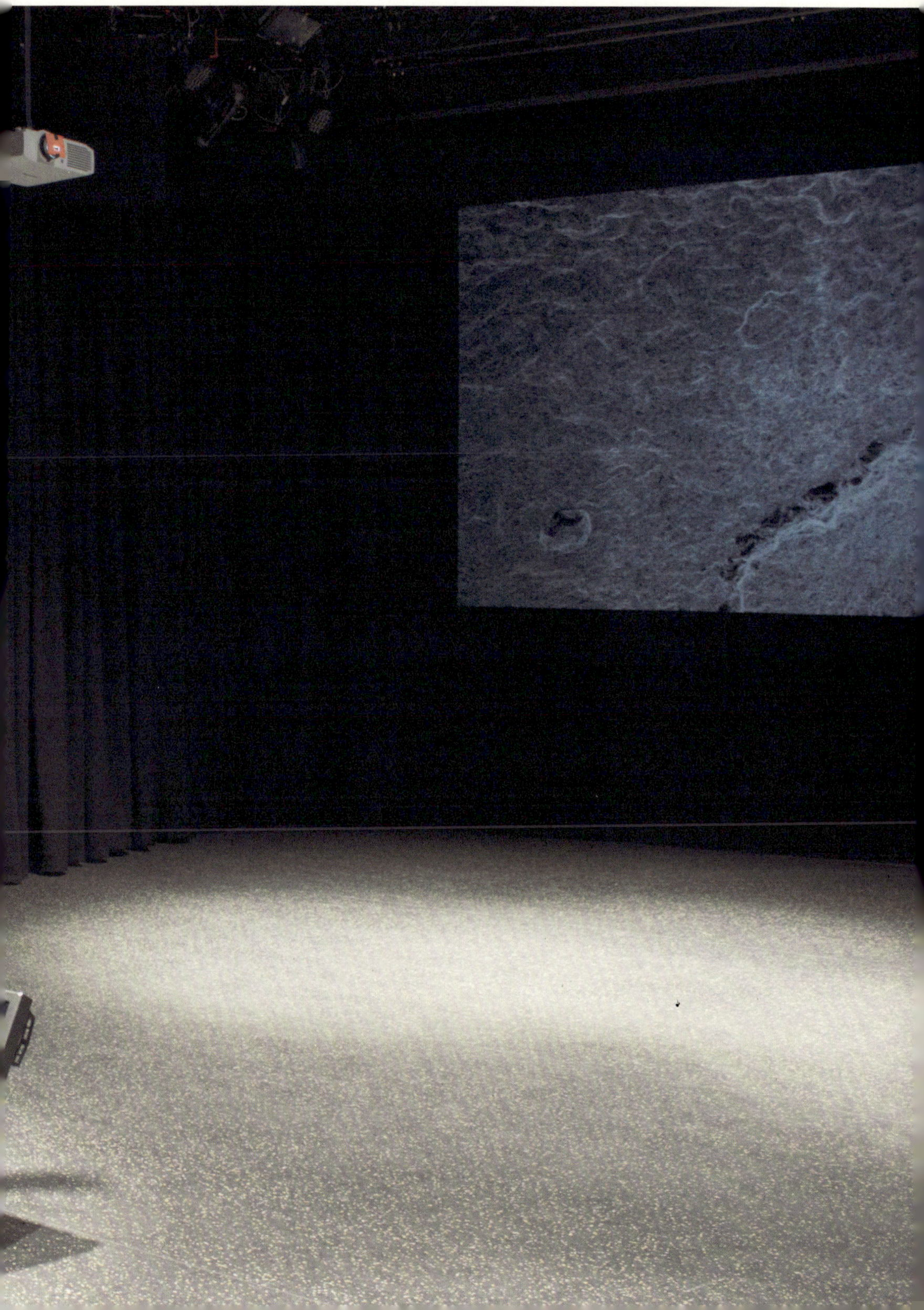

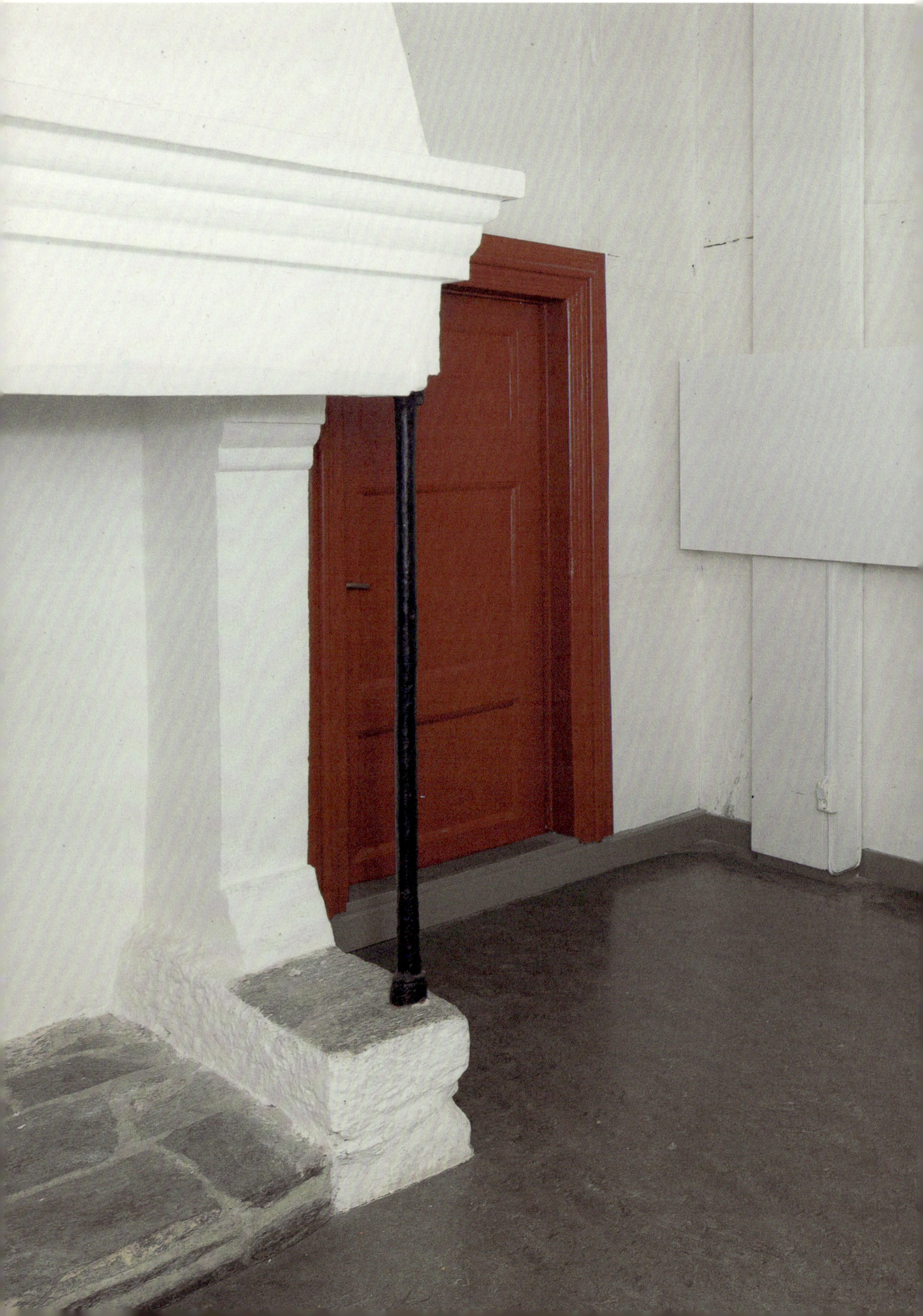

Olga Chernysheva *Screen. Platform* **Olga Chernysheva** *Screen. Words*

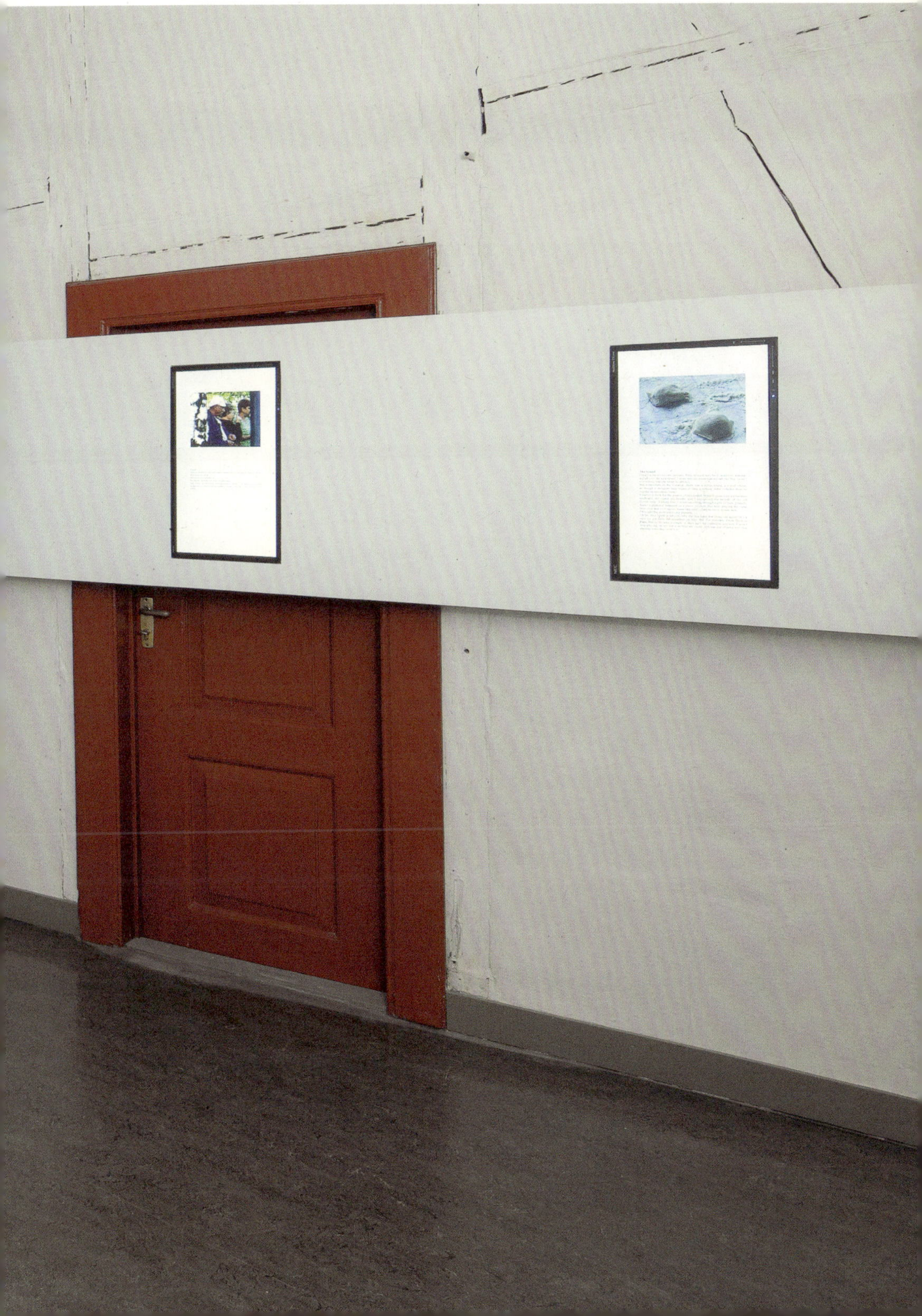

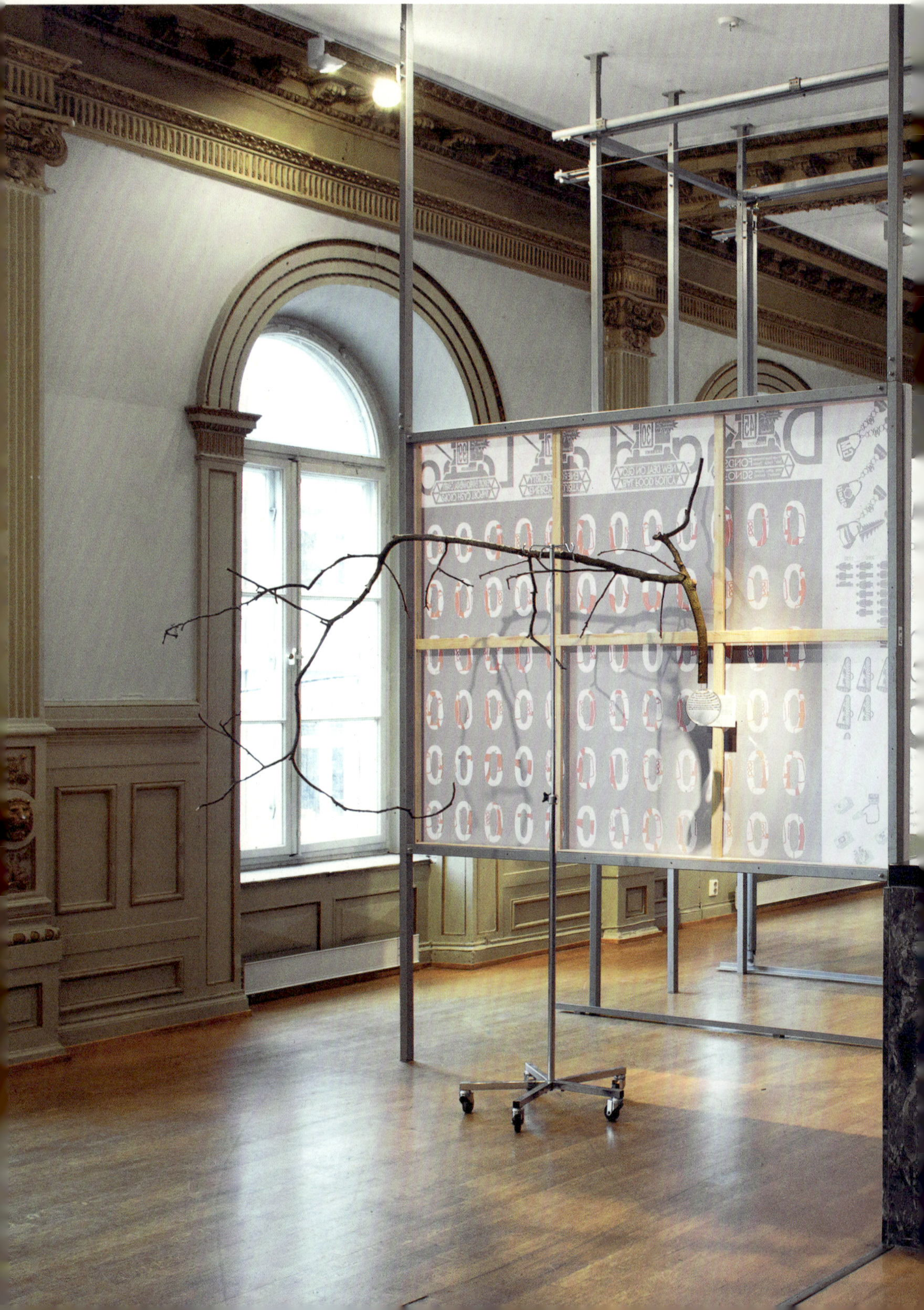

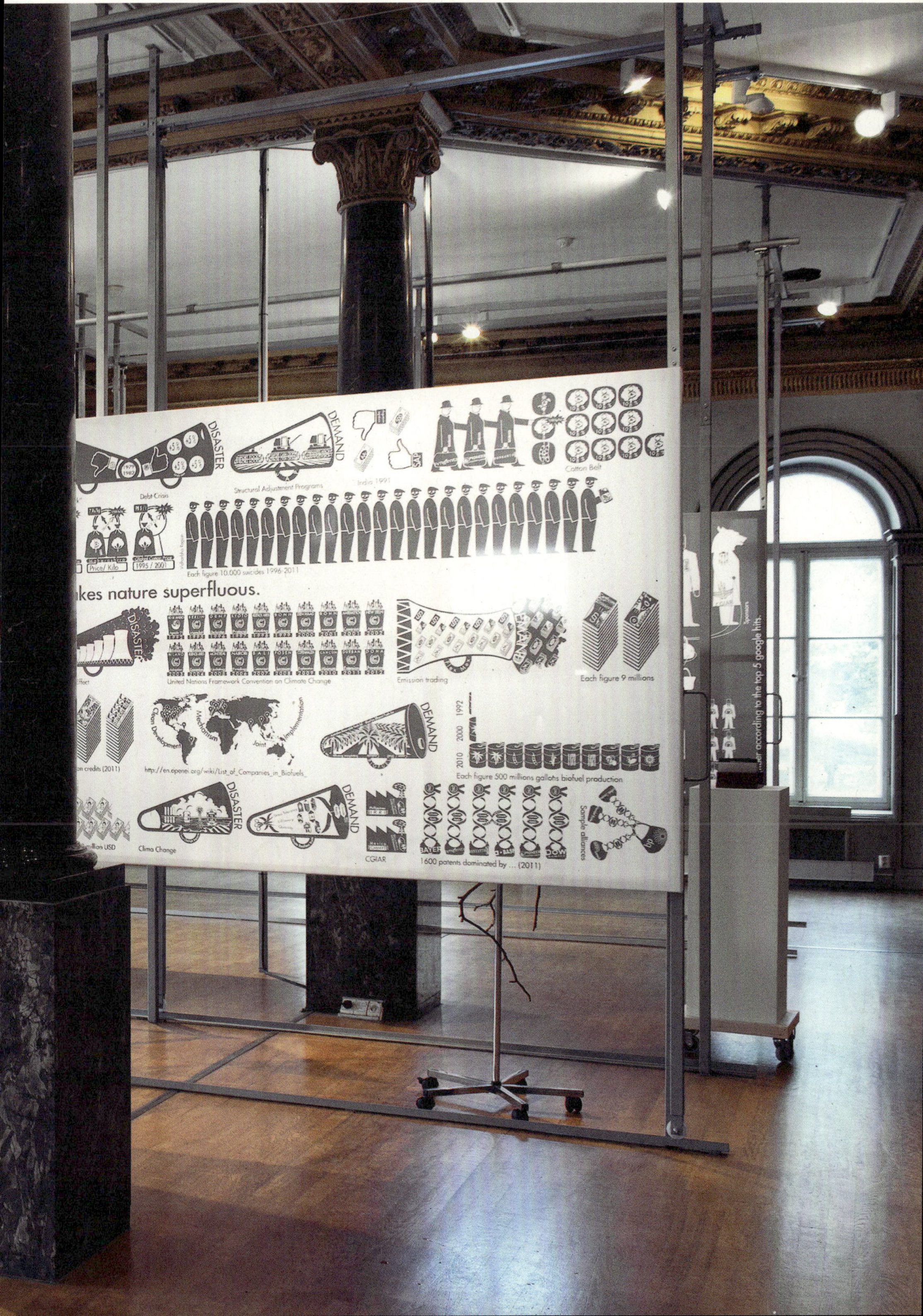
DISASTER
DEMAND
Debt Crisis
Structural Adjustment Programs
India 1991
Cotton Belt
Price/ Kilo
1995 / 2001
Each figure 10.000 suicides 1996-2011
kes nature superfluous.
DISASTER
United Nations Framework Convention on Climate Change
Emission trading
Each figure 9 millions
Clean Development
Mechanism
Joint
Implementation
http://en.openei.org/wiki/List_of_Companies_in_Biofuels_
DEMAND
1992
2000
2010
Each figure 500 millions gallons biofuel production
Clima Change
DISASTER
DEMAND
CGIAR
BAYER
DOW
1600 patents dominated by ... (2011)
Sample alliances
according to the top 5 google hits.

Stephan Dillemuth *Department of surv31llanc3&3ncr1pt10n*

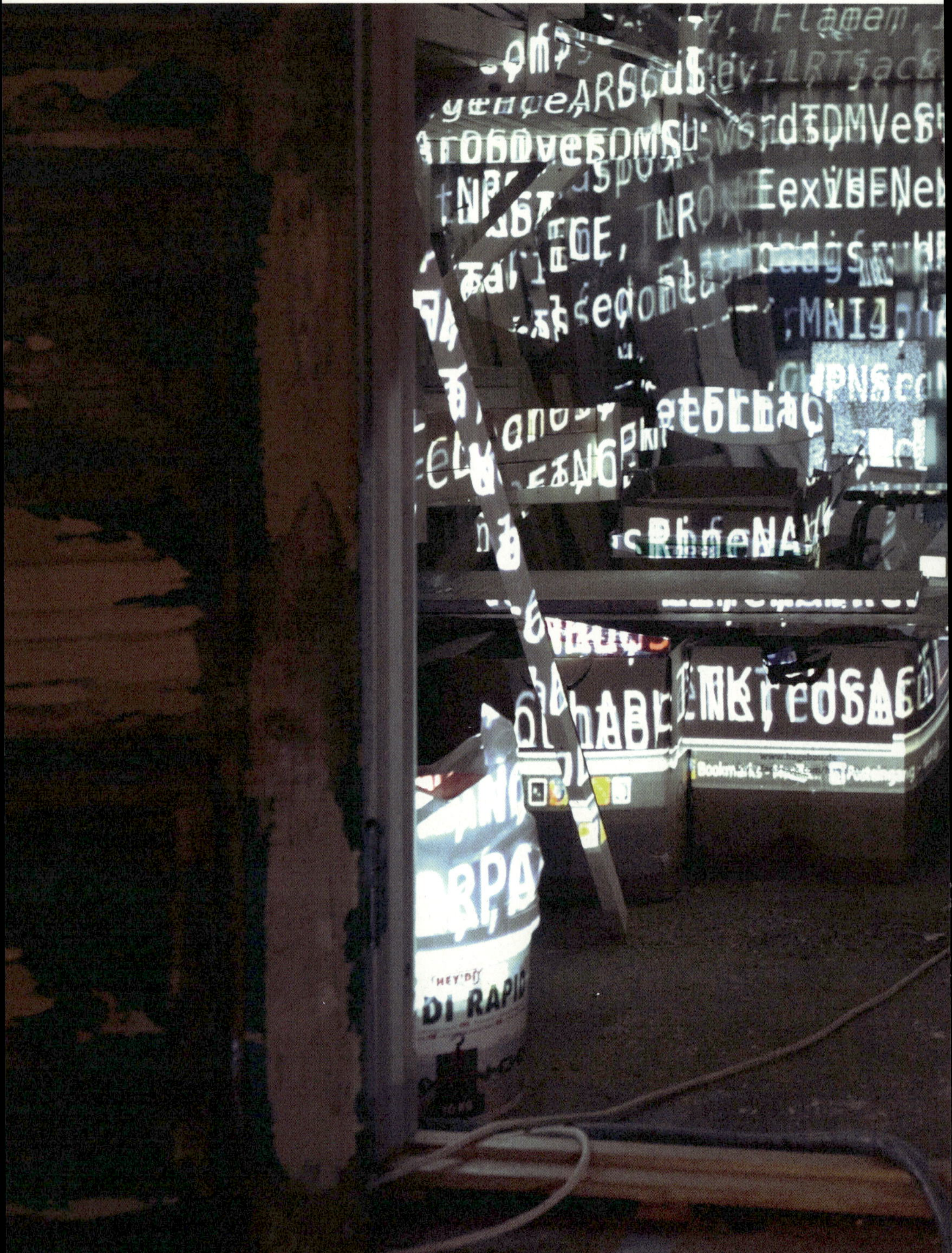

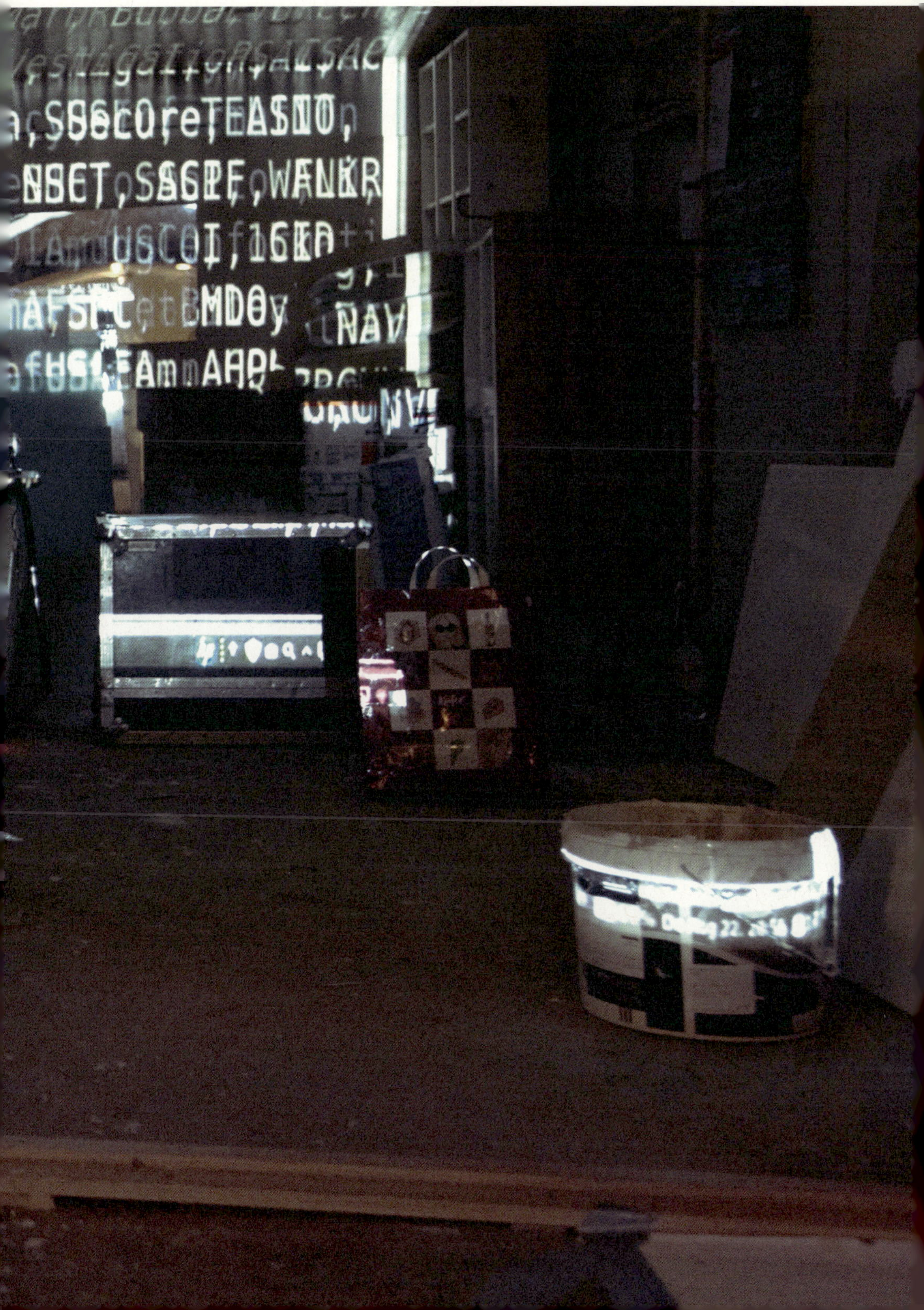

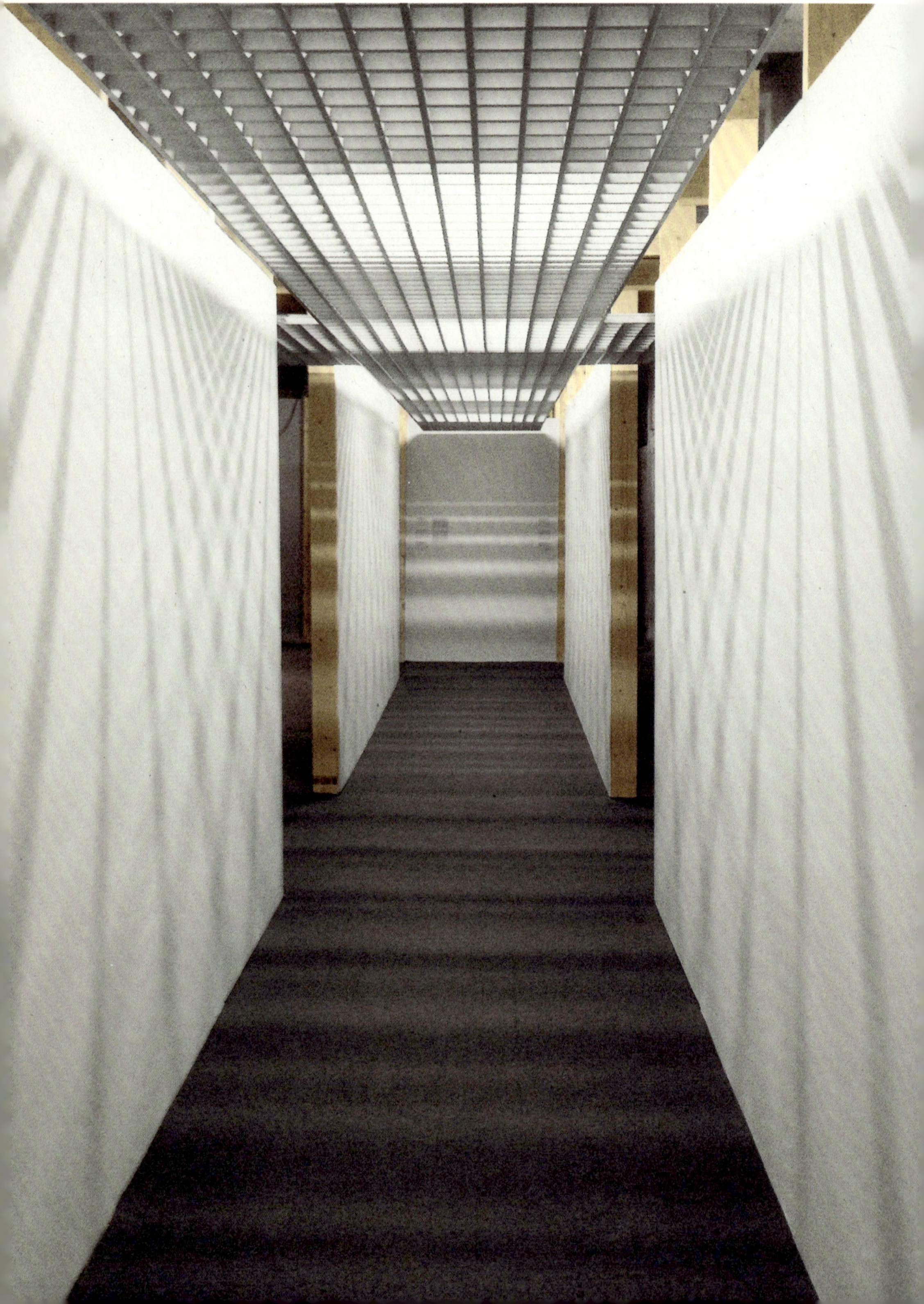

Wir näherten uns unserem Ziel ...

Ekaterina Degot
David Riff

Der folgende Text basiert auf der Katalogeinführung zu *Monday Begins on Saturday*, der ersten Ausgabe der Bergen Assembly. Er umfasst zwei Ebenen: die der inzwischen historischen Katalogeinführung, die wir vor drei Jahren geschrieben haben, und eine Kommentarebene. Dieses Format scheint uns insofern angemessen, als sich unsere Ausstellung mit künstlerischer Forschung auseinandersetzte und selbst einen etwa zweijährigen Arbeitsprozess widerspiegelte. Bei der Planung des Katalogs träumten wir von einem talmudischen Palimpsest von Bildern und Texten, die alle um ein zentrales Dokument herum angeordnet sein sollten. Es sollte ein textuell-visueller Midrasch werden, dessen verschiedene hermeneutische Ebenen der Exegese in unterschiedlichen Textgrößen markiert, dessen Inhalt aber auf wunderbare, ja perverse Art und Weise profan gewesen wäre. Wir interpretierten allerdings keine heilige Schrift, auch nicht Marx oder Lenin (der übrigens solche Palimpseste verfasst hatte, als er in Schweizer Bibliotheken recherchierte, die später originalgetreu vom Marx-Engels-Lenin-Institut in einer sensationell merkwürdigen Typografie publiziert wurden), sondern einen „leichten", außerordentlich populären sowjetischen Fantasy-Roman aus den 1960er-Jahren. Wir haben unseren Plan damals nicht umgesetzt, weil es bei Weitem zu viel Arbeit gewesen wäre, und auch jetzt ist es noch nicht möglich. Aber vielleicht kann dies die erste Kommentarebene sein, mit der wir den Text überschreiben, allein um zu zeigen, dass es möglich ist, Ideen auch nach dem Ende einer Ausstellung lebendig zu erhalten. Das ist immer ein Problem. Es ist wirklich schwierig, aufs Neue in diesen Text einzusteigen, und wir haben es beide unendlich lange aufgeschoben.

„In den Räumen der Abteilung für Absolutes Wissen standen sämtliche Oberfenster offen, weil der Gestank von Professor Wybegallos Heringsköpfen bis hierher gedrungen war. Die Fensterbretter waren voller Schnee, und unter den Radiatoren der Dampfheizung standen Pfützen. Ich schloss die Fensterchen und spazierte zwischen den mehr als sauberen Arbeitstischen auf und ab. Auf den Tischen blitzten nagelneue Tintenfässer, die jedoch überquollen vor Zigarettenkippen – eine merkwürdige Abteilung war das. Ihre Devise lautete: ‚Die Erkenntnis des Unendlichen erfordert unendlich viel Zeit.' Dagegen wäre nichts einzuwenden gewesen, wenn die Mitarbeiter daraus nicht den überraschenden Schluss gezogen hätten: ‚Ob du arbeitest oder nicht – es macht sowieso keinen Unterschied.'"[1] [Arkadi und Boris Strugatzki, „Der Montag fängt am Samstag an", in: Dies.: *Gesammelte Werke*, Bd. 6, aus dem Russischen übersetzt von Helga Gutsche, München 2014, S. 136.[2]]

1 Man erkennt sofort, wie sehr sich diese Szene dazu anbietet, sie als Installation oder deren Beschreibung zu lesen, so wie sie sich einem „emanzipierten Zuschauer" darstellt, der nach Meinung von Jacques Rancière so gut ist wie jede/r andere aktive TeilnehmerIn auch. Derartige Aussagen sind einer Abteilung für Absolutes Wissen würdig und eine große Erleichterung für all diejenigen unter uns, die in nichts so gut sind wie im emanzipierten Zuschauen. Rancières bessere ZuschauerInnen sind ihre eigenen InterpretInnen und DolmetscherInnen, die Geschichten übersetzen, um ihre eigenen zu erzählen; „eine emanzipierte Gemeinschaft ist eine Gemeinschaft von Geschichtenerzählern und Übersetzern", Leuten wie den Autoren dieses Zitats, Boris und Arkadi Strugatzki, deren Roman *Der Montag fängt am Samstag an* schließlich unser gesamtes Konzept für eine Ausstellung in Bergen inspirieren und rahmen sollte, die sich über mehrere Orte erstreckte.

2 Romanzitate wie dieses dienten als Einleitung für jeden unserer elf Veranstaltungsorte. Sie waren auf Messingplaketten geprägt, die im oder nahe beim Eingangsbereich installiert waren, neben elektronischen LED-Uhren, die ein bisschen wie die berühmten grünen Electronikas aussahen, die in jeder sowjetischen Institution zu finden waren – wir konnten keine elf Vintage-Uhren auftreiben, sondern nur äquivalente Modelle aus China –, und Topfpflanzen, wie sie jeden postsowjetischen öffentlichen Ort zieren, die wir im Botanischen Garten von Bergen auswählten. Sie sollten den Rahmen für unsere Idee eines Instituts von der Größe einer Stadt bilden, das sich über Spielorte von unterschiedlicher Größe ausdehnen sollte, von Museumsräumen und umgenutzten Fabriken bis hin zu intimeren, galerieähnlichen Settings mit einer geringeren Anzahl von ForscherInnen. Die Namen waren poetisch, fast wie bei Brecht: das Institut der Verschwindenden Zukunft, das Institut für Antiformalismus, das Institut der Imaginären Staaten, das Institut für Kiefern und Knastbrot, das Institut der Fortdauernden Akkumulation, das Institut für Lyrische Soziologie, das Institut für Liebe und das Fehlen derselben, das Institut für Defensive Magie, das Institut für Tropischen Faschismus, das Institut für Politische Halluzinationen und das Institut für Zoopolitik. Jedes Institut hatte seine eigene Architektur, sein Dekor, sein Zitat, seine Uhr und seine Pflanze.

Wir näherten uns unserem Ziel. Von oben wirkten die Fjorde kantig und abschreckend, die Felsen dunkel und schroff. Die Fußböden im Flughafen waren aus massivem Holz, die Pilotin durch und durch weiblich, die FlugbegleiterInnen entschieden unaufdringlich und unglamourös, Business-Class-Sitze nicht existent. Dies war Norwegen.[3]

Als GeheimagentInnen auf einer Mission, als ForschungspartnerInnen waren wir zwei nach Bergen gekommen. Irgendetwas musste passiert sein, andernfalls hätte sich Bergen nie für eine solche Unternehmung „qualifizieren" können. Welche Art von Erzählung konnte eine so friedliche und wohlhabende Stadt in „Biennalenmaterial" verwandeln?[4] Heutzutage ist eine Biennale, oder in diesem Fall eine Triennale, eine Geschichte: ein orts-

3 Dies war Norwegen, aber das Norwegen der Jahre 2011 bis 2013. Rückblickend erlebte das norwegisch-russische Verhältnis damals bessere Zeiten: Es gab eine große „Kommen Sie nach Norwegen"-Anzeigenkampagne in der Moskauer Metro und ein gewisses Maß an kulturellem Austausch. Doch schon zum Zeitpunkt unserer Eröffnung hatte sich die Lage verändert. Auf dem Weg zum Flughafen, zu einem verpassten Flug, erzählte uns unser damaliger Assistent, wie die Russen früher oben an der Grenze mit den Norwegern *Nuclear Chicken* gespielt haben. Das war wie eine unheilvolle Vorahnung. Heute kündigt die russische Regierung ein Jahr des Kulturaustauschs mit Nordkorea an, während der frühere norwegische Premierminister Jens Stoltenberg, der nun die NATO leitet, Äußerungen über eine unbestreitbare Aggression abgibt, die nur geringfügig weniger russophob sind als die seines chauvinistischen Vorgängers.

4 Wir wussten nicht viel, als wir nach Bergen kamen, aber auf jedem Flug lasen wir Krimis und unterhielten uns stundenlang über unsere Lieblingsfernsehsendungen. Das hier ist *Twin Peaks*, erzählten wir uns gegenseitig, und stellten uns vor, unsere Umgebung sei der Schauplatz unterschiedlichster Intrigen. Eigentlich war die offensichtliche Backstory der Bergen Triennale viel prosaischer. Der Vorschlag kam vom Gemeindeparlament, vermutlich um die Welle von Investitionen und Interesse, die aufkam, als die Stadt Mitte der 2000er-Jahre Europäische Kulturhauptstadt war, zu verstetigen, und wurde von der lokalen Kunstcommunity zunächst skeptisch aufgenommen. Es wurde entschieden, eine große Konferenz auszurichten, die sich nicht nur mit der Geschichte des Biennalenformats auseinandersetzen sollte, sondern auch mit der Dringlichkeit seiner lokalen Anbindung, die schließlich in den *Biennial Reader* mündete, der inzwischen ein Standardwerk ist. Wir haben den *Reader* beide aufmerksam gelesen, schließlich erschienen uns aber Krimis und institutionelle Fantasien der 1960er-Jahre als die angemesseneren Antworten auf unsere kuratorische Position.

spezifischer Roman, der in Zeit und Raum geschrieben wird, die Geschichte einer lokalen Malaise, in der eine zusammengewürfelte Truppe globaler Künstlerfiguren ihren Auftritt hat. Vielleicht ist die Geschichte auch noch fragmentierter und die KünstlerInnen sind Worte – normalerweise Adjektive, manchmal Substantive, selten Verben, die nur durch eine skurrile kuratorische Syntax miteinander verbunden sind. Die KünstlerInnen könnten, wenn man es recht bedenkt, auch Figuren (*characters*) sein, die aber als Buchstaben (*letters*) in Erscheinung träten, sodass die Geschichte wie bei Kručenych auf rätselhafte Weise in ihre Einzelteile zerfiele …[5]

Sich die Ausstellung als Roman vorzustellen war verlockend, vor allem vor dem Hintergrund unserer gemeinsamen Vorliebe für zeitbasierte und zeitintensive Kunst. Wir haben nichts dagegen, Stunden mit einem Kunstwerk zuzubringen – und zwar nicht um der abgehoben-akademischen Kontemplation einer einzelnen Form willen, sondern weil es tatsächlich Zeit braucht, um Texte zu lesen, Filme anzuschauen und daraus Schlüsse zu ziehen.[6] Wir beide sind außerdem eifrige Leser von György Lukács (besonders seiner *Theorie des Romans*, 1914–15), perverse Bewunderer des bürgerlichen Realismus. Wir brauchten die Geschichte – wenn

5 Wir beziehen uns hier auf die typografisch wilde Lyrik von Alexej Kručenych (1886–1968), dem respektlosen futuristischen Dichter, der berühmt war für seine Künstlerbücher, die er gemeinsam mit der Künstlerin Olga Rozanova (1886–1918) gestaltete. Unser Head of Publications Jill Winder wollte an dieser Stelle eine Fußnote einfügen, entschied dann aber dagegen, weil sie den Lesefluss gestört hätte. Kručenych war einer der Erfinder der „transrationalen“ *Zaum*-Dichtung, einer Sprache von Neologismen, die sich aus Glossolalie, Kindersprache und archaischen Wortstämmen des Russischen zusammensetzte und den sehr viel prometheischeren Tommaso Marinetti erzürnte, als er 1914 Russland besuchte. Sich zeitgenössische Kunstausstellungen als transrationale Poesie vorzustellen, macht insofern Sinn, als sie die aleatorische Aufsplitterung ganzer Werke in die Bedeutungsatome einer neuen Sprache bewirken, eine „Poesie der Zukunft“, die notwendigerweise absurd ist und immer wieder droht, sich in Banalität aufzulösen.

6 Die erste Frage, die Profis einander stellen, wenn sie über eine Ausstellung sprechen, ist: „Wie lange braucht man?“ Dies ist allerdings Geheimwissen, das, anders als bei Konzerten oder Theaterstücken, nie öffentlich kommuniziert wird. Die Zeit der Ausstellung ist abstrakt, genau wie ihr Raum: weiße Zeit in einem weißen Kubus. Sie suggeriert eine endlose Menge Restlebenszeit, verspricht eine Unsterblichkeit, in der wir uns tatsächlich endloser Betrachtung hingeben werden, sodass es unanständig wäre zu sagen: „So, nun reicht's, lass uns etwas essen gehen.“ In diesem Sinne ist es eine Geste der Aufrichtigkeit, wenn man eine Ausstellung zeitbasiert und zeitspezifisch konzipiert. Diese Einstellung zur Zeit ging einher mit unserer Vorliebe für ortsspezifische Entscheidungen. Wir hatten unsere Freude daran, Räume mit architektonischen Elementen und eigenartigen Möbelstücken zu „verfremden“ und verliehen sogar dem bekanntermaßen weißen Kubus der Kunsthalle Bergen ein „spezifisches“ Weiß, das zum Beispiel seinen spezifisch klassischen Geist hervorheben sollte.

nicht auf der Straße, dann in der Kunst. Der Arabische Frühling verblasste; der Moskauer Winter gefror einem Mark und Bein. Aus dieser Perspektive erschien uns der Roman, besonders der Roman in der Krise, als postaktivistische Lösung passend.

Hinzu kam, dass wir beide im Lauf der Jahre Geschmack an Fakes und Betrügereien gefunden hatten, und auch das wäre geeigneter Romanstoff gewesen. Eine/r von uns las aufs Neue André Gides *Die Falschmünzer* (1925) und untersuchte dabei Fälscherei und Fälschungen im Verhältnis zu ökonomischen und künstlerischen Krisen. Wir erwogen daraufhin ernsthaft, alle KünstlerInnen zu erfinden und die Werke selbst zu machen. (Als die Ausstellung konkrete Form annahm, waren wir angenehm überrascht, dass viele der KünstlerInnen, die wir eingeladen hatten, ihrerseits KünstlerInnen erfunden hatten. Etwas blieb also von dieser Idee erhalten.)

Kurz gesagt wussten wir bereits, dass wir mit künstlerischen Arbeiten im Raum und den Texten anderer AutorInnen in diesem Buch (die jeweils für sich schon in gewisser Weise romanhaft waren) schreiben und diese Assemblage mit narrativen Bruchstücken durchsetzen und strukturieren würden. Wenn aber Biennalen Texte sind, haben wir es dann mit Fiktion oder Theorie zu tun? Die Kunstszene scheint Letzteres zu erwarten – vielleicht ist Theorieaffinität etwas Klassenspezifisches, die Rache einer Intelligenzija, die sich immer noch nicht sicher ist, ob sie nicht doch einfach eine Klasse ist wie alle anderen auch. Biennalen erzählen keine Geschichten – sie stellen Fragen, sie zeigen Missstände auf. Die Gesetze der Biennalen sind gnadenlos rigide, ihr Opportunismus vorhersehbar. Braucht Bergen diese „kritische Dienstleistung“, die heute von KuratorInnen erwartet wird? Welche Wunden liegen hier, unter der anständigen, uneitel-glanzlosen Oberfläche, verborgen, die es wert wären, sie der Welt zu offenbaren?[7]

7 Es ist wunderbar provokativ, aber auch ein bisschen flach, die Frage nach „Fiktion oder Theorie“ auf Klassenvorbehalte zu reduzieren. Wir können das auf die Einseitigkeit der bürgerlichen Zivilisation schieben, die uns tagtäglich für dumm verkauft. Unter solch verdummenden Verhältnissen birgt das konventionelle „theoretische“ Kuratieren, das einen konstruierten, vornehmlich rhetorischen Diskurs mit Kunst illustriert, ein großes Risiko. Manche dieser Illustrationen sind idiotisch einfach, andere obskur und fast ohne erkennbaren Bezug. Damit es einleuchtet, muss alles einfach sein, und Einfachheit in der Illustration instrumentalisiert beide Seiten, degradiert also sowohl Kunst als auch Theorie. Am deutlichsten manifestiert sie sich im thematischen, quasi-formalistischen Zugang zu den politischen Themen des Tages, der dem, was man in den Nachrichten lesen oder an Theorie überfliegen kann, nichts oder nur wenig hinzufügt. Normalerweise wäre die Gegenposition hierzu ein „poetischer“, sinnlich-formaler Zugang zu den Rhythmen der Kunst und ihrer gegenseitigen Potenzierung. Uns war es hingegen wichtig, auf einer literarischen Alternative zu bestehen. Unsere Hypothese war, dass jede Fiktion bis hin zur Betrügerei ein besseres Wahrheitsverfahren ist als die typische „Kritikalität“ der Biennalen, deren Ziel einer „kritischen Wissensproduktion“ – Auflisten, Klassifizieren, Wunden freilegen, Schau- und Arbeitsplätze schaffen – uns hoffnungslos kommerziell erschien. Wir wünschten uns etwas Spannenderes, daher unsere Leidenschaft für Mystery-Romane und Ausstellungen über Spione oder Serienmörder.

Wir machten uns an unsere Recherchen. Alles fing wie Detektivarbeit an, wie bei Scully und Mulder oder Linley und Havers, mit Anwohnerbefragungen und dem literweisen Verzehr von Kaffee, den uns unsere Hauptverdächtigen anboten. Wir suchten nach Hinweisen und zwinkerten einander zu, wenn wir das Gefühl hatten, auf etwas gestoßen zu sein. Am häufigsten besuchten wir Kunstinstitutionen. Alle nannten sich Galerie und sahen vielleicht auch danach aus, waren es aber nicht wirklich. Es war die unsichtbare Hand des Staates, nicht die des Marktes, die hier vermittelte. Geld wurde nicht gemacht, sondern gegeben (wenn auch oft nicht viel).[8] Die Legitimität der zeitgenössischen Kunst als eigenständige, neutrale Sphäre jenseits von Politik, Religion und sogar Business wurde ohne jeden Zweifel anerkannt.

Und doch wurde die eigentliche Erzählung für uns nicht greifbar, ebenso wenig wie unsere Laune, die gleichermaßen depressiv wie koffeinbedingt überschwänglich war. Niemand konnte uns wirklich die Geschichte von Norwegens plötzlichem, enormem nationalen Wohlstand erzählen, auch wenn einige auf Bergens Hubschrauberlandeplatz, den Verkehrsknotenpunkt für die Bohrinseln, verwiesen und andere uns ihre Erinnerungen an bittere Armut und eine freudlose Kindheit erzählten, in der es außer Walfleisch nichts zu essen gab.[9] „Die NorwegerInnen sind gute Men-

8 Das Leitmotiv unserer ersten Besuche war eine versöhnliche Rhetorik der Kollaboration, obwohl wir schnell begriffen, dass „Kollaboration" in den meisten, wenn nicht gar allen Fällen gleichbedeutend ist mit dem Teilen von Miete und Arbeit bzw. Stipendiengeldern. Das ist nicht nur in Norwegen so. „Kollaboration" heißt auch, alles den BewohnerInnen zu überlassen. In diese Richtung deutete übrigens auch die Rhetorik einiger Leute, als unsere Ausstellung erst einmal über die Stadt hereingebrochen war. Zu Anfang allerdings hörten wir verblüffende Geschichten über Gemeinschaftssinn und gegenseitige Hilfe aller für alle. Uns wurden Einrichtungen gezeigt, in denen solche Hilfe bereitwillig, wenn auch gegen einen Obulus, geleistet würde, aber was machte das schon, wir verteilten ja Staatsgelder. Die Legitimität der Kunst als „neutrale Zone" wird natürlich von Politik, Wirtschaft und sogar (in historischer Perspektive) der Religion getragen: Der Staat gibt verschiedenen Agenten Geld, und damit „kollaborieren" sie, das heißt bezahlen sich gegenseitig.

9 Magere Zeiten haben ihre Spuren in der traditionellen norwegischen Küche hinterlassen, die zu besonderen Anlässen in Form von Walcarpaccio, saisonalem Kabeljau mit Kartoffeln oder kalten Krabbenbeinen als Festessen gereicht wird. Das Merkwürdige an dieser Arme-Leute-Küche ist, dass sie teurer ist als alles andere, das man in diesem Land kaufen kann, in dem selbst eine „BigMac Supersized Combo" bei McDonald's 30 Euro oder mehr kostet. Die beste Lösung ist, sich ans Bürgertum zu halten und in die Berge zu fahren, wenigstens symbolisch, und ihre lokal belieferten Nouvelle-Cuisine-Restaurants zu besuchen, die weniger sättigend sind als Micky D's, aber in etwa das gleiche kosten, wenn man weiß, was man bestellen muss.

schen", wurde uns wiederholt mitgeteilt, und wir fühlten uns nur noch mehr wie Gogols Revisor. Tatsächlich fanden wir nichts, womit wir unseren imaginären Vorgesetzten gegenüber das Gegenteil hätten beweisen können. Einige unserer InformantInnen bemerkten sogar ironisch: „Norwegen ist ein sozialistisches Land." Wenn wir sie zum „Kulturmarxismus", dem theoretischen Ziel von Anders Behring Breiviks Amoklauf, befragten, zuckten alle zusammen. Niemand erwähnte ihn, genauso wenig wie irgendjemand Marx erwähnte, auch wenn wir einen Anflug von Sympathie bemerkten, sobald eine/r von uns ihn zu zitieren begann und der/die andere anfing zu gähnen. Wenn überhaupt, dann war dies ein nichtmarxistischer Sozialismus, entspannt durchfinanziert, aber angetrieben von einer Ethik des Konsens, plötzlich prosperierend und offensichtlich nicht auf irgendwelche internationale Biennalen angewiesen (es sei denn, derartige kulturelle Unternehmungen fördern die gemeinschaftlichen Bindungen).[10]

„Wir sind mit Schuldgefühlen beladen wie die Überlebenden eines Flugzeugabsturzes", sagte uns eine Kuratorin. „Unsere Haltung ist: Pssst, sag bloß keinem, wie gut es hier ist", erzählte uns eine lokale Künstlerin. „Wir beißen doch nicht die Hand, die uns füttert." Immer, wenn sie auf dem Weg zurück aus der EU die Grenze nach Norwegen überquere, beschleiche sie ein merkwürdiges Gefühl, so als ob sie in eine Welt hinter den Spiegeln, eine illusionäre Welt des Komforts, hinübertrete. „Wir sind wahrscheinlich die letzte Generation, der es so gut gehen wird", fügte sie hinzu. Dass Norwegen langsam zur neokapitalistischen „Normalität" zurückkehrte, schien selbstverständlich zu sein und wurde nie diskutiert. An einem so teuren Ort zu leben, ist schon jetzt nicht für jede/n leicht. Gesundheitsversorgung und Bildung kosten nichts, aber das Bildungssystem steckt in der Krise, sagte man uns; die Mieten sind zu hoch, eine Hypothek aufzunehmen ist schwierig, und die Pro-Kopf-Schulden gehören zu den höchsten der Welt (sie liegen höher als in den USA). Einige der ärmsten Stadtteile werden gerade sehr schick und verwandeln sich langsam, aber

10 Seither fragen wir uns, wie die zeitgenössische Kunst so gut in ein (angeblich) egalitäres Gesellschaftsideal (dem wir auch anderswo in Europa begegnet sind) integriert sein kann, wenn sich diese Kunst immer noch auf ihre avantgardistischen Wurzeln beruft. Wenn man heute irgendetwas „Avant-Garde" nennt, wäre das unhöflich, denn es würde implizieren, dass alles andere „Arrière-Garde" ist. Vielleicht haben wir es hier mit einer doppelten Scheinheiligkeit zu tun: Die Kunst lügt in Bezug auf ihren Avantgarde-Status, während die Gesellschaft über ihr egalitäres Ideal lügt. Sie haben sich also gegenseitig verdient.

sicher in kleine Einkaufsmeilen mit Galerien und Buchläden. Die Gentrifizierung in Bergen ist schüchtern, aber beharrlich.[11]

Trotzdem fragten wir uns, ob Norwegen nicht doch ein sozialistisches Land sei. Wir entdeckten tatsächlich von Zeit zu Zeit Momente von „Realsozialismus", die wir kannten – die eine von damals, aus eigener Erfahrung, der andere von Besuchen in seiner Kindheit und später, dann schon als Erwachsener, von Ausflügen in dessen Nachleben im gegenwärtigen Russland. Unverbrüchlich mit dieser Erfahrung verbunden, lehrten wir uns, Norwegen als eine teure und prosperierende Sowjetunion zu betrachten, deren BürgerInnen – anders als die der UdSSR – wahrhaften Gemeinschaftssinn besaßen, bescheiden und sogar stolz und dankbar waren dazuzugehören.

Hier und da trafen wir auch auf die sonderbaren Überreste eines sozialistischen Kunstverständnisses, demzufolge das glückliche Leben der lokalen KünstlerInnen und Communities politisch weit relevanter und von größerem ethischen Gewicht sei als ein weiteres angestrengt kosmopolitisches Kunstevent mit internationaler Repräsentationsfunktion, das nur zusätzliche soziale Verwerfungen produziert. Dagegen war nichts einzuwenden: Da wir aus Russland kamen, wussten wir, dass in einer Welt, in der die Kunst zunehmend wieder zum bourgeoisen Zeitvertreib wird, der wie ein Paar gebrauchte Schuhe an die niederen Klassen weitergereicht wird,[12] das „Biennalenbegehren" durchaus auch aus der rechten äußeren Ecke des politischen Spektrums kommen kann.

11 Jill liebte diesen Satz, und tatsächlich ist er ziemlich fette Prosa. Wenn man aber darüber nachdenkt, haben die Berater und Hedgefonds, die die Osloer Innenstadt in Besitz genommen haben und auch uns im Laufe des Projekts auf den Leib zu rücken schienen, so gar nichts Schüchternes an sich. Die Buchhaltungsfirma, die für unsere Finanzen zuständig war, wurde von Price, Waterhouse & Cooper geschluckt. Als das Projekt konkrete Formen annahm, wurde uns klar, dass der Großteil unseres Budgets in die Bezahlung lokaler Arbeitskräfte fließen würde: AufbauhelferInnen, Ausstellungsaufsichten, KünstlerbetreuerInnen, PR-AssistentInnen und ähnliche, deren norwegische Lohnabrechnungen gemäß Gesetz deutlich höher lagen als die ausländischer Arbeitnehmer.

12 Eine extrem trashige Metapher, könnte man meinen. Was haben wir uns dabei nur gedacht? Jill fand sie wunderbar prägnant, und tatsächlich lag sie instinktiv richtig, denn unter der Oberfläche ist sie positiver, als sie scheint, und beruht auf einer wahren Geschichte. Die Russin Xenija Sobčak begann ihre Karriere als eine Art postsowjetische Paris Hilton, ein Glamourgirl, das im Jahr 2008, gleich nach dem Crash, zusammen mit dem Modedesigner Andrej Bartenev ein kluges, selbstironisches Projekt über ihre Sammlung alter Schuhe realisierte, die so groß war wie die von Imelda Marcos. Seither hat sie sich weiterentwickelt und galt schon 2011 als führende oppositionelle TV-Journalistin Russlands. Ihre Schuhe wegzugeben war also vielleicht eine lehrreiche Erfahrung.

Wir erkundigten uns, wo denn die Bourgeoisie in Bergen zu finden sei. Traditionell wohne sie in den Bergen, wurde uns gesagt. „Da oben sind so viele schöne Häuser“, rief eine befreundete Künstlerin mit einem unerwarteten Anflug von Zuversicht während eines gemeinsamen Ausflugs aus. Am nächsten Morgen unternahmen wir voller Elan einen Erkundungsgang und entdeckten beim Blick durch die unverhüllten Fenster und kahlen Wände der besagten Anwesen, dass es in Bergen weder Vorhänge noch Kunstsammlungen gibt. Die wohlhabenden BürgerInnen sind gewissenhaft. Sie unterstützen die Kunstinstitutionen und beschenken die Stadt im äußersten Fall mit öffentlichen Skulpturen von SkateboarderInnen, um ihre sehr eigenen Geschmäcker zu befriedigen. Soziale Transparenz, ein Tabu auf zur Schau gestellten Reichtum und eine Ethik der Dienstleistung bedeuteten, dass die Kunst hier auf andere Weise gezähmt wird – nicht durch den privaten Markt, sondern die Instrumentalisierung durch Institutionen, die unhinterfragte Bedeutung von öffentlicher Bildung und Kunsthandwerk. „Hier dreht sich alles um Kunst für die Kinder“, sagte uns ein befreundeter Kurator. Wir kamen aus der russischen Kälte, wo die Kunst für die Reichen und jedes Engagement für die gesellschaftliche Dimension der Kunst lange schon zum Erliegen gekommen war. War der norwegische Wohlfahrtsstaat unsere gemeinsame europäische Vergangenheit oder die so leidenschaftlich erträumte Zukunft?[13]

Unsere Recherche war wie die Spur aus Brotkrumen, die man aus Märchen kennt; während wir ihr folgten, bestimmten wir auch selbst ihren Verlauf. Im Prozess unserer Überlegungen zu einer Ausstellung über Forschung fanden wir uns in einem Kreis von KünstlerInnen wieder, die – entweder fest integriert in einen durchinstitutionalisierten, komplexen aka-

13 Unsere Begegnung mit der Kunstcommunity von Bergen zwang uns, die ganze Frage nach der Demokratisierung der Kunst und ihrer demokratisierenden und emanzipativen Funktion – zwei durchaus unterschiedlichen Dingen – neu zu stellen. Viele finden Kunst dann demokratisch, wenn der Staat einer „freien Szene“, deren unambitionierte, meist unpolitische Arbeit als freier Ausdruck von Kreativität gilt, Breitbandförderung gewährt. Dem gegenüber steht die eher leninistische Idee der KünstlerInnen als hochqualifizierte Berufskader (vielleicht sogar BerufsrevolutionärInnen), die daran arbeiten, die emanzipative und demokratisierende Wirkung der Kunst zu stärken, eine Wirkung, die eher von der Qualität der Werke abhängt als von ihrer tatsächlichen Anerkennung als Kunst. Gleichzeitig aber weckten die unbarmherzigen Bedingungen in Moskau – die sich gegenwärtig aus offensichtlichen Gründen verschärfen – in uns die Sehnsucht nach einer „freien Szene“ oder zumindest einer institutionellen Landschaft, in der unsere skurrilen Träume realisierbar wären. In diesem Sinne war Bergen definitiv kein Alptraum, sondern eher ein Traum, der in Erfüllung gegangen ist. Nie zuvor hatten wir so viel Zeit, unserer Forschung nachzugehen.

demischen Rahmen oder von einer solchen Position träumend – forschten, dozierten und lehrten. Gelegentlich ignorierten sie sogar auf sehr unnorwegische Weise das sakrosankte Wochenende, um noch mehr zu forschen.

Wir erkannten diesen Drang wieder. Im Rahmen eines früheren Projekts in der zwischen Russland und China gelegenen Region des Ural waren wir bereits „StoßarbeiterInnen des mobilen Bildes", einer Erscheinungsform des neoliberalen Wahnsinns, begegnet. Hier aber hatten wir es mit StoßarbeiterInnen der Forschung zu tun, die die Repräsentation mieden und hart arbeiteten – beziehungsweise forschten –, um dem Nichtwachstum zu dienen. Die neue künstlerische Bescheidenheit vertraut auf recycelte Materialien und Bilder, die sie zu einer Art Forschungsbrei zerkaut und mit neuen Ideen fermentiert hatten, die an- und aufregen. Auf der anderen Seite kappt die ungebremste Zirkulation der Bilder unsere Verbindung zur physischen Realität und erweitert die Macht von Ideologien, sodass künstlerische Forschung ebenso gut auch den Finanznotstand in der Wissenschaft kompensieren oder, was noch beunruhigender wäre, im militärindustriellen Komplex Anwendung finden könnte, der in jüngster Zeit ein enthusiastisches Interesse an der Kunst gezeigt hat (und umgekehrt).[14]

Dennoch hofften wir das Beste für die Forschung. Dies war der Moment, in dem wir uns vorzustellen begannen, dass all diese weißen Galerie-Imitationen ebenso gut auch Imitationen von Forschungseinrichtungen sein könnten, von denen sich jede auf etwas wirklich Merkwürdiges spezialisiert hat (in der Sowjetunion gab es tatsächlich ein Institut für Rost, ein Institut für Gift und eins für schwach alkoholische Getränke). Wir sahen schon vor unserem geistigen Auge endlose Korridore und Tischreihen, alle mit unvergänglichen Zimmerpflanzen und elektronischen Uhren versehen (die in Moskau praktisch verschwunden, aber in einigen ehemaligen DDR-Büroräumen in Berlin immer noch zu finden sind). Wir begannen von diesen Räumen und ihren BewohnerInnen zu träumen. Wir konnten sie schon vor uns sehen, wenn auch, wie wir uns schon sehr früh eingestanden, nur auf indirekte Weise. Dieser Blick leicht von der Seite wurde zu einer fixen Idee. Eine/r von uns wurde von ihm in Hans Holbeins *Die Gesandten* (1533) heimgesucht, einem ikonischen Bild zweier „Wissenschaftler" im frühen Kapitalismus, in dem ein Adliger und ein Kleriker über all den Symbolen der Gelehrsamkeit ihrer Zeit thronen – einer konfliktbeladenen Gelehrsamkeit, die nichts als einen Schädel offenbart, sobald man

14 Diese Gedanken sind offensichtlich inspiriert von Hito Steyerl, Tom Holert und anderen KollegInnen, die über die Schnittstelle zwischen Kunst und Militärtechnologie im Zeitalter hybrider Kriegsführung geschrieben haben. Letztendlich umfasste unsere Ausstellung auch ein Institut für Defensive Magie, in dem Stephan Dillemuth den asymmetrischen Cyberwar von Überwachung und Internetökonomie in der Kontrollgesellschaft als ein absurdes Drama um einen verlassenen Computerarbeitsplatz aufführte.

von der Seite schaut. Holbein war ein Freund von Thomas Morus, und von seinem Bruder Ambrosius Holbein stammt das berühmte Titelbild von Morus Roman *Utopia* (1516) – ein Schädel. Utopia ist ein Ort, an den man über das Memento mori gelangt, das man erst dann erkennt, wenn man es von der Seite betrachtet.[15]

Nicht alle unsere Überlegungen waren so indirekt. Im Jahr 2013 wurden viele Moskauer Kulturinstitute – Refugien der „reinen Forschung", die selbst außerhalb der universitären Strukturen standen – im großen Maßstab aufgelöst und umgewidmet. Aus ihnen wurden „effiziente" Kreativfabriken. Der Kulturminister verkündete, er werde keine „Forscherhobbys" mehr fördern – anders als sein niederländischer Kollege sprach er nicht von „linken Hobbys", da ihm zum Glück nicht bewusst war, dass einige von ihnen in der Tat politisch links standen. Wir vereinbarten, dass wir in Bergen eine Assembly, eine Versammlung einberufen würden und stellten fest, dass diejenigen, die wir in unserem Assemblagen-Roman „versammeln" wollten, genau solche HobbyistInnen und LiebhaberInnen des Kulturmarxismus waren – dezidiert oder zweifelnd, aus Überzeugung oder aus Versehen. Sie würden die fragile Zukunft der Menschheit erforschen und dabei die Hoffnung nicht verlieren; sie würden Tag und Nacht arbeiten und dabei ihr gesellschaftliches „Recht" auf Ruhe ausblenden; sie wären scharfsinnig und ironisch und würden sich ab und zu auf Staatskosten ihren eigenen verschrobenen Interessen hingeben; und stets unversöhnlich sein gegenüber Heuchelei und Scheinheiligkeit, auch wenn sie aus dem linken Lager käme.

Von solch einem Roman über ein riesiges Forschungsinstitut träumten wir und sprachen über seine Figuren und Bilder. Doch eines Tages erinnerten wir uns, dass dieser Roman eigentlich schon geschrieben worden war.

Um *Der Montag fängt am Samstag an* (1964) zu schreiben, mussten die berühmten sowjetischen Science-Fiction-Autoren Arkadi und Boris Strugatzki die Arbeit an ihren ernsteren, oft tragischen Romanen wie auch ihre Brot-und-Butter-Arbeit als Wissenschaftler erheblich vernachlässigt haben. Das Buch war ein kurzer, harmloser Insiderwitz über sozialistische Forschungsinstitute – eine Geschichte oder Reihe von Geschichten über

15 Aus dieser leicht obsessiven Perspektive betrachtet, sind KünstlerInnen schon seit Anbeginn des Kapitalismus ForscherInnen gewesen. Als Naturforscher (Dürer), mathematisch-visuelle Forscher und Anwender der euklidischen Geometrie oder gar politisch-utopische Denker (wie im Falle Holbeins) konnten die Maler die niederen Malkünste legitimieren, damit ihre Autonomie gegenüber der Kirche sichern und sogar so etwas wie eine „objektive" Handlungsmacht für sich beanspruchen. Heute ist diese Spielart „künstlerischer Forschung" in Trümmern und ähnlich verlassen wie das Institut für Rost. In unserer Ausstellung haben wir sie in einem „Wartezimmer" mit orangefarbenen Vorhängen präsentiert.

das Forschungsinstitut für Hexerei- und Zauberkünste (FIFHUZ), auf Russisch NIIČaVo, ein Akronym, das wie das Wort *ničego*, oder „nichts", klingt. Hier arbeitet im staatlichen Auftrag ein zusammengewürfelter Haufen von eifrigen ForscherInnen, BürokratInnen, DemagogInnen und Gestalten aus Märchen und Legenden wie Merlin, Ben Bezalel oder Baba Jaga, deren Zauberkraft gezähmt, aber widerständig ist. Sascha Priwalow, der Protagonist und Erzähler, ist ein Programmierer, der während seines Urlaubs in der nördlichen Region Karelien auf Umwegen in der Stadt Solowetz landet und dort Mitarbeiter am Institut wird. Der Humor des Buchs ist entsprechend etwas nerdig, aber idealistisch und wohlwollend, voller Staunen über kleine Details und Fetzen von Erkenntnis. Sein Ton vermittelt mehr als bloße Neugier: nämlich eine Ethik des endlosen Forschens, das keine Wochenenden kennt und dem das pausenlose Streben nach Erkenntnis ein Liebesdienst ist.[16]

Der Montag fängt am Samstag an ist ein neo-leninistischer Roman aus den 1960er-Jahren und Teil der internationalen Bewegung für einen „Sozialismus mit menschlichem Gesicht", die nicht nur in den italienischen Euro-Kommunismus oder die Dubček-Fraktion des Prager Frühlings große Hoffnungen setzte, sondern auch in die internationalistischen, anti-imperialistischen Kämpfe, die überall auf der Welt im Gange waren.[17] Er steht quer zum vermeintlichen Revisionismus, der auch das neue Parteiprogramm der sowjetischen Kommunistischen Partei aus dem Jahr 1961 noch prägte, in dem die Befriedigung der materiellen Bedürfnisse der Bevölkerung zum Hauptziel des Sozialismus erklärt und die Ware-Geld-Beziehungen rehabilitiert wurde. In Bezug auf Geld ist der Roman entschieden utopisch: Es kommt eine nicht wechselbare Münze darin vor, mit der sich der Protagonist einen soliden Vorrat an Streichhölzern und Sodawasser anschafft. Etwas Teureres kommt ihm nicht in den Sinn. Der Roman ist au-

16 Diese kurze Randbemerkung sagt nichts aus über die immense Popularität dieses Buchs, dessen Musicalfilm-Adaption traditionell an Neujahr gezeigt wurde, während die Eltern ihren Kater ausschliefen. Ebenso wenig berücksichtigt sie den gegenwärtigen Stellenwert der Strugatzkis, nachdem nun endlich Alexej Germans düstere Verfilmung von *Hard to be a God* veröffentlich wurde, die als Drama um den gegenwärtigen Rückfall Russlands ins dunkle Mittelalter (und nicht die verhältnismäßig aufgeklärte Phase der Sowjetunion) lesbar ist. In Russland lautete die Reaktion in etwa: „Ah, ihr seid also auch Menschen – gut für euch, besser spät als nie."

17 Im Jahr 2015, während Fundamentalismen unterschiedlichster Art in atemberaubender Geschwindigkeit ehemals sowjetische Territorien besetzen, liest sich der neo-leninistische Teil des Romans viel eher als Science Fiction oder Fantasy als alle seine Geschichten von sprechenden Büchern und Golems.

ßerdem leidenschaftlich antikapitalistisch.[18] Gleichzeitig akzeptieren aber seine Figuren und Autoren das Inakzeptable: Nie stellen sie den Druck der Macht in Frage, auch wenn er wie eine schwere Last über ihnen schwebt. Es ist kein Zufall, dass die Stadt Solowetz wie die Solowezki-Inseln klingt, der Ort der ersten Straflager mit unbezahlter Zwangsarbeit, die später das System des Stalinismus politisch und ökonomisch prägen sollten und deren grausames Erbe immer noch spürbar ist.[19]

Der Großteil von *Der Montag fängt am Samstag an* beschreibt eine endlose Abfolge institutioneller Settings, die Priwalow in der Silvesternacht bei einem Rundgang durch die verschiedenen Abteilungen und Institute aufsucht, von denen es weit mehr gibt, als man vermuten würde. Was von außen wie ein zweigeschossiges Haus aussieht, hat mindestens zwölf Stockwerke und ein Bücherlager von mehreren Kilometern Länge ... Auch die Handlung des Romans ähnelt dieser scheinbar endlosen Blickschneise. Es gibt kein Happy End oder eine tragische Katharsis, nur ein ununterbrochenes, dialektisches „Drama der Ideen“, das sich in unterschiedlichen magischen Szenen entfaltet. Damit entspricht die Form ganz dem Inhalt des

18 Wer dieser spezifischen politischen Subjektivität der sowjetischen Sechziger weiter auf den Grund gehen möchte, dem empfehlen wir, die Strugatzkis parallel zu zwei anderen Brüdern, Roy und Žores Medvedev, zu lesen, deren Bücher über die stalinistische Repression in den Wissenschaften und Chruščevs Regierungsjahre zu Klassikern der dissidenten Literatur wurden. Anders als Solženicyns in zunehmendem Maße offen neokonservative Kritik kam ihre von links. Solženicyn war in einer außerordentlichen Audio-Videoarbeit von Imogen Stidworthy präsent, die eine Szene aus dem Roman *Im ersten Kreis* reenactet, der in einem Forschungsinstitut für Gefangene spielt.

19 An dieser Stelle wollten wir eine Fußnote zum Solovezker Lager einfügen, das ursprünglich als utopische Gefängnisalternative gedacht und organisiert wurde, die auf Selbstorganisation und Selbsterziehung gründete. Von der Mitte bis in die späten 1920er-Jahre waren die Gefangenen in der Mehrzahl Intellektuelle, die große Teile ihrer Zeit mit kulturellen Aktivitäten verbrachten. Einige waren sogar in der Lage, an ihrer wissenschaftlichen Forschung weiterzuarbeiten. Paradoxerweise waren es die Selbstorganisation und das Prinzip der Beförderung für gute Führung, die das Lager zu einem profitablen Unternehmen und Modell für den ganzen Gulag machten, nämlich als ein Insasse und ehemaliger Banden-Millionär aus Odessa so gute Vorschläge machte, dass er zum Lagerleiter befördert wurde. Später leitete er das riesige Weißmeer-Bauprojekt, das in einem „faktografischen“ Buch, herausgegeben von Maxim Gorkij und mit Fotografien von Alexander Rodčenko, verherrlicht wurde. Einige der weniger bekannten Fotos scheinen die ganze Grausamkeit des Zwangsarbeitssystems zu kommentieren. Wir haben sie im Institut für Kiefern und Knastbrot gezeigt, in dem auch Stidworthys Arbeit zu sehen war.

Romans: einer sozialistischen Selbstkritik des realsozialistischen Systems, aufgeführt in magisch-allegorischer Form. Das heißt, er nutzt Magie und Komödie als Erzählverfahren des Märchens für eine verhüllte Kritik an den Überresten von Stalinismus und Bürokratismus in der Wissenschaft.

Wir fanden, dies könnte eine mögliche Definition des Realsozialismus sein: eine endlose Flucht von Abteilungen, die alle damit beschäftigt sind, den Kommunismus des menschlichen Glücks aufzubauen. Angesichts dieses grenzenlosen Universums von bezahlten ForscherInnen, mit Räumen und Korridoren, die gleichzeitig an Psychiatrie und Waisenhaus erinnerten, drängte sich der Vergleich mit Ilja und Emilija Kabakovs Installationen förmlich auf. Als Orte, an denen Isolation ein Glück und Gemeinschaftlichkeit kaum tolerierbar ist – manchmal auch umgekehrt –, handelten diese Räume von einem System, in dem die Produktion versagte, während die Forschung florierte, in dem Ideen die materiellen Dinge ausblendeten und die Bürokratie Wunder vollbrachte, anstatt sie zu verurteilen.

Wie hätte es auch anders sein können? Wo Gesetze nichtexistent, variabel oder unlogisch sind, ist die Bürokratie irrational statt kartesisch und verspricht Freiheit, wo es sonst keine gibt. Glück ist in dieser kafkaesken Welt möglich, wenn man weiß, in welcher Ecke man sich verstecken muss, um seiner Forschungsleidenschaft nachzugehen. Michail Bulgakovs Figuren, die in den 1930er-Jahren und vor der technologischen Revolution noch eher SchriftstellerInnen und DichterInnen als ForscherInnen waren und im Schatten einer überbordenden sowjetischen Bürokratie und ihrer magischen Möglichkeiten das Leben genossen, hatten das begriffen. In *Der Montag fängt am Samstag an* geht es genau darum. Die Magie mag zunächst als Mittel der Institutionskritik erscheinen, durch das Fantasie und Wahnsinn in den prosaischen Ultra-Rationalismus von PositivistInnen und BürokratInnen Eingang finden – und in vielerlei Hinsicht ist das auch so. Die Bürokratie ist aber auch in sich magisch. In einer Passage, die der sowjetischen Zensur zum Opfer fiel, gibt es einen Hinweis auf „die im letzten Monat verteidigte Dissertation ‚Über die Wechselbeziehungen zwischen Natur- und Verwaltungsgesetzen', in der bewiesen wurde, dass sich administrative Gesetze kraft ihrer Unbeugsamkeit im Vergleich zu natürlichen und magischen Gesetzmäßigkeiten als durchweg wirkungsvoller herausstellten"[20] – der Erzähler macht sich ernsthafte Hoffnungen, dass der Verwaltungsleiter des Instituts einen lebenden Kadaver nur anschreien müsste und er fiele wieder tot um.[21]

20 *Der Montag fängt am Samstag an*, a.a.O., S. 161-162.

21 Aus heutiger Perspektive erscheint die schwarze Magie der sowjetischen Bürokratie weit weniger harmlos. Tatsächlich wurde während der Proteste gegen Putins Wiederwahl der Leiter der Wahlkommission Čurov beschuldigt, ein Magier aus dem allseits bekannten Film der Strugatzki-Brüder zu sein. Dank bürokratischer Magie können die Kumpane des Putin-Regimes die Krim annektieren und einen unerklärten Krieg gegen eine Armee von Internet-Zombies führen.

Wir lasen den Roman wieder und wieder, nahmen ihn auf jede unserer Reisen mit, machten Exzerpte und suchten nach englischen Übersetzungen. (Erst später, als der Titel *Der Montag fängt am Samstag an* schon feststand, entdeckten wir die wunderbare Übersetzung von Andrew Bromfield, demzufolge der Samstag nicht „beginnt“, sondern „anfängt“; entsprechend verwenden wir in diesem Buch und in der Ausstellung seine Übersetzung, nur nicht beim Titel.) Wir waren aber nun mit der Frage konfrontiert, wie wir den Roman verwenden wollten. Nur als indirekte Referenz oder als zentralen begrifflichen Bezugspunkt der Ausstellung? Wir stritten darüber ausgiebig, bezichtigten uns gegenseitig der Engstirnigkeit und Überidentifikation mit der Rolle der Sowjet-Überlebenden und des Sowjet-Sympathisanten, bis uns klar wurde, dass wir im Grunde alle bereits in einer Welt leben, die ist wie dieser Roman: Unter der bürokratischen Aufsicht von Staat und Unternehmen und dem Druck der Forschung nehmen wir uns die Freiheit, unsere eigenen Interessen zu verfolgen und so etwas wie einen defensiven Gegenzauber zu entwickeln, den wir gegen die Magie der Bürokratie in Stellung bringen können. Der einzige Unterschied ist vielleicht, dass die Strugatzkis eine idealistischere Version unserer eigenen Welt zeigen – auch wenn sie sicher nicht ideal ist. Wir fassten daher den Plan, unsere Welt der Künstler-ForscherInnen mit einer Welt von Forscher-KünstlerInnen zu konfrontieren, wie sie die Strugatzki-Brüder beschreiben. Eine Welt, in der das KünstlerInsein immer noch ein Hobby ist, ein Horizont, ein Streben, das jedem offen steht, und Forschung eine ernst zu nehmende Profession von wenigen Überzeugungstätern. Also das genaue Gegenteil der heutigen Situation, in der Kunst in professionelle Institute eingebettet ist, während die Forschung das Labor und sogar das Gebäude verlässt, um ein Zeitvertreib für alle zu werden.[22]

Die Idee war also, „dem letzten Sozialismus auf dem Planeten“ diesen spezifischen Fall des Strugatzki-Romans gegenüberzustellen. Anstatt das Objekt unseres Interesses mit den professionellen Skalpellen allzu allgemeiner theoretischer Begriffe zu sezieren, entschieden wir uns für eine analoge Methode, die nicht etwa vom Abstrakten zum Konkreten vorgeht, so wie es der dialektische Materialismus predigt, sondern vom Konkreten hin zum nächsten Konkreten, durch die Fallgruben und Schützengräben der Abstraktion hindurch. Früher oder später stößt man mit dieser

22 Es ist natürlich verführerisch, als KuratorIn die eigene professionelle Identität zu befragen und dabei die Kräfte zu untersuchen, die einen in Richtung Kunst oder Forschung tendieren lassen. Was immer wir behaupten, sie sind nicht dasselbe, aber beide bieten einen Ausweg aus dem konventionellen „Kuratieren“. Wenn man sich als KünstlerIn bezeichnet, kann man es sich erlauben, gut zu schreiben, anstatt richtig zu zitieren. Als ForscherIn kann man sich endlich Zeit nehmen, um zu denken.

Methode auf das Biennalendogma repräsentativer globaler „Diversität", einer „Globalität", die offensichtlich auf die globalen Märkte zugeschnitten ist.[23] Unser Fokus war enger, aber vielleicht auch aufrichtiger in Bezug auf das, was wir waren und sind. Entsprechend sind viele KünstlerInnen aus einer bestimmten geografischen, politischen und kulturellen Region vertreten, deren Präsenz den weiteren Verlauf unserer Forschung als eine Form der Selbstreflexion erkennbar macht. Ebenso wenig hatten wir vor, das neokoloniale Versprechen glamouröser, internationaler, zwischen Amsterdam, Tokio und New York lebender KuratorInnen einzulösen, lokale KünstlerInnen „auszuwählen" und zu „belohnen". Vielmehr wollten wir uns mit einer eher kleinen Gruppe von KünstlerInnen auf ein bestimmtes Thema konzentrieren. Dabei sollte uns der Roman als ästhetisches Verfahren dienen, um einen seitlichen oder indirekten Blick auf die heutigen Bedingungen zu werfen, unter denen die sogenannten forschungs- oder recherchebasierten Praktiken in der Kunst operieren. Wichtiger noch, und vielleicht kühner, war unser Ziel, eine Möglichkeit aufzuzeigen, in den Spannungsfeldern der zeitgenössischen Kunst ein Nachleben für den dialektischen Materialismus zu imaginieren.

Letztlich war dies eine der Fragen, die uns an *Der Montag fängt am Samstag an* am meisten interessierte, denn der Roman kann als eine Verteidigung der dialektischen Methode gegen ihre Vulgarisierung gelesen werden. Sein zentrales Drama der Ideen ist ein selbstkritischer Kampf gegen unterschiedliche Varianten von vulgärem Materialismus und Demagogie, die sich vordergründig zu Wissenschaft und Dialektik bekennen, während sie sich auf höchst einseitige, unwissenschaftliche und undialektische Art und Weise verhalten. Das letzte Kapitel von Hegels *Phänomenologie des Geistes* (1807) trägt den Titel „Das absolute Wissen", und der Geruch von Professor Wybegallos Heringsköpfen ist der letzte Überrest

23 Viele AutorInnen sind der Meinung, die zeitgenössische Kunst sei in ihrem Prinzip des *anything goes* egalitär, in der Gleichheit ihrer unterschiedlichen Medien und der glatten Gegenüberstellung höchst unterschiedlicher Dinge in ein und demselben Raum. Sicher, hier geht es um Vielfalt, und Vielfalt bedeutet Markt. Wir wollten eigentlich keine Vielfalt und konnten sehr gut mit der immer gleichen Art von Werken von der immer gleichen Sorte KünstlerInnen leben, vielleicht sogar auch nur eines Künstlers oder einer Künstlerin, wenn wir uns denn einig würden, wer das sein sollte. Es ist interessant zu beobachten, wie dieser Zwang zur Vielfalt in Biennalen wirkt. Sie dürften niemals nur eine Einzelausstellung sein. Die Entscheidung, uns auf einen einzigen Roman zu beschränken, anstatt die Ausstellung „Leben und Tod", „Geist und Sinne" oder „Basis und Überbau" zu nennen, war unser Aufbegehren gegen die Tyrannei der Vielfalt.

eines Experiments, bei dem Golems explodieren, während sie versuchen, ihre grenzenlosen Bedürfnisse zu befriedigen. Wybegallo, ein Demagoge, der dem wissenschaftskritischen Eiferer Lysenko nachempfunden ist, versucht Hegel verkehrt herum zu beweisen, so wie ihn ein/e faule/r StudentIn von Alexandre Kojève lesen würde. Hegel selbst hat, nebenbei bemerkt, verstanden, wie deprimierend die Magie sein kann – wie sehr sie manchmal düstere Momente, Entscheidungen über Leben und Tod, Durchgänge durchs Nadelöhr und Sprünge in die Abgründe des Unbekannten erfordern kann.[24]

„Was sind wir doch für naive Materialisten und unverbesserliche Rationalisten", ruft der Romanerzähler aus. „Und keiner von uns denkt auch nur ein bisschen dialektisch. Niemand kommt auf die Idee, dass zwischen den bekannten Fakten und einer neuen Erscheinung Welten liegen können, ein Meer unbekannter Phänomene, und so bezeichnen wir die neue Erscheinung als übernatürlich und demzufolge als unmöglich."[25] Um wirklich dialektisch zu denken, braucht man eine lebhafte Vorstellungskraft, man muss stoisch, skeptisch und epikureisch zugleich sein, sowohl WissenschaftlerIn als auch PoetIn.

Der Roman kritisiert einen Formalismus, der in seinen Postulaten so klar und unverrückbar ist, dass seine Einseitigkeit und Intensität zeitweise die Naturgesetze außer Kraft setzen kann. Als Satire auf einen bürokratischen Formalismus, der sich selbst zu wichtig nimmt, hat er eine philosophische Dimension, die bis zu Hegel und dessen Kritik an seinen positivistischen Zeitgenossen zurückreicht, deren Aufsplitterung der Welt in unzählige Fakten er als ebenso vage und willkürlich bloßstellt wie ihr romantisch-mystisches Gegenstück.

24 Damit beziehen wir uns auf Hegels berühmten Brief an Johann Hieronymus Windischmann zu dessen Buch über Magie, ein vernachlässigtes und verachtetes Thema, von dem Hegel selbst gesteht, er würde es nicht wagen, sich damit auseinanderzusetzen – einer dunklen Region, wo „allenthalben Lichtglänze blitzen, aber neben Abgründen, durch ihre Helle viel mehr, getrübt, verführt durch die Umgebung, falsche Reflexe werfen als erleuchten – wo jeder Beginn eines Pfades wieder abbricht und ins Unbestimmbare ausläuft, sich verliert und uns selbst aus unserer Bestimmung und Richtung reißt". G. W. F. Hegel, „Hegel an Windischmann", in: Ders., *Briefe von und an Hegel 1785-1812*, Hamburg 1969, S. 314. Hegel zeigt Verständnis und gibt einen großartigen Ratschlag: „Jeder Mensch hat wohl überhaupt einen solchen Wendungspunkt im Leben, den nächtlichen Punkt der Kontraktion seines Wesens, durch dessen Enge er hindurchgezwängt [...] wird [...]. [D]ie Wissenschaft, die Sie in dieses Labyrinth des Gemüts geführt, ist allein fähig, Sie herauszuleiten und zu heilen." (Ebd., S. 314-315)

25 *Der Montag fängt am Samstag an*, a.a.O., S. 53-54.

In der Kunst der Sowjetzeit wurde das Wort „Forschung“ performativ, als eine ewige Suche, verstanden und damit im Gegensatz zu Picassos berühmtem formalistischen Leitspruch, er suche nicht, sondern finde. Entsprechend lautet die dialektische Formel antiformalistischer Kunst, deren VerfechterInnen wir sind, niemals zu finden, sondern ewig zu suchen. Wenn wir zwei in Streit gerieten, dann üblicherweise über die Frage, wie man wahrhaft dialektisch sein könne: Reichte es aus, runde, in sich geschlossene Formen zu meiden? Eher unterschiedliche Werke miteinander zu konfrontieren als ähnliche? Sie in einem einzigen, riesigen Raum auszustellen anstatt in Einzelräumen, um sie „mit dem Rücken“ zu sehen, wie es die russischen AvantgardistInnen wortwörtlich anstrebten? Einen starken Akzent auf die filmische Form zu legen (was wir definitiv taten)? Wir fragten uns, ob unbeholfene, schlechte oder unprofessionelle Kunst – eine, die in keiner „formalen Lösung“ aufgeht – die kuratorische Lösung unserer Wahl sei. Sollten wir als DialektikerInnen eine andere formale Lösung haben als unsere Methode?[26]

26 Das Hegel-Zitat in der letzten Fußnote war Teil einer malerischen Forschungsarbeit von Dmitrij Gutov über Fußabdrücke in Stein, die in unserem Institut für Antiformalismus zu sehen war, in dem wir versuchten, einige der oben aufgeführten Fragen direkt anzugehen. Seine Architektur versperrte den Eingang zum eleganten 1930er-Jahre-Art-Déco des früheren Hauptsitzes von Bergens Elektrizitätswerk, der heute ein Museum ist: zwei dreieckige Sichtungsboxen – ein zerbrochener Kubus –, deren Rückseiten als Wände dienten, die in den zwölf Meter hohen, abgedunkelten Lichtschachtturm hineinragten. Wir öffneten außerdem das Fenster zur Straße, das schon immer in diesem Raum existierte, aber aufgrund seiner Nutzung als musealer White Cube hinter einer Wand verborgen war. Damit bezogen wir uns auf eine typische rhetorische Figur der antiformalistischen Debatten der 1930er-Jahre, nämlich dass „das Leben reicher sei als jede Kunst“. Mit unserer Auswahl an KünstlerInnen, vor allem den historischen, positionierten wir uns zu dieser marxistischen Debatte, die durch die Schriften von Gyorgy Lukács, Michail Lifshitz, Ernst Bloch (und Theodor Adorno auf der gegenüberliegenden Seite) sowie weniger bekannten TheoretikerInnen und PolitikerInnen der stalinistischen Sowjetunion repräsentiert war. Wir interessierten uns, um Ernst Blochs berühmte Definition zu zitieren, für einen „warmen Marxismus“, das heißt in der Kunst für post-abstrakte, figurative Werke, die dialektisch statt rein negativistisch zu verstehen sind und sich zum konventionellen modernistischen Formalismus entschieden kritisch verhalten. Carlfriedrich Claus, Władysław Strzemiński (mit seinen späten, fast unbekannten neofigurativen Arbeiten, die er für das neue sozialistische Polen produzierte) und Anna Oppermann waren Höhepunkte dieser Erzählung, die für unsere Ausstellung zentral war.

Wenn es eine Vorgehensweise gibt, an die wir uns schließlich hielten, dann bestand sie darin, unsere gesamte Unternehmung als zutiefst post-kinematisch zu begreifen, wie zur Bestätigung von Lenins prophetischen Worten zur zentralen Stellung des Films unter den Künsten.[27] Damit sind nicht nur die zahlreichen narrativen Filme in der Ausstellung gemeint, sondern auch viele Werke in anderen Medien, in denen die Recherchedisplays Storyboards und der Ausstellungsraum selbst Tonbühne oder Filmset waren, die uns erlaubten, eine Sprache zu verfremden, die mit Kabakovs totalen Installationen spielte – nicht nur zum Spaß, sondern um ein Institut im Maßstab einer ganzen Stadt zu imaginieren.

Solch ein Re-Imaginieren ist tatsächlich möglich. Die zeitgenössische Kunst ist in mancherlei Hinsicht ein einziger großer, institutioneller Raum. Das zumindest ist die Illusion, die hinter der gemeinsamen institutionellen Sprache von geweißten Rigipswänden, grauen Böden und überdesignten Katalogen steht, für die kuratorische und künstlerische Beiräte den Rahmen schaffen. Es ist keinesfalls so, dass die realen Barrieren innerhalb der Kunstszene zu vernachlässigen wären, aber der White Cube ist und bleibt der Standard, eine Art Lingua franca wie das International Art English, das der Kunst die Autonomie zusichert, ihre eigenen Geschichten zu erzählen, welches sie bedauerlicherweise allzu oft dazu nutzt, in irrelevantes Sinnieren über die Form zu verfallen beziehungsweise in Kettenrauchen und die Weigerung, die Tintenfässer zu benutzen, wie die Abteilung für Absolutes Wissen der Strugatzkis. Die Fiktion dieser abstrakten Autonomie findet ihr Double in ihrem dialektischen Gegenteil: dem Bild künstlerischer Militanz, in dem die Kunst als direkte öffentliche Aktion oder didaktische Umwidmung der ehemaligen White Cubes zu politischen Räumen verstanden wird, das jene „unendlichen Betrachtungen der Unendlichkeit",

27 Wir hatten das große Glück, mit einem außerordentlichen Team von Profis zusammenzuarbeiten, die fast alle unsere post-kinematischen Begehren befriedigten. In intensivem Dialog mit dem Studio Miessen (Berlin) entwickelten wir eine fantastische Architektur, deren extravaganteste ein pseudo-ethnografisches „Dorf" aus „Plattformen" war, das in einem nationalen Sumpf aus norwegischen Holzspänen stand. Es gab bürokratische Labyrinthe und palladische Portiken, Bibliotheken und Wartezimmer, die alle als Displayrahmen oder Boxen für Screenings und Videoinstallationen gebaut und hervorragend von der Berliner Firma Eidotech eingerichtet wurden.

die formalistischen Ansätzen zugrunde liegt, durch ebenso formalistische öffentliche Debatten ersetzt, in denen die Kunst wenig mehr ist als ein Mittel zum Zweck.[28]

Das Paradigma der Forschung in der Kunst verläuft quer zu diesen Grenzen und mag in beiden Feldern sogar wie eine mögliche Synthese oder Alternative zum lähmenden Gefühl ästhetischer und politischer Wirkungslosigkeit erscheinen. Man muss Ursachen und grundlegende Komplexitäten erforschen, um Widersprüchen zu begegnen oder sie gar aufzulösen. Nur ein gründlicheres, qualitatives Verständnis einzelner Phänomene, die den jeweiligen politischen und gesellschaftlichen Strukturen zugrunde liegen, kann wirkliche Veränderung bewirken. Man mag sich vielleicht an Marx erinnert fühlen, der sich in die British Library zurückzog, als der „Frühling der Nationen" langsam in Herbst überging. For-

28 Als das Projekt fortschritt, änderten sich die Dinge besonders in dieser Hinsicht. In den Jahren zuvor war eine generelle Enttäuschung gegenüber der „Kunst als Kunst" spürbar gewesen, als sich ein schmaler Streifen Reales am fernen Horizont zeigte und Ausstellungen plötzlich nicht mehr zeitgemäß erschienen. Man hatte die Hoffnung, Begegnungen zwischen Menschen mit einer dringlichen diskursiven oder politischen Agenda könnten ein „Stöhnen der BassistInnen in den hinteren Reihen" (T. J. Clark) bewirken. Um Bergen von der „Biennalensünde" zu befreien, wurde die Triennale in „Assembly" umbenannt, und unser Auftrag war es, Leute zu versammeln, anstatt eine Ausstellung mit Kunstobjekten zu kuratieren. Wir selbst waren davon überzeugt, dass Ausstellungen einen immer nur temporären, didaktischen Charakter haben können, wie in *Auditorium Moscow*, einem Projekt, das wir im Herbst 2011 realisierten und dessen Beiträge der fortlaufenden Diskussion um Politik und Kunst im urbanen Raum neue Impulse geben sollte. Dieser Marathon von Gesprächen, Screenings und Workshops dauerte über einen Monat und war Teil des sich formierenden politischen Protests jenes Winters. Es war ein Wirbelsturm multipler Agonismen, genau die Art von „Versammlung", die sich unser Bergener Beirat vorstellte. Wir selbst waren enttäuscht und erschöpft von diesem Marathon und so vielen anderen, ähnlichen, die seinerzeit stattfanden. Während die Occupy-Bewegung Feuer fing, brannte und erlosch, setzte ein Boom aktivistischer Kunst ein, die augenblicklich und zusammen mit der Bewegung selbst historisiert und musealisiert wurde, genau wie alle früheren künstlerischen Aktivismen auch. Wenn wir auch versuchten, uns kritisch mit der kommunitären Agenda auseinanderzusetzen, die immer noch tief in derartigen Konstruktionen verankert ist, mussten wir doch erkennen, dass die explizite Betonung von „Kommunikation" und „Kollaboration" alles andere als oppositionell und subversiv ist. Tatsächlich entspricht sie genau dem, was neoliberale Politiker sich wünschen, um eine demokratische Fassade therapeutischer Kunst, proliferierender neuer Formalismen, zu errichten – Cut-and-paste-Rezepte für im Grunde bedeutungslose (post-)ästhetische Gesten, die auf Wunsch von oben für ein Fantasy-Rollenspiel produziert werden, das so tut, als sei schon Kommunismus. Wir diskutierten diese Frage mit Georg Schöllhammer und anderen vor einem der Ausstellungsorte der documenta 13, und als unser Gespräch immer philosophischer wurde, meinte Georg: „Ich fühle mich wie in einem Roman der Strugatzki-Brüder." Er meinte wahrscheinlich das epischere *Picknick am Wegesrand*, die Vorlage für Stalker und seine philosophischen Dialoge, aber irgendwie ist diese Bemerkung bei uns hängengeblieben und diente uns als ein weiterer Ausgangspunkt.

schung kann Schutz bieten vor dem „idiot wind“ des blinden Aktivismus. Sie kann aber auch eine Zeitfalle sein, ein Motor von Selbstzufriedenheit und verquerem, starrköpfigem Experimentieren, das, wie die Strugatzki-Brüder im Verlauf des gesamten Buchs nahezulegen scheinen, drastische Folgen haben kann.[29]

Wo eine postfordistische Ökonomie Einzug hält, wird die Produktion und Kontextualisierung von Wissen in vorher ungekanntem Ausmaß standardisiert und fetischisiert. Die Forschung – angeblich der einzige Bereich, in dem die Wissensproduktion autonom ist – nimmt ähnlich fiktionale Züge an wie der White Cube. Im schlimmsten Falle ist die Forschung ein Imageproduzent für den sanften Kapitalismus – ganz ähnlich wie die „autonome“ Kunst von jeher für die sogenannte „Freiheit und Demokratie“ einsteht. Das Image der Forschung gehört in dasselbe Repertoire. Die schlechtesten Entscheidungen berufen sich auf „fundierte Forschung“, was nichts anderes bedeutet, als dass man sich verantwortungsvoll gibt, aber auch grundsätzlich auf der sicheren Seite steht, da die Ergebnisse immer schon im Vorhinein feststehen, oder Ähnliches. Gleichzeitig aber gibt es so viele durchlässige Stellen in diesem scheinbar wasserdichten System, so viele Schlupflöcher und uneinsehbare Ecken. Sie bieten eine reale, aber fragile Autonomie. Hier kann die Forschung eine Zone fantasievoll-militanter Erkundung sein, eine Welt für prekäre, unabhängige ForscherInnen, die von den mickrigen Almosen pseudo-aufgeklärter Staaten und

29 Uns war natürlich bewusst, dass ein gewisser Eskapismus oder sogar Idealismus mitschwingt, wenn man sich einen Fantasy-Roman vornimmt und KünstlerInnen einlädt, gemeinsam mit einem zu fantasieren. Vielleicht war das nur möglich in dieser Lücke zwischen einer Zeit der Proteste und einer Epoche des Krieges. Es war uns aber wichtig, dass unsere ForscherInnen in politische Fantasien verwickelt sind, die unseren historischen Moment reflektieren und antizipieren und so verteufelt komplex und abgefuckt sind wie unsere zunehmend paranoide Realität, in der bloße Bilder von Militanz nicht mehr hinreichen. Denen wollten wir genau die Art von Kunstwerken entgegensetzen, die PolitikerInnen und GentrifiziererInnen, allerdings auch viele AktivistInnen, zu verworren, ambitioniert und kontrovers finden, um sie zu begreifen, und sie (fälschlicherweise) als befremdend und unzugänglich abstempeln, nur um ihre (unsere) Politik des „warmen Marxismus“ schließlich zugunsten der Coolness dessen, was Paolo Virno als „Kommunismus des Kapitals“ bezeichnet, als veraltet zu verwerfen. Glücklicherweise fanden wir UnterstützerInnen unter vielen unserer KünstlerfreundInnen, die bereit waren, ein bisschen „uncool“ zu sein und uns bei diesem merkwürdigen und komplizierten Experiment zu begleiten. Wir sind der Stadt Bergen und dem Beirat sehr dankbar, dass sie uns dabei vertraut und unseren plötzlich verlorenen Glauben an eine rein aktivistische Agenda akzeptiert haben – einen Glauben, der sich bis heute noch nicht wieder eingestellt hat.

Konzerne leben. Diese Art von intellektuellen FreelancerInnen sind in ihren eigenen subversiven und vielleicht sogar revolutionären Projekten engagiert – alle höchst fragil, da das Bild der Forschung immer droht vereinnahmt zu werden. KünstlerInnen setzen sich mit dieser Bildpolitik auseinander, unterlaufen sie fortwährend, wobei Imagination und Humor eine zentrale Rolle spielen, auch angesichts einer katastrophalen Menge von Daten, einer Totalität verschworener Fakten, gegen die das „absolute Wissen" als ultimative Bürde erscheint.

Wir möchten den „ForscherInnen", die uns in unserer Unternehmung begleitet haben, uns ihre Imagination, ihren Humor und ihre Zeit geliehen haben, unsere tiefste Dankbarkeit aussprechen.

We were nearing our destination ...

Ekaterina Degot
David Riff

The following text is based on the introduction for the catalogue *Monday Begins on Saturday*, the first edition of Bergen Assembly. It consists of two levels: that of the by-now historical catalogue introduction, written three years ago, and a level of commentary. This format seems appropriate because our exhibition was about artistic research and itself reflected a process lasting around two years. While planning the catalogue, we dreamed of making a talmudic palimpsest of images and texts, all arranged around a central document. It would have been a textual-visual midrash, where different hermeneutic levels of exegesis are marked with different text sizes, but its content would have been deliciously, even perversely profane. It was not scripture we were interpreting and not even Marx or Lenin (who by the way wrote such palimpsests while taking notes in Swiss libraries, later faithfully republished by the Marx-Engels-Lenin Institute in some sensationally weird typography), but a "light" and extremely popular Soviet fantasy novel from the 1960s. We didn't do it then because it would have been far too much work, and it isn't possible now yet either. But maybe this can be the first level of commentary overwriting the text, just to demonstrate that it is possible to keep ideas alive even after an exhibition has closed. Which is always difficult. It has been really hard to break back into this text, and we've both been procrastinating on it forever.

In the premises of the Department of Absolute Knowledge all the small upper windows were open, because the smell of Professor Vybegallo's herring heads was seeping in. There was snow heaped up on the windowsills and there were dark puddles under the radiators of the steam central heating system. I walked between the virginally clean desks of the department's staff members. Standing on the desks were brand-new ink sets that had never seen ink, but there were cigarette butts spilling out of the inkwells. This was a strange department. Its motto was: "The cognition of infinity requires an infinite amount of time." I could hardly dispute that assertion, but the staff drew an unexpected conclusion from it: "And therefore it makes no difference whether you work or not."[1]
[Arkady and Boris Strugatsky, *Monday Starts on Saturday* (1964)[2]]

1 Arkady and Boris Strugatsky, *Monday Starts on Saturday*, trans. Andrew Bromfield (London, 2005), pp. 123–24. You immediately recognize the potential for this scene to be read as an installation or a description thereof, as seen from the perspective of an "emancipated spectator," who, as Jacques Rancière argues, is actually as good as any active participant. Such statements are worthy of the Department of Absolute Knowledge, and very relieving for those of us who are better at emancipated spectatorship than at anything else. Rancière's better spectators are their own interpreters who translate stories to tell their own; an "emancipated community is a community of storytellers and translators," people like the authors of this quote, Boris and Arkady Strugatsky, whose novel *Monday Starts on Saturday* would ultimately inspire and frame our entire endeavor of making a multi-venue exhibition in Bergen.

2 Quotes from the novel like the one above prefaced each of the eleven venues of our exhibition. Embossed onto brass plaques, they were installed in the entrance areas or nearby, together with electronic LED clocks, a little bit like the famous green Electronika installed in every Soviet institution—we did not get eleven vintage versions, but Chinese equivalents—and potted plants, to be found in any public post-Soviet space and chosen by us at Bergen's Botanical Garden. They were meant to frame what we imagined as a city-sized institute taking up venues of various sizes ranging from museum spaces and reclaimed factories to more intimate gallery-like settings with smaller numbers of researchers. The names were poetic, near-Brechtian: the Institute of the Disappearing Future, the Institute of Anti-Formalism, the Institute of Imaginary States, the Institute of Pines and Prison Bread, the Institute of Perpetual Accumulation, the Institute of Lyrical Sociology, the Institute of Love and the Lack Thereof, the Institute of Defensive Magic, the Institute of Tropical Fascism, the Institute of Political Hallucinations, and the Institute of Zoopolitics. Each institute had its own architecture and decor, quotes, clocks, and plants aside.

We were nearing our destination. From above, the fjords were clear-cut and daunting, the cliffs dark and edgy. The floors in the airport were solid wood, the pilot solidly female, flight attendants proudly plain and unglamorous, business class seats nonexistent. This was Norway.[3]

We had come to the city of Bergen as two special agents on a mission, two partners in research. Something must have happened, otherwise Bergen could never have "qualified" for such an undertaking. What narrative could transform this quiet and prosperous city into "biennial material"?[4] Nowadays, a biennial–or triennial, in this case–is a story, a site-specific novel to be written in space and time, a tale of local malaise presented with a motley crowd of global artist-characters. Or maybe the narrative is even more fragmented, and artists are words–usually adjectives, sometimes substantives, seldom verbs, linked only by quirky curatorial syntax. Or on

3 This was Norway, but Norway in 2011–13. Looking back, those were better years in Norwegian-Russian relations; there was a big "come to Norway" ad campaign in the Moscow metro, and some degree of cultural exchange. But by the opening of our exhibition, things were changing. On the way to the airport to a missed flight, our then-already former assistant told one of us about how the Russians used to play nuclear chicken with the Norwegians up on the border. It was an ominous foreshadowing. Today, the Russian government is announcing a year of cultural exchange with North Korea, while former Norwegian prime minister Jens Stoltenberg now heads NATO and issues only slightly less Russophobic pronouncements against the undeniable aggression than his jingoist predecessor.

4 We didn't know much when we came to Bergen, but every time we flew, we would read crime novels and talk for hours about our favorite TV shows. This is *Twin Peaks*, we'd tell one another, imagining our surroundings as a setting for one form of intrigue or another. Actually, the self-evident backstory of the Bergen Triennial is more prosaic: the idea came from the municipal government, presumably to continue the wave of investments and interest started when the city was the European Capital of Culture in the mid-2000s and was initially received skeptically by the local art community. The decision was made to hold a big conference reflecting not only the history of the biennial-format, but also the urgency for its local implementation, resulting in a huge "Biennial Reader" that has become a standard work. Both of us diligently studied this reader, but ultimately, crime novels and institutional fantasies from the 1960s seemed more adequate an answer to our curatorial position.

second thought, artists might well be characters, but they would appear as letters, the narrative falling to pieces, enigmatically, Kruchenykh-like …[5]

It was tempting to think in terms of a novel, especially in light of a shared preference for time-based and time-intensive art. We do not mind spending hours with an artwork, and not out of snobbish scholarly contemplation of one single form, but because it takes actual time to read texts, watch films, and draw conclusions.[6] We are both also avid readers of György Lukács, (especially *The Theory of the Novel*, 1914–15), perverse admirers of bourgeois realism. We needed history, if not in the streets, then in art. The Arab spring was already fading, the Moscow winter freezing to death. From that perspective, the novel, especially the novel in crisis, seemed to us like a good post-activist solution.

Finally, over the years we had both acquired a taste for fakes and frauds, and that too might have been a good topic for a novel. One of us reread André Gide's *The Counterfeiters* (1925) and explored the relation of forgery to both economic and aesthetic crises, and we seriously contemplated inventing all the artists and making all the work ourselves. (As the exhi-

5 The reference here is to the typographically wild poetry of Alexei Kruchenykh (1886–1968), the irreverent Russian Futurist poet famous for his artist's books, made in collaboration with artist Olga Rozanova (1886–1918). Our head of publications Jill Winder wanted to add a footnote but decided not to because it would break the flow. Kruchenykh was one of the inventors of "transrational" *zaum* poetry, an idiom of neologisms made up of glossolalia, children's languages, and archaic Russian roots that irritated the much more Promethean Tommaso Marinetti on a visit to Russia in 1914. To think of contemporary art shows as transrational poetry makes sense insofar as there is an aleatory fragmentation of bodies of work in atoms of meaning in a new language, a "poetry of the future," necessarily absurdist and constantly on the verge of dissolving into banality.

6 The first question professionals ask one another about a show is "How much time will it take?" This is secret knowledge, however, and unlike concerts and theater plays, it is never advertised. The time of the exhibition is abstracted, just like its space: white time in a white cube. It implies an endless amount of life time left; it promises immortality in which we will indeed be contemplating endlessly when it would be indecent to say "now, that's enough, let's go eat something." In this sense to make a show time-based, time-specific is a gesture of honesty. That attitude to time went hand in hand with our predilection to site-specific decisions. We enjoyed a lot "defamiliarizing" spaces with architectural elements and odd pieces of furniture and even turned the famously white cube of the Bergen Kunsthalle into a "specific" white, revealing its specifically classical spirit, for example.

bition came together, we were pleasantly surprised to discover that many of the invited artists were inventing artists of their own. So something remained of this idea.)

In short, we already knew we would be writing with artists' works in space and with other writers' texts in the book (all of them already novel-like in a way), punctuating this assemblage with bits and pieces of narrative. But if biennials are pieces of writing, are they fiction or theory? The art scene seems to expect the latter–perhaps it is a class thing to be theoretical, the revenge of an intelligentsia still insecure about whether it isn't just a class like any other. Biennials do not tell tales; they question, they itemize drawbacks. Biennial rules are ruthlessly rigid, their opportunism predictable. Does Bergen need to be provided this "critical service" that curators are nowadays expected to provide? What sorts of wounds worth exposing to the world are hidden there, under the decent, modestly unglossy surface?[7]

We began our investigation. Feeling like Scully and Mulder or Lynley and Havers, it started out as a detective routine, with door-to-door questioning, the consumption of gallons of coffee offered to us by our prime suspects. We were looking for clues, and winking at each other when we sensed we had found something. Mostly we visited art institutions. Every single one of them called itself a gallery and maybe looked like one, but none of them actually were. It was the invisible hand of the state, rather than that of the market, that was mediating everything. Money was not

7 It's deliciously provocative but a little flat to reduce the question of "fiction or theory" to class grudges. We can blame the one-sidedness of bourgeois civilization, dumbing us all down every day. Under such dumbed-down conditions there is a huge danger in conventional "theoretical" curating, where a constructed, largely rhetorical discourse is illustrated with art. Some illustrations are idiotically straightforward, others obscure and nearly unrelated. To be clear, everything has to be simple, and simplicity in illustration creates a two-way instrumentalism debasing both art and theory. Its clearest articulation is a topical, quasi-formalist approach to the political issues of the day, with little or no meaning added to what you'd read in the daily news or by skimming theory. Conventionally, the counterpoint would be a "poetic" sensual-formal approach to the rhythm of art and its mutual potentiation. For us, it was important to insist upon a literary alternative. Our hypothesis was that fiction to the point of fraudulence would be a better truth procedure than the typical "criticality" of the biennial, whose goal of "critical knowledge production"–itemizing, classifying, opening wounds, creating sites and workplaces–we suspect of being boringly corporate. We wanted something more intriguing, hence our passion for mystery novels and shows about spies or serial killers.

made; it was given (though often scarcely).[8] The legitimacy of contemporary art as a separate neutral sphere outside politics, religion, and even business was accepted beyond the shadow of a doubt.

Yet the narrative eluded us, and so did the mood, both depressive and caffeine-high exuberant. Nobody was really able to tell us the story of Norway's sudden, enormous national wealth, though some pointed toward Bergen's helipad, the hub for traffic to the oil platforms, and others shared memories of abject poverty and dark childhoods of eating nothing but whale.[9] "Norwegians are good people," we were told repeatedly, which made us feel even more like Gogol's inspector. And actually there was no evidence to the contrary that we might have sent back to our imaginary superiors. "Norway is a socialist country," our informants would also ironically note. When we asked about "cultural Marxism," the theoretical target of Anders Behring Breivik's rampage, people cringed. Nobody ever mentioned him, nor did anyone ever mention Marx, though we could sometimes detect a twinge of sympathy if one of us started quoting and the other started to yawn. If anything, this was a non-Marxist socialism, serenely monetized yet driven by the ethic of consensus, suddenly prosperous and

8 The leitmotif of our first visits was a conciliatory rhetorics of collaboration, though as we quickly discovered, "collaboration" in many if not most cases is a synonym for rent and labor or for sharing grant money. This is not just the case in Norway. "Collaboration" is also selling out to occupiers. This is actually where some people's rhetorics went once our exhibition descended on the city. But in the beginning, we kept hearing perplexing stories about community-spirit and how everybody helps one another. We were shown facilities were such help would be given willingly, albeit for an obolus, but who cares – we're spreading around state money anyway. The legitimacy of art as a "neutral sphere" is, of course, carried by politics, business, and even (historically) religion: the state gives different agents money, and then they "collaborate," that is, pay one another.

9 There are traces of austerity in the traditional Norwegian cuisine, offered on special occasions in feasts of whale carpaccio, seasonal codfish with potatoes, or cold crab legs. The strange thing about this austere cuisine is that it costs more than anything else in a country where even a Big Mac supersized combo at McDonald's will run you thirty euros or more. Your best bet is to stick with the bourgeoisie and head for the mountains, at least symbolically, visiting their locally sourced nouvelle cuisine restaurants that are less filling than Mickey D's but around the same price, if you know what to order.

obviously not in need of any international biennials (unless such cultural undertakings would strengthen community bonds).[10]

"We are like plane crash survivors, burdened with guilt," one curator said. "Our attitude is sshh, don't tell anyone how good it is here," a local artist explained, "we do not bite the hand that feeds us." She also added that she has always felt weird crossing the border when returning from the EU to Norway, as if she had moved beyond the looking glass into an illusory world of comfort. "We're probably the last generation who will have it so good," she added. In fact, this was understood, but never discussed: Norway was gradually returning to neo-capitalist "normality." Already now, not everybody is so comfortable in such an expensive place. Health care and education are free, but the educational system is in crisis, we were told; rents are too high, it's hard to get a mortgage, and per capita debt is one of the highest in the world (even higher than in the US). Some the city's poorest sections are becoming very nice, slowly but surely turning into little shopping districts with galleries and bookstores. Gentrification is coy in Bergen, but it is persistent.[11]

Still, we wondered, maybe Norway was a socialist country after all? Indeed, every once in a while we would recognize some details of the "real socialism" we knew–one of us from her personal experience back then, the other from childhood visits and adult migrations into its afterlife in contemporary Russia. Stubbornly connected to this experience, we taught ourselves to see Norway as an expensive and prosperous Soviet Union, whose citizens–very much unlike the USSR's–were truly community-spirited, modest, even proud of and grateful for belonging.

10 Since then, we have been wondering: How can contemporary art be so well inscribed into an (allegedly) egalitarian societal ideal (that we also could encounter elsewhere in Europe), if this art still claims to be of avant-garde descent? Today, calling anything avant-garde would be considered impolite, as it would certainly imply that the rest is arrière-garde. Maybe it's a double hypocrisy: art lies about its avant-gardishness, while society lies about its egalitarian ideal. So they deserve each other.

11 Jill loved this phrase and really, it's pretty juicy prose. But if you think about it, there is nothing coy about the consultancies and hedge funds that have occupied downtown Oslo and that also seemed to close in on us throughout the project. The accountancy firm handling our finances was sucked up by PricewaterhouseCoopers. As the project materialized, we understood that most of our budget would go into paying local labor: installation assistants, exhibition guards, artist escorts, PR assistants, and the like, with Norwegian paychecks noticeably higher than those of foreign workers, as stipulated by law.

Here and there, we also saw odd remnants of a socialist understanding of art, according to which the happy life of local artists and communities is far more politically relevant and charged with its own ethics than yet another painfully cosmopolitan, international representational art event, which would create yet another social gap. This is hard to contest: coming from Russia, we already knew the "biennial desire" might come from the right-wing corner of the political scene in a world where, more and more, art is again a bourgeois pastime, handed down to the lesser classes like a used pair of shoes.[12]

Where are the bourgeoisie in Bergen, we asked? "They traditionally live in the mountains," we were told. "There are so many nice houses up there," an artist friend of ours exclaimed with a sudden note of hope during a trip with us. The next morning, we made a dedicated research walk and discovered, through the bare windows and bare walls of said estates, that there were no curtains in Bergen, and neither were there any art collections. Affluent citizens are conscientious. They support art institutions and, at the most, they bestow upon the city public sculptures of skateboarders to suit their own specific tastes. Social transparency, a taboo on ostentatious wealth, and an ethic of civic service meant that art here was tamed differently—not by the private market but by institutional instrumentalization, by the unquestioned importance of public education and arts and crafts. "It's art for the kids here," a curator friend said. We were coming from the Russian cold of art for the rich, where a dedication to the social in culture was long gone. Was the Norwegian welfare state our common European past, or that passionately-dreamed-of future?[13]

12 Extremely trashy metaphor, you'd say, what were we thinking? Jill loved it for its pithiness, and really, her instinct was right, it's more positive beneath the surface, and based on a true story. Russia's Ksenia Sobchak started her career as a post-Soviet Paris Hilton, a glamor girl who made a witty, self-ironic project in 2008—right after the crash—together with fashion designer Andrey Bartenev about her old shoe collection, as large as that as of Imelda Marcos. By 2011, she had moved on, becoming Russia's leading opposition journalist on television. So maybe she actually learned something by giving away her shoes.

13 Our encounter with Bergen's art community forced us to reconsider the whole question of art's democratization and its democratizing or emancipative function, arguably two very different things. To many, democratic art is when a state gives broadband funding to a "free scene" whose unambitious, largely unpolitical work is a free expression of creativity. This could be juxtaposed to the more Leninist idea of artists as a highly qualified professional cadre (maybe even professional revolutionaries) working to heighten art's emancipative or democratizing effect, an effect that depends rather on the quality of artworks, and not upon their recognition as artworks as such. Yet at the same time, the cut-throat conditions of Moscow—now worsening drastically for obvious reasons—made us wish for a "free scene" or at least an institutional landscape that would enable our quirky dreams. In that sense, Bergen was definitely no nightmare, but rather a dream come true. Never did we have so much time to pursue our research.

Research was like that trail of bread crumbs from a fairy tale; we followed it, but we were also laying down the path ourselves. Researching a future exhibition about research, we found ourselves surrounded by artists researching, lecturing, and teaching, either safely ensconced in a well-institutionalized and elaborate academic frame, or dreaming of entering one. And sometimes, in a very un-Norwegian way, they would even ignore the sacrosanct weekend just to do more research.

We recognized such urges. Having worked in the Ural region between Russia and China on a previous project, we had already come across "shockworkers of the mobile image," a syndrome of neoliberal frenzy, but here we were dealing with shockworkers of research, shunning representation, working hard–researching hard–for the sake of non-growth. The new artistic modesty operates with recycled materials and images, chews them into some sort of research pap, fermenting them with new ideas, stimulating and intriguing. On the other hand, the frenetic circulation of images cuts us off from physical reality and empowers ideologies, so that artistic research might as well be covering up for the lack of financing in science, or, even more alarmingly, used in the military-industrial complex, which recently has been embracing art enthusiastically, and vice versa.[14]

But we hoped for the best in research. This is when we started to imagine that all these fake white galleries might as well have been fake research institutes, each one specializing in something really weird (in the Soviet Union there *was* in fact an Institute of Corrosion, as well as an Institute of Poisons, and one for Light Alcoholic Beverages). We already imagined never-ending corridors and rows of desks, with everlasting plants and electronic clocks (which are almost gone in Moscow but can still be spotted in some former GDR offices in Berlin). We started to dream about these spaces and their inhabitants; we already started to see them, although, as we agreed very early on, in an oblique way. This slightly sideways glance became a fixation. One of us was haunted by it in Hans Holbein's anamorphic *The Ambassadors* (1533), an iconic image of "researchers" under early capitalism, where a nobleman and a cleric lord over all the symbolic items of learning in their time–a learning fraught with conflict, revealing nothing but a skull when seen from the side. Holbein was friends with Thomas More, and his brother Ambrosius Holbein did the famous skull-shaped frontispiece for More's novel *Utopia*. Utopia is a po-

14 Here we were obviously inspired by Hito Steyerl, Tom Holert, and other colleagues who have written about the interface between art and military technologies in an age of hybrid war. Ultimately, our exhibition featured an Institute of Defensive Magic, where Stephan Dillemuth showed the asymmetrical cyberwar of surveillance and the Internet economy in a society of control as an absurd abandoned pizza-work-station drama.

sition that you reach via the memento mori that you can only see if you look from the side.[15]

Not all of our considerations were so indirect. In 2013, many of Moscow's institutes in the cultural field—"pure research" havens cut off even from university structures—were dismantled and retooled on a massive scale. They were turned into "effective" creative factories. The Minister of Culture announced that he would no longer finance "researcher's hobbies"—unlike his Dutch colleague, he did not say "left-wing hobbies" because, luckily, he did not know some of them were indeed left-wing. We signed up to convene an Assembly in Bergen and realized that those whom we would want to "assemble" in our assemblage novel were precisely such hobbyists and lovers of cultural Marxism, dedicated or doubtful, committed or inadvertent. They would research the fragile future of humanity and still retain hope; they would work day and night, ignoring their social "right" to rest; they would be sharp-witted and ironical, sometimes stealing time on the public dime to pursue their own quirky interests; and always intransigent with hypocrisy and Pharisaism, including the variant coming from the left.

We dreamed of just such a novel about one huge research institute, and discussed its characters, its tropes. But then one day, we remembered: this novel had actually already been written.

To write *Monday Starts on Saturday* (1964), acclaimed Soviet sci-fi authors Arkady and Boris Strugatsky must have stolen some time from work on their more serious, often tragic, longer novels, as well as from their bread-and-butter jobs as scientists. The book was a short and airy insiders' joke about socialist research institutes—a story or set of stories about the National Institute for the Technology of Witchcraft and Thaumaturgy (NITWITT), called НИИЧаВо in Russian, an acronym that sounds like the word ничего or nothing. Here, a motley bunch of eager researchers, bureaucrats, demagogues, and legendary and fairy-tale beings like Merlin, Ben Bezalel, or Baba Yaga all serve in the employ of the state, their magic tamed but resistant. The protagonist and narrator, Sasha Privalov, is a programmer who gets sidetracked while vacationing in the northern region of Karelia and winds up joining the staff of the Institute in the town of Solovets. Appropriately, the humor of the book is a little nerdy yet idealistic and warm, full of

15 From this slightly obsessive viewpoint, artists have been researchers since the dawn of capitalism. By taking roles of naturalist (Dürer), mathematical-visual researcher deploying Euclidian geometry, or even political utopian thinker (as in Holbein), painters could legitimate the lesser painterly crafts, ensuring their autonomy vis-à-vis the Church, and even claiming something like an "objective" agency of their own. By today, that version of "artistic research" is a ruin no less abandoned than the Institute of Corrosion. In our exhibition, we represented it in a "Waiting Room" with orange curtains.

wonder derived from small details and scraps of knowledge. Its voice resonates with something more than curiosity: an ethic of never-ending research where there are no weekends, where the ceaseless quest for knowledge is a labor of love.[16]

Monday Starts on Saturday is a 1960s neo-Leninist novel, part of the international aspiration to "socialism with a human face," with great hopes vested not only in Italian Euro-Communism or the Dubček fraction in the Prague Spring, but also in internationalist, anti-imperialist struggles at work all over the world.[17] It stands in opposition to the alleged revisionism which infiltrated even the new program of the Soviet Communist Party published in 1961, where the satisfaction of the material needs of the population was proclaimed to be the main goal of socialism, and commodity-money relations rehabilitated. The novel is fiercely utopian in its relation to money —there is an unspendable coin, with which the protagonist gets a solid supply of matches and lemonade. Nothing more expensive comes to his mind. It is also passionately anti-capitalist.[18] At the same time, its characters, as well as its authors, accept the unacceptable and never question the pressure of power, though it looms heavy on the horizon; it is no accident than the town of Solovets sounds like the Solovetsky Island archipelago, the location of the first correction camps of unpaid forced labor, which later

16 This dense gloss doesn't mention the book's immense popularity, its musical film-version traditionally shown on New Year's Day as the parents slept off their hangovers, nor does it talk about the current status of the Strugatskys, after Alexei German's dark film version of *Hard to Be a God* was finally released, legible as a drama of Russia's current descent back into the Middle Ages (and not the comparatively enlightened Soviet period). In Russia, the reaction was: "Ah, so it turns out you too are human, good for you, better late than never."

17 In 2015, with fundamentalisms of a different kind taking over former communist territories at a breathtaking rate, the neo-Leninist part of the novel reads much more like science fiction or fantasy than any of its stories about speaking books and Golems.

18 To further explore this distinct political subjectivity of the Soviet sixties, try a parallel reading of the Strugatskys with two other brothers, Roy and Zhores Medvedev, whose books on both the Stalinist repressions of the sciences and Khrushchev's years in power would become classics of dissident literature. Unlike Solzhenitsyn's more and more openly neo-conservative critique, theirs came from the left. Solzhenitsyn was present in an exquisite audio-video work of Imogen Stidworthy's reenacting a scene from *The First Circle* set in a prison research institute.

defined the Stalinist system both politically and economically, and whose grim legacy is still in the air.[19]

Most of *Monday Starts on Saturday* describes an endless enfilade of institutional settings, sending Privalov on a New Year's Eve walkabout through the different departments of the Institute, of which there are far more than you would expect. From the outside it looks like a two-story building, but it has at least twelve floors, with a book repository many kilometers long. In terms of plot, the entire novel resembles this seemingly infinite vista. There is no happy ending or tragic catharsis, only a continual dialectical "drama of concepts," performed in different magical mis-en-scènes. This form corresponds to the novel's content as socialist self-criticism of a real socialist system, presented in a magical-allegorical form. That is, it uses magic and comedy as fairy-tale devices to veil a critique of Stalinist and bureaucratizing holdovers in the field of science.

This might be one way of defining real socialism, we thought: as an endless enfilade of departments, all working to establish the communism of human happiness. It was impossible not to remember Ilya and Emilia Kabakov's installations, the endless universe of researchers on the payroll, with cells and corridors reminiscent of both mental hospitals and orphanages. Places of happy isolation and barely tolerated communality, or sometimes the other way round, these rooms were about a system where production failed, but research blossomed, where material things were outshadowed by ideas, and where bureaucracy was actually working wonders rather than denouncing them.

How could it have been otherwise: where laws are nonexistent, variable, or illogical, bureaucracy is irrational rather than Cartesian, and it holds a promise of freedom where nothing else does. There is a potential for happiness in this Kafkaesque world, if you know the corners you can hide in to do your favorite research; this is something that Mikhail Bulgakov's char-

19 Here we also meant to write a footnote about how the Solovets camp was initially theorized and organized as a utopian correctional alternative based upon self-organization and self-education. From the mid-to-late 1920s, the majority of political prisoners were intellectuals who spent much of their time with cultural activities. Some were even able to continue their scientific research. Paradoxically, it was self-organization and the system of prisoner-promotion for good behavior that turned the camp into a profitable enterprise and a model for the entire Gulag, when an inmate and former bandit-millionaire from Odessa made such good suggestions that he was promoted to camp commander. He later headed the vast White Sea Construction project, glorified in a "factographic" book edited by Maxim Gorky with photos by Alexander Rodchenko, some of the less know of which seem to comment all the violence of the prison labor system. We showed these at the Institute of Pines and Prison Bread, which also contained Stidworthy's piece.

acters understood, who, back in the 1930s before the technological revolution, were yet writers and poets rather than scientists, but enjoyed living under flamboyant Soviet bureaucracy and its magical potential. *Monday Starts on Saturday* is all about that. Magic may initially appear as a device for institutional critique, bringing imagination and madness to the prosaic ultra-rationalism of positivists and bureaucrats, and in many ways this is true. But bureaucracy is magical in itself. In a quote that did not make it past the Soviet censor, there is reference to "the master's degree thesis someone had recently defended on the subject of 'The Correlation Between the Laws of Nature and the Laws of Administration,'[20] which among other things shows that administrative laws prove more effective than those of nature or magic on the strength of their specific inflexibility"—the narrator has serious hopes that the Institute's chief administrator will be able to yell at a living cadaver and make him die again.[21]

We were reading and rereading the novel, carrying it with us on all our trips, making excerpts, and looking for English translations. (It was only later, when the project title *Monday Begins on Saturday* was already fixed, that we discovered the wonderful translation by Andrew Bromfield, according to whom Monday "starts," rather than beginning, on Saturday, so we are using his translation throughout this book and exhibition, except in the actual exhibition title.) But we were faced with the question: How to use the novel? Just as an oblique reference, or as the central concept of the show? So many arguments with mutual accusations of parochialism and entrapment in the roles of Soviet survivor or Soviet sympathizer, until we realized that in a sense we all do live in a world like this novel, under state and corporate bureaucracies, under the pressure of research, stealing freedom to pursue our agendas, to produce something like a defensive counter-magic to the magic of bureaucracy. It's just that the world of the Strugatskys is a more idealistic version of our own, though it is certainly not ideal. Our idea, then, was to confront our world of artist-researchers with a world of researcher-artists as described by the Strugatsky Brothers. A world where to be an artist was still a hobby, a horizon, or an aspiration open to everyone, and research was a serious profession of the dedicated few. Exactly the opposite of today, when art is ensconced in professional

20 Arkady and Boris Strugatsky, *Monday Starts on Saturday*, p. 147.

21 Today, the black magic of post-Soviet bureaucracy appears as something far less benign. In fact, in the protests against Putin's reelection, the head of the election commission Churov was accused of being a magician from the universally known Strugatsky Brothers films. It is bureaucratic magic that has allowed the cronies of the Putin regime to annex Crimea and wage undeclared war with an army of Internet zombies.

institutes, while research has left the lab and even the building to become a ubiquitous pastime.[22]

The idea, then, is to confront "the last socialism on the planet" with this one particular example of the Strugatsky Brothers novel. Instead of dissecting the object of our interest with professional lancets of far-too-general theoretical terms, we opted for an analogical method, ascending not even from abstract to concrete like dialectical materialism preaches, but from concrete to another concrete, through some pits and trenches of abstractions. This method necessarily comes up against the dogma of representative global "diversity" in a biennial, a "globality" obviously tailored to global markets.[23] Our focus has been more narrow but perhaps more honest about what we were and are, so there are many artists from one geographical, political, and cultural region, their presence reflecting the further vectors of our research as a form of self-reflection. Nor did we plan to realize the neocolonial promise in "choosing" and "rewarding" local artists by glamorous international curators based in between Amsterdam, Tokyo, and New York. Instead, the focus was a particular topic with a rather narrow group of artists, using the novel as an aesthetic device to take a sidelong or oblique look at the contemporary conditions under which so-called research-based practices in art operate. More importantly, and perhaps more boldly, we wanted to reveal the possibility for imagining an afterlife for dialectical materialism on the magnetic fields of contemporary art.

Ultimately, this was one of things that interested us most about *Monday Begins on Saturday.* Namely, it can be read as a defense of the dialectical method against vulgarization. Its central drama of concepts is a self-critical battle against different shades of vulgar materialism and demagogy that do lip service to science and dialectics while behaving in the most one-sided,

22 It is of course tempting to question one's own professional identity as a curator, scrutinizing one's own gravitation toward either art or research. Whatever we say, they are not the same, but both offer an escape from routine "curating." Proclaiming oneself an artist, one can actually dare to write well, rather than quote right. As a researcher, one can finally take time to think.

23 Many authors dwell on contemporary art being egalitarian in its principle of "anything goes," in the sameness of its various media and the smoothed-out juxtaposition of very different things inside the same space. Well, it is variety, and variety is the market. We did not really want variety and could very well live with same type of works and same type of artist, maybe even just one artist, if we could agree on which one. It's interesting to see how this pressure of variety works in biennials. They could never take the form of a solo show. The fact of restricting ourselves to just one novel–instead of calling the exhibition "Life and Death," or "Mind and Senses," or "Basis and Superstructure"–was our rebellion against the tyranny of variety.

unscientific, non-dialectical manner. "Absolute Knowledge" is the name of the last chapter of G. W. F. Hegel's *Phenomenology of the Spirit* (1807), and the smell from Professor Vybegallo's herring heads is the trace of an experiment where golems explode in attempts to fulfill their boundless desires. Vybegallo, a demagogue based on the anti-scientific crusader Lysenko, is trying to prove Hegel the wrong way round, read by a lazy student of Alexandre Kojève. Hegel himself, by the way, understood how depressing magic could be, how it could necessitate dark moments, life-and-death choices, passages through the ear of the needle, and jumps into the depths of the unknown.[24]

"We are all naive materialists and rationalists," exclaims the novel's narrator. "And not one of us has even an ounce of dialectics. It never occurs to anybody that the known facts and some new phenomenon might be separated by an entire ocean of the unknown, so we declare the new phenomenon supernatural and, therefore, impossible."[25] To be truly dialectical, you need a lively imagination, you need to be Stoic, Skeptical, and Epicurean at once, both scientist and poet.

It is the critique of a formalism so clear and rigid in its own postulates that its one-sidedness and intensity can temporarily suspend the laws of nature. The satire of self-important bureaucratic formalism has a philosophical dimension that goes back to Hegel and his critique of his positivist contemporaries, whose fragmentation of the world into a myriad of facts he criticizes as no less vague and fuzzy than its Romantic-mystical opposites.

In Soviet art, the very word of research was understood performatively, as an eternal search opposed to the famous formalist saying by Picasso, who said he was never searching, only finding. Accordingly, never to find

24 This is a reference to Hegel's famous letter to Johann Hieronymus Windischmann about the latter's work on magic, a neglected and scorned subject that Hegel himself admits he would not dare tackle, a dark region "where glimmerings of light flash everywhere but, flanked by abysses, are rather darkened in their brightness and led astray by the environment, casting false reflections far more than illumination. Each onset of a new path breaks off again and ends in the indeterminable, losing itself, wresting us away from our purpose and direction." Hegel sympathizes and gives brilliant advice: "Everybody probably has such a turning point in his life, the nocturnal point of the contraction of his essence in which he is forced through a narrow passage .... It is science which has led you into this labyrinth of the soul, and science alone is capable of leading you out again and healing you ..." G. W. F. Hegel, "To Windischmann, May 27th, 1810," in *The Letters* (Bloomington: Indiana University Press, 1984).

25 Arkady and Boris Strugatsky, *Monday Starts on Saturday*, pp. 50–51.

and to be eternally searching was the dialectical formula for anti-formalist art, which we were both partisans of. If the two of us started to fight, this was usually about how to be truly dialectical: Is it enough to skip round, self-sufficient forms? To confront very different works, rather than similar ones? To have them in one vast space rather than in compartments, to see them "with your back" as Russian avant-garde artists literally aspired to? To make a strong accent on cinematic form (we certainly did)? We wondered: Is inarticulate, bad, or unprofessional art—never reaching a "formal solution"—our curatorial solution? Should we, as dialecticians, have any formal solution other than our method?[26]

If there is one mode that we ultimately followed, it was to think of our entire endeavor as something profoundly post-cinematic, as if to confirm Lenin's prophetic words about the cinema's centrality among all the arts.[27] This does not only concern the prevalence of narrative films in the exhibition, but also many of the works in other media in which research displays are storyboards and the art space itself is a sound stage or cinema set where we could defamiliarize with a language flirting with Kabakov's total installations; not just for fun, but to imagine a city-sized institute.

26 The Hegel quote in the second-to-the-last footnote was a part of the painterly research by Dmitry Gutov on footprints in stone that was in turn a part of our Institute of Anti-Formalism, where we tried to face off with some of the problems enumerated above. In the former headquarters of Bergen's electric company, now a museum, its architecture blocked the entrance into the elegant 1930s art deco, inserting a broken cube of two triangular viewing boxes whose backsides served as walls into its attenuated twelve-meter light shaft tower. We also opened the window to the street that had existed in this room from the beginning but was hidden behind a wall in its museal white cube condition—this was a reference to the typical rhetorical figure of anti-formalist debate of the 1930s, namely, that "life is richer than any art." In our choice of artists here, especially historical artists, we were taking a stance in this Marxist debate represented by writings of György Lukács, Mikhail Lifshitz, Ernst Bloch (and Theodor Adorno on the opposite side), as well as less-known theorists and politicians of the Stalinist Soviet Union. Using Ernst Bloch's famous definition, we were interested in "warm Marxism," that is, speaking of art, post-abstract figurative, that was meant to be dialectical rather than purely negativist and represented a dedicated critique of routine modernist formalism. Carlfriedrich Claus, Władysław Strzemiński (with his late, almost unknown neo-figurative works done for new socialist Poland), and Anna Oppermann were highlights of this narrative, central to our exhibition.

27 We were very lucky to work with a select team of professionals who indulged almost all of our post-cinematic desires. Intense dialogue with the Studio Miessen (Berlin) prompted us to develop fantastic architecture, the most extravagant of which erected a faux-ethnographic "village" of platforms in a national swamp of Norwegian woodchips. There were bureaucratic labyrinths and Palladian porticos, libraries and waiting rooms, all built as display frames or containers for screening stations and video installations exquisitely installed by the company Eidotech (Berlin).

And indeed, such a reimagining is possible. Contemporary art is, in some ways, one big continuous institutional space. At least that is the illusion behind a common institutional language of whitewashed Sheetrock walls, gray floors, and overdesigned catalogues, and bound together by curatorial and advisory boards. Not that the real boundaries within the art scene are so negligible, but the white cube remains the basic form, a lingua franca like the so-called International Art English, establishing art's autonomy to tell stories of its own, which it often sadly uses to lapse into irrelevant musings about form or to chain-smoke and keep from using the inkwells, as in the Strugatskys' Department of Absolute Knowledge. The fiction of this abstract autonomy finds its double in its dialectical opposite: the image of artistic militancy with art as direct public action or as a didactic retooling of the former white cubes as political spaces, displacing the "infinite contemplations of infinity" implicit in formalist approaches with an equally formalist civic debate, in which art becomes little more than a facilitator.[28]

The paradigm of research in art transverses these borders and could even look like a synthesis or an alternative to feeling aesthetically and politically trapped or ineffectual in either practice. You need to explore root causes and underlying complexities in order to confront if not solve con-

28 Things changed especially in this regard as the project progressed. In the years before we started, there was a general disappointment in "art as art," as a bit of the Real appeared on the distant horizon, and exhibitions suddenly seemed out of date. The hope was that human encounters with an urgent discursive and political agenda might create a "groaning" of "bassists in the back row" (T. J. Clark). To absolve Bergen from the "sin of biennials," the Bergen Triennial was called an Assembly, and it was our commission to "convene" people, rather than to curate a show of art objects. We ourselves were quite convinced that exhibitions could only have a temporary, didactic character, as in a project called *Auditorium Moscow* that we did in the autumn of 2011, whose artworks were meant to provide impulses for an ongoing discussion on politics and art in the urban setting. This marathon of talks, screenings, and workshops lasted for over a month and seemed very much a part of the buildup of political protest in the winter season. It was a whirlwind of multiplex agonisms, exactly the kind of "assembly" our Bergen advisory board imagined. We ourselves were disappointed and exhausted by this marathon and so many others like it at the time. As the Occupy Movement flared up, burned out, and faded, there was a boom in activist art, instantly historicized and musealized along with the movement itself, like so many artistic activisms before it. As much as we tried to engage critically with the communitarian agenda still locked and interned in such displays, we soon discovered that the explicit accent on "communication" and "collaboration" is far from being oppositional or subversive. In fact, it is exactly what neoliberal politicians want in order to create a democratic façade of therapeutic art, proliferating new formalisms—cut-and-paste recipes of essentially meaningless (post-) aesthetic gestures, made at administrative command as a kind of fantasy role play pretending like it's already communism. We found ourselves discussing this question with Georg Schöllhammer and others outside one of the venues of dOCUMENTA (13), and as our conversation became more and more philosophical, Georg remarked, "I feel like I'm in a Strugatsky Brothers novel." He presumably meant the more epic *Picnic by the Roadside*, the basis for Stalker and its philosophical dialogues, but somehow that remark stuck with us and served as yet another point of departure.

tradictions. Only an intensified, qualitative understanding of particular phenomena that lie at the root of these political and social structures you mention can bring real change. We might remember Marx going to the British Library after the "springtime of the nations" slowly turned to autumn. Research can be a shelter for avoiding blind activism's idiot wind. But it can also be a time trap, a generator of complacency and skewed, wrong-headed experimentation which may have drastic results, as the Strugatsky Brothers seem to suggest throughout their book.[29]

With the advent of a post-Fordist economy, the production and framing of knowledge is commoditized and fetishized in unprecedented ways. Research—supposedly the one place where knowledge production becomes autonomous—takes on similar fictional traits as the white cube. At its worst, research is an image-maker for soft capitalism, a lot like "autonomous" art was and still is the representative of so-called "freedom and democracy." The image of research belongs to the same repertoire. The worst decisions are "well-researched," meaning one pretends to be responsible, but also safe, secure, the results always-already defined in advance, and so on. Yet at the same time, there are so many pores in the seemingly airtight system, so many loopholes, so many quiet corners. And they offer a real but fragile autonomy. Here, research can be a zone for imaginative-militant investigations, a world of precarious independent researchers, surviving on tiny handouts from pseudo-enlightened states and corporations. Such intellectual freelancers are engaged in their own subversive and even revolutionary projects, all of them very fragile, because the image of research is always subject to capture. Artists are working with this image politics, subverting it constantly, and here a key role is taken up by imagination and humor, in spite of facing a catastrophic load of data, a totality of conspiring fact, where Absolute Knowledge would seem like the ultimate burden.

We would like to express our deepest gratitude to all the "researchers" who joined us in our endeavor and generously lent us their imaginations, their humor, and their time.

29 We of course realized that there is a degree of escapism or even idealism in addressing a fantasy novel and inviting artists to fantasize with us. Maybe it was only possible in the gap between a season of protest and an epoch of war. The point was, though, that our researchers were embroiled in political fantasies, reflecting and anticipating our historical moment, as devilishly complex and fucked-up as our increasingly paranoid reality, where simple images of militancy will not do. We very much wanted to oppose these with precisely the kind of artworks that politicians and gentrifiers, but also many activists, would find too entangled, ambitious, and controversial to fathom, (wrongly) labeling them as alienating and inaccessible, bypassing their (our) "warm Marxist" politics as out-of-date for the coolness that Paolo Virno calls "the communism of capital." Luckily, we found supporters among many of our artist friends, who were willing to be a little "uncool" and who joined us in this strange and intricate experiment. We are very grateful to the city of Bergen and to the advisory board that they trusted us in this and accepted our sudden lost of faith in a purely activist agenda—a faith that has not yet returned since.

Charité

Marina Naprushkina

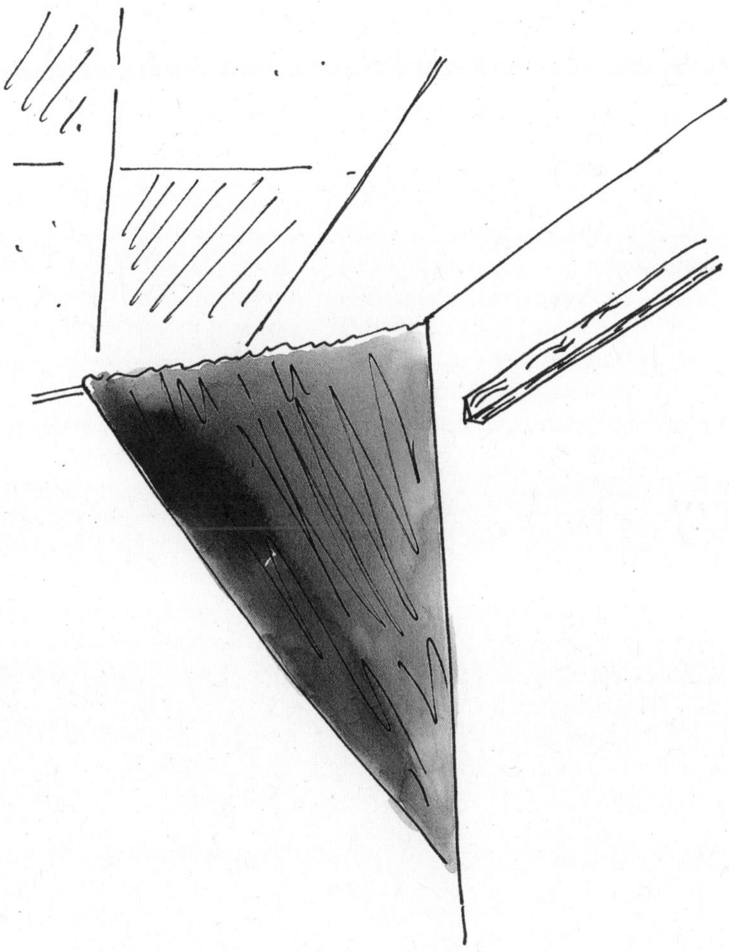

Tag 1

Es ist Montag, der 23. September, 8.30 Uhr. Malika und Fatima warten auf mich beim Eingang zur Frauenklinik der Charité. Sie haben mir erst gestern gesagt, dass sie Übersetzungshilfe brauchen. Ich konnte niemanden so kurzfristig finden und übernehme selbst die Aufgabe. Die beiden Frauen sind hochschwanger, ihr Geburtstermin ist diese Woche. Wir gehen zur Schwangerenberatung und melden uns an. Fatima hat keine beziehungsweise eine falsche Versicherungskarte. Wir werden gebeten, ein Papier zu unterschreiben, dass die Kosten für die Untersuchung privat zu tragen sind. Ich weigere mich zu unterschreiben. 200 Euro, so viel würde die Untersuchung kosten. Fatima wird das nicht bezahlen können, und dass danach jemand die Rechnung übernimmt, garantiert keiner.

Wir warten erst einmal. Die Frauen sind sehr still, ich versuche eine Unterhaltung anzufangen, frage die beiden, wie sie in Tschetschenien gelebt haben, in einer Wohnung oder einem Haus? In einem Haus, sagt die eine. „Das Haus steht jetzt leer. Mein Mann hat keine Arbeit gehabt. Für die Kinder wurden 120 Rubel gezahlt.“ Mehr sagt sie nicht. Mehr muss auch nicht gesagt werden.

Ich duze Fatima und sieze Malika wie immer. Ich weiß nicht warum, aber ich kann sie nicht duzen. Malika wirkt wie um die 40, sie ist sehr zurückhaltend und ruhig, ich habe Respekt vor ihr. Später stellt sich heraus, dass sie jünger ist als ich. Sie sind alle jünger als ich. Nur sehen sie sehr erfahren aus, reif, alt. Diese Frauen haben schon ein Leben hinter sich, aber sie erzählen nicht viel darüber. Vielleicht denken sie, es gäbe da nichts zu erzählen. Sie halten nicht viel von sich. Diese Geringschätzung sich selbst gegenüber, diese ewige Geduld, die sie haben, das erstaunt mich und tut gleichzeitig weh.

Untersuchungen: Blutdruck, Urinprobe, Herztöne der Babys. Die ersten zwei Stunden

Day 1

It is Monday, September 23, 8:30 a.m. Malika and Fatima are waiting for me at the entrance to the gynecological clinic at the Charité Hospital in Berlin. They just told me yesterday that they would need help translating. I couldn't find anyone on such short notice, so I am helping them out myself. Both women are heavily pregnant and are at their due dates this week. We're going to a prenatal appointment and register at the desk. Fatima doesn't have an insurance card, or it is the wrong one. It is requested that we sign a sheet of paper acknowledging that the examination costs will be billed privately. I refuse to sign. 200 euros, that's how much the exam would cost. Fatima won't be able to pay it, and no one can guarantee that someone else will cover the costs later.

For now we're waiting. The women are very quiet, and I try to start a conversation, asking the two about their living arrangements in Chechenya. Did they live in an apartment or a house? In a house, answers one of the women: "The house is empty now. My husband was out of work. For the children we received 120 rubles." That's all she says. There's nothing more to say, really.

As usual, I address Fatima informally with "du" and Malika formally with "Sie"–I don't know why, but I just can't say "du" to her. Malika appears to be around forty years old; she's very quiet and reticent, and I respect her. As it turns out, I later realize that she is younger than me. They are all younger than me. It's just that they look so experienced, mature, aged. These women have lived such full lives, but they rarely talk about it. Maybe they don't think there is much to say. They don't think highly of themselves. This disregard for themselves, this perpetual patience they have, I find it astonishing and at the same time painful.

Examinations: blood pressure, urine sample, each baby's heartbeat. The first two hours

sind um. Dann werden wir zum Arzt gebeten. Erst gehe ich mit Fatima zu ihm. Sie folgt unsicher, der Arzt ist ein Mann. Das ist ein Problem für sie.

have passed. Then we are called in to see the doctor. First I go in with Fatima. She follows me with uncertainty, for the doctor is a man. This is a problem for her.

Ich erkläre, dass Fatima das erste Kind per Kaiserschnitt zur Welt gebracht hat, aber das zweite Kind jetzt ohne bekommen möchte. Der Arzt sagt, dass er einen Kaiserschnitt bevorzugt. Er macht einen Ultraschall und stellt fest, dass kein Fruchtwasser mehr da ist. Er sagt, dass die OP heute stattfinden muss und wir direkt in den Kreißsaal nach oben gehen sollen. Ich frage Fatima, ob sie einverstanden ist. Sie lächelt nur unsicher und sagt nichts. Der Arzt schüttelt ihr die Hand und gratuliert ihr, weil sie heute erneut Mutter werden wird.

I explain that Fatima's first child was born via cesarean section, but that she wants her second child to be born naturally. The doctor says that he would prefer to do another C-section. He does an ultrasound and sees that there is way too little amniotic fluid left. He says that the operation must take place today and asks us to go directly upstairs to the labor and delivery unit. I ask Fatima if this is okay with her. She gives me an uneasy smile and says nothing. The doctor shakes her hand and congratulates her since she will once again become a mother today.

Malika wird von einer Ärztin untersucht. „Alles in Ordnung“, sagt die Frau, „aber … der Kopf des Kindes liegt nicht unten. Kein Problem, wir drehen es gleich um.“ Malika soll sagen, wenn es unangenehm wird. Sie stöhnt, die Ärztin fährt aber fort: „Jetzt ist es bald vorbei. So, jetzt ist es geschafft.“ Malika steht auf, das Gesicht blass, sie hält sich den Bauch. Sie ist sechs Tage über dem Termin. Die Ärztin schlägt vor, morgen die Geburt einzuleiten. Malika fragt mich leise, ob es nicht schon heute möglich wäre. Sie ist müde, der Bauch ist schwer, sie kann sich schlecht bewegen. Auch ihr Mann will sie heute nicht schon wieder zu Hause sehen. Sie hat ein schlechtes Gewissen, dass sie das Kind immer noch nicht bekommen hat.

Malika is examined by a female doctor. “Everything's fine,” says the woman, “but the baby is in a breech position with its head up. No problem, we'll just turn it around.” Malika is supposed to tell her if it feels uncomfortable. She moans, but the doctor keeps working: “It's almost over. There you go, now we're done.” Malika stands up, her face pale, and she clutches her belly. She is six days past her due date. The doctor suggests inducing labor tomorrow. Malika quietly asks me whether it would be possible to do it today already. She is exhausted, her belly is heavy, and she can hardly move. And her husband doesn't want to see her at home again today. She feels guilty because the baby has not been born yet.

Die Ärztin fragt nach den vorangegangenen Geburten und schreibt die Antworten in die Kartei. Ich korrigiere sie, dass Malika nicht drei, sondern vier Kinder hat. „Sie hat vier lebende Kinder, und das ist das fünfte?“, fragt mich die Ärztin erstaunt. „Ja, das fünfte.“

The doctor asks about the previous births and writes the answers in the file. I correct her: Malika has not three but four children. “She has four living children and this will be the fifth?,” asks the doctor, surprised. “Yes, the fifth.”

Dann gehe ich mit Fatima in den Kreißsaal. Wir müssen uns zuerst anmelden. Die Mitarbeiterin verlangt einen Pass. „Den hat sie nicht dabei“, sage ich. „Hier sind doch das Untersuchungsheft und der Mutterpass, wür-

Next I go with Fatima to the labor and delivery unit. First we have to register. The staff member requests her passport. “The woman doesn't have it with her,” I say. “Here is her examination booklet and the maternity log,

de das vielleicht erst einmal helfen? Den Pass kann ihr Mann ja später bringen."

„Nein, den brauche ich jetzt! Ist der Mann denn schon unterwegs? Wann genau kommt er? So geht das doch nicht. Gerade als nichtdeutscher Bürger muss man doch immer seinen Pass dabei haben."

Ich suche nach Worten, um ihr zu antworten. Das dauert zu lang, also schweige ich und ärgere mich, dass ich nicht reagieren kann.

„Wo ist sie denn geboren: Tschetschenien, Kasachstan, Russland?" So geht es weiter. „Ich brauche eine Stadt!"

Fatima weiß es aber nicht. Sie weiß nur, dass sie in Kasachstan geboren wurde und danach mit den Eltern zurück nach Tschetschenien gekommen ist.

Wir warten. Bald muss ich zum Unterricht ins Heim. Ich frage am Empfang, ob es nicht schneller geht. „Nein, es ist gerade viel los, und wenn Sie nicht übersetzen, dann können wir die Frau heute nicht operieren. Wir müssen sie über die Risiken aufklären, sonst können wir nichts tun."

Wir warten.

Fatima erzählt, dass bei der ersten Geburt in Tschetschenien das Kind einen Monat zu früh auf die Welt kam. Sie war zwei Tage auf der Intensivstation mit wahnsinnigen Schmerzen. Die Ärzte hatten ihr gesagt, dass das Kind tot zur Welt kommen würde. Dann war es ein gesundes Mädchen. Ich kenne sie, sie kommt jeden Tag zu mir und malt sehr konzentriert.

Aber jetzt verstehe ich, warum Fatima keinen Kaiserschnitt wollte, warum sie gerade eben beim Arzt geschwiegen hat.

Endlich kommt der Chirurg. Ein Netter. Er erklärt, dass er den Schnitt quer machen wird. Bei Fatimas erster Geburt wurde der Bauch

would that help for now? Her husband can bring the passport later."

"No, I need it now! Is her husband already on his way here? When exactly will he arrive? This is not okay. Especially citizens who are not German must always carry their passports."

I try to find words in reply. It takes too long, so I remain silent and am frustrated that I cannot react.

The woman continues: "Where was she born: Chechenya, Kazakhstan, Russia? I need a city!"

But Fatima does not have an answer. She only knows that she was born in Kazakhstan and that she then returned to Chechenya with her parents.

We wait. Soon I must return to the shelter to teach. I ask at the reception whether things could be hurried along a bit. "No, we're so busy right now, and if you're not here to translate, then we won't be able to operate on the woman today. We have to inform her of the risks, otherwise our hands are tied."

So we wait.

Fatima tells us about the birth of her first child in Chechenya, how the baby was born a month early. She spent two days in the intensive care unit in terrible pain. The doctors told her that the baby would not survive. But then it was a healthy baby girl. I know the girl, for she visits me every day and draws with much concentration.

But now I understand why Fatima wants to avoid having a C-section, why she was so quiet while meeting with the doctor just now.

Finally the surgeon arrives. A nice guy. He explains that he will do a transverse incision. When Fatima's first baby was born, they did a

der Länge nach geschnitten. Das mache man seit 50 Jahren nicht mehr. Es sei schmerzhaft und vernarbe unschön.

Dann erklärt er uns alle Risiken, was man bei dieser OP alles verletzen kann, wo man reinschneiden kann: Niere, Blutgefäße, Baby… Fatima lächelt nur. Ich versuche zwischendurch zu sagen, dass das alles sehr selten vorkommt, dass die Ärzte ihr das unbedingt sagen müssen. So sind die Regeln. Ich weiß nicht, welche Wirkung das Ganze auf sie hat und ob sie überhaupt zuhört.

Dann kommt der Anästhesist. Übelkeit, Durchfall, Lähmungen. Nebenwirkungen der Narkose. „Aber das passiert alles sehr selten", sage ich wieder.

„Warum nicht Vollnarkose?", fragt sie prompt. Das ist die erste Frage, die sie stellt. „Weil es schlechter ist, die Risiken höher sind und das Kind mitbetäubt wird." Heute habe ich auch was dazugelernt.

Und ich darf jetzt gehen. Ich schaue Fatima an, ich kann nichts von ihrem Gesicht ablesen. Sie hat wahrscheinlich Angst und muss sich alleingelassen fühlen. Aber sie lächelt sogar etwas. Ich hoffe, dass ihr Mann bald da ist.

Ich gehe mit Malika zurück ins Heim. „Kommst du morgen mit mir ins Krankenhaus?", fragt sie mich.

Tag 2

9.30 Uhr. Ich bin mit N. im Kreißsaal. Wieder die Anmeldung und wieder die gleiche Frau wie gestern. Ich vermute schon, was kommt. Malika hat auch keinen Pass dabei. Übrigens behält das Amt die Pässe erst einmal, wenn die Flüchtlinge überhaupt einen dabeihaben.

Die Dame wird wieder laut: „Ich kann sie nicht anmelden, ich brauche ihren Pass. Wo

vertical incision, which has not been common practice for fifty years. It is painful and leaves an unattractive scar.

Then he explains all the risks to us, what can be injured during this operation, where cuts can happen: kidneys, blood vessels, the baby … Fatima just smiles. I try to tell her in between that such complications are very rare, that the doctors are simply required to provide this information. Those are the rules. I don't know what effect all of this is having on her, or whether she is even listening.

Then the anesthesiologist comes in. Nausea, diarrhea, paralysis. The potential side effects of anesthesia. "But these things rarely happen," I say again.

"Why no general anesthesia?," she asks right away. This is the first question she has asked. "Because it is worse, the risks are higher, and the child is drugged as well." Today I also learned something new.

And now I am allowed to go. I look at Fatima but cannot read her facial expressions. She is probably afraid and must feel very alone. But she even gives me a tiny smile. I hope that her husband will arrive soon.

I take Malika back to the shelter with me. "Will you come with me to the hospital tomorrow?," she asks.

Day 2

9:30 a.m. I am in the delivery unit with N. Back at the reception desk, facing the same woman as yesterday. I can already guess what will happen next. Malika doesn't have her passport with her either. By the way, if refugees arrive in the country with passports, the government takes them away at first.

The woman raises her voice again: "I can't register her without her passport. Where is

kommt sie denn her? Sie war doch schon gestern hier!“

„Das war eine andere Frau“, erkläre ich ihr.

„Wie kommen die denn alle her, mit einem Lastwagen etwa?“

„Ich wünsche Ihnen nicht, dass Sie mit so einem Lastwagen fahren müssen“, sage ich zu ihr. Stille. „Der Mann soll den Pass bringen, so schnell wie möglich“, sagt sie und trägt die Daten in ihren Computer ein. Geht doch, denke ich.

Wir warten wieder. Vorsichtig frage ich Malika, wer heute auf die vier Kinder aufpasst. „Amina“, sagt sie. Amina ist ihre Tochter, 10 Jahre alt.

„Und warum nicht Ihr Mann?“, frage ich.

„Er hilft nicht viel. Er ist sehr nervös. Tagsüber geht er spazieren, er legt sich oft hin. Nachts schläft er schlecht. Er hat demnächst einen Termin bei einem Neurologen. Islam, mein ältester Sohn ist auch so wie der Vater“, sagt sie.

„Sind Sie gläubig?“, frage ich.

„Mein Mann sehr. Er sagt unserer Tochter, dass sie nicht mit den Jungen spielen soll.“

Ich versuche ihr zu erklären, dass Amina hier in die Schule gehen wird, dass es in Deutschland keine getrennten Klassen gibt und dass auch der Sportunterricht gemeinsam ist.

„Ja, das sage ich meinem Mann die ganze Zeit schon, aber er hört nicht zu“, sagt Malika.

Die Hebamme ruft uns auf. Sie trägt alle Daten ein. Alle Geburten. Jahr, Gewicht, Geschlecht, Verlauf der Geburt und ob das Kind gestillt wurde. Nach der Eintragung des dritten Kindes schaut sie auf: „Wie viele Kinder hat sie denn?“ „Vier. Das ist das fünfte.“ Ich erin-

she from? She was here just yesterday, wasn't she?”

“That was a different woman,” I explain.

How do they all get here? Do they arrive by the truckload?

“I should hope that they don’t have to ride in a such a truck,” I reply. Silence. “Her husband needs to bring her passport, as soon as possible,” the lady says and enters the data into her computer. Not bad, I think …

We wait again. I cautiously ask Malika who is taking care of her four children today. “Amina,” she says. Amina is her daughter, ten years old.

“And why not your husband?,” I ask.

“He is not very helpful. He gets very nervous. During the day he goes on walks, and he takes a lot of naps. At night he sleeps poorly. He has an appointment soon with a neurologist. Islam, my eldest son, is the same way, just like his father,” she says.

“Are you religious?,” I ask.

“My husband is very religious. He tells our daughter not to play with boys.”

I try to explain to her that Amina will go to school here, that there is no such thing as separate classes here in Germany, and that even gym class is co-ed.

“Yes, I keep telling my husband this, but he won’t listen,” says Malika.

The midwife calls us in. She enters all of the data. All births. Year, weight, gender, birthing details, and whether the baby was nursed. After recording the third child, she looks up and asks: “How many children does she have?” “Four. This is the fifth.” I am reminded of earlier this morning when I was holding Mali-

nere mich an heute früh, als ich das Untersuchungsheft von Malika in der Hand hielt. Jahrgang 1982. Jünger als ich. Ich kann es nicht fassen.

Die Hebamme erklärt uns, dass die Geburt eingeleitet wird, Malika soll eine Pille bekommen. Ich übersetze wieder alle Risiken, die eintreten können. Der Blick von Malika wirkt abwesend. Danach soll sie ein Papier unterschreiben, auf dem steht, dass der Pillenhersteller keine Haftung für die Wirkung der Pille übernimmt.

Ich muss jetzt gehen, es ist 13 Uhr, in einer Stunde muss das Atelier im Heim geöffnet werden. Ich muss noch alles vorbereiten und einkaufen gehen. Brot und Nutella. Die Kinder kennen das schon und warten darauf. Es ist ein Ritual. Es tut mir weh, Malika alleinzulassen. Sie wirkt so verloren. Sie hat fast nichts gegessen. Ich überrede sie, zur Kantine zu gehen, dort kaufe ich Sandwiches. „Rufen Sie mich an… Ruf mich an, wenn etwas ist", versuche ich endlich sie zu duzen, um den Abstand zwischen uns zu überwinden. „Danke, Marina", sagt sie.

Ich hoffe, sie kriegt das alles hin. Natürlich tut sie das. Nur zu welchem Preis? Sie verschließt sich noch tiefer.

Sie ruft mich den ganzen Tag nicht an und geht nicht ans Handy.

Am nächsten Morgen rufe ich sie nochmals an. Sie geht dran. „Und, alles gut gelaufen? Ist das Kind da?" frage ich.

„Nein, noch nicht. Ich bin wieder im Zimmer. Ich habe schon drei Pillen geschluckt, die Wehen fangen nicht an."

Ich weiß, dass sie ganz allein im Zimmer ist. Scheiße, jemand muss sie dort besuchen.

ka's examination booklet. Born 1982. Younger than me. I cannot believe it.

The midwife explains to us that labor will be induced, and that Malika will be given a pill. Once again I translate all of the risks that could happen. Malika has an absent look on her face. Now she is asked to sign a sheet of paper saying that the pharmaceutical company making the pills is not liable for any negative pill-related effects.

It is now time for me to go–1 p.m.–since the art studio at the shelter is supposed to open in one hour. I still have to get everything ready and go shopping. Bread and Nutella. The children are used to this routine and will be waiting. It is a ritual. It hurts to leave Malika alone. She seems so forlorn. She has hardly eaten anything. I talk her into going to the cafeteria with me, where I buy her sandwiches. "Please call me … call me if you need me." I first address her formally, but then, after a pause, finally move into informal speech in an attempt to bridge the gap between us. "Thanks, Marina," she says.

I hope she will be able to manage. Of course she will. But at what price? She will just shut herself off even more.

She doesn't call me that day, nor does she answer her mobile phone.

The next morning I try calling her again. She answers. "So, how did everything go? Was the baby born?," I ask.

"No, not yet. I'm back in my room. I have already taken three pills, but the contractions just won't come."

I am aware that she is all alone in the room. Crap, someone needs to visit her.

Nummer	Raum	Nummer	Raum
2505	0001	2012	0311
2013	~~0322~~ 0312	1519	0422
2505	0001	1015	0408
1015	0403	1019	0408

1034 Bitte zum Antragsannahme

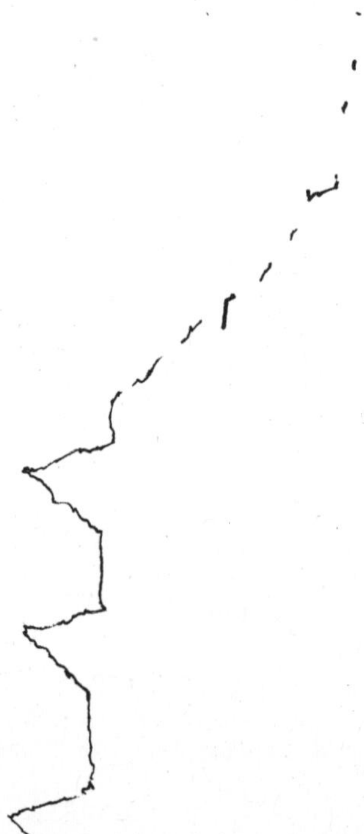

Charité erschien ebenfalls in:
Marina Naprushkina, *Neue Heimat?*,
Europa Verlag Berlin, September 2015

Charité was also published in:
Marina Naprushkina, *Neue Heimat?*,
Europa Verlag Berlin, September 2015

Wiener Festwochen

Unruhe der Form: Entwürfe des politischen Subjekts / Unrest of Form: Imagining the Political Subject

Tris Vonna-Michell *A Watermark: Capitol Complex*

Hassan Khan *The Twist*

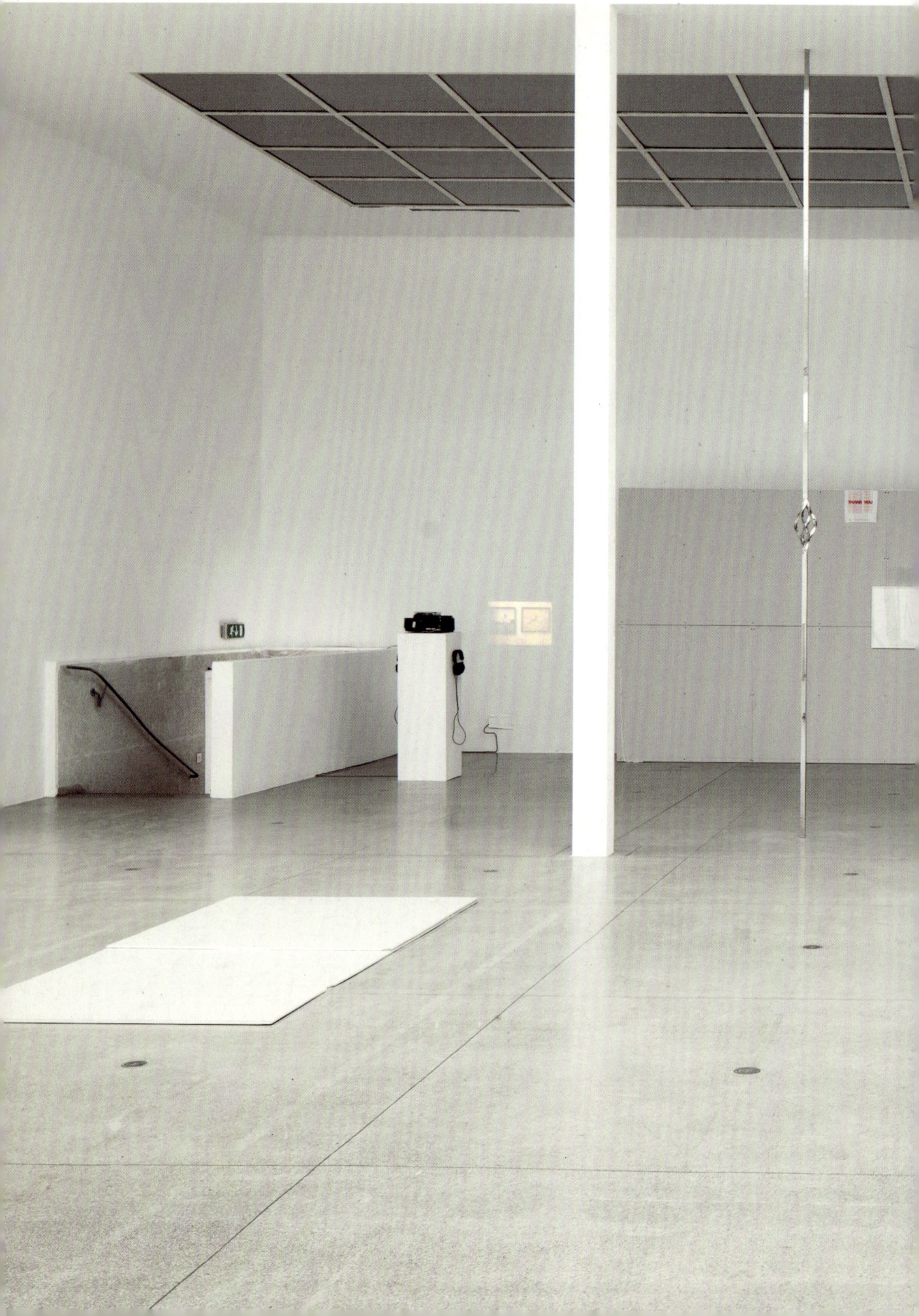

Ad Reinhardt *Red Painting* **KwieKulik** *Open Form – Game on an Actress' Face* **Carola Dertnig** *Tacheles Speech*

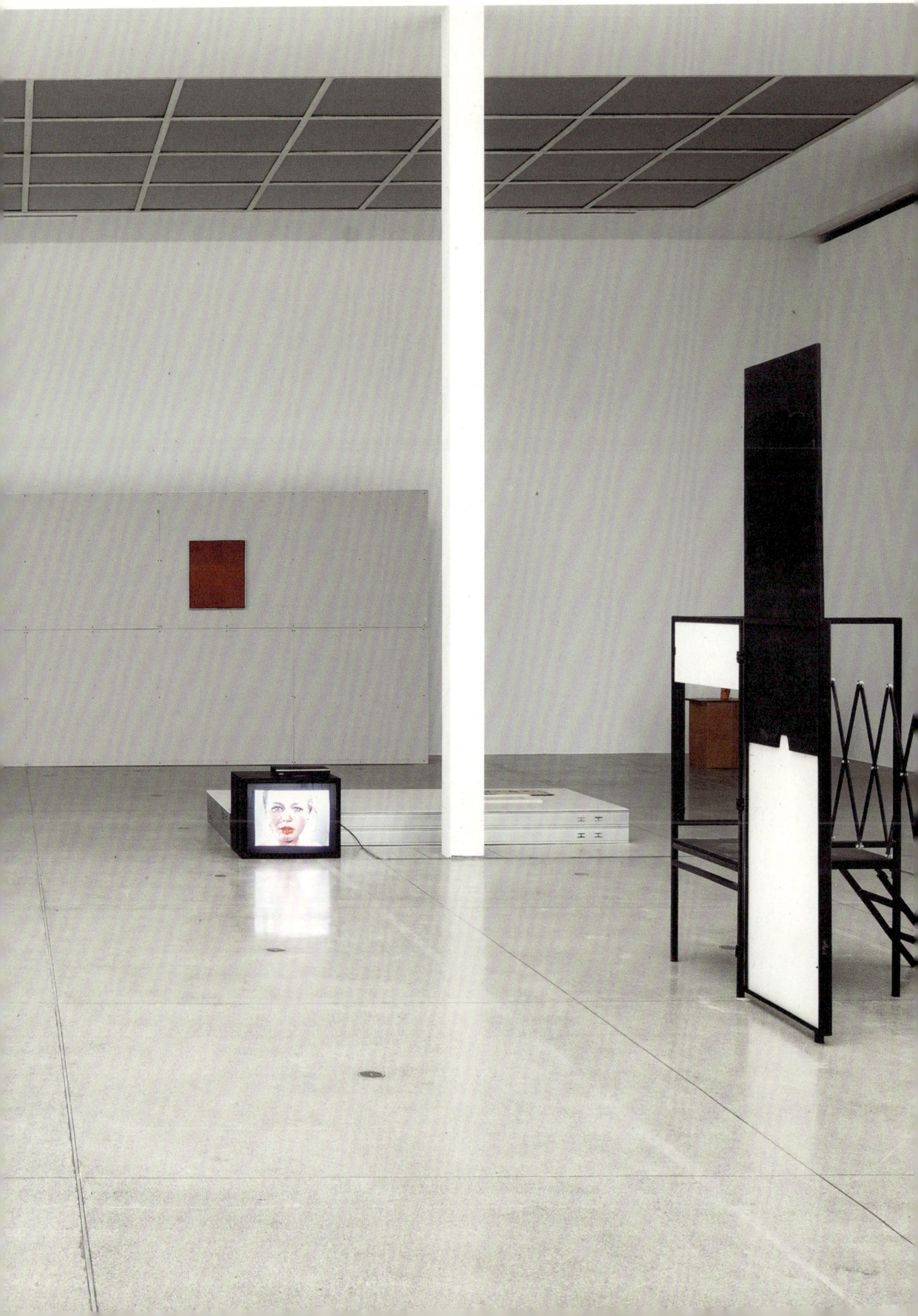

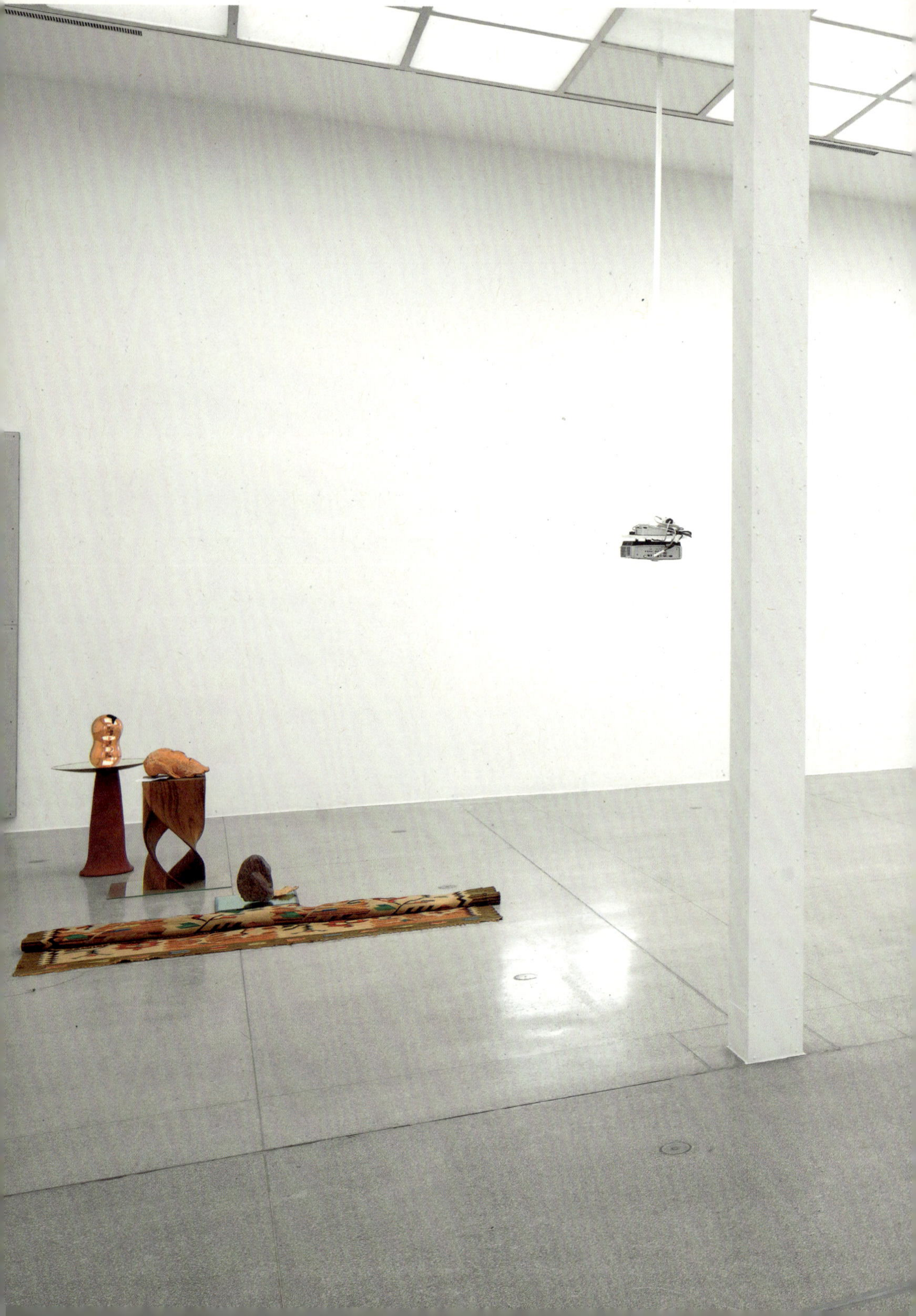

Jimmie Durham Ohne Titel (Armadillo)

Tanja Widmann *TJW presents Hard Currency. Revaluation*

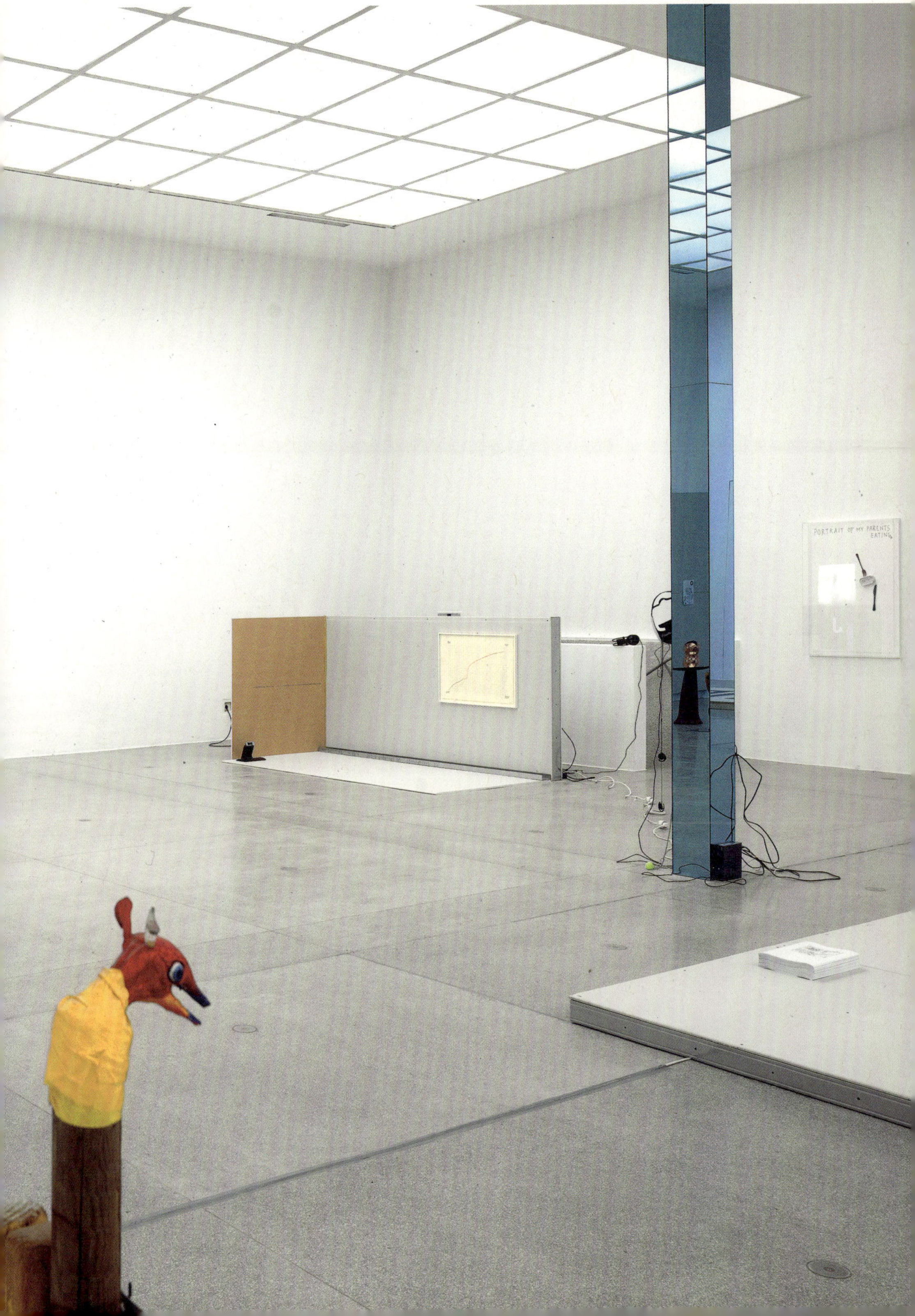

WF:S

Dora Garcia *The Inadequate*

Hassan Khan *Evidence of Evidence II*

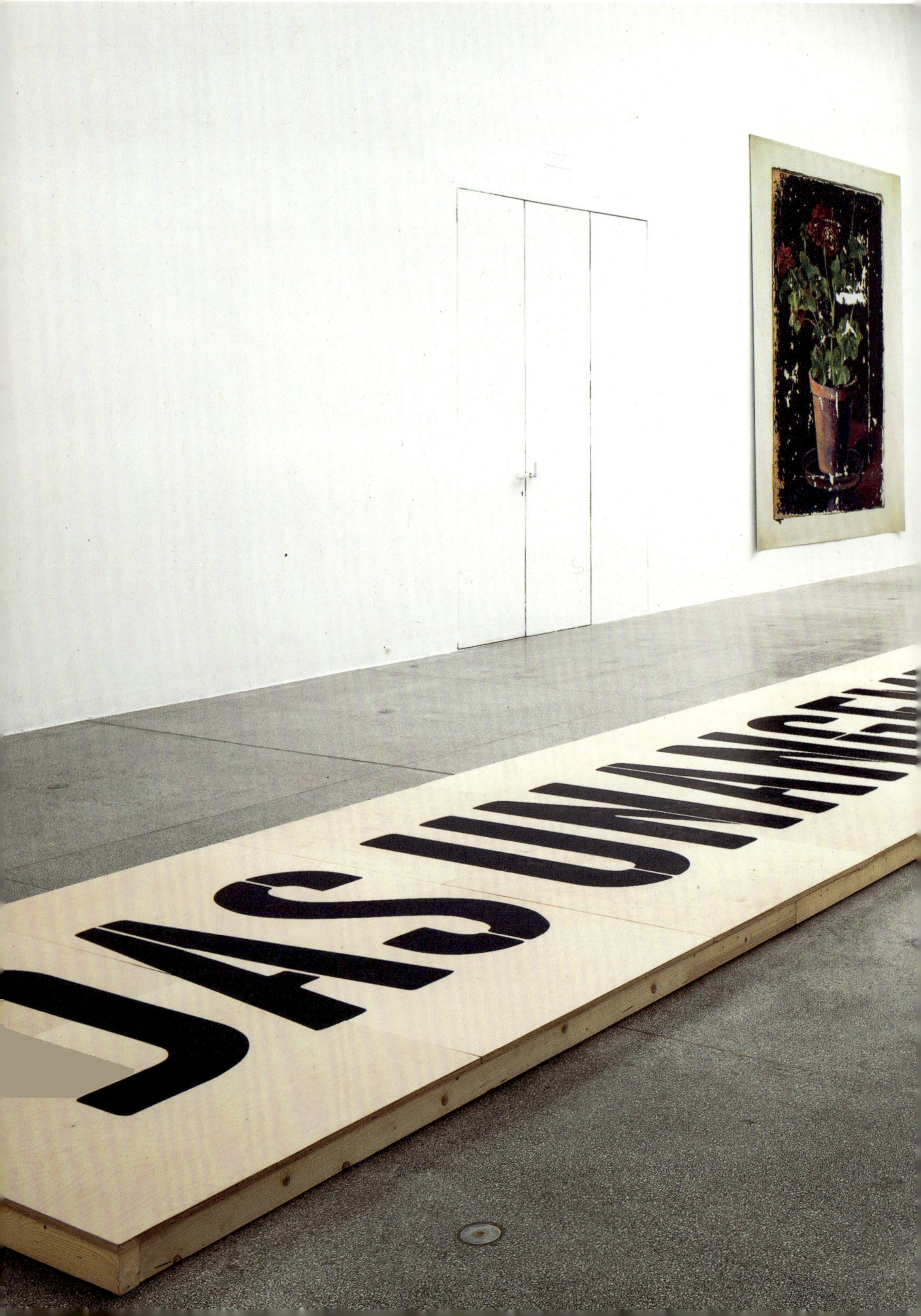

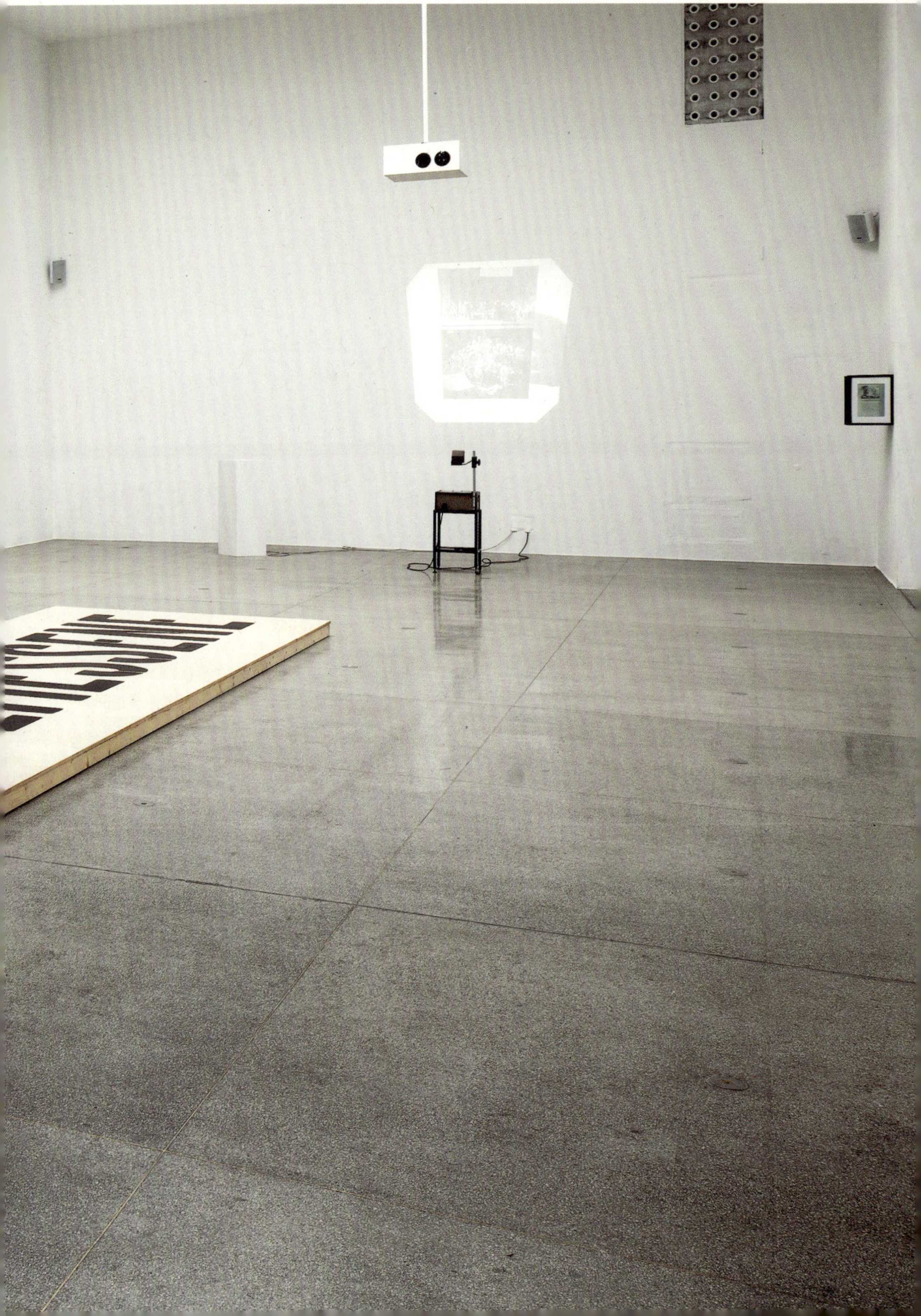

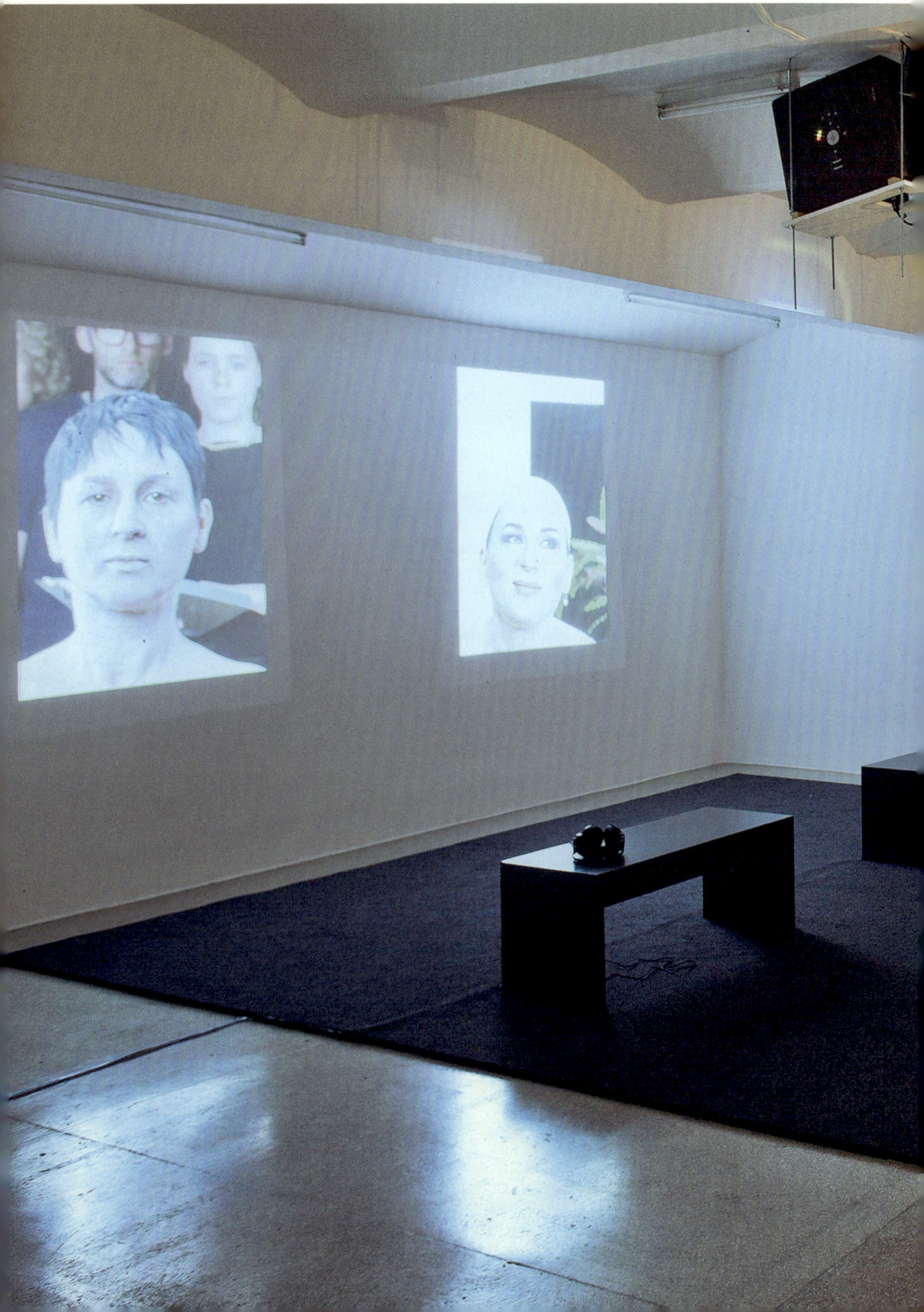

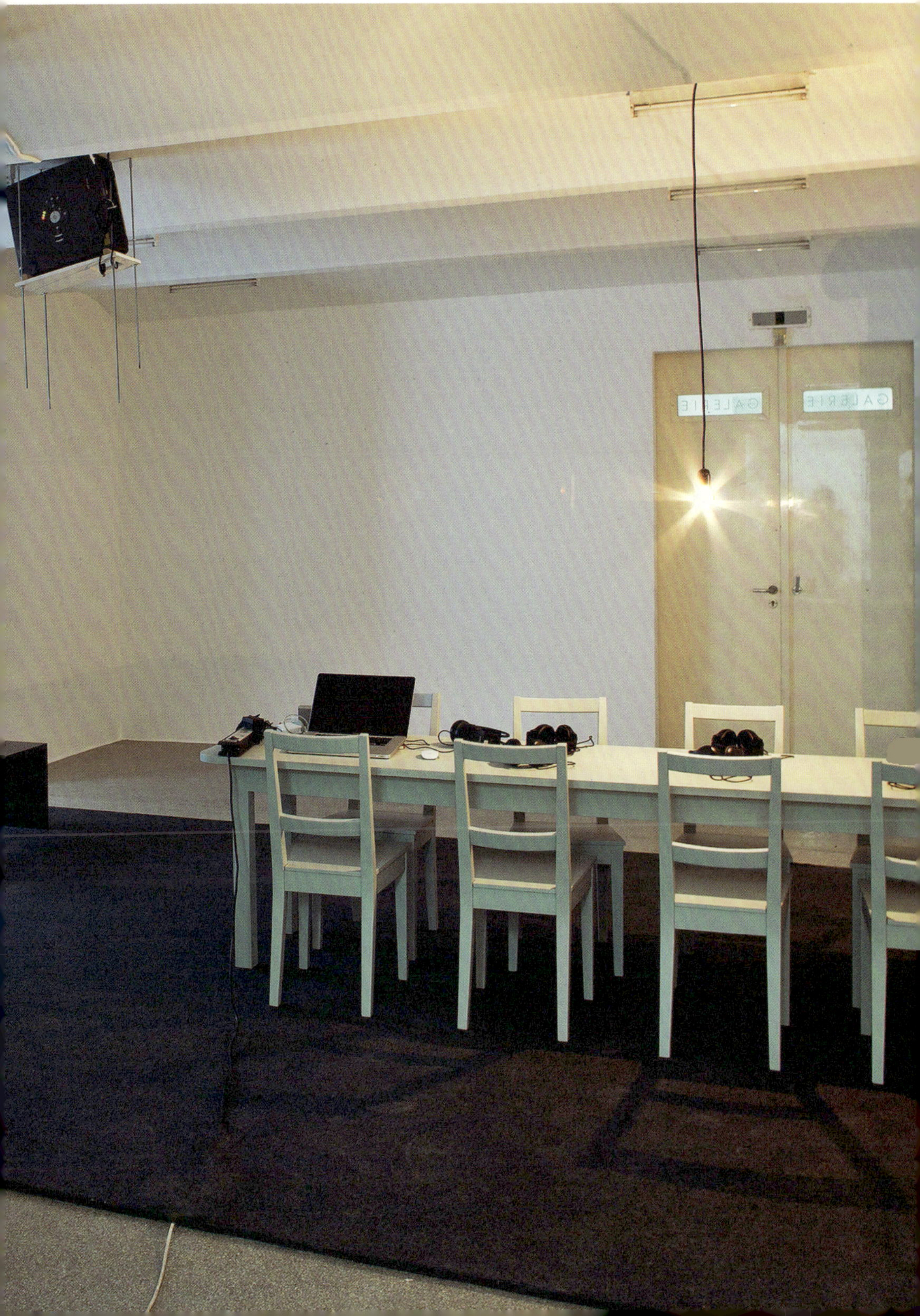
GALERIE
GALERIE

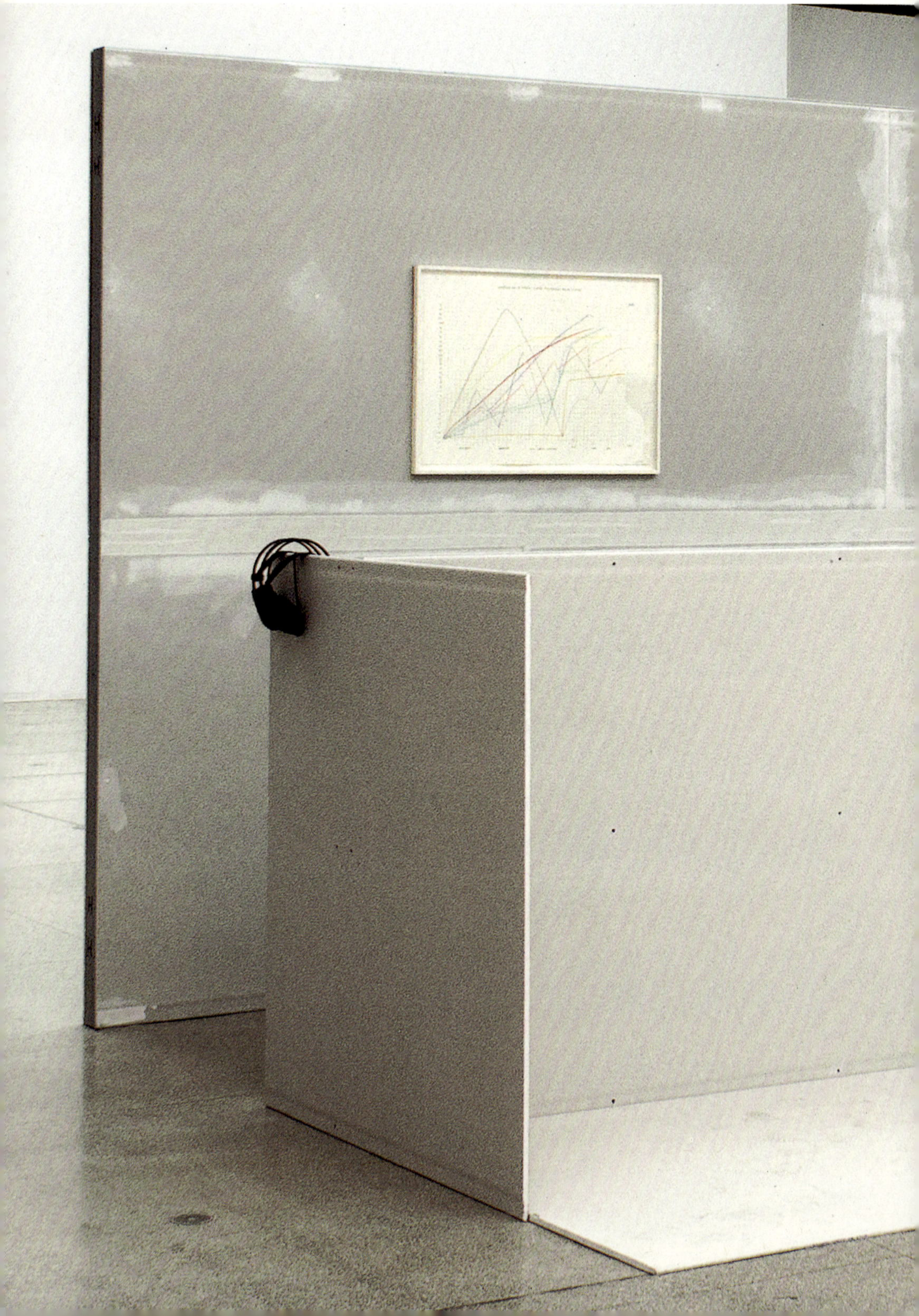

Tanja Widmann *TJW presents Hard Currency. Revaluation*

Dmitry Gutov *English Lessons*

Neïl Beloufa *Party Island, Aquarium 2*

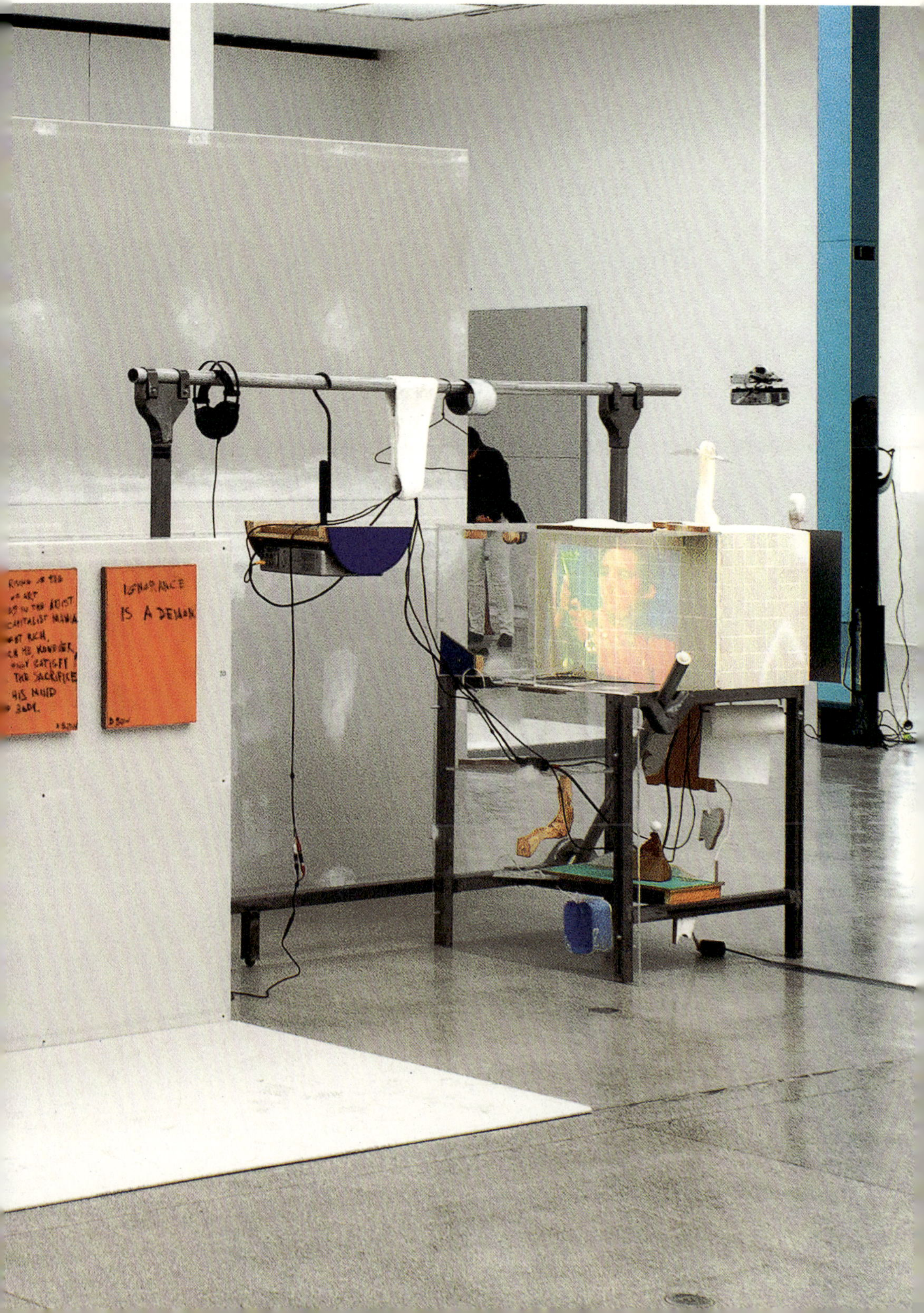

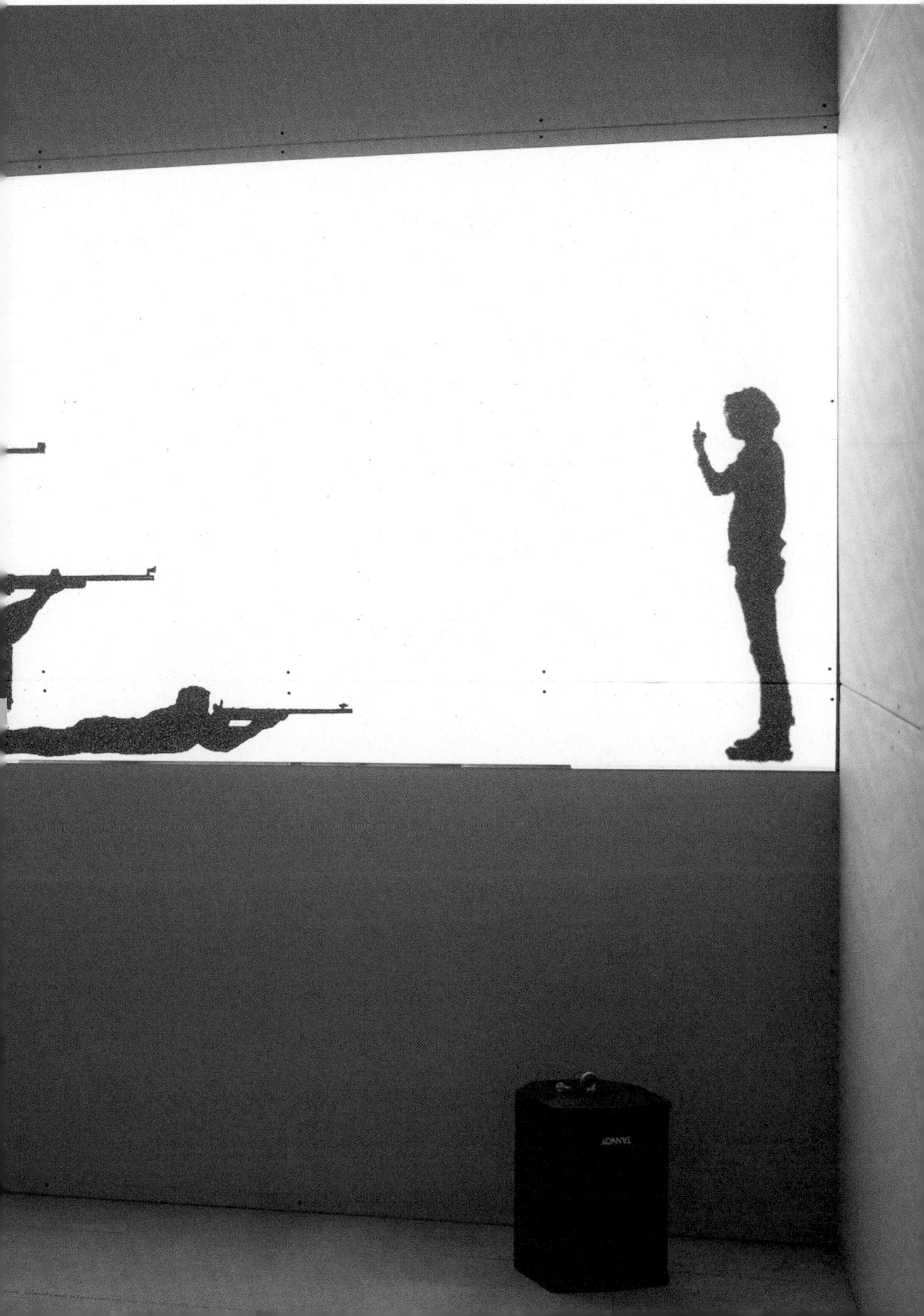

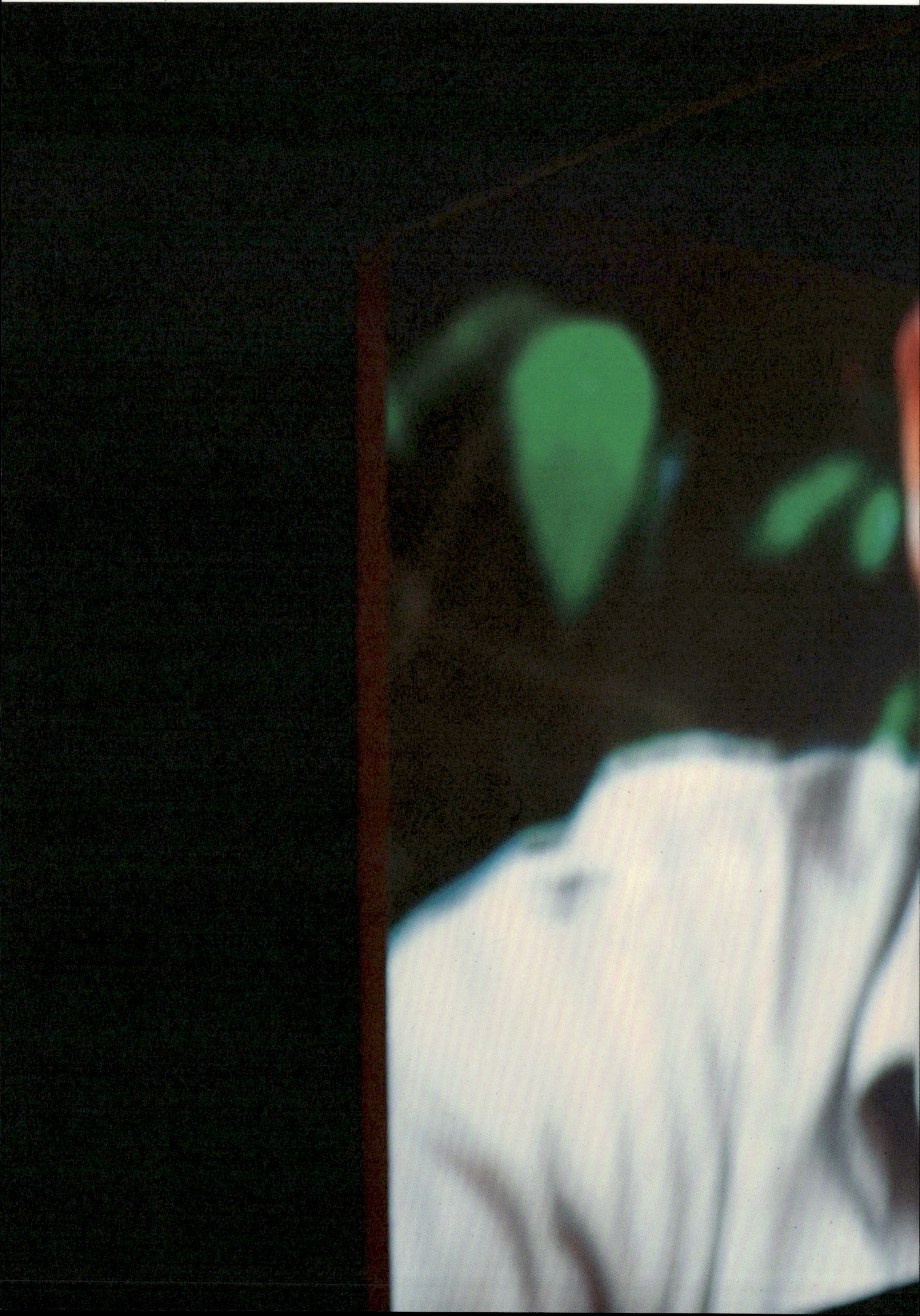

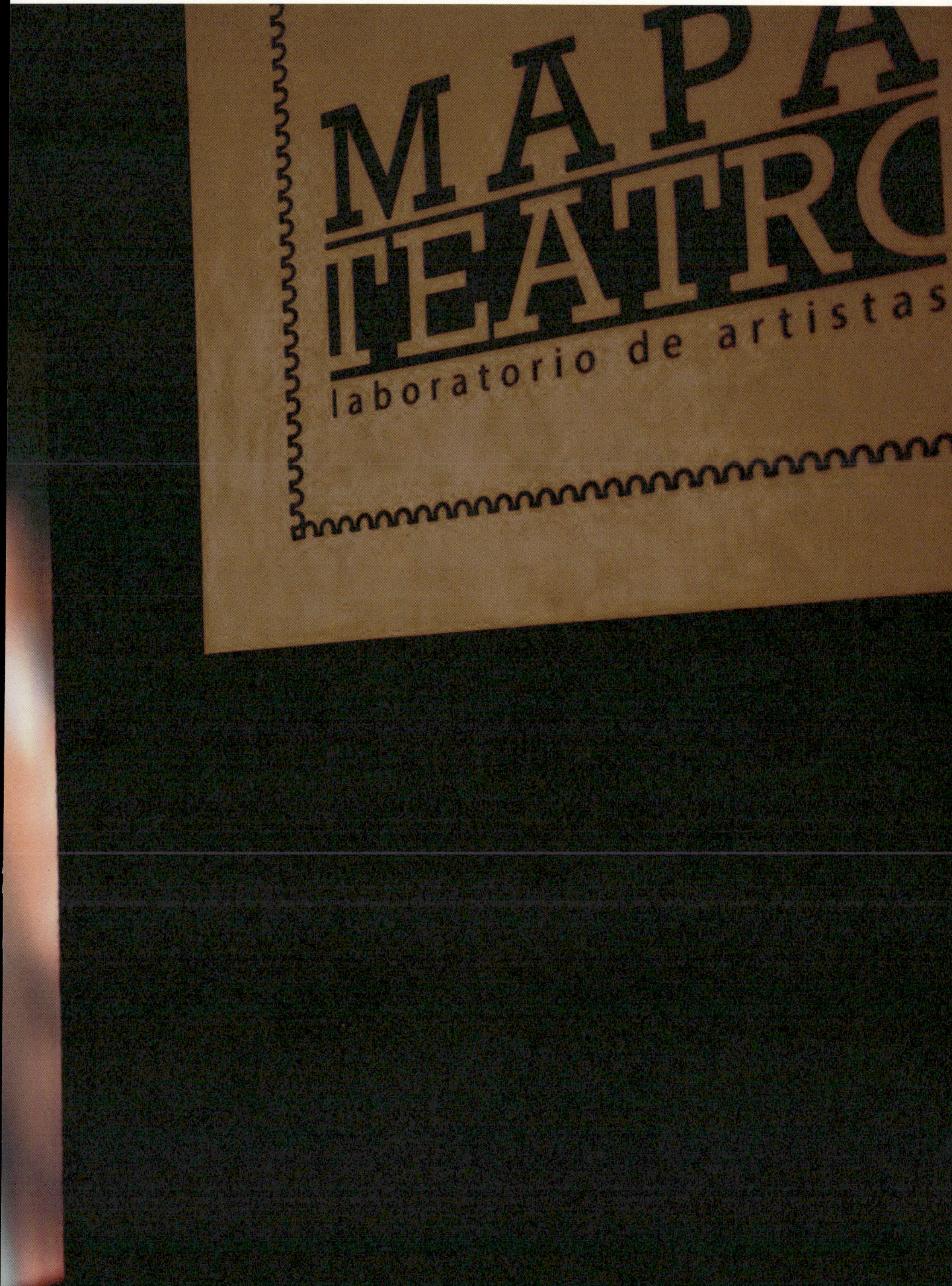
MAPA
laboratorio de artistas

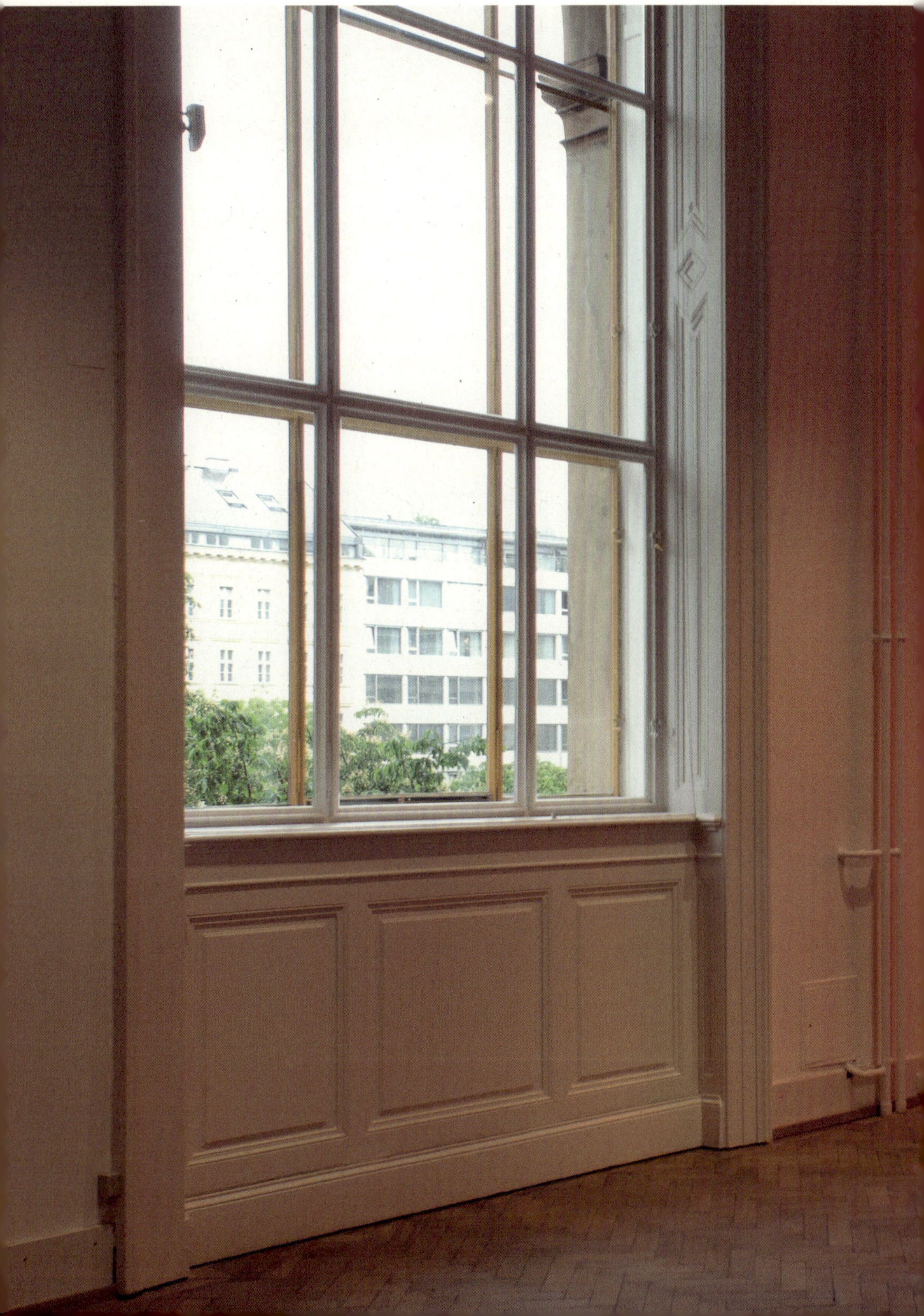

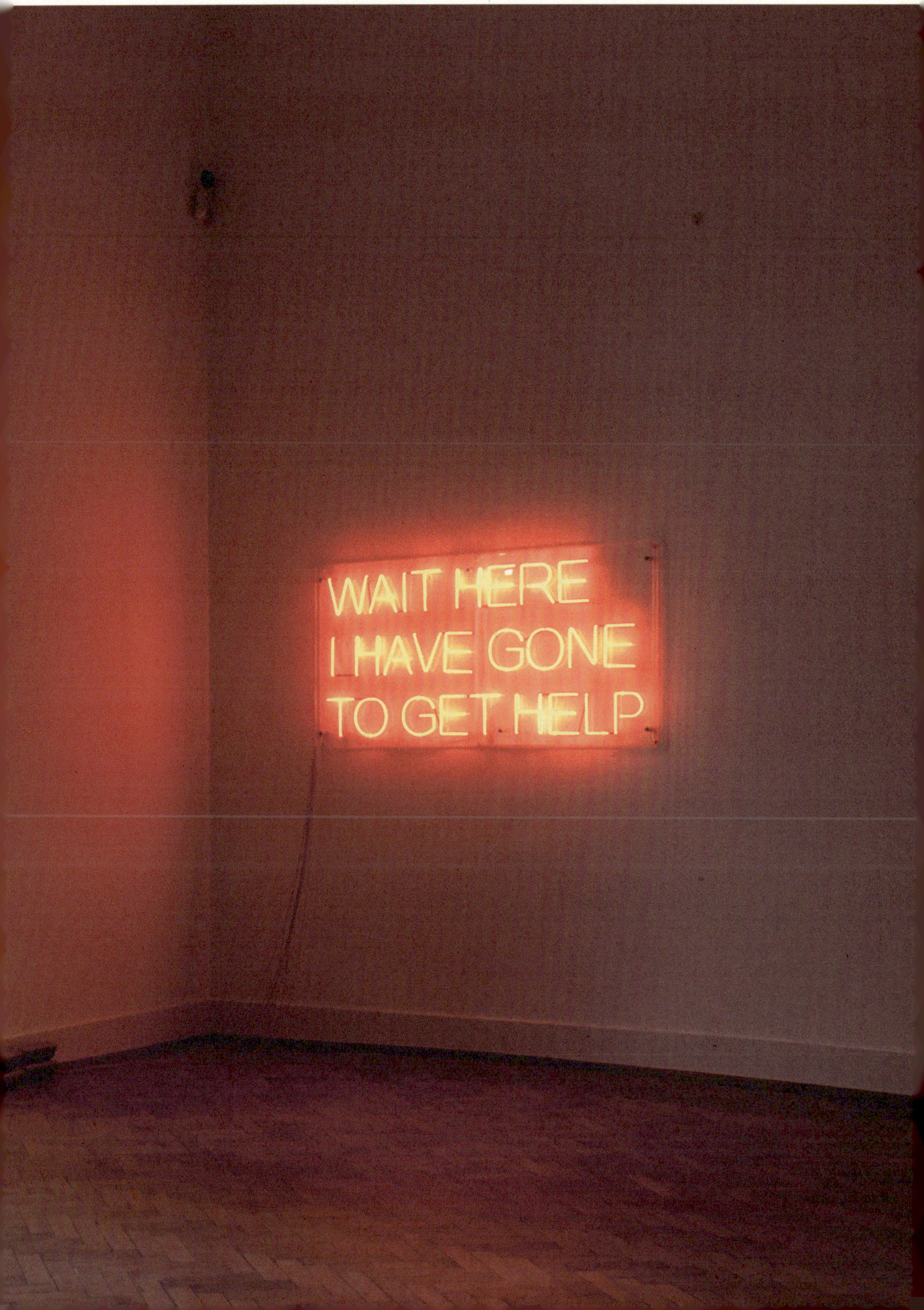
WAIT HERE
I HAVE GONE
TO GET HELP

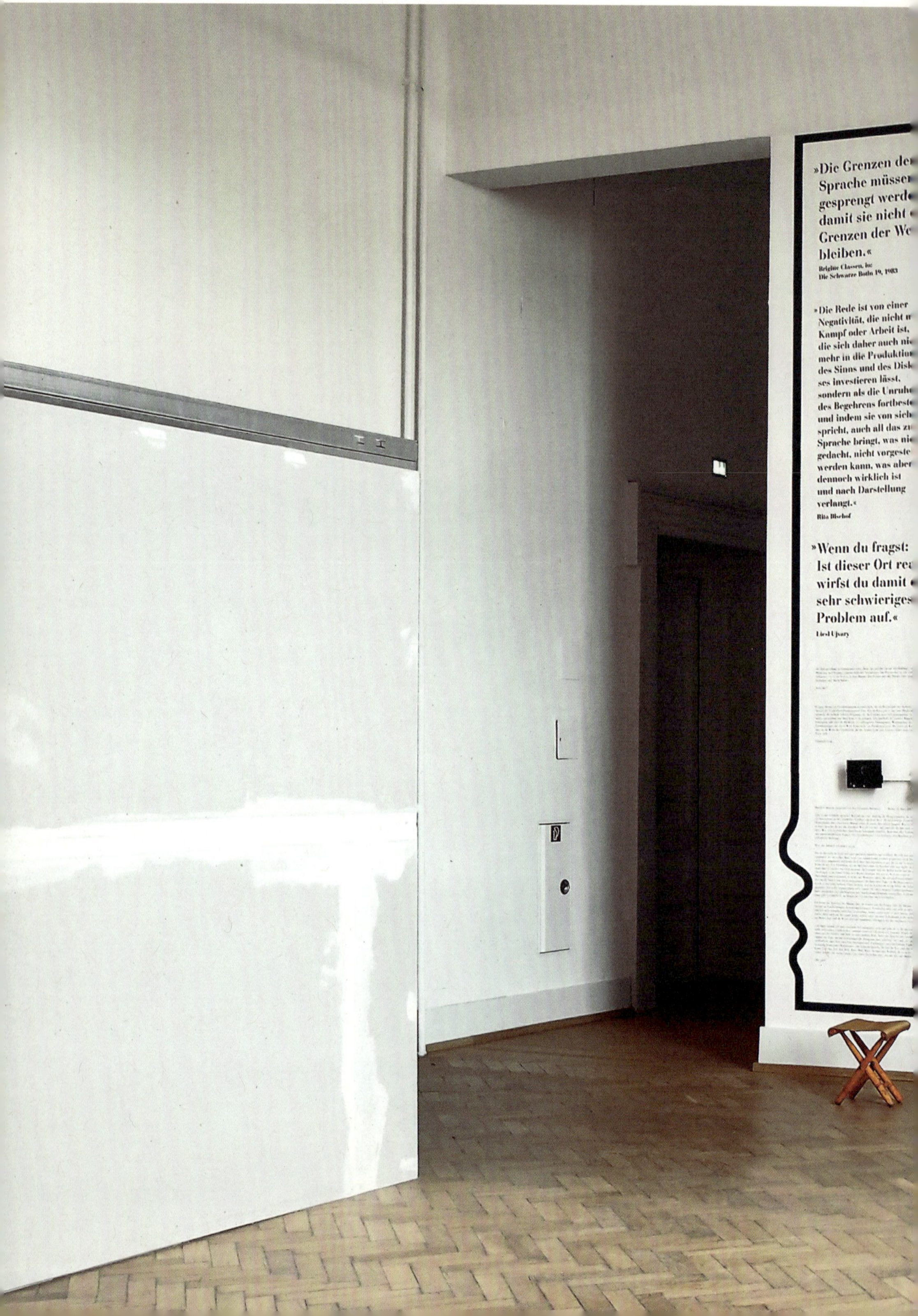
»Die Grenzen de
Sprache müsse
gesprengt werd
damit sie nicht
Grenzen der W
bleiben.«
»Die Rede ist von einer
Negativität, die nicht
Kampf oder Arbeit ist,
die sich daher auch ni
mehr in die Produktio
des Sinns und des Disk
ses investieren lässt,
sondern als die Unruh
des Begehrens fortbest
und indem sie von sich
spricht, auch all das z
Sprache bringt, was ni
gedacht, nicht vorgest
werden kann, was aber
dennoch wirklich ist
und nach Darstellung
verlangt.«
Rita Bischof
»Wenn du fragst:
Ist dieser Ort re
wirfst du damit
sehr schwieriges
Problem auf.«
Liesl Ujvary

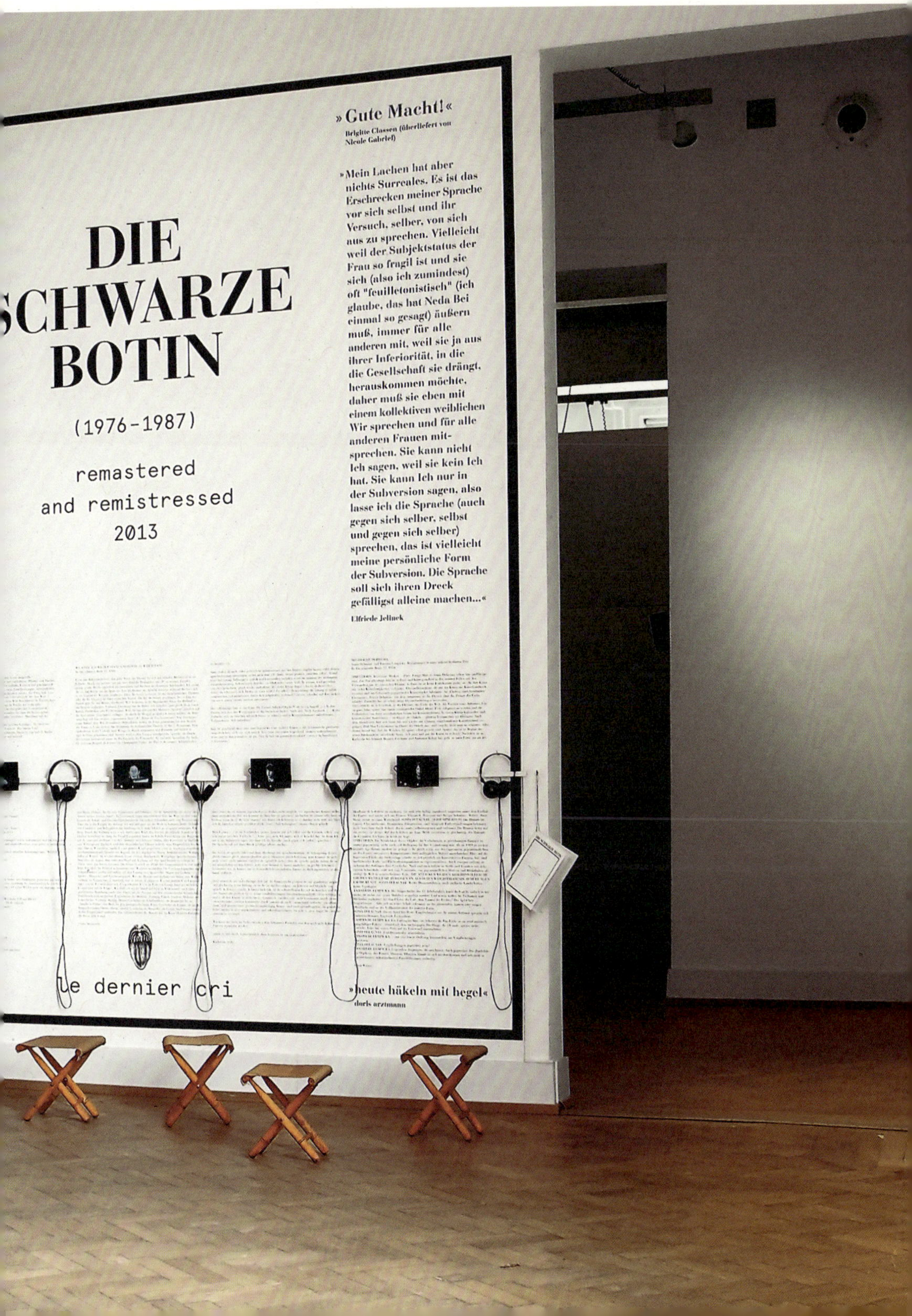
DIE
SCHWARZE
BOTIN
(1976-1987)
remastered
and remistressed
2013
»Gute Macht!«
Brigitte Classen (überliefert von Nicole Gabriel)
»Mein Lachen hat aber nichts Surreales. Es ist das Erschrecken meiner Sprache vor sich selbst und ihr Versuch, selber, von sich aus zu sprechen. Vielleicht weil der Subjektstatus der Frau so fragil ist und sie sich (also ich zumindest) oft "feuilletonistisch" (ich glaube, das hat Neda Bei einmal so gesagt) äußern muß, immer für alle anderen mit, weil sie ja aus ihrer Inferiorität, in die die Gesellschaft sie drängt, herauskommen möchte, daher muß sie eben mit einem kollektiven weiblichen Wir sprechen und für alle anderen Frauen mitsprechen. Sie kann nicht Ich sagen, weil sie kein Ich hat. Sie kann Ich nur in der Subversion sagen, also lasse ich die Sprache (auch gegen sich selber, selbst und gegen sich selber) sprechen, das ist vielleicht meine persönliche Form der Subversion. Die Sprache soll sich ihren Dreck gefälligst alleine machen...«
Elfriede Jelinek
le dernier cri
»heute häkeln mit hegel«
doris arztmann

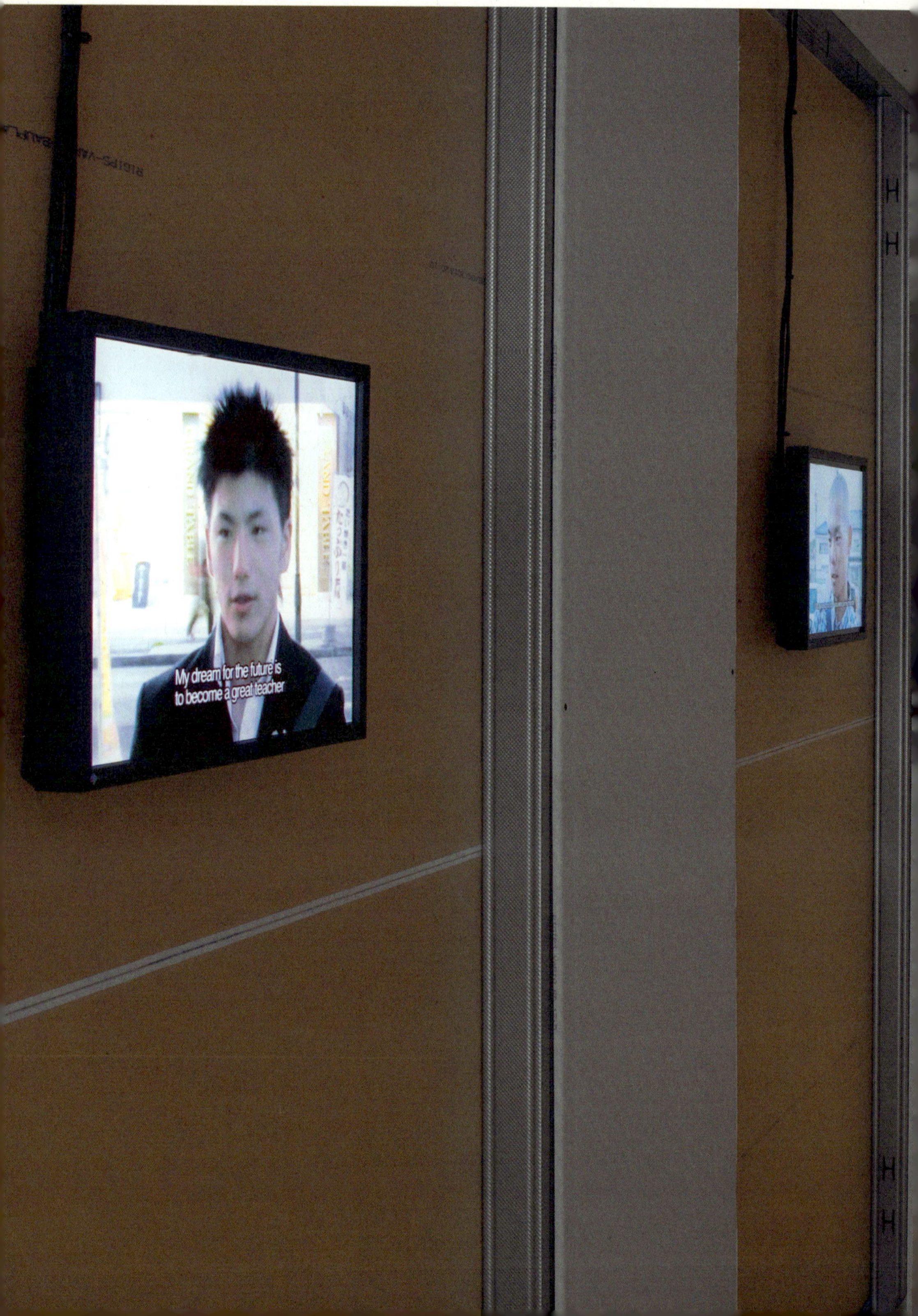
My dream for the future is
to become a great teacher

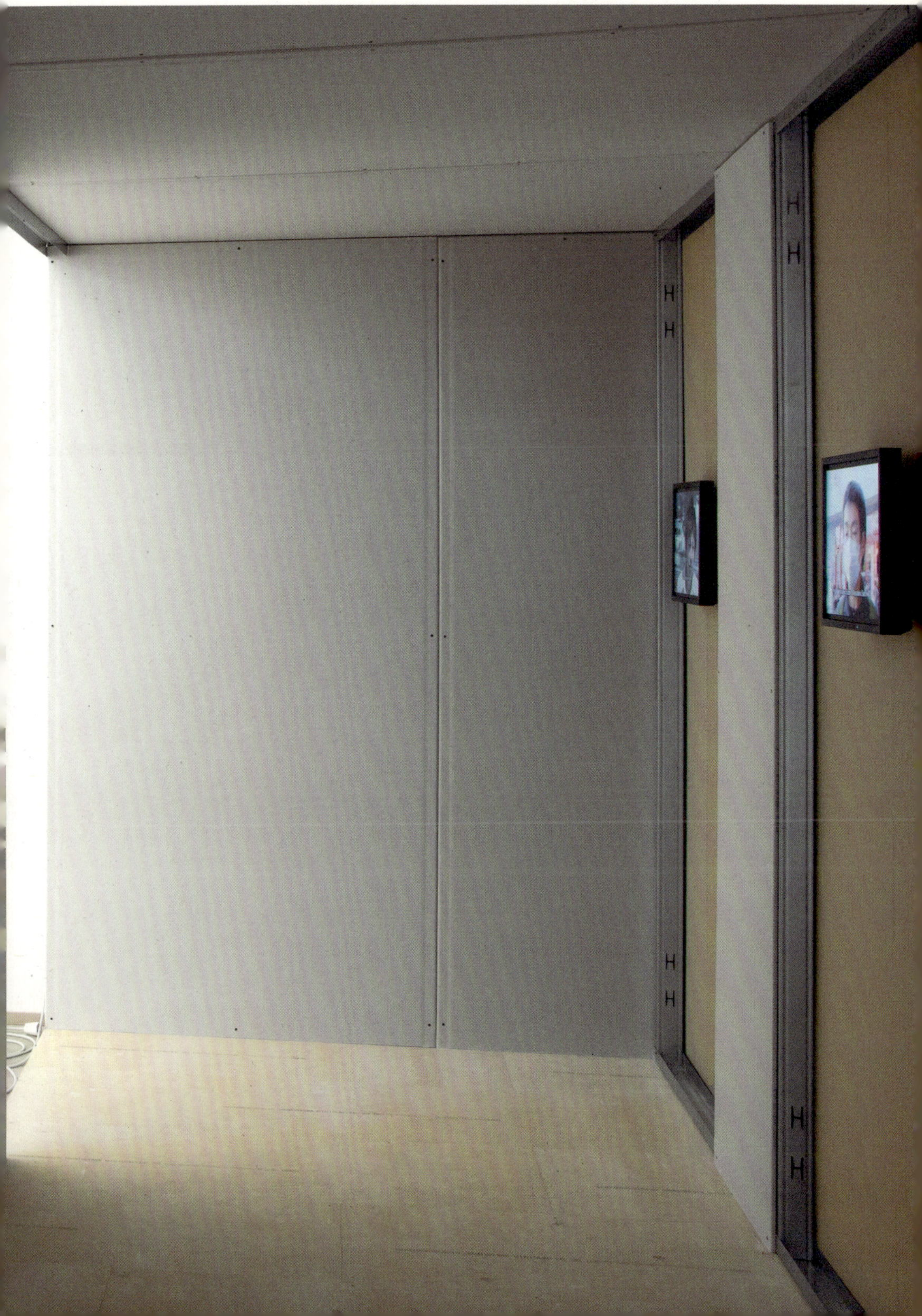

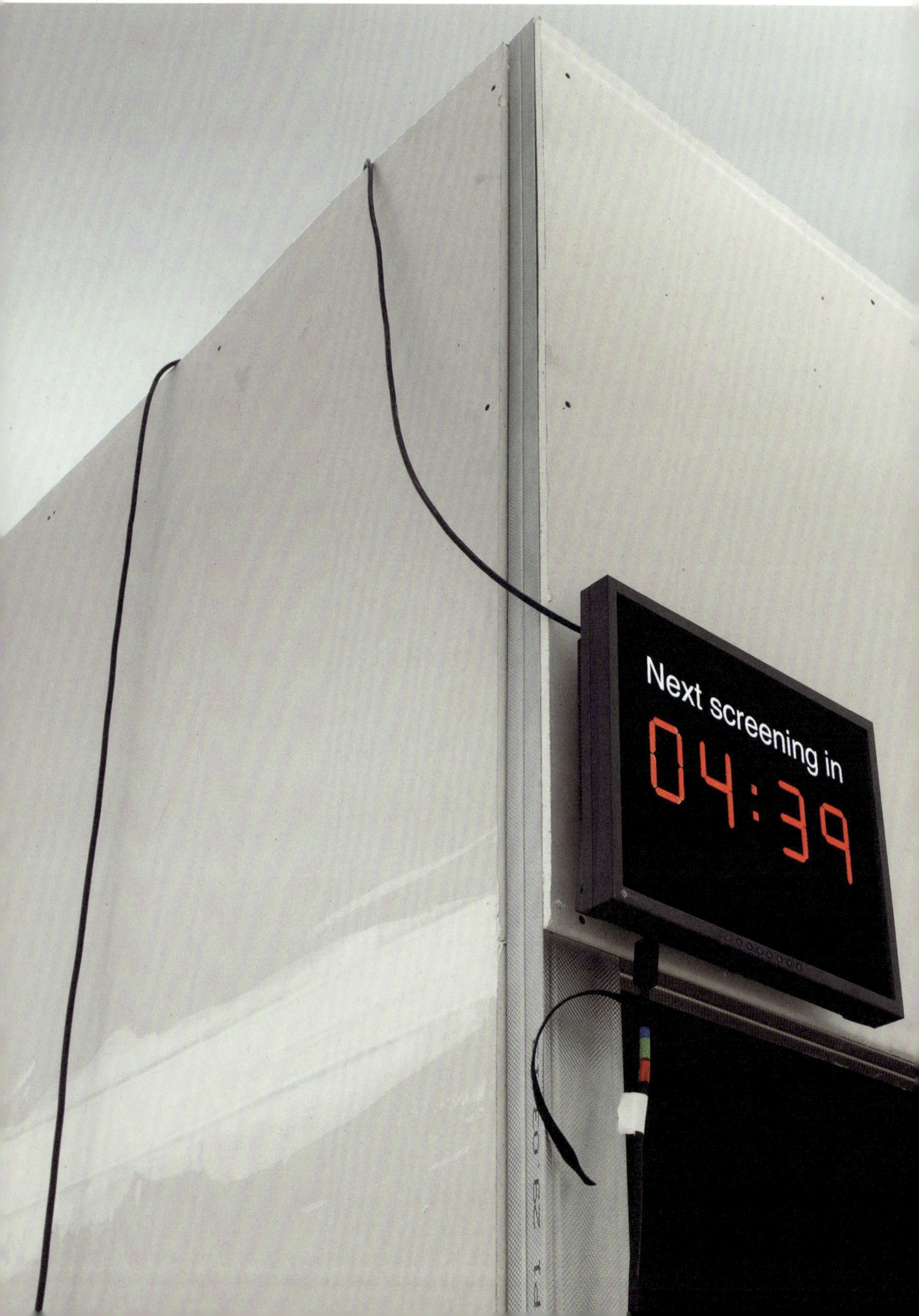
Next screening in
04:39

Projektionen? Verschiebungen!

Roundtable, Wien

Einleitung

Eine Zeit lang schien es, als würden weltweit, unzusammenhängend und verstreut, immer neue, schier unerschöpfliche Protestformen aus dem Boden sprießen. Zuletzt jedoch entstand der Eindruck, als würde das „alte System" oder eine gerade im Entstehen begriffene, nicht minder autoritäre Ordnung in dieser Auseinandersetzung um gerechtere Lebensbedingungen die Oberhand behalten. Für das künstlerisch-kulturelle Feld, das sich mit derlei Protestbewegungen solidarisieren will, stellt sich somit eine Reihe von neuen, brisanten Fragen: Auf welche Weise kann die aktuelle Kunst den Widerstand gegen ökonomische Strukturen befördern, an denen sie nolens volens selber teilhat? Sind hinter den Fassaden ihrer als frei gedachten Räume die Potenziale des „Schwierigen" und Nonkonformen nicht längst liquidiert worden? Muss das Projekt einer politischen Ästhetik jenseits eines medial verwertbaren Aktivismus nicht als abgebrochen oder verdrängt gelten? Und schließlich: Lässt sich diese „historische Aporie" (wie man berechtigterweise sagen könnte) dergestalt zuspitzen, dass sich daran auch die künstlerische Imagination von politischer Subjektivität neu entfachen kann?

Fragen wie diese bildeten den Ausgangspunkt des Projekts *Unruhe der Form*, das die Wiener Festwochen im Frühjahr 2013 an verschiedenen Schauplätzen in Wien realisierten. Eingebunden in das genreübergreifende Projekt waren die Räume der Secession sowie die benachbarten Ausstellungsflächen der Akademie der bildenden Künste und des MuseumsQuartiers. Zusammen bildeten diese Räume einen Parcours, der durch künstlerische Beiträge, Lectures, Konzerte und Performances temporär belebt wurde und – zwischen bildender und darstellender Kunst changie-

rend – eine mögliche Agora der Zukunft ermaß. Zudem setzte sich eine Reihe von AutorInnen in Form von Reden mit blinden Flecken der gegenwärtigen politischen Lage auseinander und versuchte anzusprechen, was im öffentlichen Diskurs fehlt oder schlichtweg stört.

All dies erstreckte sich über einen Zeitraum von fünf Wochen und ging in großteils zeitgebundenen Formaten über die Bühne.

Das nachfolgende Gespräch basiert auf einer Roundtable-Diskussion, die im Vorfeld von *Unruhe der Form* dem komplexen Beziehungsgeflecht zwischen bildender Kunst, Performance und Theater nachging. Weit davon entfernt, zu einer einhelligen Einschätzung einer selig machenden Crossover-Praxis zu kommen, werden darin gerade die Differenzen betont: etwa der selbstbezügliche Rahmen, dem die Gegenwartskunst nicht wirklich entkommen kann; die Kreation „aus dem Nichts", wie sie die Performancekunst lange charakterisiert hat; schließlich das gemeinschaftsgenerierende Moment des Theaters. All diese, die Disziplinen nach wie vor trennenden Aspekte werden in dem multifokalen Gespräch nicht überspielt, sondern für den gemeinsamen, Entlegenes zusammenführenden Projektrahmen produktiv gemacht.

Georg Schöllhammer Das Thema unseres Gesprächs ist das Verhältnis von Theater, Performance und bildender Kunst sowie der Wunsch, die Grenzen zwischen diesen Kunstgattungen zu überschreiten. Im Theater und in den darstellenden Künsten gibt es zum Beispiel den Drang, in den Bereich der bildenden Kunst zu gehen oder deren Methoden zu verwenden. Zudem gibt es im Augenblick eine lebhafte Debatte, wie man Performance „musealisieren" könnte. Großmuseen wie das MoMA, die Tate oder das Centre Pompidou führen Performances aus den 1960er- und 70er-Jahren auf, deren UrheberInnen noch am Leben sind. Die Frage ist: Kann man etwas, das in der Vergangenheit stattgefunden hat, in eine kanonisierte Choreografie pressen, die dann neu interpretiert oder nachgespielt wird? Aber die unserem Projekt zugrunde liegende Frage ist noch viel grundsätzlicher: Wie lässt sich die Selbstbezüglichkeit der einzelnen Bereiche überwinden – etwa dahingehend, dass bildende Kunst in einem Theaterkontext *politisch* wird?

Hannah Hurtzig Die Diskussion über die Selbstbezüglichkeit der Gattungen finde ich, wie ich bekennen muss, ein wenig langweilig. Obwohl – Selbstreflexion im Theater hat eine dynamische Komponente: Sie führt dann meist gleich zur Abschaffung desselben. Die kritische Diskussion um das Theater hat historisch ihren Ort an der Rampe. Es geht um die Aufhebung der Trennung zwischen Zuschauerraum und Bühne, eine andere Definition und Setzung der Rolle des Publikums und um neue Formen der Versammlung, also eine Auflösung des theatralen Raums.

Stefanie Carp Warum ist die Selbstbezüglichkeit in der bildenden Kunst so wichtig? Ich denke, weil wir das im Theater, selbst wenn wir selbstbezüglich arbeiten, einfach nicht zum Thema machen. TheaterkünstlerInnen fühlen sich immer in der Pflicht, etwas absolut Neues zu machen. Das ist natürlich naiv, weil es etwas absolut Neues gar nicht geben kann. In der bildenden Kunst hingegen ist die Selbstbezüglichkeit, wie man beobachten kann, viel wichtiger. Warum eigentlich?

Keti Chukhrov Zuerst würde ich den Ausdruck „bildende Kunst" vielleicht durch „zeitgenössische Kunst" ersetzen. Die zeitgenössische Kunst geht nämlich schon lange über das rein Visuelle hinaus. Das begann mit dem politischen Aktivismus und der Wende zur Konzeptkunst. Außerdem hat meiner Meinung nach die Selbstbezüglichkeit ihrerseits eine lange Geschichte. Sie begann mit der gleichsam kopernikanischen Wende der modernen Kunst weg vom Realismus. Ich glaube, dass auch in der postmodernen, nachmodernen und avantgardistischen Kunst, die ja gleichfalls direkt in die Wirklichkeit und in die gesellschaftlichen Konventionen eingreifen wollte, die Selbstbezüglichkeit niemals aufgegeben wurde. Trotz ihrer starken politischen Neigungen und sozialen Ausrichtung ist die Kunst nie über die Selbstbezüglichkeit hinausgekommen, weil ihre

wichtigste Grundlage und ihr wichtigster Bezugspunkt die Metainstitution beziehungsweise der Metaraum der *zeitgenössischen* Kunst und nicht der bildenden Kunst ist. Epistemologisch hängt das großteils mit der Moderne und der Avantgarde zusammen, die sich nie wirklich um das Reale gekümmert haben. Moderne und Avantgarde wollten *Teil des Realen* werden, und die moderne Kunst hat diese Agenda nachdrücklich verfolgt. Ihr Hauptmerkmal war, dass die KünstlerInnen, sogar wenn sie dokumentarisch arbeiteten, nie über ihre Kunst hinaus auf die Wirklichkeit blickten. Ein performativer Akt innerhalb einer zeitgenössischen Performance entsteht daher immer *ex nihilo*. Er hat immer damit zu tun, was Performance an sich oder was der Körper und das Konzept des oder der Performenden sind. Performance hängt vorderhand nie mit einem Narrativ außer sich selbst zusammen. Deshalb folgen Performances auch keinem Skript. Und die Tatsache, dass es kein Skript gibt, wird als zeitgenössische Aktualität der Performance gewertet. Der epistemologische Unterschied liegt genau darin. Viele, die das Theater kritisieren, weil es angeblich der zeitgenössischen Kunst hinterherhinkt, würden sagen, dass dies am Skript, am Theaterstück liegt, das nachgespielt und folglich nur reproduziert wird. SchauspielerInnen sind keine PerformerInnen. PerformerInnen sind per Definition KünstlerInnen, die Ideen und Konzepte erschaffen. SchauspielerInnen tun das nicht.

Hurtzig Aber hallo, da werden Hierarchien von anno dazumal neu aufgetürmt!

Chukhrov Das sind ja nicht meine Gedanken, sondern so lautet die Kritik am Theater vonseiten der zeitgenössischen Kunst. Außerdem stützt sich diese Hierarchie auf die Tatsache, dass SchauspielerInnen etwas nachspielen, das bereits zuvor da war. Sie gestalten ihre Handlungen nun einmal nicht *ex nihilo*. Natürlich gibt es auch ein zeitgenössisches Theater, das sich mit der Performancekunst verbindet und überlappt. Dennoch meine ich, dass das Theater rekonstruieren will, was wirklich passiert ist. Das Theater wiederholt und sucht mögliche Verbindungen zur Realität. Für das Theater ist das Wichtigste nicht der Körper und seine Handlungen, sondern der Wunsch herauszufinden und auszudrücken, was in Wirklichkeit passiert ist. Im Gegensatz dazu *produzieren* die Performances von Marina Abramović oder VALIE EXPORT eine Wirklichkeit. Deswegen entstehen Performances *ex nihilo*. Die ganze Welt, die ganze Realität konzentriert sich in der Performenden, die sich als Teil des Realen ins Reale einfügen.

Carp Da stimme ich zu, aber gute SchauspielerInnen würden sagen, dass auch sie etwas produzieren, selbst wenn es sich auf die Wirklichkeit oder einen Text bezieht. Das heutige Theater ist zwar nicht mehr so textlastig wie früher, aber die SchauspielerInnen würden vermutlich dennoch behaupten, dass sie eine Wirklichkeit schaffen. Außerdem vergessen Sie den

Regisseur oder die Regisseurin! Meistens setzt man im Theater ja deren Vorstellungen mit SchauspielerInnen um.

Chris Kondek Das wollte ich gerade ergänzen. Manche SchauspielerInnen sagen nur monoton ihr „Blablabla" auf. Doch plötzlich ist da einer oder eine, bei dem oder der jedes Wort sagt: „Ich bin da!" Solche SchauspielerInnen lassen mit jedem Wort eine ganze Welt entstehen. Das erkennt man natürlich, ohne eine philosophische Checkliste durchgehen zu müssen. Irgendwie ist es möglich, dass gute SchauspielerInnen, von denen es vielleicht nur wenige gibt, Wirklichkeitsmomente erschaffen, die man sofort und unmittelbar erkennen kann. Die Performancekunst erfordert immer eine intellektuelle Vorarbeit. Im Gegensatz dazu kann das Theater, in dem mehr Aspekte dargestellt werden können, unvermittelter wirken.

Schöllhammer Carola, wie siehst du den Unterschied zwischen Performance und Theater?

Carola Dertnig Eine Zeit lang habe ich geglaubt, dass die Unterschiede zwischen Theater und bildender Kunst gar nicht so groß sind und dass beide in der zeitgenössischen Kunst aufgehen. Auch was meine Studierenden angeht, dachte ich, dass man trotz ihrer verschiedenen Hintergründe ziemlich leicht einen Konsens würde herstellen können. Je mehr wir aber praktisch arbeiteten, desto klarer wurde, welch große Unterschiede es gibt. Das liegt vielleicht auch an der politischen Geschichte von Performance. Die Geschichte der Performance in der bildenden Kunst hat meiner Ansicht nach immer auch mit einer bestimmten Politik zu tun – zum Beispiel mit feministischer oder queerer Politik. Historisch gesehen ist für mich diesbezüglich das Judson Dance Movement in den 1960er-Jahren entscheidend. Weiter kann die Überschneidung nicht gehen, denke ich. Vielleicht gibt es immer Überschneidungen, aber in der Praxis sieht das anders aus.

Schöllhammer Aber woran liegt das? Ich vermute, wir müssen auch an die unterschiedlichen Geschichten, wie das jeweilige Publikum in den einzelnen Gattungen konstruiert wurde, denken, oder wie die Institution oder Nicht-Institution oder auch der Raum ein ganz bestimmtes Produktionsmilieu bereitstellt.

Iris Dressler Genau das wollte ich anfügen! Meiner Meinung nach muss man die Selbstbezüglichkeit der zeitgenössischen Kunst vor einem politischen Hintergrund sehen. Es gibt dort eine lange Tradition der Institutionskritik, die sehr wichtig ist.

Dertnig Außerdem war Performance nicht immer in den Kunstmarkt integriert. Heute hat es etwa Marina Abramović nicht nur möglich gemacht, dass Performancekunst auf dem Markt gehandelt wird, sondern auch dass

es so etwas wie „Re-Performances" in Museen gibt – Reenactments von Performances. Yvonne Rainer arbeitete beziehungsweise arbeitet immer noch mit Performance und Dokumentation, wodurch ein völlig anderes Niveau erreicht wird. Wegen ihrer Marktpräsenz hat die Performancekunst jedoch nicht mehr denselben politischen Fokus wie noch vor fünf, sechs Jahren.

Hurtzig Sie sagen, Performances in einem Museum sind Reenactments. Was ist dann der Unterschied, wenn jemand dasselbe auf einer Theaterbühne macht oder wenn dasselbe auf Film dokumentiert und im Museum gezeigt wird?

Dertnig Ich glaube, es gibt da unterschiedliche historische Ebenen, weil Performance eben einen ganz anderen Hintergrund als das Theater hat. Sie kommt aus der Kunstszene. Am Anfang gab es nicht einmal etwas zu proben. Performance hat auch andere politische Bedingungen als das Theater. Sie kommt zwar *auch* vom Theater, aber wenn man sich die Performances aus den 1960er- und 70er-Jahren ansieht, dann fanden diese in einem ganz anderen Umfeld statt. Ich würde Performance und Theater lieber gar nicht vergleichen.

Carp Ich würde sagen, dass bis vor zehn oder fünfzehn Jahren der Unterschied schlicht darin bestand, dass das Theater zeitgebunden war. Ein Stück wurde aufgeführt und verschwand dann wieder. Heute ist das kein Unterschied mehr. Die Dokumentation von Performances ist in der bildenden Kunst sehr wichtig, aber natürlich gibt es auch am Theater jetzt DVD-Dokumentationen, wenn auch nur für interne Zwecke oder wenn man die Aufführung archivieren oder vermarkten will. Anders als in der bildenden Kunst kann am Theater die Dokumentation die Aufführung niemals ersetzen. Beim Theater geht es immer ums Publikum, das Theater erzeugt eine temporäre Gemeinschaft unter den ZuschauerInnen. Kunst hingegen sieht man sich meistens alleine an. Außerdem entscheidet man selbst, wie lang man etwas ansieht und wann man wieder geht. Als ZuschauerIn ist man dort also viel mehr Individuum. Heutzutage gehen auch andere Kunstgattungen in diese Richtung, weswegen man ja überhaupt auf die Idee kam, sich untereinander auszutauschen. Und erst während dieses Austauschs bemerkten wir dann die Unterschiede.

Chukhrov Ich glaube, zwei wichtige Aspekte der Sache sind das „Jemand-anderer-Werden" und das Timing, der zeitliche Aspekt. Es gibt Performances, die vielleicht drei Stunden dauern, aber deren Konzept, Wirkung und künstlerische Bedeutung man schon nach ein, zwei Minuten versteht. Etwas anderes ist es, wenn Marina Abramović eine Performance macht, in der sie nur Marina Abramović und niemand sonst ist. Sie kann überhaupt nur Marina Abramović, die Künstlerin, sein, deren Körper sich

im Kunstkontext befindet und deren performativer Akt daher ein Kunstwerk ist. Selbst wenn das Theater sehr konzeptuell ist, geht es darin immer darum, jemand anderer zu werden. Dabei geht es weniger um einen epistemologischen Unterschied als um die anthropologische Konstellation, die einfach anders ist als in der Kunst. Trotzdem gibt es Theateraufführungen, bei denen normale Menschen auftreten, die niemanden darstellen. Solche Aufführungen könnte man als Theater-Readymades bezeichnen – so etwas wie soziale Readymades wie die vom Rimini Protokoll.

Hurtzig In meiner Praxis ist es völlig schnuppe, was nun die Unterschiede zwischen Theater, Performancekunst, bildender Kunst und Film sind. Ich versuche, ein Theaterstück genauso anzuschauen wie einen Text oder ein Kunstwerk. Ich würde sagen, dass alle, die in der Praxis tätig sind, nach der Gleichheit in der Wahrnehmung des Verschiedenen Ausschau halten. Interessant ist doch, wie viele verschiedene Aspekte man in einem Akt vereinen kann. Ein Objekt im theatralen Raum mag als Skulptur, als Requisite, als McGuffin oder als animiertes Bild auftauchen. Die Frage nach den Disziplinen „Performance", „Theaterstück", „Kunstwerk" scheint mir überholt, allerdings brisanter Zündstoff in KritikerInnen- oder KuratorInnendiskussionen.

Carp Ja, vielleicht. Aber wir haben dieses Projekt nun einmal zusammen gemacht, und dabei sind viele unvorhergesehene Probleme aufgetaucht. Ich fand das höchst interessant, weil ich mir, bis wir zusammen gearbeitet haben, noch nie so viele Gedanken über mein Medium gemacht habe.

Schöllhammer Man stößt beispielsweise auch auf ganz unterschiedliche Produktionsweisen. Eine Produktion im Rahmen eines Theaterfestivals hat – was das Budget, aber auch die Erarbeitung der Darstellungsform betrifft – ganz andere Bedingungen als eine Produktion, die von der bildenden Kunst herkommt, weil dort trotz der verschiedenen Formate wie Biennale, Galerieausstellung oder Museumsschau ein gemeinsames Milieu existiert. Als Kurator ist es also schwierig, die beiden Produktionsweisen zu verbinden. Denn die Einbettung in ein bestimmtes Milieu bringt auch immer ein bestimmtes diskursives Umfeld mit sich. Diese Diskurse haben aber im Theater beziehungsweise in der Kunst nicht dieselben Bezugspunkte. Ein weiterer wichtiger Aspekt ist, wie das jeweilige Publikum angesprochen wird. Wir zielen zwar nicht auf ein allgemeines Publikum, aber sogar in den professionellen Öffentlichkeiten gibt es Widerstände. In den letzten zwanzig Jahren ist es öfters vorgekommen, dass ich einen bestimmten Film einer Künstlerin oder eines Künstlers mochte, doch wenn ich diesen Film dann jemandem aus der Filmszene zeigte, wurde er sofort dekonstruiert. In der gattungsüberschreitenden Praxis gibt es viele solcher Widerstände. Andererseits stimme ich Hannah vollkommen zu, dass das Milieu oder die Gruppenzugehörigkeit keine Rolle spielt, wenn man nur

die gleichen Interessen verfolgt. Wäre dem nicht so, hätte es kein Bauhaus, keine russische Avantgarde, keine Kitchen oder Judson Chuch in New York gegeben. In so einem Milieu, das Grenzüberschreitungen innerhalb einer bereits kanonisierten oder formatierten Vorstellung des angesprochenen Publikums zulässt, entsteht eine neue Idee von Produktion. Und das ist auch unser Antrieb: Könnte es nicht ein Milieu geben, in dem man unsere verschiedenen Horizonte verbinden kann?

Kondek Das finde ich sehr spannend! Ich mache jetzt seit zwanzig Jahren und mit unterschiedlichsten Leuten Theater, aber noch nie ist es vorgekommen, dass alle am Tisch die gleiche Theorie vertreten. Man macht einfach das Stück und fertig. Ich würde nicht sagen, dass ein gemeinsamer Diskurs unmöglich ist, aber ich weiß nicht, wo es ihn gibt. Mir scheint, dass der einzige Weg zu einem gemeinsamen Diskurs darin besteht, dass man auf der theoretischen Ebene bleibt, die einem an sich schon fremd ist.

Dressler Vielleicht sollte man das Problem noch einmal unter einem anderen Blickwinkel betrachten. Warum interessiert sich die Kunstwelt derzeit verstärkt für die Auseinandersetzung mit den performativen Künsten – Tanz, Theater –, wo diese doch einer völlig anderen Zeitlogik folgen und ein völlig anderes Verhältnis zum Publikum haben als Ausstellungsinstitutionen? Umgekehrt zieht es TänzerInnen und Theaterleute anscheinend ins Museum. Warum gibt es diese gegenläufigen Bewegungen? Was erwartet oder erhofft sich das Museum von der Präsenz des echten, lebendigen, darstellenden Körpers? Geht es nur um das Spektakel? Und wie geht man zum Beispiel mit den unterschiedlichen Zeitökonomien um? Passt man den PerformerInnenkörper einfach den Öffnungszeiten des Museums an? Im Sinne eines Schichtdiensts? Ein Körper folgt auf den nächsten, wie in der Fabrik? Damit gäbe es aber kaum eine Durchkreuzung zwischen der Bühnen- und der Museumsmaschine, sondern eher eine gegenseitige Domestizierung. Viel interessanter wäre es doch auszuloten, was der Körper im Museum anrichten, wie er dort sein Unwesen treiben, die Dispositive des Museums unterwandern, ins Trudeln bringen könnte?

Dertnig Ich denke, dass Performance historisch gesehen lange außerhalb des Museums stattgefunden hat und erst später institutionalisiert wurde. Und ich glaube, dass *das* die große Veränderung war. Dann wurde Performance auch noch im akademischen Kontext an Universitäten institutionalisiert. Vom Standpunkt der Praxis an der Akademie aus kann ich nur sagen, dass die Theaterleute kommen und fragen: „Moment mal, wo ist denn überhaupt euer Proberaum?" Dann erst fällt uns ein: „Ach ja, vielleicht brauchen wir ja einen Proberaum!" So geht das immer weiter. Außerdem gibt es in Wien ein Theater namens brut, wo viele Leute aus der Kunstszene Performances machen. Aber plötzlich müssen sie sich etwas in den Zeitdimensionen des Theaters ausdenken, was sie nicht gewohnt sind.

Ich glaube, dass sich die Performancekunst durch diese Veranstaltungskultur ins Museum durchgearbeitet hat. Es begann mit Veranstaltungen, die dann zu Performances wurden, und heute haben wir eine Abteilung für Performance am MoMA.

Hurtzig Wenn das Van Abbemuseum mein Archiv ankauft, dann hat das einen symbolischen Wert, den mir niemand in der Theaterwelt bezahlen kann. Dazu gibt es schlichtweg nicht die Mittel. Das hat mit dem Markt zu tun, mit dem Austausch von Werten und Diskursen. Und es ist spannend, sich auf die spezielle Sichtweise der Museumsleute und den zeitgenössischen Kunstdiskurs temporär einzulassen. Ein Übersetzungsvorgang. Eine ungelöste Herausforderung bleibt da die Definition des Zuschauers, dessen Partialtriebe als KundIn, VoyeurIn, KonsumentIn, AkteurIn und TouristIn wir inszenieren müssen, als TeilnehmerIn einer hypothetischen Versammlung. Ein ähnliches Problem sind meine „DarstellerInnen", meist ExpertInnen oder WissenschaftlerInnen, eben keine PerformerInnen. Im Museumskontext muss man da immer gegen die Feststellung, die Bildwerdung von Personen arbeiten und dafür widerständlerische Kontexte erfinden.

Dertnig Ich würde gerne noch etwas über VALIE EXPORT und Marina Abramović anbringen. Die ersten Performances dieser beiden kamen aus einer sehr starken politischen und feministischen Gesinnung. VALIE EXPORT machte ihr Tapp- und Tastkino 1968 in einem sehr konservativen Umfeld, und ich glaube, dass das ein sehr wichtiger Moment war. Ich würde nicht behaupten wollen, dass es etwas Ähnliches im Theater nicht gab, aber fest steht, dass die Performancekunst ein wichtiges Mittel für politische Aktionen ist oder war. Ich glaube nicht, dass sich VALIE EXPORT dereinst vorgestellt hat, dass es einmal ein Reenactment ihrer Performances in der Generali Foundation oder einem Museum geben würde. Später hat sie dann natürlich viele und wichtige Überlegungen über die Dokumentation von Performances angestellt. Jedenfalls sollte man die Tradition oder Geschichte von Performance besser im Zusammenhang mit der politischen Aktion verstehen.

Schöllhammer Ich würde gerne noch einmal auf drei wichtige Punkte verweisen. Der erste, den Carola eingebracht hat, besagt, dass sich das Konzept von Events in der zeitgenössischen Kultur verändert hat, nicht bloß in der zeitgenössischen Kunst. Das Verschwimmen von Kunst und Kultur rührt nicht von den einzelnen Kunstgattungen her, sondern von den Institutionen, die solche Kunst nutzen wollen. Diese Grenzüberschreitung hängt also mit kuratorischen Entscheidungen zusammen und nicht mit den Beteiligten aus den unterschiedlichen Feldern, die aus eigenem Antrieb im Museum zusammenarbeiten wollen.

Den zweiten interessanten Punkt hat Hannah erwähnt. Sie meinte, wenn ich sie richtig verstehe, dass es in Institutionen immer etwas gibt, das be-

stimmte Dinge verhindert. In einer Kunstgattung wird jemand zum Beispiel zu einem Objekt gemacht. In einer anderen wird gesagt: „Hört zu, das ist nicht nur einfach ein Tisch. Man kann ihn auch in einer Inszenierung verwenden, und wenn man ihn ins Museum stellt, dann wird er zum Kunstobjekt und ist kein einfacher Tisch mehr. Bitte achtet also darauf, wie dieser Tisch aussieht.“ Auch hier gibt es einen Transformationsprozess.

Der dritte Punkt ist folgender: Wenn bildende KünstlerInnen etwas im Theater machen, erwartet man von ihnen, dass sie vielleicht eine fünfzig Minuten lange Performance machen. Niemand würde bildende KünstlerInnen bitten, zwei Stunden zu performen. Es sollten aber brave Performances sein, die entweder eine Geschichte nachstellen oder eine politische Meinung wiedergeben oder sonst wie mit der handelnden Person zu tun haben. Die Autorschaft ist also immer an die Künstlerin oder den Künstler als Individuum gebunden, sogar wenn die Performance von Dritten ausgeführt wird. Es gibt, wie man sieht, viele Projektionen, um die man nur schwerlich herumkommt. Zumindest lehrt uns das unsere tägliche Praxis. Wenn man in einen fremden Bereich eintritt, kommt es immer auch zu einer Bedeutungsverschiebung.

Übersetzung aus dem Englischen: Thomas Raab

Reprint aus: *springerin,* Band XIX, Heft 2 (Frühjahr 2013): *Unruhe der Form.* Mit freundlicher Genehmigung der *springerin,* Wien.

Projections? Shifts!
Roundtable, Vienna

Introduction

It seemed for a time as if new, unrelated forms of protest were perpetually springing into being in a simply inexhaustible series, dispersed all over the world. However, more recently it has looked as if the "old system"–or an equally authoritarian order now taking shape in this debate on more equitable living conditions–would ultimately continue to hold sway. This poses a series of highly charged new questions for people in the world of arts and culture who are keen to express solidarity with this kind of protest movement. How can the art of today foster resistance against economic structures in which it participates itself nolens volens? Hasn't all the potential of everything "difficult" and nonconformist long been annihilated behind the facades of spaces conceived as areas of freedom? Isn't the project of a political aesthetic that extends beyond the type of activism guzzled up by the media something we must now view as being truncated and sidelined? And finally, can this "historical aporia" (as it might justifiably be designated) be heightened to such an extent that the artistic imagination of political subjectivity can unfold anew in response?

Questions such as these formed the point of departure for the project *Unrest of Form*, organized by the Wiener Festwochen in various locations across Vienna in the spring of 2013. The Secession building and exhibition spaces at the nearby Academy of Fine Arts Vienna and the MuseumsQuartier were integrated into this cross-genre project. Artistic contributions, lectures, concerts, and performances added vitality to the pathway traced out by these exhibition spaces and–oscillating between the fine and performing arts–delineated the shape that might be assumed by an agora of the future. In addition, a series of authors gave speeches engaging with blind

spots in the contemporary political scenario, seeking to address aspects that are missing from public discourse or are simply viewed as disruptive. All of this spanned a five-week time frame and to a large extent involved time-dependent formats.

The following conversation is based on a roundtable that took place in the forefront of *Unrest of Form* and explored the complex web of interactions between the fine arts, performance, and theater. Rather than presenting a unanimous affirmation of the joys of crossover practice, it is precisely the differences between the genres involved in such undertakings that emerged in the roundtable discussion—for example, the self-referential frame that contemporary art cannot really escape; the process of creating something "out of nothing" that has long been a hallmark of performance art; and the community-generating dimension of theater. The wide-ranging discussions did not try to play down all these elements that continue to separate the disciplines, but instead to render them productive for the shared project frame, which brings together disparate, heterogeneous components.

Georg Schöllhammer The subject of this debate is the desire to transgress the borders between disciplines, such as for instance the tendency in theater and the performing arts to enter visual art's space or to use methodologies from the visual arts. There is currently also a vivid debate about how to "musealize" performance and big museums like MoMA or the Tate or Centre Pompidou, which are staging performance art from the 1960s and 1970s while its authors are still alive. So there has been a lively debate about how something that happened back then would lead to a fixed choreography that would then be reinterpreted or just reenacted, if that is even possible.

Hannah Hurtzig Picking up on the sort of self-referentiality and self-reflection of the disciplines, I must confess that I am quite bored with this sort of discourse. But in theater such discourse has a nice little twist. Because when we reflect on theater, *wir möchten es eigentlich immer aufheben*—we always want to get rid of it. So reflection on theater is mainly about the gap between the stage and the spectator, that is, *die Rampe, wo sich alles entscheidet*, the platform where everything is decided. And that's always something to get rid of, to destroy.

Stefanie Carp Why is self-referentiality so important in the visual arts? Because in theater, even if we are referential, we don't make an issue of it. Our theater artists are always afraid of feeling obliged to do something absolutely new. Of course that's very naïve because nothing is absolutely new. But I can see that in the visual arts it's much more important. Why is this?

Keti Chukhrov Well, I would not even use the term "visual art" but maybe "contemporary art" instead, because the practices of contemporary art have long since exceeded visuality, starting with political activists and a conceptual twist of art. On the other hand, I think that self-referentiality has a long history, and it actually starts with the modernists' split, with this Copernican shift away from modernist art toward realism. And I think that despite postmodernist and after-modernist and avant-garde practices, which were trying to interfere in reality and intervene with social practices, this self-referentiality of art never stopped. Art, despite its very strong political move and its very strong social impact, actually could never get over this self-referentiality because its main institution and its main reference had become the meta-institute and the meta-space of contemporary art and not necessarily visual art. And I think that epistemologically this was conditioned to a very important extent by modernist and avant-garde practices, which were never really observing reality. They tried to become a thing in the real, a part of reality, and modernist art was very much into that. The main thing was that nobody would ever observe what happened beyond your artistic practice, what happened in the real. For in-

stance, when you are doing a performance in contemporary art, the performance act always arises ex nihilo. It is absolutely connected with what performance is per se, with the body of the performer, with the concept of the performer, but it never has the preliminary connection with any narrative beyond itself. That's why there is no score in performance. And the fact that there is no score is considered to be its "up-to-dateness," its contemporaneity. I think that the epistemological split lies exactly here. Many people who criticize theater, who think that theater is secondary in comparison with contemporary art, would say that it is because it relies on the score and it relies on some kind of imitation and reproduction of the score. The actor is not a performer. The performer is a person who is an artist per se and who is producing the idea and the concept. But the actor is not that creature.

Hurtzig Wow, you bring up some very heavy hierarchies here.

Chukhrov I am not expressing my own ideas but standpoints that have to do with the criticism of theater from the perspective of contemporary art. But on the other hand, epistemologically speaking, this division is embedded in the fact that the actor actually repeats something that happened in reality. The actor is not producing his or her own body ex nihilo. But of course there are also contemporary theatrical practices which merge and overlap with performance art. But I think that the interest of theater is to find out what happened, to repeat and to be connected with the eventual bond that is embedded in reality. So it is like: the main thing is not my body, the main thing is not my performance, but rather the desire to find out how to discover and how to tell the truth about what happened–whereas in the performance art of Marina Abramović or VALIE EXPORT, what is being produced is reality. That is why the performances are ex nihilo. The whole world, the whole reality, is reduced to me, my body, and I am here to say what it is, and I am inserting myself as the part of the real into the real.

Carp I agree, but a really good actor would say that he is also producing something if he relates to another reality or to a text. Of course theater is not really very text-based anymore, but the actor would always say he creates a reality. And you have forgotten the director. Mostly theater realizes the visions of the director through actors.

Chris Kondek Yes, I was actually going to say the same thing. There are actors you can watch and they just monotonously go "blah-blah." But then, all of a sudden, there is an actor and every word he says is: "I am there!" And that is because this actor is making the whole world rise with every word he says, and that actually happens–without having to go through a whole epistemological checklist. It somehow seems that the creation of

every moment in reality done by a good actor, which maybe is a small percentage, happens so directly and instantly. Whereas a lot of times in performance art you need to comprehend it intellectually as opposed to theater, which can engage more facets because so many more angles are being created.

Schöllhammer Carola, how do the differences look from your perspective?

Carola Dertnig For a while I thought that the differences between theater and the visual arts and dance were not so vivid, and that in contemporary art they would all be integrated. Also, regarding the students I am working with, I thought it would be pretty easy to find some consensus even if they come from different genres. But the more we worked on this practical level, the more I figured out that there were important differences, maybe based on the political history of performance. And I think that performance history in the visual arts often has to do with a certain kind of political history as well, such as feminists, queers, and others. For me a crucial moment was the Judson Dance Movement in the 1960s, and I thought: well, after that we actually can't go any further. Maybe there are certain cross-sections, but the way it plays out in practice is very different.

Schöllhammer But where does this come from? I guess we also have to think about the different histories of how the audiences are constructed in the different genres, or how the institution or the non-institution or the space creates a certain milieu of production around it.

Iris Dressler This is what I would like to add. In my opinion, we must also view this self-reflection in contemporary art from a political standpoint, for we have a long tradition of institutional critique, which I think is also very important.

Dertnig Also, performance has not always been so integrated in the market. But now, for instance, someone like Marina Abramović has really made it possible for it to be a part of the market, for performance in a museum to be something like a re-performance, or a reenactment of a performance. Yvonne Rainer used to work, or still works, with performance and documentation. This is a different level. Performance is much more integrated in the art market, but on the other hand it does not have the same focus as it did five or seven years ago, including on a political level.

Hurtzig You said that when a performer is doing his performance in a museum, then it is like a reenactment. What is the difference between the performer doing the same act in a theater or the same act documented on film and then showing it in a museum?

Dertnig I think there are different historical levels because performance comes from a very different background than theater. Performance actually started out in an art environment. In the beginning it was not even a thing to rehearse. It had different political settings than theater. It came from theater, but if you look at the 1960s or 1970s performances they have a different kind of setting. I would not even compare that to theater.

Carp I would say that until ten or fifteen years ago the simplest difference was that theater is only in the time view of when it happens, and then it disappears and you cannot see a performance again. Today this is not the main difference. But in the visual arts, the documentation of performance is an important subject. Of course in theater we make DVD documentations of performances as well, but only if we have to make some changes, to preserve it in a sort of archive, or to sell it. Conversely, in the visual arts the documentation of performance is a major subject. That is something that theater would never do; it would not replace the real. Theater is mostly seen by spectators. It creates a community of spectators, a temporary community. When you go to see art, you usually go alone–you yourself decide how long you want to see something, when you are leaving. As a spectator, you are much more individual. Today, other art contexts are also moving in this direction, which is why the idea arose to communicate among the disciplines. When you start communicating, you notice the differences.

Chukhrov I think that two very important aspects here are "becoming the other" and the notion of timing or temporality. Because you can watch somebody's performance lasting for three hours, but you get its concept and its impact and its artistic importance in two minutes or in one minute in a kind of cognitive act. Another thing is that when Marina Abramović is making a performance, she is Marina Abramović and nobody else. She can only be Marina Abramović the artist, immersed in the art context, with her body becoming a performative act and thus an art piece. Even if theatrical procedure is highly conceptual, it is very much about becoming the other. This is not so much an epistemological difference than an anthropological constellation, which is different. But we definitely have such performances where real people perform but do no represent anyone. Such performances could be called theater ready-mades–some kind of social ready-made as you find in connection with Rimini Protokoll.

Hurtzig What bothers me in this whole discussion is that I am a practitioner, and for me the whole idea of what is different in practice between theater, the performing arts, the visual arts, and film is not so important at all. What I try to do is to look at theater the same way I look at a text or visual art. I would say that everyone who works in the practice is looking for *die Gleichheit in der Wahrnehmung der Verschiedenen* (equality in the

perception of distinctions). But the interesting fact is how many of those different views you can unite in one act of whatever you call it then: a performance, a theater play, an art piece, or whatever. That's interesting to me, and therefore I think this whole debate is carried out on a critic's level, or a curator's level.

Carp Yes, possibly. But since working on this project together, we have come across a lot of difficulties which we could not have foreseen. For me it was absolutely interesting, and I never had thought about my own medium as much as I have since we started doing this together.

Schöllhammer You have certainly come across quite different production modalities. A production that departs from a theater festival has other frames in terms of budgeting, other frames in terms of constructing an idea of representation, than one that comes out of the visual arts, and they share a common milieu, even if originating from different formats like a biennale, a gallery, or a museum show. So as a curator it is pretty hard to combine these two methods of production. Being embedded in a certain milieu of production brings with it a certain milieu of discursiveness as well. So there is always a plateau of discourse around the different milieus that talk to each other on an almost daily basis as practitioners but who don't share the same points of reference. Another important aspect has to do with addressing the respective audiences: we do not want to target something like a general audience, but even turning to professional audiences has some obstacles. Quite often in my life in the last twenty years I have loved a film piece by an artist, but then when I showed it to a knowledgeable cinema person, it was deconstructed immediately. In genre-crossing practice there are many such transgressions. On the other hand, I totally agree with Hannah that when a certain milieu–or let's say a group that shares a common interest–meets, it becomes irrelevant which disciplines they come from. Otherwise the Bauhaus or the Russian avant-garde would not have been possible, or the Kitchen in New York or Judson Church. What emerges is another idea of production around this milieu that allows the transgression of limits within an already canonized or formatted idea of the respective audiences. And that is also our impetus: Might a milieu exist in which we can share those different types of horizons?

Kondek This I find very interesting. I have been doing theater with various people for twenty years, but I have never had the opportunity to sit at a table and work toward finding a common theory. We just make the piece. I would not say that it is impossible to speak about a *gemeinsamer* or more common discourse, but I don't know where it can be found. It rather seems that the only way to have this discourse is to stay on a theoretical level, which really does feel foreign to me–*ist mir schon fremd.*

Dressler Maybe it would be more interesting to pose the question from another angle. Because obviously the art world seems to be particularly interested in the performative arts–dance, theater–which follow a completely different logic of time, and a completely different relationship to the audience. And there seems to be an interest on the part of dancers and theater people to go to museums. So why this interest? Why does a museum want to have a physical body in the museum, and what can one do with it? Because I can invite a dancer and have people come at ten o'clock and then the event goes on for one hour and then it's over. But normally my time schedule is from ten in the morning until eight in the evening. So what do I do with this body in eight hours? I can have ten bodies and they can do something one after the other, like in a Fordist system, or we place them in an installation. But how could the presence of a physical body somehow deconstruct the *dispositif* of the museum?

Dertnig I think that performance had a history outside the museum for a long time and then it became institutionalized. And I think that this is the big change. Then performance also got institutionalized in an academic context, at the university–and, for example, on a practitioner's level at the academy. Some people who come from theater say "Hey, where is the rehearsal space?" and then we say "Oh yes, maybe we need a rehearsal space." So this is like an on-and-off thing. Also, we have a theater in Vienna called "brut," and a lot of performers from the visual arts context perform there. But all of a sudden they have to figure out a time frame for a theater performance, which was not the point before. I also think that performance has sort of moved through this event culture in the institutional context of the museum. It started with events, and then events became performances, and now there is a performance department at MoMA.

Hurtzig If the Van Abbemuseum buys my archive, it is given a symbolic value which no one in the theater world can give to me. Because we simply don't have the means for this. It has to do with the market, it has to do with values, and it has to do with exchange and discourse. Another really interesting thing is dealing with the specific views they have. The way they think. How they think about the spectator, the position of the spectator, and also how they look at work. This I find really challenging from time to time. Since the performers in my installations are not performers–they are people with real professions–you cannot work with them and tell them how to perform. You don't tell a scientist how to perform; that wouldn't make sense. So the problem with this is that if they perform in a museum space, it is always awkward.

Dertnig Actually I would like to comment on the examples of VALIE EXPORT and Marina Abramović. I think that in the case of both, when they started to do their performances, it originated from a very important

political and feminist frame. When VALIE EXPORT did her *TAPP und TASTKINO* (Tap and Touch Cinema), it happened in a very conservative setting, which to me seems to have been a very important moment. I would not say that this didn't happen in theater, but I am saying that performance art is (or was or has been) a very important tool for political action. And I guess that VALIE EXPORT was not thinking that her *TAPP und TASTKINO* would once be a sort of reenactment, a documentation at the Generali Foundation or in a museum. Of course in other performances she was actually thinking of documentation, which I believe is also another important aspect. But maybe one should rather view the tradition or history of performance as it relates to political action.

Schöllhammer I would like to summarize or stress three points in this debate. One, brought in by Carola, has to do with the different idea of the visual event in contemporary culture and not just in contemporary art practice. That merging is not just a thing that comes out of the disciplines but that comes out of the institutions that want to co-op such practices as well. Part of this transgression is based on curatorial choice and not the choice of the respective people to work together or to come to the museum.

Secondly, Hannah has touched on something quite interesting. She said, if I understand her correctly, that there is always something in these institutions that hinders me from doing certain things. There is a gaze from the discipline that for instance objectivizes somebody, or there is a gaze from the discipline that says: "Okay, this is not just a mere table. You can maybe use it in a stage set, but if it is transformed into the museum space, then it becomes an object, an art object. It is not a mere table anymore. Please notice what this table looks like." Because there is a transformative process going on.

The third point is that if visual artists are entering the theater world, then there is a certain expectation to do a fifty-minute performance. You would never be asked as a visual artist to do a two-hour piece. There should be nice performances that either act out a history, act out a political stance, or are otherwise deeply bound to a certain type of authorship. And the authorship is always bound to the individual of the artist who authors it, even if it is a performance staged by others. So there are lots of projections going on, and it is hard to work around them. At least that is what I find in our daily practice. There is always a transposition of meaning if the object enters unfamiliar space.

This conversation was held in English in preparation for the Vienna-based project *Unruhe der Form* (Unrest of Form). It was released in German translation in a slightly modified form in the accompanying publication, "Unruhe der Form", *springerin: Hefte für Gegenwartskunst 2*, volume XIX (Spring 2013). See the German reprint in the volume at hand, pp. 161–168.

Index

KünstlerInnen, Werke / Artists, Works

Texte / Texts (Wenn nicht anders vermerkt / if not otherwise mentioned):
Bergen Assembly Ekaterina Degot, David Riff
Wiener Festwochen Wiener Festwochen
Württembergischer Kunstverein Stuttgart Iris Dressler

Courtesy (Wenn nicht anders vermerkt / if not otherwise mentioned):
Die KünstlerInnen / The artists

A

Thomas Arzt

WF:S,X,FQ21 *Meine Jugend eine Armut* (My Youth of Poverty)
Autorenrede, 10-teiliges Autorenprojekt: Audiothek und Performances / Author's speech, ten-part author's project: audio-bar and performances

Volkan Aslan möchte auf den Mehrwert aufmerksam machen, den der Eingriff eines Künstlers / einer Künstlerin einem bereits existierenden Gegenstand verleiht. Dazu richtet er in der Ausstellung ein Büro ein, in dem er Gegenstände und Kunstwerke aufwertet, die ihm das Publikum um den symbolischen Preis von 9,99 Euro übergibt. Der durch ein „Echtheitszertifikat" aufgewertete Gegenstand wird seinem Besitzer / seiner Besitzerin retourniert.

To draw attention to the value added by the artist's intervention on an existing artifact, Volkan Aslan sets up an office in the exhibition, where he upgrades objects and artworks brought to him by the public in exchange for a symbolic payment of 9.99 euros. The upgraded object is returned to the owner as a contemporary artwork with a "Certificate of Authenticity."

Volkan Aslan / Group P

WF:FQ21 *Upgrading* (Aufwertung), 2013
Performance / Installation
Im Rahmen der Gruppenausstellung / In the framework of the group exhibition *Go Get Them Tiger* der / by Group P, kuratiert von / curated by Burak Delier und / and Süreyyya Evren

Der Redner spricht zu einer Obdachlosen. Er antwortet ihr auf die Frage „Hast 50 Cents?" mit einem Redestrom. Zwischen ihm und ihr klafft ein Spalt. Es ist der Spalt zwischen der Welt und dem Raum daneben, zwischen Halt und Haltlosigkeit, zwischen reich und komplett mittellos, der ihn und alle anderen, wie ihm scheint, in kurzer Zeit verschlingen könnte.

A man accosts a homeless woman. He counters her question "You got 50 cents?" with a torrent of words. There is a chasm between them, the chasm between the world and the space beside it, between stability and instability, between rich and totally destitute, a chasm that may engulf the man and all others, it seems to him, in short order.

Asyl in Wien / Asylum in Vienna

WF:FQ21 Debatte / Debate

Die Flüchtlingsbewegung in Wien ist eine selbstorganisierte Bewegung, die gegen strukturellen Rassismus kämpft. Sie löste eine gewaltige Diskussion in Österreich und der EU aus, da sie Änderungen in der Asylpolitik und bessere Lebensbedingungen für Asylsuchende

The Refugee Movement in Vienna is a self-organized movement that has existed since the Refugee Protest March in November 2012 and is struggling against structural racism. The Refugee Protest Camp created a huge debate in Austria and the EU by demanding changes in

fordert. Im März 2012 zogen die Flüchtlingsaktivisten von der Votivkirche weiter ins Servitenkloster. Im Zuge der Wiener Festwochen bittet die Flüchtlingsbewegung auch um Ihre Beteiligung. Schließen Sie sich den Diskussionen, Filmvorführungen und speziellen geführten Besichtigungen des Servitenklosters an: Wir fordern Aufenthaltsrecht. Der Kampf um die Bewegungsfreiheit geht weiter!

asylum politics and better living conditions for asylum seekers. In March the refugee activists moved from the Votive Church to the Servite Monastery. During the Vienna Festival, the Refugee Movement is asking for your participation. Join the discussions, film screenings, and special guided tours to the Servite Monastery: we demand the right to stay. The struggle for freedom of movement continues!

Eric Baudelaire

WKV *The Anabasis of May and Fusako Shigenobu, Masao Adachi and 27 Years without Images* (Die Anabasis von May und Fusako Shigenobu, Masao Adachi und 27 Jahre ohne Bilder), 2011
HD-Video, 66'
Vorgeführt im Rahmen des Filmprogramms / Screened in the framework of the film program *Everything Happens on the Surface* (6.–8.12.2013), Kuratorin / curator: Katrin Mundt

Fukeiron beschreibt eine Bewegung im japanischen Film der 1960er-Jahre, die versuchte, die Einschreibung gesellschaftlicher Unterdrückungsmechanismen in die sie umgebenden Landschaften sichtbar zu machen. Baudelaire verschränkt die Geschichte ihres wichtigsten Theoretikers Masao Adachi mit der Irrfahrt von Fusako Shigenobu, einer Führerin der japanischen Roten Armee, und deren Tochter May vor dem Hintergrund sich überlagernder filmischer Landschaften.

Fukeiron refers to a movement in Japanese filmmaking that attempted to make visible the inscription of societal mechanisms of suppression in the landscape surrounding them in the sixties. Against the backdrop of superimposed filmic landscapes, Baudelaire interlaces the history of the group's most important theorist Masao Adachi with the odyssey of Fusako Shigenobu, a leader of the Japanese Red Army, and her daughter May.

Manuela Beck

WKV *Spiegeln* (Mirroring), seit / since 2011
Serie von Radierungen, Aquatinta, diverse Formate / Series of etchings, aquatint, variable dimensions

In ihrem noch unabgeschlossenen Projekt *Spiegeln*, einer Serie von Radierungen, nähert sich Manuela Beck in sparsamen, präzisen Linien, meist Umrisszeichnungen, Heinrich Heines Vers-

In her ongoing project *Spiegeln*, Manuela Beck approaches the German poet Heinrich Heine's epic *Deutschland: Ein Wintermärchen* (Germany: A Winter Tale). She moves beyond the illustrative

epos *Deutschland. Ein Wintermärchen.* Jenseits des Illustrativen greift sie Aspekte von Gewalt, Konformismus und Zensur auf. Die Saite des „Harfenmädchens", die am Beginn des Epos steht („Sie sang das alte Entsagungslied, / Das Eiapopeia vom Himmel, / Womit man einlullt, wenn es greint, / Das Volk, den großen Lümmel"), entwickelt sich sukzessive zu einem undurchdringlichen Gitterwerk. Die Fragmentierung und Vervielfältigung des Körpers, Bewegungsabläufe wie der Schlag mit einem Stock, aber auch szenische Darstellungen – das Aufsammeln von Papieren, die zu Boden gefallen sind, oder das Zurückhalten einer Person – sind dabei wiederkehrende Motive.

to address aspects of violence, conformism, and censorship. The string of the "harp maiden" who emerges at the beginning of the epos ("The song of renunciation she sang, / The heavenly eiapopeia, / Wherewith the people, the booby throng, / Are hush'd when they soothing require") successively develops into impenetrable latticework. Recurring motifs include fragmentation and duplication of the body, movement patterns of an arm hitting with a stick, but also scene-related representations, such as the collecting of papers that have fallen to the floor or the holding back of a person.

Neïl Beloufa

WF:S *Party Island, Aquarium 2* (Party-Insel, Aquarium 2), 2013
Multimedia-Installation, digitaler Videoloop, 80' / Mixed-media installation, digital video loop, 80'

Eine Bar auf einer Insel. Mythen und Bilder eines exotischen Paradieses. Die blaue Lagune, der Sand – Ikonen der Massenmedien für diese Orte der Entspannung und Freude. Die Ästhetik der Partys, die auf solchen Inseln gefeiert werden, beruht auf einer mythischen Bildsprache. Sie artikuliert eine Mischung aus römischer Orgie und Extravaganz – Bilder der bewussten Dekadenz. Die Dekoration dieser Welt besteht aus klischeehaften Bausteinen, die zahlreiche Analogien ermöglichen. Neïl Beloufa bietet uns ein bruchstückhaftes Erlebnis bestehend aus bekannten Anblicken, Erinnerungen und Klischees. Seine Videos sind eine scharfsinnige Mischung aus Fiktion, Rollenspiel und kontemplativen Szenen, durch die das Publikum ins Zentrum des Kunstwerks rückt.

A bar on an island: myths and imagery of exotic paradise. Blue lagoon, sand: icons used by the mass media to represent these places dedicated to relaxation and pleasure. The aesthetics of parties taking place on these islands refers to a mythological vocabulary. What is happening is also a mix of Roman orgy and extravagance: imaging of voluntary decline. The decor is structured by schematic essential elements in this universe of representations: a set of analogies is established. Neïl Beloufa offers a fragmented experience of sight, memory, and the stereotypes that surround and shape us. His videos are the result of a discerning mixture of fiction, roleplaying, and contemplative sequences, with the viewer being placed at the center of the artwork.

B

BA:K4(IAF) *Monument to Rebellion* (Denkmal der Rebellion), 2007–13
Tintenstrahl- und Lamdadrucke von Digitalfotografien, Letterset-Drucke auf Papier, Vlisco-Waxprint, Buch, unterschiedliche Größen / Inkjet and Lambda prints of digital photographs, letterpress prints on paper, Vlisco wax print, book, variable dimensions

Aeron Bergman / Alejandra Salinas

Während ihrer Zeit in Detroit stießen Aeron Bergman und Alejandra Salinas auf eine erstaunliche Geschichte zu einem der öffentlichen Denkmäler in der Stadt. Die Detroiter betrachten die abstrakte Skulptur als Mahnmal zum Gedenken an die Detroiter Rassenunruhen von 1967 mit zahlreichen Todesopfern und Verletzten, die als zentrales Ereignis in der Geschichte der Bürgerrechtsbewegung gelten. Bei den Recherchen für ihr Projekt *Monument to Rebellion* entdeckten die KünstlerInnen, dass die Skulptur mit den Unruhen nichts zu tun hatte, sondern in den 1970er-Jahren von der Stadt in Auftrag gegeben worden war, um jede Erinnerung an die Tragödie zu verdecken und auszulöschen. Mit schlichten und bewegenden Worten erläuterte Jack W. Ward – der Bildhauer, von dem die Arbeit stammt und der heute ein älterer, an Dyslexie leidender Mann ist – den beiden in einer E-Mail, wie es zum Bruch zwischen Form und Bedeutung kam, von der politischen Idee eines „leeren Gefäßes" in moderner Gestalt, das jeden beliebigen Inhalt aufnehmen könnte.

While living in Detroit, Aeron Bergman and Alejandra Salinas discovered an intriguing story about one of the city's public monuments. Residents see the abstract sculpture as a commemoration of a violent massacre, the Detroit Rebellion of 1967—a key moment in the history of the Civil Rights Movement. In their research for the project *Monument to Rebellion*, the artists learned that in fact the sculpture has nothing to do with the rebellion. Instead it was commissioned by the city in the 1970s for the public park to cover up, smooth over, and erase all memory of the tragedy. In a simple and poignant way, a sad email to Bergman and Salinas from Jack W. Ward—the sculptor who made the work, who is now an elderly man suffering from dyslexia—tells the story of a rupture between form and meaning, of a political fantasy of an "empty vessel" of modernist appearance, ready to embrace any content.

WF:FQ21 *Luo Village: I and Ren Dingqi* (Luo Stadt: Ich und Ren Dingqi), 2011
Video, 80'
Im Rahmen des Projekts / Within the frame of the Caochangdi (CCD) Workstation: *The Memory Project*

Luo Bing

Ich kehrte in das Dorf Luo nahe der Stadt Zhuzhou in der Provinz Hunan zurück, wo ich geboren und aufgewachsen bin. Meine Versuche, die Er-

I went back to the Luo Village in Zhuzhou, Hunan Province, where I was born and raised. My attempt to retrieve the old villagers' memories met with un-

innerungen der älteren Dorfbewohner aufzuzeichnen, trafen auf unerwarteten Widerstand, auch seitens meiner eigenen Großmutter. Ebenso unerwartet trat ein alter Mann in mein Leben und wurde zu meinem engagierten Befürworter und Kameraden: Ren Dingqi, mein Nachbar. Was noch überraschender war: Dieser alte Mann vom Land, der nur kurz die Schule besucht hatte, war offensichtlich der Verfasser einer langen Autobiografie, die seine Erfahrungen von der Befreiung 1949 bis zur Gegenwart beschrieb. Ich war neugierig und gleichzeitig skeptisch … (Luo Bing)

expected resistance, including my own grandma's opposition. She was worried that I would be heading down a dangerous path. Unexpectedly as well, an old man entered my life and became my dedicated supporter and comrade: Ren Dingqi, my neighbor next door. More surprisingly, this old man from the countryside who only had a couple years of formal education seemed to have written a long memoir, covering his experiences from the Liberation (1949) until the present. I was curious and at the same time dubious … (Luo Bing)

WF:FQ21 *Luo Village: Pitiless Earth and Sky* (Luo Stadt: Gnadenlose/r Erde und Himmel), 2012
Video, 82'
Im Rahmen des Projekts / Within the frame of the Caochangdi (CCD) Workstation: *The Memory Project*

Dieser Film ist die Fortsetzung meines Erstlings; der Titel ist der Lebensbeichte von Ren Dingqi entnommen. Er schrieb zehn Jahre an dieser Autobiografie, in der er seine Erfahrungen mit der Landreform, dem ‚Großen Sprung nach vorn', der Hungersnot (1959–1961) und der Kulturrevolution dokumentierte. Als ich versuchte, den anderen Dorfbewohnern seine Autobiografie nahezubringen, erlebte ich verschiedenste unerwartete Reaktionen. (Luo Bing)

This film is the sequel to my first one; its title comes from Ren Dingqi's memoir. He spent ten years on this memoir, documenting bone-deep experiences of Land Reform, The Great Leap Forward, the Three Years of Famine (1959–61), and the Cultural Revolution … As I tried to open this memoir before his fellow villagers, I encountered all sorts of unexpected responses and found myself investigating the links between past and present. (Luo Bing)

Bureau of Inverse Technology

WKV *BIT Plane* (BIT Flieger), 1999
DVD, 15'
Vorgeführt im Rahmen des Filmprogramms / Screened in the framework of the film program *Everything Happens on the Surface* (6.–8.12.2013), Kuratorin / curator: Katrin Mundt

Eine Guerillatechnologie im Testeinsatz über dem Silicon Valley.

Guerrilla technology being tested above Silicon Valley.

C

WF:S/WKV *What Is It That You Are Worried About?* (Was beunruhigt dich?), 2013

Banu Cennetoğlu / Yasemin Özcan

Einkanal-HD-Video, 35' / Single-channel HD video, 35'
A Self-Sufficient yet Supportive Long-Distance Companion (Eine selbstgenügsame, jedoch unterstützende Begleitung aus der Ferne), 2013
Broschüre, 20 Seiten, 9 × 12,5 cm, Farbe, Offset-Druck / Publication, twenty pages, 9 × 12.5 cm, color, offset printing
Produziert in Zusammenarbeit mit und unterstützt von *Project Biennale D-0 ARK Underground*, Konjic, Bosnien und Herzegowina, Wiener Festwochen und SAHA, Istanbul / Produced in collaboration and with the support of *Project Biennial, D-0 ARK Underground*, Konjic, Bosnia and Herzegovina, Wiener Festwochen, Austria, and SAHA, Istanbul

Banu Cennetoğlu und Yasemin Özcan bedienen sich in diesem Projekt einer nicht-künstlerischen Disziplin zur Messung jener Energien, die im materiellen Raum des Objekts D-0, Titos geheimem Kommandobunker für den Atomkrieg (ARK) in Konjic, zirkulieren. Dieses „Objekt", das 350 Menschen fassen und im Fall eines Atomkriegs die sichere Führung der Streitkräfte ermöglichen sollte, wurde von der Trainerin für Wohnungs- und Körperenergiebalance, Zeynep Sevil Güven, einer „holografischen" Energiemessung unterzogen. Sie nutzte dazu das InnerSpeak-Protokoll und die von ihr entwickelte ZSG-Heilmethode. Damit nahm sie unsichtbare Daten des Bunkers auf, den sie auf dem Plangrundriss durchmaß, um ihn so in relativ kurzer Zeit vollständig zu reinigen. Diese Fernenergiemessung sowie die dazugehörigen Forschungsmaterialien bilden die Basis eines Videos, in dem die Künstlerinnen auch andere Kanäle entdecken, die uns den berüchtigten ARK besser begreifen lassen. (Banu Cennetoğlu, Yasemin Özcan)

In this collaborative project, Banu Cennetoğlu and Yasemin Özcan seek the assistance of a non-artistic discipline to measure the energies circulating in the physical space of Facility D-0, Tito's Atomic War Command aka ARK. The "object," which was built to accommodate and protect 350 people and enable the successful management and leadership of the armed forces in the event of nuclear war, is put through a "holographic" energy scan by the habitat and human energy rebalancing coach Zeynep Sevil Güven. For this specific project, Güven simultaneously uses the InnerSpeak protocol and her self-developed ZSG healing method to reveal the invisible data of this very space, which she approaches through the architectural plan of the bunker so as to achieve a deep cleansing in a relatively short period of time. This long-distant energy scan process conducted by Güven, along with the research materials, culminated in a video work, in which the artists uncover other channels to understand the infamous ARK. (Banu Cennetoğlu, Yasemin Özcan)

C

WKV About the project *What Is It That You Are Worried About?* and questions concerning the treatment of historically problematic connoted sites (Über das Projekt *What Is It That You Are Worried About?* und Fragen zum Umgang mit historisch negativ besetzten Orten)
Vortrag / Lecture, 6. 10. 2013

Banu Cennetoğlu / Shiri Zinn

WF:S *Pavillion II, Within Limits 1921–1995* (Pavillon II, Innerhalb von Grenzen, 1921–1995), 2010
Mundgeblasenes Glas, Staub, Feder, versilberter Ständer / Hand-blown glass, dust, feather, silver-plated stand

Bei diesem Auftragswerk für die europäische Wanderbiennale *Manifesta 8* in der Region Murcia (Spanien) hat Banu Cennetoğlu mit der Londoner Designerin Shiri Zinn zusammengearbeitet. Eines der von Zinn in limitierter Auflage produzierten Sextoys aus Glas wurde zu einer Einäscherungsurne umgestaltet, in die Staub aus dem Ausstellungsraum in Murcia, dem Pavillon II, eine ehemalige Artilleriebaracke, gefüllt wurde.

For this piece commissoned by the European itinerant Biennial *Manifesta 8* in the region of Murcia (Spain), Banu Cennetoğlu has collaborated with the London-based designer Shiri Zinn. One of Zinn's "limited edition glass toys" has been customized to become a cremation urn carrying a sample of dust collected from the exhibition site, Pavillon II, the former artillery barracks in Murcia.

Olga Chernysheva

BA:TSM(ILS) *Screen. Platform; Screen. Words; Screen. Black Dot; Screen. Windowpanes Have an Inside Out; Screen. Exercises; Screen. The Sound; Screen. Private Spaces* (Bildschirm. Bahnsteig; Bildschirm. Wörter; Bildschirm. Schwarzer Punkt; Bildschirm. Fensterscheiben haben ein inneres Außen; Bildschirm. Übungen; Bildschirm. Der Klang; Bildschirm. Privater Raum), alle / all 2013
Mehrkanal-Video auf Bildschirmen, Farbe, Ton, variable Länge, Loop / Multichannel video on monitors, color, sound, variable duration, loop
Courtesy: DIEHL, Berlin
Im Auftrag von / Commissioned by Bergen Assembly 2013

Man könnte Olga Chernyshevas Kunst als lyrische Anthologie der Post-Sowjet-Ära beschrieben, als lebenslange Studie einer Gesellschaft, die aufgrund ihrer Widersprüchlichkeiten und nekrotischen Potenziale an den Rändern aufbricht. In diesem Prozess der Auflösung ist Chernysheva auf der Suche nach kurz aufblitzenden Augenblicken

Olga Chernysheva's art could be described as a lyrical anthropology of the post-Soviet period, a life-research process performed in a society bursting at the seams with contradictions and anabiotic potentials. Chernysheva seeks out these moments and flashes of integrity in all the corrosion, rendering them readable in poignant miniatures, drawings,

der Integrität, die sie in eindringlichen Miniaturen, Zeichnungen oder Skizzen fassbar macht und damit Geschichten der Desillusionierung und fortgesetzter, wenn auch noch nicht bewusster Hoffnung erzählt. Das fortlaufende Projekt *Screen* besteht aus solchen Skizzen – winzigen Notizen über kleine Wunder des Alltags, festgehalten in kurzen, statischen Videoloops und impressionistischen Texten.

or sketches, presenting a tale of disillusionment and continuing, not-yet-realized hope. Screen is an ongoing project of such sketches—Benjaminian notes on the small miracles of the everyday, captured in short, static video loops and impressionistic texts.

Hans D. Christ / Iris Dressler

WKV *On Tensions, Blurs, and Conflicts Between the Freedom of Art and Its Political Implications* (Über Spannungen, Unschärfen und Gemengelagen zwischen der Freiheit der Kunst und ihren politischen Implikationen)
Vortrag / Lecture, 5.10.2013

Chto Delat? (Was tun? / What is to be done?)

BA:K(ILLT) *A Border Musical* (Ein Grenz-Singspiel), 2013
HD-Video, Farbe, Ton, 48' / HD video, color, sound, 48'
Regie: / Directed by Tsaplya Olga Egorova. Produktion: / Produced by Pikene på Broen. Koproduktion: / Coproduced by KORO (Public Art Norway), Jesper Alvær, FilmGården und / and FilmCamp
Mit Unterstützung von / Supported by BarentsKult, Barents Spektakel, Bergen Assembly 2013, Fritt Ord und / and UiT / Border Aesthetics

Man vergisst leicht, dass Russland und Norwegen Nachbarn sind, wenn Krimiautor Jo Nesbø nicht gerade Invasionsszenarien im Krieg ums Öl für das schwedische Fernsehen entwirft. Doch die beiden Länder teilen eine eigentümliche arktische Grenze, die zwei sehr unterschiedliche Gesellschaften mit einem fundamental verschiedenen Verständnis von kollektiver Verantwortung trennt. Im neuen Film von Chto Delat? mit dem Titel *A Border Musical* prallen diese unterschiedlichen Konzepte aufeinander, als Tanya, eine Akkordeon-Lehrerin aus der verarmten russischen Bergarbeiterstadt Nickel, einen Norweger aus der Finnmark heiratet. Als Tanyas pubertierender Sohn

People rarely remember that Russia and Norway are neighbors, except for when crime author Jo Nesbø dreams up oil-dispute invasion scenarios for Swedish television. Yet the two countries share a strange Arctic border, separating two very different societies with very different conceptions of collective responsibility. In Chto Delat's new film *A Border Musical*, these conceptions collide when Tanya, an accordion teacher from the impoverished mining town of Nickel, marries Ola, a Norwegian man from Finnmark. This love story, told in the form of the Brechtian Songspiel, is based on extensive on-site research. It is scathing, hilarious, and haunting commentary—not only on the conditions

aufzubegehren beginnt, nimmt das Drama seinen Anfang. Diese in Form eines brechtschen Singspiels erzählte Liebesgeschichte basiert auf umfänglichen Recherchen vor Ort. Der Film ist ein bissiger, unglaublich komischer und packender Kommentar nicht nur zu den Lebensbedingungen im postsowjetischen Russland, dem grenzübergreifenden Heiratsmarkt und den übergriffigen Sozialdiensten in Norwegen, sondern auch ein kritischer und selbstkritischer Blick auf den Zusammenprall zweier kleinbürgerlicher (Miss-) Verständnisse des in Auflösung befindlichen Sozialismus.

in post-Soviet Russia, the cross-border marriage market, and the invasive social services in Norway, but also a critical and self-critical glance at the confrontation of two petit bourgeois (mis)conceptions of socialism in dissolution.

Keti Chukhrov

BA:K(ILLT) *Love Machines* (Liebesmaschinen), 2013
HD-Video, Farbe, Ton, 48' / HD video, color, sound, 48'
Ein Stück von / a play by Keti Chukhrov, Übersetzung aus dem Russischen von / translated from Russian by Thomas Campbell
In Zusammenarbeit mit / In collaboration with Truppa Rupor Theatre, Moskau / Moscow (künstlerische Leitung / artistic director: Semyon Philippov)
Produktion / Producer: Olga Shirokostup. Video und Schnitt / Video and editing: Victor Alimpiev
Mit Unterstützung von / Supported by CCI FABRIKA, Moskau / Moscow, und / and National Center for Contemporary Art, Moskau / Moscow
Im Auftrag von / Commissioned by Bergen Assembly 2013

Love Machines ist ein dramatisches Gedicht, das die aktuelle Debatte über die unvermeidliche Hinwendung zu posthumanistischen Standpunkten hinterfragt, die in der Forderung nach absoluter Demokratie bestehen, während Begriffe wie Liebe, Nachsicht, Mitleid und Freundschaft als Teil der überholten Kultur des 19. Jahrhunderts gelten oder – schlimmer noch – als die letzten Überreste essentialistischer Werte. *Love Machines* wurde zu einem Bühnenstück, bei dem Chukhrov Regie führte, weiterentwickelt und von Victor Alimpiev in enger Zusammenarbeit

Love Machines is a dramatic poem that questions today's debates on the inevitable shift to post-humanist standpoints claiming utter democracy, while notions of love, mercy, pity, or friendship are being labeled as part of outdated nineteenth-century culture or worse yet, the remnants of essentialist values. *Love Machines* was developed into staged action, directed by Keti Chukhrov and filmed by Victor Alimpiev in close collaboration with the author, in the style of a teleplay. The play's main characters are the biorobots Paco and Pauline, who interfere in the lives of the denizens of

mit der Autorin nach Art eines Fernsehfilms fotografiert. Die Hauptakteure des Stückes sind die Bioroboter Paco und Pauline, die in verschiedenen Alltagssituationen in das Leben von Bewohnern zeitgenössischer Megastädte eingreifen und diese zu betrügerischen und selbstzerstörerischen Taten verleiten oder zwingen, nur um zu zeigen, dass es in der menschlichen Gesellschaft keine Prinzipien mehr gibt außer Eigeninteressen und bedingungsloses Gewinnstreben.

contemporary megapolises in various everyday situations, luring and coercing them into dishonest and self-destructive deeds, only to prove that there are no principles left in human society except personal interest and the struggle for one's own gain.

WF:A *Afgan-Kuzminki*, 2011/2013
Performance

Afgan-Kuzminki ist ein dramatisches Poem, das von seiner Autorin Keti Chukhrov als Oratorium vorgetragen wird. Die Musik enthält Elemente aus der russischen Liturgie, Originalpassagen der Autorin sowie Zitate von Händel, Rameau und G. Dzodzuashvili. Der von Thomas Campbell ins Englische übertragene Text wird auf eine Leinwand projiziert. Das Poem thematisiert die brutale Realität der unterprivilegierten Klasse im postsowjetischen Moskau. Diese Realität wird mithilfe dichterischer Mittel temperamentvoll feministisch und zugleich existenziell artikuliert. Die Aktion findet am Kuzminki-Markt zwischen einer Verkäuferin und einem Einzelhändler statt.

Afgan-Kuzminki is a dramatic poem, performed as an oratorio by its author Keti Chukhrov (music incorporates elements of Russian liturgy, original contributions by the author, quotations from Hendel, Rameau, and G. Dzodzuashvili). The text, translated into English by Thomas Campbell is projected on the screen. The dramatic poem touches upon the harsh reality of life of an underclass in a post-Soviet city (Moscow), which acquires a vivid feminist articulation and existential dimension via poetic means. The action unfolds at the Kuzminki market between a saleswoman and a retail supplier.

Carlfriedrich Claus

BA:K4(IAF) *Allegorischer Essay für Albert Wigand. Ein kommunistisches Zukunftsproblem: Naturalisierung des Menschen, Humanisierung der Natur*
(Allegorical Essay for Albert Wigand. A Communist Problem for the Future: The Naturalization of Humanity and the Humanization of Nature), 1979
Siebdruck von Zeichnung, 60 × 75 cm / Silkscreen of drawing, 60 × 75 cm
Aurora, 1977
Mappe mit 10 Radierungen (erweiterterte Version mit 15), mit Zitaten über Radierungen auf Transparentpapier, 40 × 30 cm / Folio of ten etchings

(expanded version with fifteen), with quotes over etchings on transparent paper, 40 × 30 cm
Courtesy: Sammlung / Collection Jörg Seiferts, Annaberg-Buchholz

Carlfriedrich Claus lebte in der Kleinstadt Annaberg-Buchholz in der DDR, wo seine Familie unter dem einzigen Kino der Stadt ein kleines Schreibwarengeschäft (das auch Drucke und Reproduktionen verkaufte) betrieb. Als begeisterter Kommunist und begieriger Leser von Marx, Lenin und Ernst Bloch entwickelte Claus eine unvergleichliche künstlerische Sprache aus Lautpoesie, lettristischer Radierung und Action Painting im Karatestil, um die der Sprache zugrunde liegenden Strukturen zu erforschen, die durch Jahrtausende des Privatbesitzes geprägt wurden und deren dialektische Auflösung letztlich in eine kommunistische Zukunft münden würde. Claus konzentrierte sich auf die utopische Bildsprache des noch nicht Erreichten, einer neuen Lebensweise, die aus den Ruinen der alten Gesellschaft auferstehen sollte. Obwohl seine Ideen in weiten Teilen mit der offiziellen DDR-Doktrin übereinstimmten, trat er der SED nie bei, womit ihm bis in die 1970er-Jahre der Zugang zu allen Künstlerverbänden verschlossen blieb und er zu einem Leben in Armut verurteilt war. Das offizielle Angebot, in den Westen auszureisen, lehnte er ungehalten ab.

Carlfriedrich Claus lived in the small town of Annaberg-Buchholz in the GDR, where his family owned a modest stationary store (that also sold prints and art reproductions) under the town's only movie theater. An enthusiastic communist and avid reader of Marx, Lenin, and Ernst Bloch, Claus developed a unique artistic language of sound poetry, lettrist etching, and karate-chop action painting to study and probe the underlying structures of language, informed by millennia of private property, whose dialectical sublation would ultimately lead to a communist future. Claus's focus was on exploring the utopian imaginary of the not-yet-realized—a new form of life emerging from the ruins of the old society. Though his ideas were very much in sync with the official doctrines of the GDR, he never joined the East German Communist Party and was thus unable to become a member of any artist's union until the 1970s, which relegated him to a life of poverty. Eventually, Claus was asked to emigrate to West Germany, an offer he angrily refused.

Ştefan Constantinescu

WKV *An Infinite Blue* (Ein unendliches Blau), 2009–10
3 Malereien aus einer Serie von 22 / Three paintings from a series of twenty-two

Die 22 Malereien umfassende Serie *An Infinite Blue* greift Ştefan Constantinescu auf seine Malerei-Ausbildung an der Kunstakademie Bukarest zur Zeit der Diktatur Nicolae Ceauşescus zurück.

In his work *An Infinite Blue* consisting in a series of twenty-two paintings, Ştefan Constantinescu refers to his aesthetic schooling in painting, acquired at the Academy of Arts in Bucharest at

Der Künstler war nach der rumänischen Revolution 1989 nach Schweden ausgewandert und hatte sich damals völlig von der Malerei abgewandt. Als Vorlage für *An Infinite Blue* dienten ihm Propaganda-Bilder der 1960er-Jahre, die der kommunistische Machtapparat in Umlauf gebracht hatte. Sie demonstrieren, wie die sozialistische Ideologie sämtliche Lebensbereiche durchdrang: Arbeit, Freizeit, Bildung, Forschung, Konsum et cetera. In einer mimetischen Geste, einer Art persönlichem Reenactment, untersucht Constantinescu die formalen wie inhaltlichen Parameter dieser Bildwelten.

the time of Nicolae Ceauşescu's dictatorship. The artist had immigrated to Sweden after the Romanian revolution in 1989 and completely abandoned painting. As models for *An Infinite Blue*, Constantinescu has used propaganda pictures from the 1960s, produced by the communist power apparatus in Romania. This was a time when there was housing and education for everyone, high-quality research, state-owned restaurants, and healthy habits for the working people. In a mimetic gesture, a sort of personal reenacment, Constantinescu explores these imaginaries.

WKV *The Golden Age of Children* (Das Goldene Zeitalter für Kinder), 2008
Pop-up-Buch / Pop-up book

The Golden Age of Children illustriert die Ära des Ceauşescu-Regimes in Rumänien, die einst als „Goldendes Zeitalter" galt. Es ist ein interaktives Buch, das nach Art der Pop-up-Bücher die Biografie des Künstlers mit den Höhepunkten der heroischen Narrative aus der Vergangenheit des Landes verschränkt. So entsteht eine Erzählung, die einen Zeitraum von 20 Jahren aus der jüngeren Geschichte Rumäniens umspannt.
(Ştefan Constantinescu)

The Golden Age of Children illustrates the period of Ceauşescu's regime in Romania known as "The Golden Age." It is an interactive book done in a pop-up book manner that features the artist's biography intertwined with highlights from the grand narrative of the country's past, thus creating a story which covers twenty years of Romanian contemporary history. The story begins in 1968, the year Constantinescu was born, and ends with the Revolution in 1989.
(Ştefan Constantinescu)

Antonio Cosentino / Group P

WF:FQ21 *29,90*, 2013
Performance
Im Rahmen der Gruppenausstellung / In the framework of the group exhibition *Go Get Them Tiger* der / by Group P, kuratiert von / curated by Burak Delier und / and Süreyyya Evren

In Antonio Cosentinos Performance *29,90* bietet der Künstler wie ein „Straßenmaler" signierte Porträts für 29,90 Euro an. Der Künstler fertigt allen, die

Antonio Cosentino's performance called *29,90* consists of the artist making signed portraits for 29.90 euros, just like he was a "street painter." At the frei-

ein Foto von sich bringen und ihm diese Summe bezahlen, im freiraum ein Originalporträt an. Die Ankündigung der Aktion ist dabei Teil des Kunstwerks. Nachmittags zwischen 16 und 18 Uhr nimmt Cosentino Bestellungen entgegen. Vormittags arbeitet der Künstler alleine im Ausstellungsraum. Am Ende der Ausstellung erhalten die Auftraggeber dann die von Cosentino signierten Porträts.

raum, Cosentino will be making portraits of everyone who brings a photo and pays 29.90 euros. The process of announcing this "campaign" will be an integral part of the work. The artist will be taking orders every afternoon between 4 and 6 p.m. The artist works alone in the exhibition space every morning. All the painted portraits are given to their owners at the end of the exhibition and they will all be signed by Cosentino.

Alice Creischer / Andreas Siekmann

BA:S3,14(IPA) *In the Stomach of the Predator* (Im Bauch des Raubtiers), 2012–13
12 Drucke auf Leinwand, 170 × 240 cm, HD-Video, 10' / Twelve prints on canvas, 170 × 240 cm, HD video, 10'
Courtesy: Galerie Barbara Weiss, Berlin, und / and KOW, Berlin
Im Auftrag von / Commissioned by Bergen Assembly 2013

Das Svalbard Global Seed Vault-Projekt auf Spitzbergen ist eine zeitgenössische Arche Noah: Dort wird Saatgut aller bekannten landwirtschaftlichen Nutzpflanzen in einem Bunker eingelagert, um die Pflanzen vor dem Aussterben durch Katastrophen oder den Klimawandel zu bewahren. Bei genauerem Hinsehen allerdings stellt man fest, dass das Projekt durch eben die Konzernlobbys und -stiftungen finanziert wird, die die zweite „grüne Revolution" im Bereich Biokraftstoffe und Soja und damit die Ausbreitung von Monokulturen vorantreibt, die die Saatenvielfalt unmittelbar bedrohen. Mit *In the Stomach of the Predator* präsentieren Andreas Siekmann und Alice Creischer ihren eigenen Bunker mit einer Zusammenschau von historischen Untersuchungen zur Problematik des „grünen Kapitalismus". Dazu bedienen sie sich einer Symbolsprache, die inspiriert ist durch die in den 1920er- und 1930er-Jahren von Otto Neurath und Gerd Arntz entwickelten

The Svalbard Global Seed Vault on the island of Spitsbergen is a contemporary Noah's ark: a repository for keeping all the known seeds of agricultural plants in the world safe from extinction by cataclysm or climate change. But on closer examination, it turns out that the project is financed by the very same corporate lobbies and foundations pushing the second "green revolution" in biofuels and soy, introducing the very monocrop practices that directly threaten seed diversity. For *In the Stomach of the Predator*, Andreas Siekmann and Alice Creischer propose their own vault of historical materialist research into the problematic of "green capitalism." Using symbolic icons inspired by the 1920s and 1930s Isotype language of Otto Neurath and Gerd Arntz, Andy Warhol's dance diagrams, and even the Pac-Man video game, they narrate the sheer quantities and qualitative relationship overturned in a global logic of disaster and demand, where not only intellec-

Isotype-Piktogramme, Andy Warhols Tanzdiagramm-Bilder und auch das Videospiel Pac-Man, um das bloße Verhältnis von Menge zu Qualität in eine globale Logik von Unglück und Nachfrage zu übertragen, in der nicht nur geistiges Eigentum, sondern auch Genmaterial zur Handelsware wird und geschütztes Markensaatgut alle anderen Sorten verdrängt.

tual property but also genetic material become commodities, and proprietary seed displaces all other strains.

Alice Creischer / Andreas Siekmann / Christian von Borries

WKV *Dubai – Erweiterte Horizonte* (Dubai – Expanded Horizons), 2009
Dokumentation des Reenactments einer Pressekonferenz und Musikstück / Documentation of the reenactment of a press conference and music piece
Video, doppelseitiger Druck auf Leinwand, drehbares Holzgestell, Pressemappe / Video, double-sided print on canvas, revolving wood structure, press release

Das Video zeigt die Dokumentation des Reenactments einer Pressekonferenz, die am 28. Mai 2008 unter dem Titel *Dubai – Erweiterte Horizonte* in der Neuen Nationalgalerie in Berlin stattfand. Die drei auf diesem Podium selbsternannten „Generäle", ihres Zeichens damals Generaldirektoren der Museen Preußischer Kulturbesitz in Berlin (Peter-Klaus Schuster), der Gemäldesammlungen in München (Reinhold Baumstark) und der Staatlichen Kunstsammlungen Dresden (Martin Roth), verkündeten zusammen mit Michael Schindhelm, zu dieser Zeit Kulturdirektor der Dubai Culture & Arts Authority, und Martin Kobler, damals Abteilungsleiter der Kultur- und Kommunikationsabteilung des Auswärtigen Amtes, die Vereinbarung eines gemeinsamen Projektes: der Konzeption eines Universalmuseums für Dubai. Thema war dabei auch die am Abend desselben Tages in Dresden anberaumte Veranstaltung zu der durch Deutschland gewanderten Ausstellung *Humanism in China* sowie der Ausblick auf das, was 2011 unter dem

This video represents documentation of the reenactment of a press conference titled *Dubai – Expanded Horizons*, which was held on May 28, 2008, in Berlin's New National Gallery. On the dais were three self-styled "generals"—the then general directors of the Prussian Cultural Heritage Museums in Berlin (Peter-Klaus Schuster), the Bavarian State Painting Collections in Munich (Reinhold Baumstark), and the Dresden State Art Collections (Martin Roth). Sharing the stage with them were Michael Schindhelm, who was the cultural director of the Dubai Culture and Arts Authority at the time, and Martin Kobler, who headed up the Department of Culture and Communication at the German Federal Foreign Office. The press conference was called to announce a joint project to realize a universal museum for Dubai. The gentlemen addressed other topics, including the exhibition *Humanism in China*, which had traveled through Germany and was discussed in Dresden that day at another event, and an exhibition titled *The Art of the Enlight-*

Titel *Die Kunst der Aufklärung* im Pekinger Nationalmuseum stattfinden sollte. Die Redner der Pressekonferenz visionieren die ganz große Bühne für einen globalen Auftritt der deutschen Kulturnation, der von Dubai bis China reichen soll. Zugleich perpetuieren sie die Vorstellung eines weltumspannenden Geistes- und Kulturguts, über das man nicht nur frei verfügen kann, sondern das man in ferne Länder zu tragen habe. Am 15. September 2009 wurde die Pressekonferenz in der Temporären Kunsthalle in Berlin nach einer Konzeption von Alice Creischer, Christian von Borries und Andreas Siekmann in leicht gekürzter Form wiederaufgeführt. Hinzu kamen ein drehbares Bühnenbild sowie ein eigens komponiertes Musik- und Performancestück, das unter anderem Bezug auf zwei historische Dokumente nimmt: die Fotografie und Tonaufnahme eines thailändischen Ensembles, das im Jahr 1900 im Berliner Zoo gastierte und dort das Lied *Kham hom* aufführte.

enment, scheduled for 2011 in Beijing's National Museum. The speakers at the press conference were envisioning a giant stage, stretching from Dubai to China, on which Germany as a nation of culture could perform. They were there to perpetuate in unbowed terms the concept of global intellectual and cultural assets that were not only available for free disposal, but which one was almost duty-bound to disseminate to faraway lands. On September 15, 2009, the press conference was reenacted in slightly abridged form in the Temporäre Kunsthalle art space in Berlin, as conceived by artists Alice Creischer, Christian von Borries, and Andreas Siekmann. In addition, a rotating set was added, as well as a specially composed music and performance piece that referenced, among other things, two pieces of historical documentation—the photos and recordings of a Thai theater troupe performing the traditional Thai song *Kham Hom* (Sweet Words) in Berlin in 1900.

Tim Crouch

WF:X *England*, 2007
Performance
Im Auftrag von / Commissioned by the Fruitmarket Gallery, Edinburgh, 2007

Manche Kunstgalerien sollten beim Eingang Desinfektionsmittelspender für die Hände aufstellen. Ihre Ästhetik ist so sauber und unirdisch, dass sie das sterbliche und infizierte Chaos des Alltags geradezu zu verachten scheinen – und das, noch bevor wir einen Blick auf die Kunstwerke selbst geworfen haben. Ich glaube, dass das Theater zu derartig sauberen, unsterblichen Linien viel weniger imstande ist; sein Rohstoff ist weniger kontrolliert, ist krankheitsanfälliger. Ich habe nicht den Eindruck, ich müsste mir die Hände waschen, be-

Some art galleries should have antiseptic hand wash dispensers outside their entrances. Their aesthetics are so clean and other-worldly that they appear to disdain the mortal and infected mayhem of everyday life—and this before we've even looked at the art. Theater, I think, is less capable of such clean immortal lines. Its raw material is less controlled, more prone to disease. I never feel I need to wash my hands before I see a play. I thought about what happens when you put one art form (theater) inside the space of another (visual art). This led me

vor ich mir ein Theaterstück ansehe. Ich frage mich, was wohl geschehen würde, wenn man eine Kunstform (das Theater) in den Raum einer anderen (der bildenden Kunst) versetzte. Das führte mich zum Thema der Transplantation – das Theater in der Galerie, die Figur im Darsteller, die Handlung im Publikum, das Herz eines Menschen im Körper eines anderen. (Tim Crouch)

to the theme of transplantation—theater in gallery, character in actor, story in audience, one person's heart inside another person's body. (Tim Crouch)

Lars Cuzner / Fadlabi

BA:K1(IIS) *Forensics of Attraction* (Forensiken der Attraktion), 2013
Multimedia-Installation, Video, unterschiedliche Größen / Mixed-media installation, video, variable dimensions
Im Auftrag von / Commissioned by Bergen Assembly 2013

Im Rahmen ihres laufenden Projekts *Forensics of Attraction* gehen Lars Cuzner und Fadlabi dem Phänomen der „Menschenzoos" in der europäischen und insbesondere der norwegischen Geschichte nach. Für Bergen Assembly bestand ein Teil ihrer Recherchen in einer, wie sie es formulieren, „sinnlosen Reise nach Thailand" auf den Spuren der Padaung-Frauen (auch Kayan genannt), die als sogenannte „Long Neck Karen" seit den 1980er-Jahren in Schaudörfer für Ethnotouristen verfrachtet werden, die für den thailändischen Staat als Einnahmequellen unentbehrlich geworden sind. Cuzner und Fadlabi bedienen sich einer „konspirativen Narration", um die Mechanismen des Spektakels freizulegen und zu zeigen, wie es die Komplizenschaft der Zuschauern erzwingt.

In their ongoing project *Forensics of Attraction*, Lars Cuzner and Fadlabi research the phenomenon of the "human zoo" in European and particularly Norwegian history. For Bergen Assembly, they took, as they put it, "a pointless trip to Thailand" as part of their research to find evidence of the so-called Long-Necked Tribes, the Padaung (aka Kayan) women, who, since the 1980s, have been displaced to ethnic villages built for tourists, which generate massive revenue and have become the raison d'être of the Thai state. Using the device of "conspirative narrative," Cuzner and Fadlabi are exposing mechanisms of the spectacle and the complicity it coerces from its viewers.

Cylixe

WKV *Una ciudad en una ciudad* (Eine Stadt in einer Stadt / A City within a City), 2012
HD-Video, 18'
Vorgeführt im Rahmen von / Screened in the framework of *Everything Happens on the Surface* (6.–8. 12. 2013), Kuratorin / curator: Katrin Mundt

Vor zwanzig Jahren wurde in Caracas, Venezuela, der Bau eines neuen Finanzzentrums abgebrochen und nie wieder aufgenommen. Heute ist der Rohbau das höchste besetzte Haus der Welt.

Twenty years ago, construction on a new financial center in Caracas, Venezuela, was halted and has never resumed. Today this architectural skeleton is the tallest occupied building in the world.

Josef Dabernig

BA:TSM(ILS) *Hypercrisis* (Hyperkrise), 2011
35-mm-Film, digitalisiert, Farbe, Ton, 17' / 35mm film digitally transferred, color, sound, 17'
Courtesy: Der Künstler / The artist, Galerie Andreas Huber, Wien / Vienna, und / and Wilfried Lentz, Rotterdam
Mit Unterstützung von / Supported by IF Innovation Film Austria, Department of Culture of the City of Vienna und / and Galerie Andreas Huber, Wien / Vienna

Hypercrisis ist, wie so viele von Dabernigs Filmen, ein von einem bestimmten Gebäude inspiriertes Miniatur-Melodram. Er erzählt die bruchstückhafte Geschichte der Auflösung gesellschaftlicher und kultureller Bestimmungen unter einer Flut ökonomischer Veränderungen. Der Film wurde in Armenien in einem neomodernistischen Gebäude gedreht, das einst als Erholungsheim für privilegierte sowjetische Filmemacher und etablierte sowjetischen Schriftsteller diente. Überall ist die strikte Kulturhierarchie spürbar, in der die klassischen Künste dominieren. Doch in der postsowjetischen Welt hat die Institution ihren Zweck verloren. Das Gebäude ist vernachlässigt und heruntergekommen, die musikalischen Darbietungen vermeintlicher Talente sind schlecht und amateurhaft, und der einzige Schriftsteller, der noch dort lebt, hat ebenfalls eine kreative Krise. Allein das Personal scheint sich noch zu Hause zu fühlen und hat den Ort symbolisch, wenn nicht gar finanziell „privatisiert", und an die Stelle des literarischen Schaffens sind pausenlose Gelage getreten, bei denen man sich selbst feiert.

Hypercrisis, as is often the case with his films, is a miniature melodrama inspired by one particular building. It tells the fragmented story of the dissolution of social and cultural vocations under an avalanche of economic changes. The film was shot in Armenia, in the neomodernist building of a former recreation home for privileged Soviet cinematographers and established writers. The whole atmosphere implies the strict cultural hierarchy where high art prevails. But in the post-Soviet world, the institution has lost its purpose. The building itself is neglected and run down, recitals meant to demonstrate talent are awkward and amateur, and the sole writer staying there is affected by a creative crisis as well. The only ones who seem to feel at home here are the staff, who have "privatized" this space symbolically if not financially, having replaced writing with constant self-celebratory binges.

WKV *Erased Slogans* (Entfernte Slogans), 2008
Serie von digitalen Prints / Series of digital prints
Red Book of Slogans (Rotes Slogan-Buch), 2008
Buch / Book

Kiri Dalena

Kiri Dalenas Arbeiten *Erased Slogans* und *Red Book of Slogans* basieren auf einer Auswahl von über hundert historischen Fotografien, die verschiedene Massenproteste und Demonstrationen in den Philippinen dokumentieren. Die meisten Fotos stammen aus den 1950er- bis 1970er-Jahren, der Zeit vor der Diktatur Ferdinand Marcos‘ (1972–1986). Die Künstlerin fand die Dokumente in den Archiven der Bibliothek des Lopez-Museums in Pasig City, Region Manila. Für die Fotoserie *Erased Slogans* hat sie sämtliche Parolen, die auf den Bildern auf Transparenten und Bannern zu lesen waren, entfernt. Zwar sieht man noch immer deutlich, dass es sich um Bilder von Protestaktionen handelt – nur weist nichts mehr darauf hin, worum es ging, wogegen sich der Protest richtete. Die ihrem Kontext enthobenen Slogans sind wiederum in dem Buch *Red Book of Slogans* zusammengetragen. Pro Seite wird ein Slogan wiedergegeben. Wie ein Zensor schneidet Dalena die historischen Botschaften heraus, um sie in einen anderen Kontext der Speicherung und Ordnung zu verschieben. In den manipulierten Fotografien lenkt sie zugleich den Blick von der Sprache auf die Konstellationen zwischen Körper und Raum, Masse und Individuum, Widerstand und der Gewalt der Staatsmacht. Der öffentliche Raum, angefüllt von zu beschreibenden leeren Transparenten, wird dabei als Möglichkeitsraum der Artikulation aufgeladen und aktualisiert.

Kiri Dalena's works *Erased Slogans* and *Red Book of Slogans* are based on a selection from more than one hundred historical photographs documenting various mass protests and demonstrations in the Philippines. Most of the photographs were taken between the 1950s and the 1970s, before the dictatorship of Ferdinand Marcos (1972–86). The artist found them in the archives of the library of the Lopez museum in Pasig City (region Manila). In *Erased Slogans,* Dalena has expunged all the slogans that were visible on placards and banners in the photographs. Even though it is still very obvious, that the images are showing demonstrations, it is absolutly unclear against what the people are protesting. The slogans, stripped of their context, have then been put together in the book *Red Book of Slogans.* One slogan appears on each page. Like a censor, she cuts out the historical messages to shift them into another context of order and storage. In doing so, she shifts the attention from language to the constellations the images show between body and space, mass and individual, resistance and the violence of state power. At the same time, she charges and actualizes the public space with the potentialities of articulation.

D

Cordula Daus

WF:X *Lauteindruck* (Sound Impression), Notizbuch Nr. 8 / Notebook No. 8, J. C. Duenkel, 25./26. 4. 1964
Vokabellisten des unveröffentlichten *Diccionario Quingnam*, J. C. Duenkel, 23. 4. 1965 / Vocabulary lists from the unpublished *Diccionario Quingnam*, J. C. Duenkel, 23. 4. 1965
Originalskizze, J. C. Duenkel, undatiert / Original sketch J. C. Duenkel, undated
Illustration aus: *Toponymisches Heft Nr. 2,* Cordula Daus (Hrsg.), Neue Gesellschaft für Angewandte Toponymie (NGT), Berlin 2013 / Illustration from: *Toponymisches Heft Nr. 2,* ed. Cordula Daus, Neue Gesellschaft für Angewandte Toponymie (NGT), (Berlin: Fantôme Verlag, 2013)

Die Ausstellung zeigt erstmals veröffentlichte Notizen des deutsch-peruanischen Forschers. Die Aufzeichnungen Duenkels und seine Praxis geophysischer Sprechakte stehen im Zentrum der von Cordula Daus herausgegebenen Publikation *Toponymisches Heft Nr. 2.*

The exhibition displays notes from the German-Peruvian researcher, which have now been published for the first time. Duenkel's documentation and his practice of geophysical speech acts are the focus of the publication *Toponymisches Heft Nr. 2*, edited by Cordula Daus.

WF:X *Bekanntmachung und Requerimiento, das den Bewohnern der Inseln und des Festlandes des Mar-Oceano zu machen ist, die unserem Herrn noch nicht unterworfen sind, gelesen von Francis Okpata* (The notification and Requerimiento to be made to the inhabitants of islands and the mainland of the Ocean Sea, who are as yet not subject to Our Lord, is read by Francis Okpata)
Text

Das *Requerimiento* (= Aufforderung, Mahnung) begründete den Rechtsanspruch der spanischen Krone auf die Neue Welt. 1513 von dem Juristen Palacios Rubios und dem Experten für Kirchenrecht Fray Matías de Paz verfasst, musste das *Requerimiento* vor jedem Akt der Landnahme laut verlesen werden. Die päpstliche „Schenkung" Amerikas – welche im Zentrum des Dokuments steht – reichte den weltlichen Fürsten zur Legitimation ihrer Eroberung nicht mehr aus. An die Einwohner von „Las Indias" gerichtet, wurde der Text in dunkle Wälder gesprochen, von Bergen oder Schiffen aus verlesen. Dies geschah teils ohne Übersetzung, teils in völliger Abwesenheit der einheimischen Bevölkerung. So absurd der Text und

The *Requerimiento* (requirement, demand) was a speech substantiating the Spanish Crown's legal claim to the New World. Drafted in 1513 by a jurist and expert in ecclesiastical law, the *Requerimiento* had to be read out loud before the Spanish took possession of territory. The papal "donation" of America—which lies at the heart of the document—no longer sufficed for the secular princes seeking to legitimate their conquest. Addressed to the inhabitants of "Las Indias," the text was pronounced in dark forests, proclaimed from mountains or ships. Sometimes it was read out without any translation, sometimes in the complete absence of the indigenous population. Absurd though the text and the practice of its performance may be, at the same

seine Aufführungspraxis sein mochten, er spiegelt zugleich das Anliegen einer spanischen Kolonialethik zu Beginn des modernen Zeitalters. Das Requerimiento war Resultat und Gegenstand einer langen Debatte über die völkerrechtlichen Grundlagen des gerechten Kriegs. (Neue Gesellschaft für Angewandte Toponymie)

time it reflects the wish to establish a Spanish colonial ethics at the start of the modern age. The Requerimiento was the result and the object of a lengthy debate on the foundations of just war in the law of nations. (Neue Gesellschaft für Angewandte Toponymie)

WF:FQ21 *Geophysik der Stimme* (Geophysics of the Voice)
Publikation und Vortrag / Publication and lecture

Die Berliner Kulturwissenschaftlerin präsentiert ihre neue Publikation: *Das Toponymische Heft Nr. 2*, Cordula Daus (Hrsg.), Neue Gesellschaft für Angewandte Toponymie (NGT), Fantôme Verlag, Berlin 2013: Auf einer Forschungsreise 1962 entdeckt der Linguist J. C. Duenkel eine längst tot geglaubte Sprache. Der raue Klang des in Vergessenheit geratenen Idioms fasziniert ihn. Er beginnt, ein eigenes Notationssystem zu entwickeln. 1968 beteiligt sich Duenkel an archäologischen Ausgrabungen in den Ruinen von Chan Chan, Peru. Er sucht nach Korrespondenzen zwischen Worten und Materie. Der Fund eines tönenden Objekts birgt eine neue Erkenntnis über die akustische Dimension des Ortes.

The Berlin-based cultural scientist presents her new publication: *Das Toponymische Heft Nr. 2*, ed. Cordula Daus, Neue Gesellschaft für Angewandte Toponymie (NGT) (Berlin: Fantôme Verlag, 2013). On a research trip in 1962, the linguist J. C. Duenkel discovered a language long thought extinct. The rough sounds of this forgotten idiom fascinated him. He began to develop his own notation system. Trujillo, Peru, 1968: Duenkel took part in the excavations of the ruins of Chan Chan. He was looking for correspondences between words and matter. The discovery of a sound-producing object gave rise to new insights about the acoustic dimensions of the site.

Ekaterina Degot / David Riff

WKV *Monday Begins on Saturday: Fiction and Reenactment as Curatorial Methodologies* (Der Montag fängt am Samstag an. Fiktion und Reenactment als kuratorische Methoden)
Vortrag / Lecture, 5. 10. 2013

Burak Delier / Group P

WF:FQ21 *The Candidate* (Der Kandidat), 2013
Installation
Im Rahmen der Gruppenausstellung / In the framework of the group exhibition *Go Get Them Tiger* der / by Group P, kuratiert von / curated by Burak Delier und / and Süreyyya Evren

The Candidate unterstreicht, wie wichtig es ist, in der Kunstwelt überzeugend zu wirken. Burak Delier überredet eine/n junge/n KünstlerIn, als KandidatIn an seinem Projekt mitzuarbeiten. Diese/r vereinbart mehrere Treffen mit Persönlichkeiten aus der lokalen Kunstwelt und versucht diese zu überzeugen, dass es in der Kunst ausschließlich ums Überzeugen geht. Ausgestellt werden schriftliche Berichte des Kandidaten / der Kandidatin, in denen er / sie die eigene Leistung bei den Treffen beurteilt.

The Candidate emphasizes the importance of the ability to persuade in the art world. Burak Delier persuades an emerging artist, a candidate, to be part of the project. The candidate organizes meetings with key members of the art world in the city and tries to convince them that art is only about persuasion. Reports written by the candidate are exhibited, where he or she evaluates his or her own performance during these meetings.

Elmas Deniz / Group P

WF:FQ21 *Universal Minimum Wage Commission* (Welt-Mindestlohn-Kommission), 2013
Videoarbeit / Video work
Im Rahmen der Gruppenausstellung / In the framework of the group exhibition *Go Get Them Tiger* der / by Group P, kuratiert von / curated by Burak Delier und / and Süreyyya Evren

Universal Minimum Wage Commission von Elmas Deniz ist im Format einer Fernsehsendung gestaltet, in der vier Personen im Studio Angelegenheiten rund um den Mindestlohn diskutieren. Die Kommission soll einen universal gültigen Mindestlohn festlegen. Es nehmen Personen mit unterschiedlichen Hintergründen teil: ein Historiker, der zugleich moderiert, eine Gewerkschafterin / Kuratorin und zwei Volkswirte. Der Moderator vertritt die initiierende Künstlerin. Der Beitrag von Deniz besteht aus der Organisation und dem Konzept der Zusammenkunft, der Rest ergibt sich durch die Gruppendynamik.

Universal Minimum Wage Commission is a TV discussion amongst four people who explore issues revolving around minimum wage. In the program the task of the commission is to articulate a universal minimum wage standard. The program includes debaters from different backgrounds; a historian who moderates, a unionist/curator, and two economists. The moderator represents the artist as the initiating agent. Elmas Deniz's contribution is limited to organizing the gathering, while the content is generated by the participants.

Carola Dertnig

WF:S *Tacheles Speech* (Tacheles Rede), 2013
Performance
Courtesy: Die Künstlerin / The artist sowie / and Galerie Andreas Huber, Wien / Vienna

„*Tacheles Speech* bezieht sich auf einen Text von Donald Judd aus dem Jahr 1989. Dieser handelt von dem dreieckigen Nicht-Ort hinter der Secession. In meiner Adaptierung des Texts ergibt sich aus der unmöglichen Möglichkeit des Ortes auch eine Verschiebung verschiedener Sparten (Disziplinen).“ (Carola Dertnig) *Tacheles Speech* wird auf einer zusammenklappbaren Bühne, die von Alexander Rodtschenkos Entwürfen übernommen wurde, aufgeführt. Dieser Gebrauch der Rednerbühne intendiert symbolisch die Überführung performativer und gesellschaftspolitischer Praktiken in den Alltag.

"*Tacheles Speech* references a text by Donald Judd from 1989. This text addresses the triangular non-place behind the Secession building. In my adaptation of the text the impossible possibility of this locus also gives rise to a displacement of various disciplines." (Carola Dertnig) *Tacheles Speech* is performed on a collapsible stage, adapted from Aleksandr Rodchenko's designs. This utilization of the rostrum aims at a symbolic transposition of performative and sociopolitical practices into the quotidian once again.

WF:S *Tacheles Speech* (Tacheles-Rede), Bühne (Stage), 2012
Rednertribüne / speaker's tribune, nach / after A. M. Rodtschenko
Entwurf / Outline: Peter Karlsberger, Maße variabel / variable dimensions
Courtesty: Die Künstlerin / The artist und / and Galerie Andreas Huber, Wien / Vienna

Die Bühne bezieht sich auf ein von A. M. Rodtschenko entworfenes Modell einer Arbeitertribüne aus den 1920er-Jahren, die als Teil eines – nicht realisierten – Arbeiterclubs der UdSSR gedacht war. Rodtschenko wollte Raum für Bildung und eine aktive Teilnahme an künstlerischen, sozialen und politischen Fragestellungen schaffen. Für alle. Die Rednerbühne ist ein frei stehendes und mobiles Element, das sich nach Gebrauch zusammenklappen lässt. Ein Scherenzaun bestimmt durch seine variable Größe die räumliche Präsenz der Arbeit.

The stage references a model for a workers' tribune designed by A. M. Rodchenko in the 1920s and conceived as part of an—unrealized—USSR Workers' Club. Rodchenko sought to create space for education and active participation in artistic, social, and political questions. For everyone. The rostrum built to his plans is a free-standing, mobile structure that can simply be folded up after use. The dimensions of an extendable diamond-trellis fence determine the work's spatial presence.

Stephan Dillemuth

BA:BK(IDM) *Department of surv31llanc3&3ncr1pt10n* (Abteilung für Über31wac3&3un1pt10g), 2013
Installation, unterschiedliche Größen / Installation, variable dimensions
Im Auftrag von / Commissioned by Bergen Assembly 2013

Im Rahmen seines laufenden Projekts *Society of Control* verzeichnet Stephan Dillemuth das Auftauchen neuer Überwachungstechnologien sowie Aktivitäten der Gegenbewegung wie Open-Source-Programmierung, Hacking und andere Formen kommunikativen Widerstands. In Bergen war das Projekt in Gestalt von *Department of surv31llanc3&3ncr1pt10n* vertreten, einem Abhörposten wie in Ihrer Lieblingskrimiserie. Hinter dem unauffälligen Eingang eines Puppentheaters liegt ein verlassenes Entschlüsselungslabor, in dem ein altmodischer Programmierer mithilfe eines kaputten, altersschwachen Computers versucht haben muss, ein Darknet der Bedeutung mit einer Verschlüsselung im Open-Source-Repertoire postkonzeptueller Kunst hochgehen zu lassen.

Stephan Dillemuth's Society of Control is an ongoing project that maps the emergence of new surveillance technologies and the countermovement of open-source programming, hacking, and other forms of communicative resistance. In Bergen, it appeared as the *Department of surv31llanc3&3ncr1pt10n*, a listening post in your favorite detective show. Behind the innocuous entrance of a puppet theater lies an abandoned cryptological laboratory, where an old-fashioned programmer must have been using a broken, decrepit computer to hack out a darknet of meaning, encoded in the open-source repertoire of post-conceptual art.

Jimmie Durham

WF:S Ohne Titel (Armadillo) / Untitled (Armadillo), 1991
Gipskopf, Glasperlen, Farbe, Holz, Foto, 125 × 60 × 23 cm / Cast head, glass beads, paint, wood, photograph, 125 × 60 × 23 cm
Leihgeber / Lender: Museum of Contemporary Art Antwerp (M HKA), Sammlung Flämische Gemeinschaft / Collection Flemish Community

Ein reptilartiger Mäusekopf ist mit gelbem Klebeband an einer Holzkonstruktion befestigt. Das hellrot bemalte Köpfchen mit seinem Plexiglasohr gehört einem sogenannten Armadill – einem vom Aussterben bedrohten Gürteltier mit einem Panzer aus dicken Knochenplatten, die von einer Hornhaut bedeckt sind. Dieses Wesen findet man in Süd- und Zentralamerika sowie den südlichen Staaten des mittleren Westens der USA. Es frisst unter anderem Tierkadaver, und manche glauben sogar, das Gürteltier grabe auf Friedhöfen nach menschlichen Leichen. Auf Brusthöhe ist ein Schwarz-Weiß-Foto an der

The head of a reptile-like mouse is attached with yellow tape to a construction. This small head, painted in bright red and with one Plexiglas ear, is an armadillo—an endangered animal with armor consisting of strong bony plates, covered by horny skin. The animal is found in South and Central America and in the south-central states of the United States. Amongst other things, it eats animal remains and some believe that it searches for human remains in cemeteries. A black-and-white photograph is attached to the sculpture, at breast height. The picture seems to "speak the language" of a B-movie. There are two figures. A dom-

Skulptur angebracht. Das Bild zeugt offenkundig von der visuellen „Sprache" schlechter Filme. Zwei Figuren sind zu sehen: Ein stehender Mann in einem schwarzen Anzug bedroht herrisch einen sitzenden Mann mit nacktem Oberkörper. Dieser ist mit einem Seil an einen Sessel gefesselt. Durham vollzieht hier bewusst einen „Sprachfehler". Der Herrschende bedroht den Gefesselten nämlich nicht mit einer Pistole, sondern mit einem Gürteltier.

inant man in a black suit keeps another one imprisoned: a man with naked torso, tied to a chair with ropes. Durham purposely makes a "speech error": the dominant man does not threaten the other with a pistol, but with the small head of an armadillo.

WF:S Ohne Titel / Untitled 1–4 (Diagramme / Chart Series), 2005
Farbstift auf Papier, Holzrahmen / Pencil on paper, wooden frame, 51 × 72 cm
Courtesy: Der Künstler / The artist sowie / and Galerie Michel Rein, Paris

Jimmie Durhams Diagramme wirken wie ein zynischer Kommentar auf die Dominanz statistischer Modelle für die weitreichenden – und ganze Volkswirtschaften an den Rand des Kollapses bringenden – Entscheidungen in den gegenwärtigen Finanzsystemen. Der gestische Duktus dieser absurden Fieberkurven vermittelt gleichsam kommentarhaft zwischen den Empfindungen, die den Körper eines Individuums in Erregung versetzen, und den als Mathematik sublimierten und abstrakt gewordenen Triebbewegungen des Kapitals.

Jimmie Durham's diagrams evoke a cynical commentary on the dominance of statistical models for far-reaching decisions in today's financial systems that push entire economies to the brink of collapse. The gestural rhythm of these absurd temperature charts functions as a kind of interpretative mediation between sensations that stir the human body and drive-propelled movements of capital, rendered abstract and sublimated as mathematics.

WF:S *Smashing* (Zertrümmern), 2004
Videoarbeit, Farbe, Ton, 92' / Video work, color, sound, 92'
In Zusammenarbeit mit / In cooperation with Maria Thereza Alves
Courtesy: Der Künstler / The artist sowie / and Galerie Michel Rein, Paris

Jimmie Durham sitzt im Anzug hinter einem Schreibtisch. Er wirkt wie ein pflichtbewusster Beamter – bloß dass er pflichtbewusst Dinge zertrümmert. In geordneter Abfolge tritt eine Person an ihn heran, übergibt ihm einen Gegenstand, den Durham dann mit einem prähistorischen Steinwerkzeug zer-

Wearing a suit, Jimmie Durham sits behind a desk like a bureaucrat performing his duty: smashing things. In an orderly manner, a person goes in, delivers an object, and Durham smashes it with a prehistoric stone tool—violently but impassively. He stamps and signs a piece of paper as receipt and gives it to

schlägt – brutal und doch teilnahmslos. Dann unterschreibt und stempelt er ein Papier als Quittung, die er der Person aushändigt. Dasselbe wird 92 Minuten lang wiederholt.

the same person, who goes off-scene. The same order of events is repeated several times over the course of ninety-two minutes.

Barbara Ehnes

WF:X/WKV *Die Schwarze Botin. Remastered and Remistressed*, 2013
Wandzeitung mit Fünf-Kanal-Videoinstallation, Publikation / Wallpaper with five-channel video installation, publication

Die Wandzeitung *Schwarze Botin. Remastered and Remistressed* entstand 2013 im Kontext eines Recherche- und Lecture-Performance-Projektes über eine feministische Zeitschrift aus den 1970er- und frühen 1980er-Jahren, die in ihren 33 Nummern einen herrschaftskritischen, satirisch feministischen Diskurs etablierte. Im Performance-Teil dieser Arbeit (Premiere Juni 2013 in Wien) wurde eine Redaktionskonferenz der *Schwarzen Botin* mit den damaligen Autorinnen reenacted und eine heutige Sondernummer der Zeitschrift herausgegeben. Dabei trafen die „Botinnen" aus den 1970er-Jahren auf Protagonistinnen und Autorinnen einer jungen Generation heutiger Feministinnen. Eine Videoinstallation porträtierte die Gründerinnen heute und in den 1970er-Jahren. Das Projekt als theatrale Installation auf der Bühne und als Wandzeitung im Ausstellungsraum inszeniert die Auseinandersetzung zwischen den historischen und den aktuellen Positionen eines literarisch-politischen Feminismus. (Stefanie Carp)

The wall display *Schwarze Botin: Remastered and Remistressed* was created within the context of a research and lecture-performance project about the feminist magazine *Schwarze Botin* (Black Herald), published between the mid-1970s and the mid-1980s. The thirty-three issues, published at irregular intervals, established a satirical feminist discourse that was highly critical of prevailing power structures. For the performance part of this piece, which premiered in Vienna in June 2013, a *Schwarze Botin* editorial conference with the magazine's writers was reenacted, and a special issue was published. During the process, the "heralds" from the 1970s met up with protagonists and writers of today's generation of feminists. A video installation presented portraits of the founders in the 1970s and in the present day. The project comprised a theatrical installation onstage and a wall display in the exhibition room; together they represented the debate between the historical and the current positions of literary-political feminism. (Stefanie Carp)

Redmond Entwistle

WKV *Walk-Through* (Ortsbesichtigung), 2012
HD-Video, 18'
Vorgeführt im Rahmen des Filmprogramms / Screened in the framework of the film program *Everything Happens on the Surface* (6.–8.12.2013), Kuratorin / curator: Katrin Mundt

Eine Führung über den Campus des California Institute of the Arts in Los Angeles, in dessen Architektur man das Ideal einer demokratischen Kunstausbildung zu verwirklichen hoffte. In einem Seminarraum diskutieren Studierende über Michael Ashers „Post-Studio Art" und die Macht der Sprache im Kunstsystem.

A tour of the California Institute of the Arts campus in Los Angeles, whose architecture was conceived as framework for realizing the ideal of democratic art education. In a classroom students are discussing Michael Asher's "post-studio art" and the power of language in the art system.

WF:S,X *Lob der Eigenverantwortung* (In Praise of Self-Reliance) **Gustav Ernst**
Autorenrede, 10-teiliges Autorenprojekt: Audiothek und Performances / Author's speech, ten-part author's project: audio-bar and performances

Die Rednerin, eine Sicherheits- und Gesundheitsbeauftragte der Regierung, spricht über neue Maßnahmen, die den immer komplexer werdenden Alltag in naher Zukunft in sozial verträgliche Bahnen lenken sollen. Sie betont den Bewusstseinszuwachs durch gesetzlich geregelte Eigenverantwortung. Um unsere Eigenverantwortung zu steigern, bietet uns der Staat ein mütterliches System der Vorsorge an, dem wir uns bewusst anvertrauen dürfen.

A health and safety official of the government speaks about new measures aimed at directing the increasingly complex everyday life of the near future into socially acceptable channels. She emphasizes the heightened awareness that can be attained through legally regulated self-reliance. To boost our self-reliance, the state is offering us a maternal system of prevention that we may confidently trust in.

WF:X *Wait Here* (Warte hier), 2008 **Tim Etchells**
Lichtinstallation / Light installation
Produktion / Production: Württembergischer Kunstverein Stuttgart, 2012

In den letzten Jahren hat Tim Etchells eine Reihe von neon- und LED-basierten Arbeiten geschaffen, die sich häufig mit widersprüchlichen Aspekten von Sprache beschäftigen – mit ihrer Schnelligkeit, Klarheit und Lebendigkeit in der Kommunikation von Geschichten, Bildern und Ideen, aber auch mit der ihr ebenfalls innewohnenden Fähigkeit, Verwirrung und Unsicherheit zu stiften. *Wait Here* ist eine von Etchells' ers-

In recent years, Tim Etchells has created a series of neon and LED pieces which often explore contradictory aspects of language—the speed, clarity, and vividness with which it communicates narratives, images, and ideas—and at the same time its propensity to create confusion and uncertainty. *Wait Here* is one of the first such works produced by Etchells and addresses the viewer directly, using eight words to spell out a phrase which

ten Arbeiten in dieser Serie und wendet sich direkt an die BetrachterInnen, indem acht Worte einen Satz ergeben, der uns in eine Geschichte hineinholt, deren Einzelheiten wir niemals erfahren.

implicates us in a narrative whose details remain unknown.

Tim Etchells / Kate McIntosh

WF:FQ21 *Although We Fell Short* (Auch wenn wir gescheitert sind), 2011
Performance
Forced Entertainment, Auftragswerk des / Commissioned by Kaaitheater Brüssel / Brussels

Die Arbeit ist ein Gewebe aus den Überbleibseln politischer Reden, eine taumelnde, manchmal monströse Materialcollage aus Fragmenten von zeitgenössischen und historischen Wahlkampagnen, Parteitagen, Debatten, Abdankungsreden und revolutionären Traktaten. Worte von Persönlichkeiten wie George W. Bush, Margaret Thatcher, Chruschtschov und Pol Pot finden so ihren Weg in unerwartete Dialoge und Kollisionen, während ihr Sinn verzerrt und gedehnt wird, sich ständig neu zusammensetzt, auflöst und im Wechselspiel der rhetorischen Erklärungen wieder für einen Augenblick zusammenfügt. *Although We Fell Short* ist komisch und beunruhigend, unterzieht die Strategien politischer Reden einer Reihe abrupter Umkehrungen und linguistischer Sollbruchstellen. Verfasst und inszeniert von Tim Etchells, der in einer Vielzahl von Kontexten zu Hause ist, vor allem mit der Performancegruppe Forced Entertainment und in der Zusammenarbeit mit verschiedenen bildenden KünstlerInnen, ChoreografInnen und FotografInnen, wird der Text performt von Kate McIntosh, einer Künstlerin, deren Arbeit die Grenzen zwischen Performance, Theater, Video und Installation verschwimmen lässt.

This piece is woven from the ruins of political speeches, a delirious and at times monstrous collage of material formed out of fragments of contemporary and historical election campaigns, party congresses, debates, resignations, and revolutionary tracts. Words from figures like George W. Bush, Margaret Thatcher, Nikita Khrushchev, and Pol Pot find their way into unexpected dialogues and collisions as sense itself becomes strained and stretched, constantly cohering, dissolving, and then momentarily re-cohering as the declarations twist and turn. *Although We Fell Short* is comical and unsettling, subjecting the familiar rhetorical strategies of political speeches to a series of abrupt reversals and linguistic stress tests. Written and directed by Tim Etchells, who works in a wide variety of contexts, notably with the performance group Forced Entertainment and in collaboration with a range of visual artists, choreographers, and photographers, *Although We Fell Short* is performed by Kate McIntosh, an artist crossing the boundaries of performance, video, and installation.

E/F

WKV *The Island of St. Matthews* (Die Insel St. Matthews), 2013
HD-Video, 69'
Vorgeführt im Rahmen des Filmprogramms / Screened in the framework of the film program *Everything Happens on the Surface* (6.–8.12.2013), Kuratorin / curator: Katrin Mundt

Kevin Jerome Everson

1973 tritt im US-Bundesstaat Mississippi der Tombigbee River über die Ufer. In der Flut verlieren auch die Eltern des Filmemachers alles, was ihnen und den nachfolgenden Generationen als Erinnerungsstück hätte dienen können. Eine Rekonstruktion der Ereignisse. Eine Flussbeschwörung.

The Tombigbee River spilled onto the riverside in the US state of Mississippi in 1973. In the ensuing flood the filmmaker's parents lost everything that could have been passed down to later generations as mementos. A reconstruction of the related events. An evocation of a river.

WF:S *Versöhnungsrede* (Reconciliation Speech)
Autorenrede, 10-teiliges Autorenprojekt: Audiothek und Performances / Author's speech, ten-part author's project: audio-bar and performances

Antonio Fian

In einer Stunde der Wahrheit lässt ein Politiker seinen Gedanken freien Lauf: Die Widersprüche unserer Heimat, die heißen Eisen unserer Vergangenheit könnten, wenn wir unsere Grenzen überwinden, zu den Hoffnungen unserer Zukunft werden. Dafür lohnt sich ein allgemeiner Aufbruch in ein neues Kapitel der Geschichte. „Yes we may …"

In a moment of truth, a politician gives free rein to his thoughts. The contradictions of our country, the hot buttons of our past, could become the hopes of the future if we could but overcome our limitations. For this goal, it is worthwhile to embark on a new chapter of history. "Yes we may …"

WKV *Unsupported Transit* (Nicht unterstützter Transit), 2011
HD-Video, 15'
Vorgeführt im Rahmen des Filmprogramms / Screened in the framework of the film program *Everything Happens on the Surface* (6.–8.12.2013), Kuratorin / curator: Katrin Mundt

Zachary Formwalt

Auf der Baustelle der neuen Börse in Shenzhen, China, angesiedelt, reflektiert das Video die Zusammenhänge zwischen Eadweard Muybridges fotografischen Bewegungsstudien, filmischer Zeitraffertechnik und Karl Marx' Überlegungen zur „verkürzten Form des Kapitals".

Set at the construction site of the new stock exchange in Shenzhen, China, this video reflects on the correlations between filmic time-lapse technology, Eadweard Muybridge's photographic studies of movement, and Karl Marx's reflections on the "abbreviated form of capital."

F

Luke Fowler

WKV *Bogman Palmjaguar*, 2007
DVD, 30’
Vorgeführt im Rahmen des Filmprogramms / Screened in the framework of the film program *Everything Happens on the Surface* (6.–8.12.2013), Kuratorin / curator: Katrin Mundt

Das Porträt eines als sozial und psychisch „auffällig“ diagnostizierten Mannes, der sich in die Einsamkeit der schottischen Moore zurückgezogen hat. Fowlers Aufnahmen begleiten seine Erzählung wie flüchtige Metaphern seines Seelenzustands.

The portrait of a man diagnosed as socially and mentally “disturbed” who has retreated to the solitude of the Scottish moorland. Fowler’s pictures accompany his narrative like ephemeral metaphors for his emotional state of being.

Heinz Frank

WKV *Keine Augen, die das Nichts sehen* (No Eyes to See Nothingness), 1975
Mehrteilige Skulptur (Stein, Holz, Bambus), 135 × 40 × 230 cm / Multipart sculpture (stone, wood, bamboo), 135 × 40 × 230 cm

WF:S/WKV *Das Leben ist schön (denn) der Tod ist zugegen* (Life Is Beautiful [as] Death Is Present), 1977
Mehrteilige Skulptur / Multipart sculpture
Das Nichts (The Nothingness), 1975
Mehrteilige Skulptur / Multipart sculpture
Die Zunge an den Gaumen drücken (Pushing the Tongue against the Palate), 1973
Mehrteilige Skulptur / Multipart sculpture
Die unvermutete Totenmaske eines noch Lebenden (The Unexpected Death Mask of One Still Living), 1975
Mehrteilige Skulptur / Multipart sculpture
Meine Hände erzählen von ihrer Sprachlosigkeit (My Hands Tell of Their Speechlessness), 1981
Mehrteilige Skulptur / Multipart sculpture

Heinz Franks Skulpturen setzen sich aus Materialien wie geschliffenen Steinen, Holz- und Metallresten, ungebranntem Ton, Teilen von Möbeln, Teppichen, Gestellen und anderem zusammen. Die verschiedenen Versatzstücke werden dabei ohne Fixierung über- und umeinander gestapelt. Auf kleinen Zetteln finden sich notierte Gedanken, die jeder Arbeit vorausgehen. Es sind gleichermaßen figurative wie abstrakte, komische wie unheimliche Gebilde,

Heinz Frank’s sculptures are made of materials such as sanded stone, wood, and metal remnants, unfired clay, partial furniture, rugs, racks, and other things. The various bits and pieces are piled on and around each other without being affixed in any way. Scraps of paper note ideas that preceded each piece of work. The objects are both figurative and abstract, comic and eerie, and their curious encounter appears to be threatened with dissolution at any moment. Each

Bergen **Stuttgart** **Wien / Vienna**

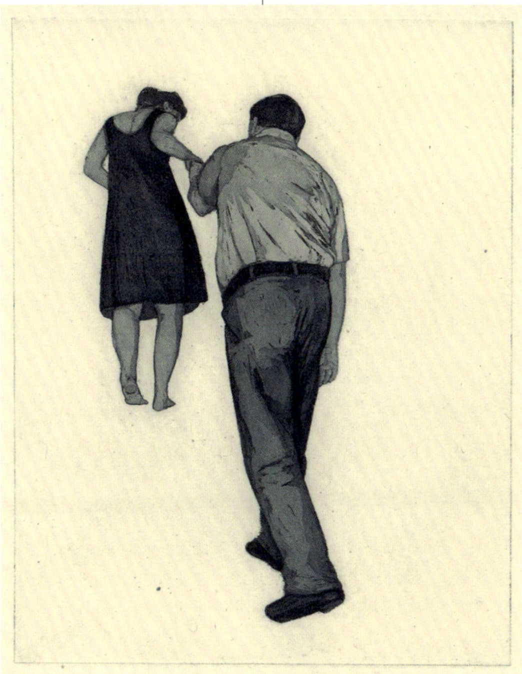

Manuela Beck *Spiegeln*

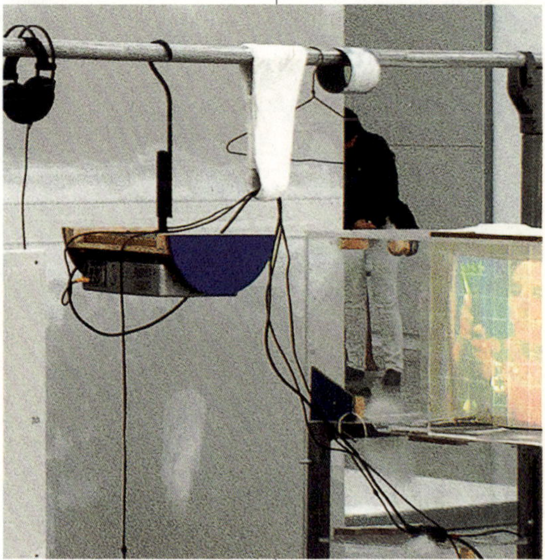

Neïl Beloufa *Party Island, Aquarium 2*

Bergen | **Stuttgart** | **Wien / Vienna**

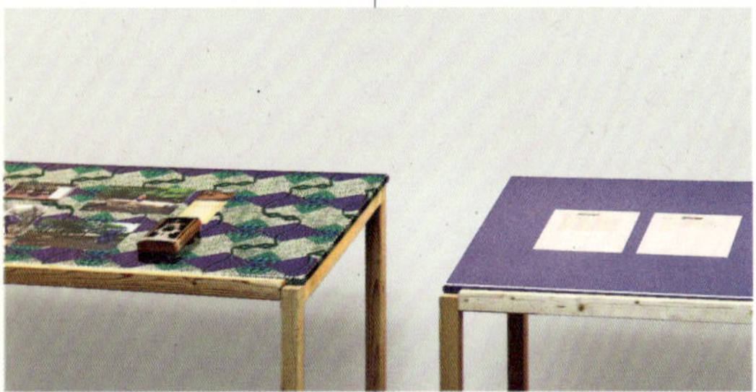

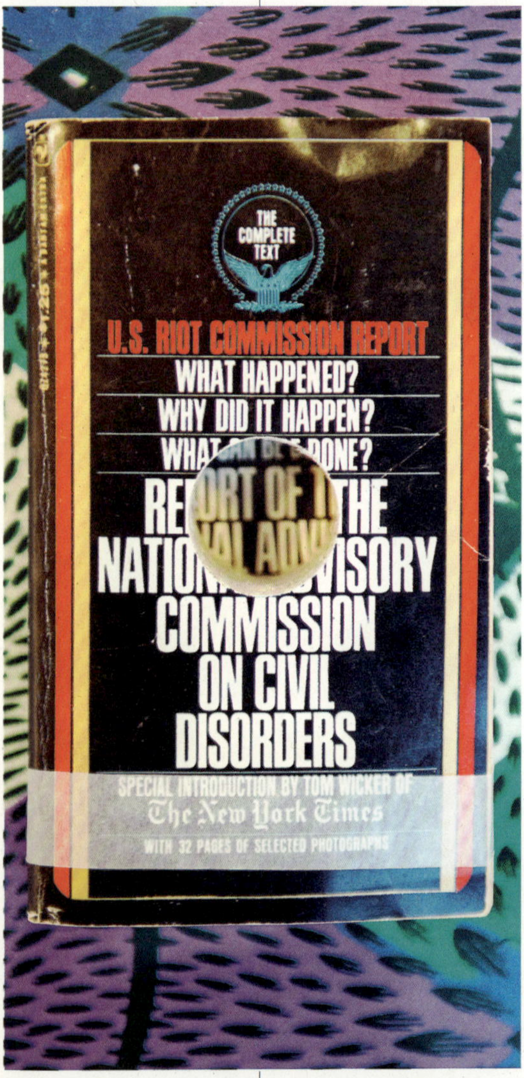

Aeron Bergman / Alejandra Salinas
Monument to Rebellion

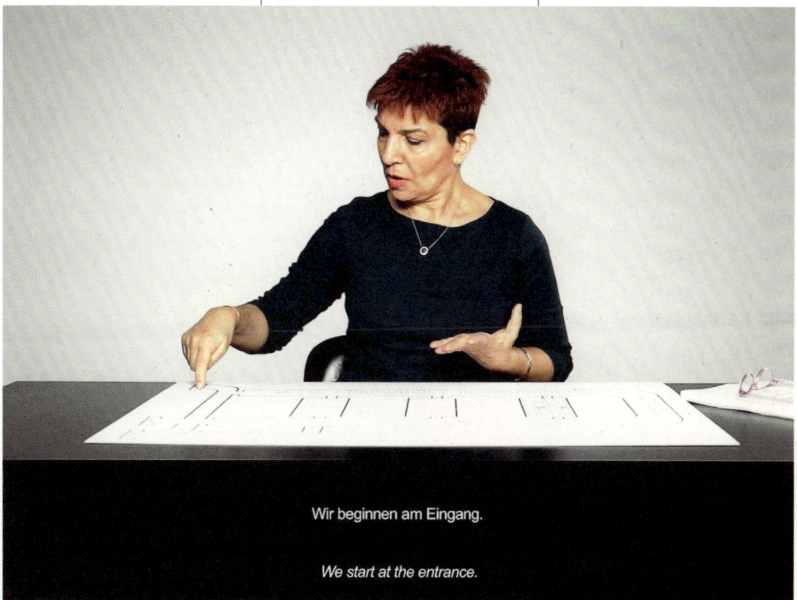

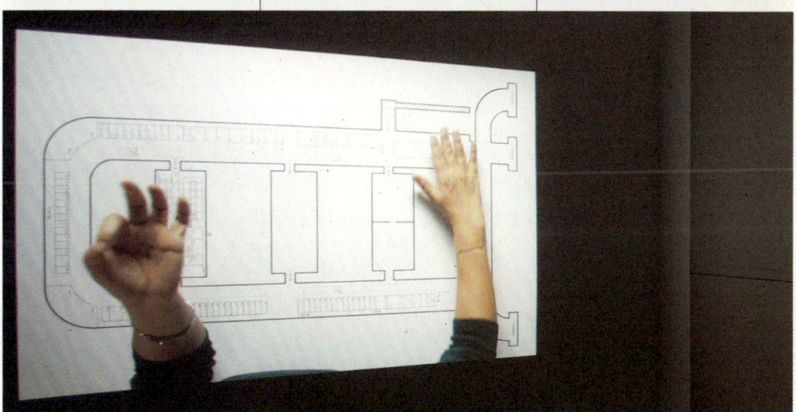

Banu Cennetoğlu / Yasemin Özcan *What Is It That You Are Worried About?*

Bergen **Stuttgart** **Wien / Vienna**

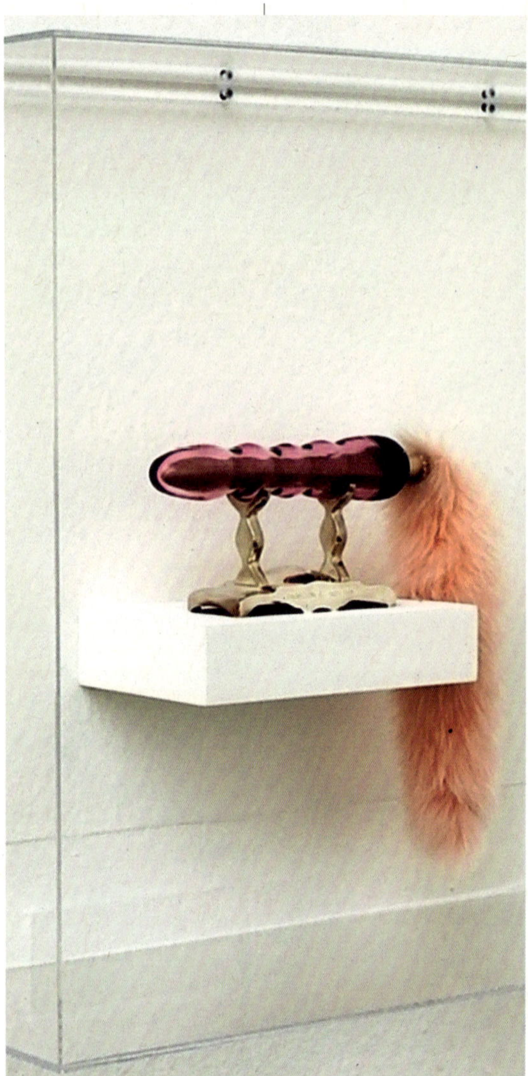

Banu Cennetoğlu / Shiri Zinn
Pavillion II, Within Limits 1921–1995

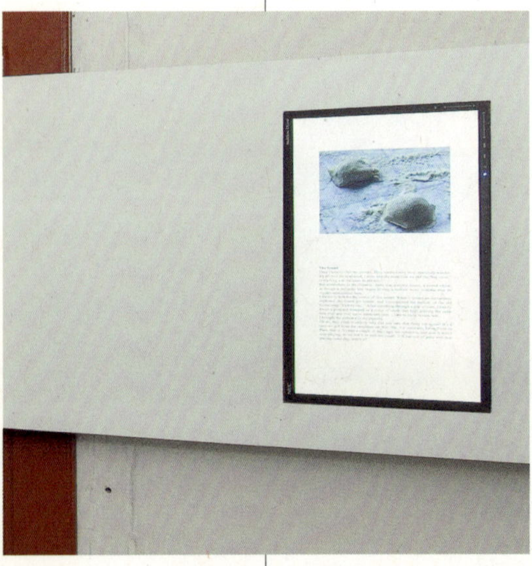

Olga Chernysheva *Screen. Platform*

Bergen **Stuttgart** **Wien / Vienna**

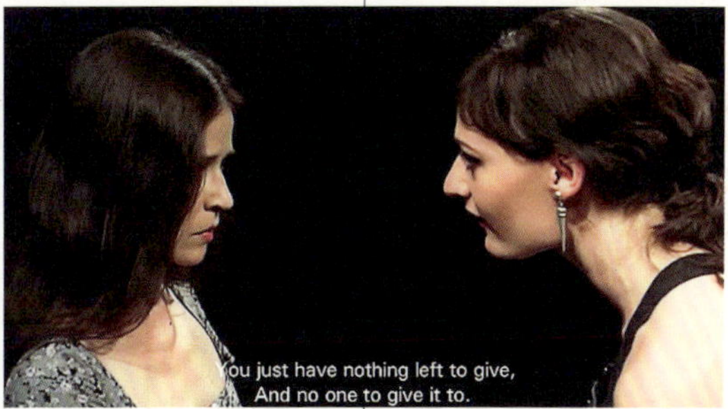

Keti Chukov *Love Machines*

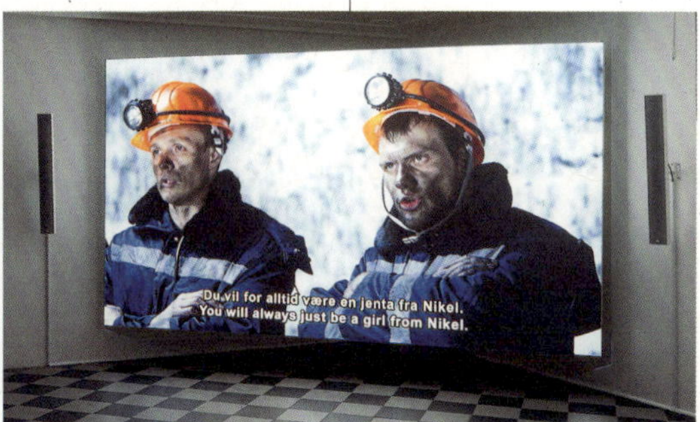

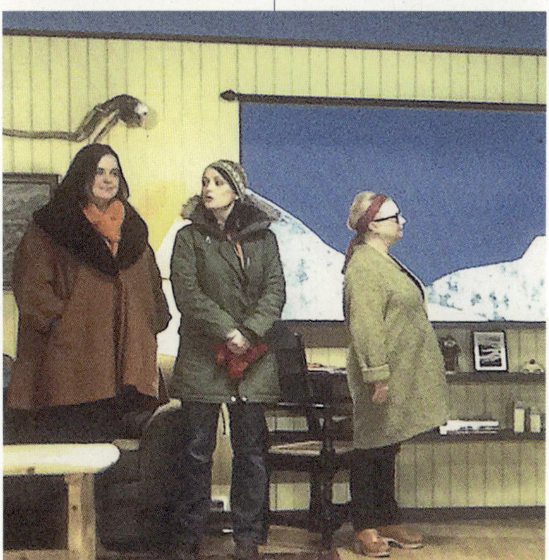

Chto Delat? *Border Musical*

Bergen **Stuttgart** **Wien / Vienna**

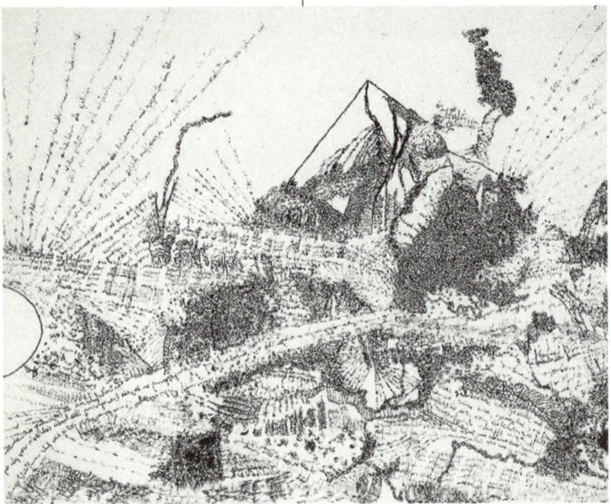

Carlfriedrich Claus
Allegorischer Essay für Albert Wigand. Ein kommunistisches Zukunftsproblem: Naturalisierung des Menschen, Humanisierung der Natur

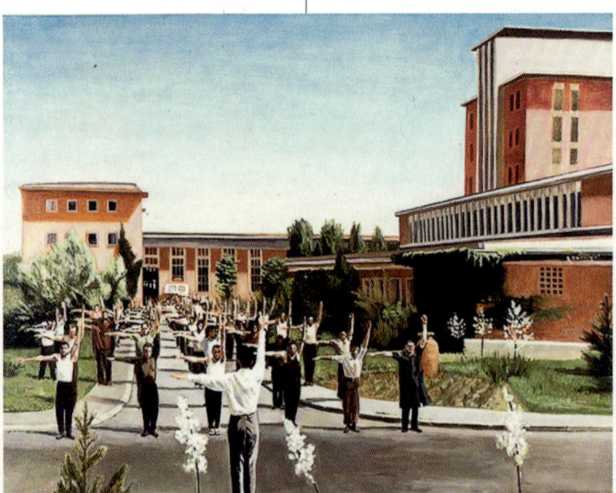

Stefan Constantinescu *An Infinite Blue*

Bergen | **Stuttgart** | **Wien / Vienna**

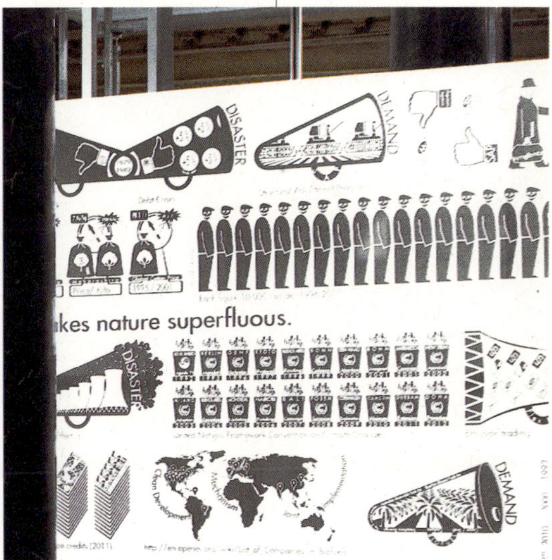

Alice Creischer / Andreas Siekmann
In the Stomach of the Predator

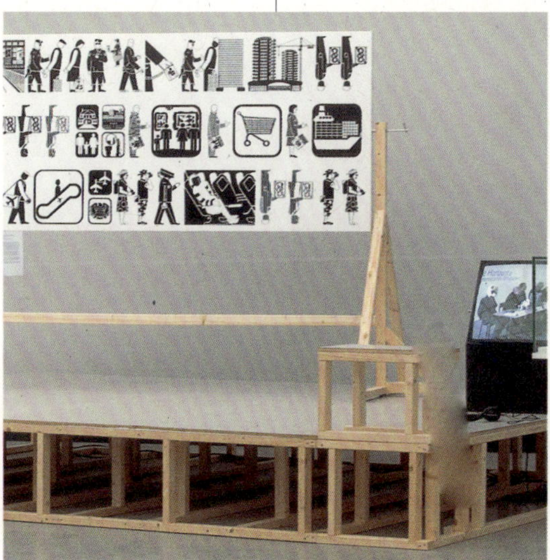

Alice Creischer / Andreas Siekmann / Christian von Borries
Dubai – Erweiterte Horizonte

Bergen | **Stuttgart** | **Wien / Vienna**

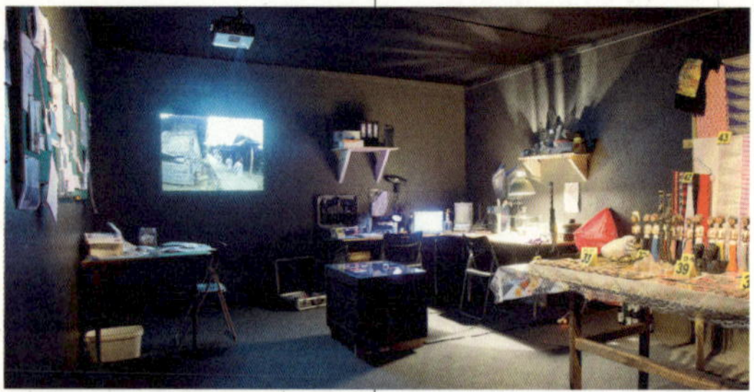

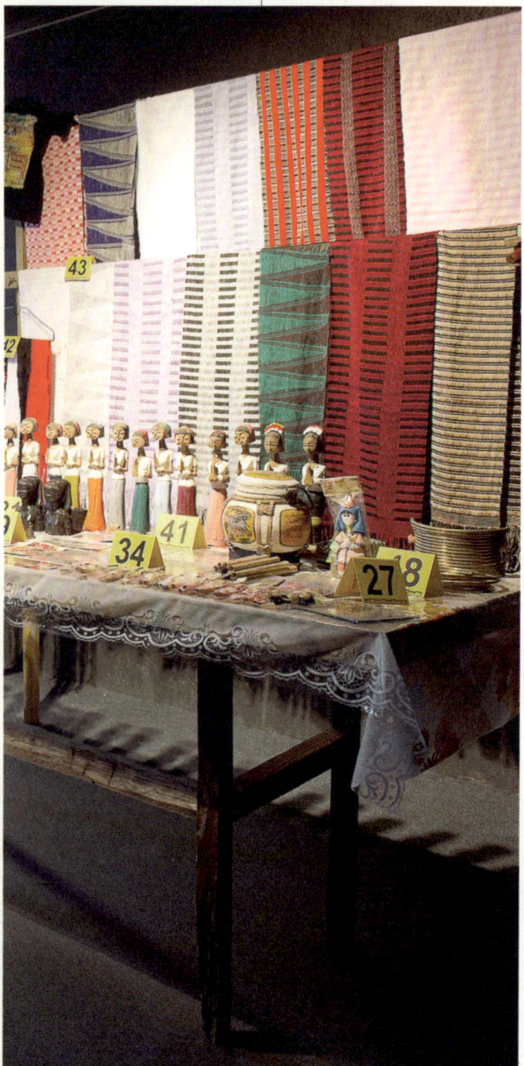

Lars Cuzner / Fadlabi *Forensics of Attraction*

Bergen **Stuttgart** **Wien / Vienna**

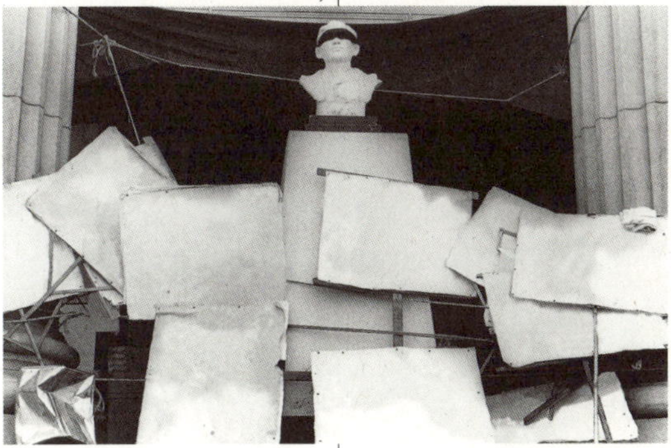

Kiri Dalena *Erased Slogans*

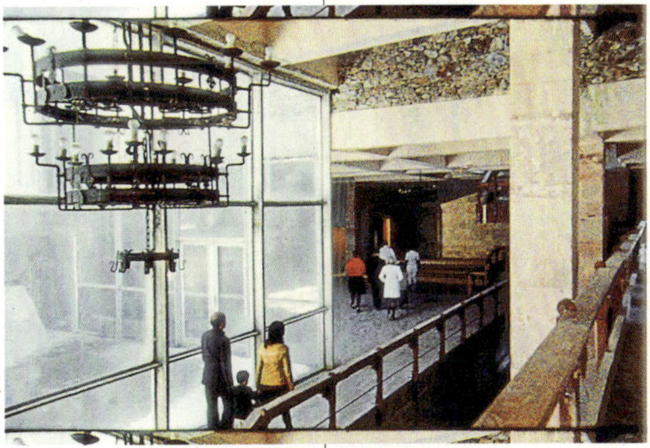

Josef Dabernig *Hypercrisis*

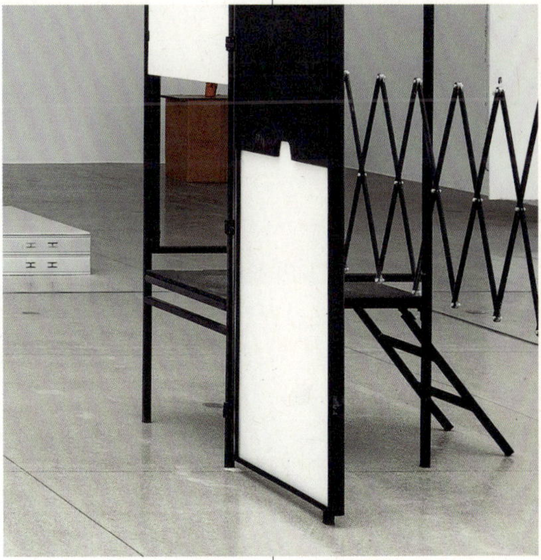

Carola Dertnig *Tacheles Speech*

Bergen

Stuttgart

Wien / Vienna

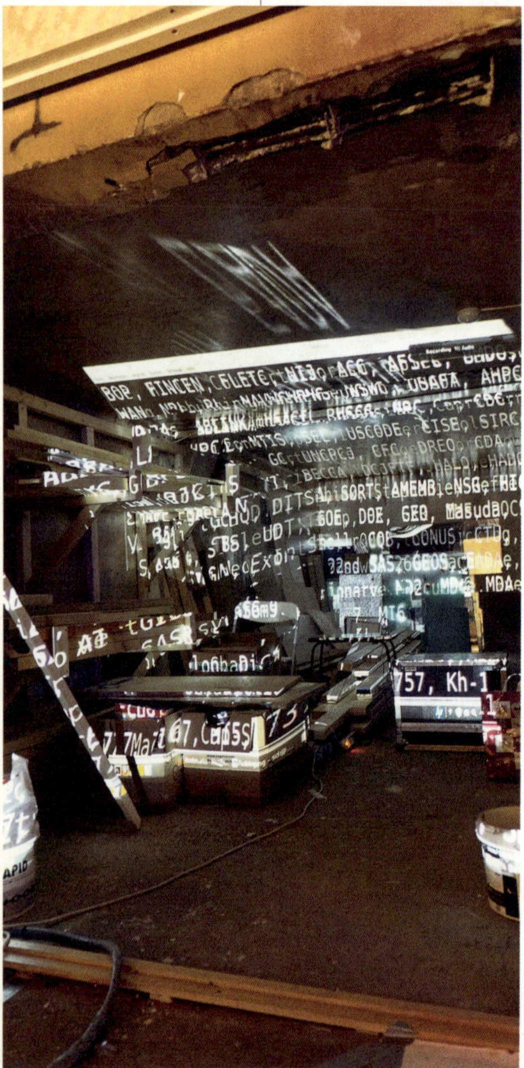

Stephan Dillemuth *Department of surv31llanc3&3ncr1pt10n*

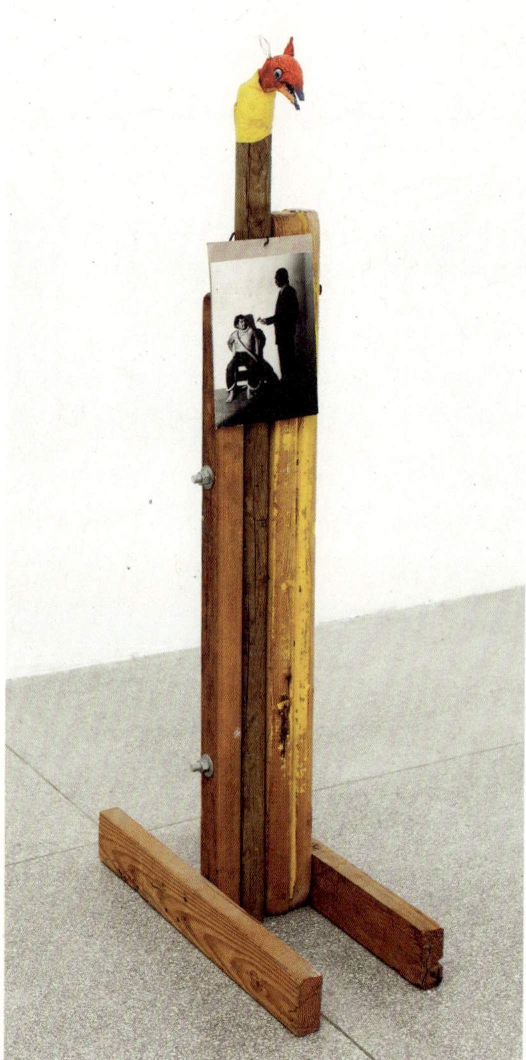

Jimmie Durham Ohne Titel (Armadillo)

Bergen **Stuttgart** **Wien / Vienna**

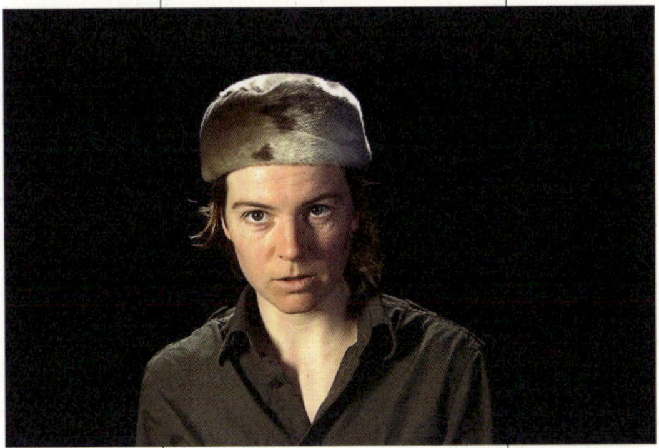

Barbara Ehnes *Die Schwarze Botin. Remastered and Remistressed*

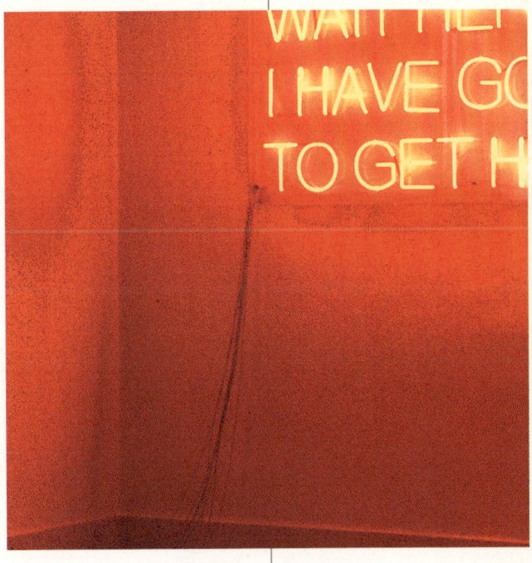

Tim Etchells *Wait Here*

Bergen **Stuttgart** **Wien / Vienna**

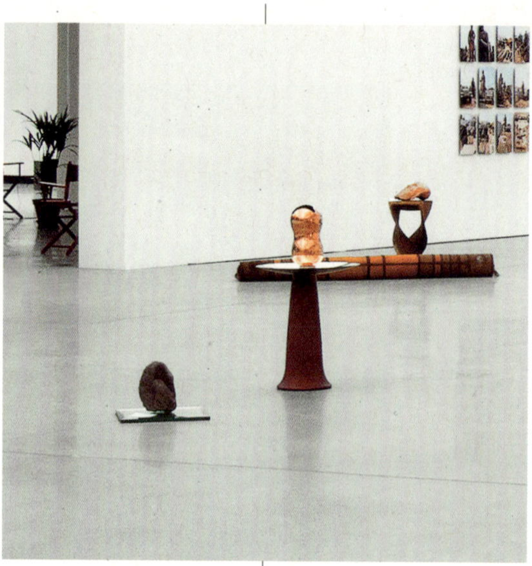

Heinz Frank
Die Zunge an den Gaumen drücken, Meine Hände erzählen von ihrer Sprachlosigkeit

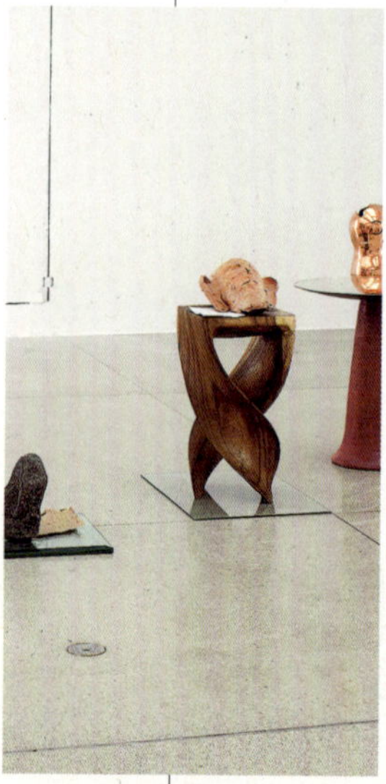

Heinz Frank
Die Zunge an den Gaumen drücken

Bergen **Stuttgart** **Wien / Vienna**

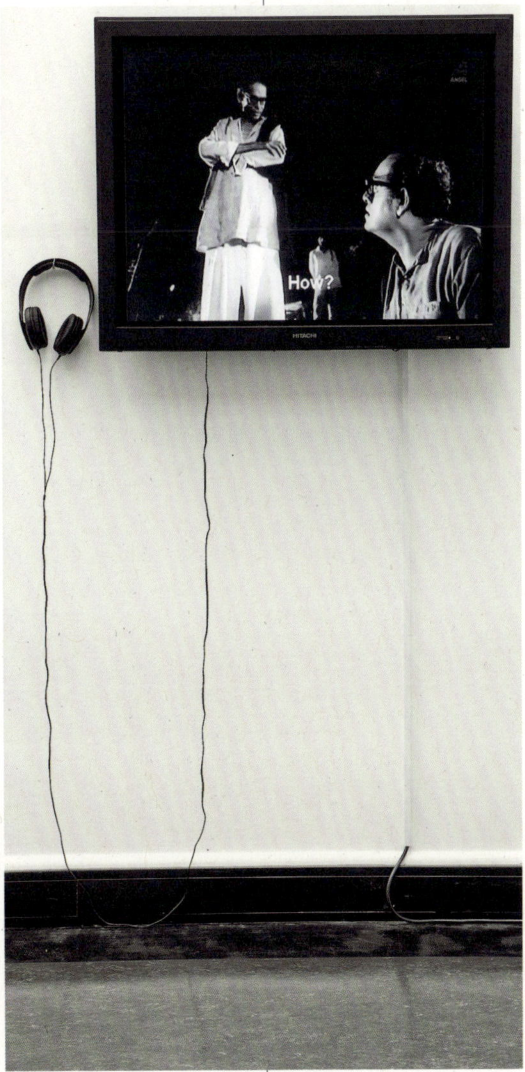

Ritwik Ghatak *Reason, Debate and a Story*

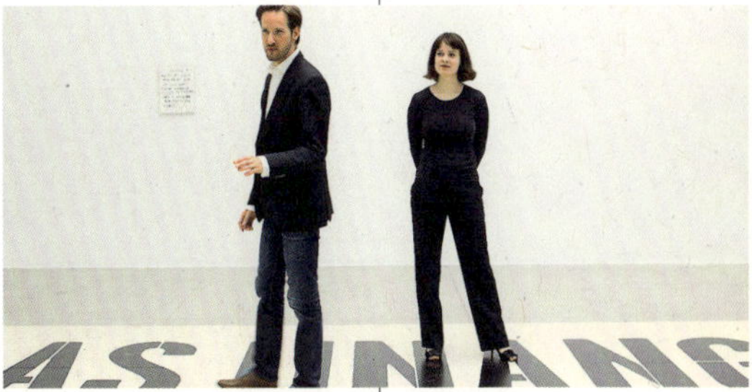

Dora Gárcia *The Inadequate*

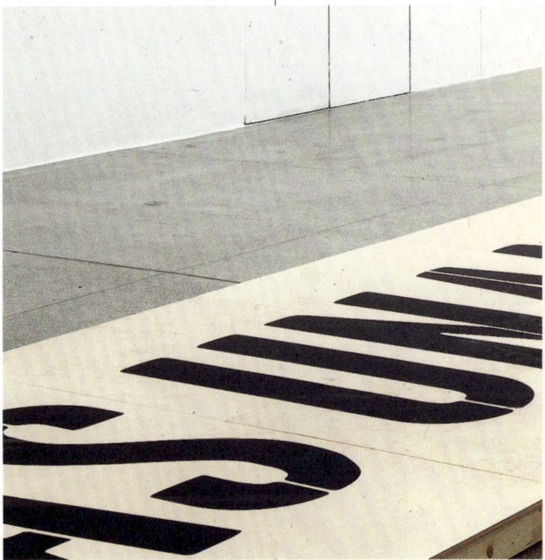

Dora Gárcia *The Inadequate*

Bergen | **Stuttgart** | **Wien / Vienna**

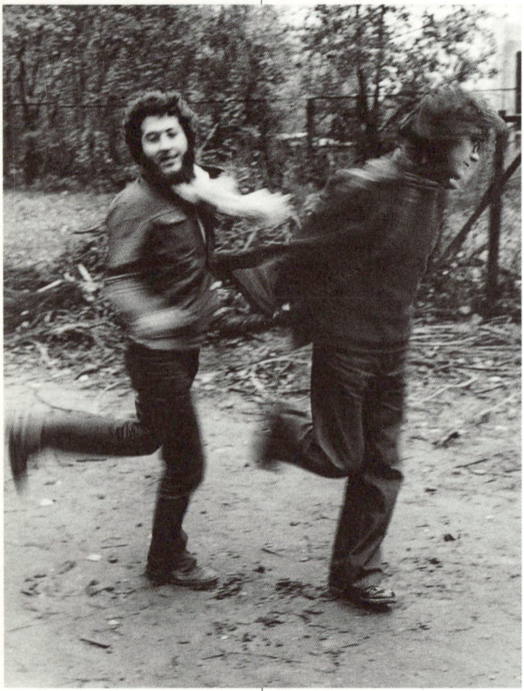

Gnezdo Group
An Attempt of Seeing Oneself in the Past and Future

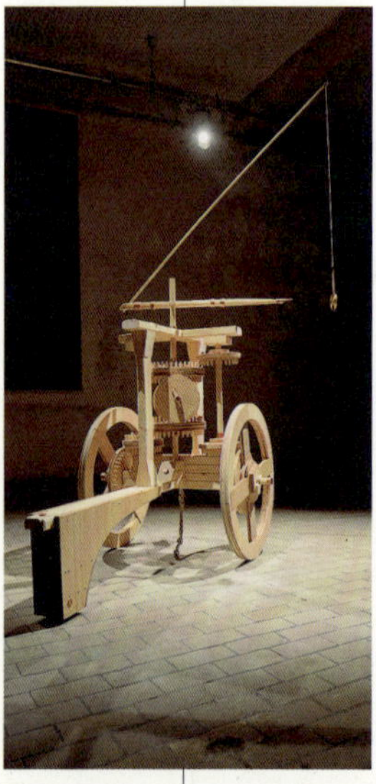

Pedro Gómez-Egaña
The Chariot of Greenwich

deren eigentümliche Zusammenkunft sich jeden Augenblick wieder aufzulösen droht. Jede Skulptur schlägt eine Neuanordnung der Dinge vor, die Ordnung zugleich als ein offenes Spiel von Möglichkeiten verhandelt.

sculpture suggests a new arrangement of the objects, while also appearing to argue for order as a freewheeling play of possibilities.

WF:S *93 Rolls Royce. Ein erstes Manifest wider die Arbeit* (93 Rolls Royce Cars: A First Manifesto Against Work) **Franzobel**
Autorenrede, 10-teiliges Autorenprojekt: Audiothek und Performances / Author's speech, ten-part author's project: audio-bar and performances

Der Redner, Gründer der Einmannpartei der Nichtarbeit, plädiert für die Abschaffung der Arbeit. Er erklärt die Versklavung durch Arbeit und die damit verbundene Verengung der Horizonte zur Wurzel aller gesellschaftlichen Missstände. Ihre lebenseinschnürende Wirkung setzt früh ein. „Schon die Kleinkinder werden möglichst rasch (am besten noch im Bauch) an den Arbeitsalltag gewöhnt. Aufstehen, das Haus verlassen, erst abends wieder zurückkommen. Eingespannt sein." Und: „Auch die sogenannten Intellektuellen, die Prototypen der Arbeitsverweigerung, sind desertiert, in der Wüste ihres Denkens gelandet, ohne der Arbeit zu entgehen. Sie sind genauso eingearbeitet wie alle anderen."

The presenter, who is the founder of the one-man Party for Non-Work, pleads for the abolition of work. He declares that the slavery imposed by work and the related narrowing of mental horizons should be viewed as the root of all evils in society. Its life-restricting effect becomes apparent at an early age: "Already small children are made to conform to everyday work routines as soon as feasible (if possible, from the womb). Getting up in the morning, leaving home, returning late in the evening. Being always busy." And: "Even the so-called intellectuals, the prototypes who refuse to succumb to the working life, have deserted and landed in the desert of their state of mind, without evading work at all. They are tied firmly into the harness of work, precisely the same way as are we all."

WKV *Hat Wolff von Amerongen Konkursdelikte begangen?* **Gerhard Friedl**
(Did Wolff von Amerongen Commit Bankruptcy Offences?), 2004
DVD, 71'
Vorgeführt im Rahmen des Filmprogramms / Screened in the framework of the film program *Everything Happens on the Surface* (6.–8.12.2013), Kuratorin / curator: Katrin Mundt

„Alfons Müller Wipperfürth ist Textilindustrieller. Alfons Müller Wipperfürth

"Alfons Müller Wipperfürth is a textile industrialist. Alfons Müller Wipperfürth

beginnt 1931 mit sieben Arbeitern und drei Nähmaschinen. Er verkauft die Ware vor Werkstoren, von der Ladefläche herab. Später hat er für jede seiner Filialen einen je eigenen Schlüssel." Ein labyrinthisch verzweigter Katalog der Verstrickungen von Großunternehmertum und Politik. Eine Abtastung des Wirtschaftsstandorts Deutschland.

started out with seven workers and three sewing machines in 1931. He sold goods in front of factory gates, straight from the truck bed. Later he had a different key for each of his branches." A labyrinthine, ramose catalogue of entanglements involving large-scale entrepreneurship and politics. An exploration of Germany as a home for business.

Inci Furni / Group P

WF:FQ21 *Deprecating the Idle Man* (Abwertung des Nichtstuers), 2013
Installation
Im Rahmen der Gruppenausstellung / In the framework of the group exhibition *Go Get Them Tiger* der / by Group P, kuratiert von / curated by Burak Delier und / and Süreyyya Evren

Bei *Deprecating the Idle Man* tratschen zwei Frauen in der Öffentlichkeit abfällig über einen Nichtstuer. Dabei plaudern sie lauthals über den sozialen und ökonomischen Druck, der auf ihm lastet. Die Tratschenden sind Freiwillige, die, die von Inci Furni verfassten Dialoge sprechend, durch die Stadt touren, um den Nichtstuer bloßzustellen. In der Ausstellung wird der Dialogtext durch Zeichnungen flankiert, die den Nichtstuer abbilden.

In *Deprecating the Idle Man*, two women gossip loudly about and deprecate an idle man in public space, revealing the gendered social and economic pressures on the individual. The volunteer gossipers tour around the city, deprecating the idle man following the dialogues written by Inci Furni. In the exhibition space, the dialogue text is accompanied by drawings of an idle man.

Cyprien Gaillard

WKV *Cities of Gold and Mirrors* (Städte aus Gold und Spiegeln), 2009
DVD, 9'
Vorgeführt im Rahmen des Filmprogramms / Screened in the framework of the film program *Everything Happens on the Surface* (6.–8. 12. 2013), Kuratorin / curator: Katrin Mundt

Vor den Kulissen aztekischer Tempel- und futuristischer Hotelanlagen üben sich Besucher in archaisch anmutenden Entgrenzungsritualen. Landschaftsbetrachtung zwischen Spiegelfechterei und Einverleibung.

Against the backdrop of Aztec temples and futuristic hotel complexes, visitors carry out seemingly archaic rituals of dissolution. Landscape viewing that spans both dissimulation and assimilation.

G

WF:S *The Inadequate* (Das Unangemessene), 2013 **Dora García**
Performance
Bühne / Stage, 10 × 2 m

The Inadequate ist eine erweiterte Performance aus Objekten, Gesprächen, Monologen, Theater, Stille und Diskussion. Den Raum für diese erweiterte Performance kennzeichnet ein niedriges Podest mit der Aufschrift „Das Unangemessene". Was bedeutet unangemessen? Das Projekt dreht sich um die Vorstellung von Marginalität als künstlerische Position, um ihre Widersprüche und ihre Schönheit. *The Inadequate* wurde zum ersten Mal im spanischen Pavillon der Venedig Biennale 2011 gezeigt, später auch in der Ausstellung *Mind the System, Find the Gap* am Z33 Kunstencentrum im belgischen Hasselt.

The Inadequate is an extended performance, made of an archive of objects, conversations, monologues, theater, silences, and debate. The space of this extended performance is marked by a low stage podium bearing the sign "Das Unangemessene" (The Inadequate). What does "inadequate" mean? The project revolves around the notion of marginality as an artistic position, its contradictions and its beauty. *The Inadequate* was first presented at the Spanish Pavilion during the Venice Biennale of 2011. It has been also presented in the exhibition *Mind the System, Find the Gap* at z33 museum, Hasselt, Belgium.

WF:S *Der Künstler ohne Werke: Eine Führung durch nichts* (The Artist without Works: A Guided Tour around Nothing), 2009/2013
Performance, mit / with: Nora Jacobs, Markus Schöttl

Der Künstler ohne Werke: Eine Führung durch nichts ist genau das, was der Titel besagt: eine Führung durch die Werke eines Künstlers, der keine produziert. Es ist die Zurückweisung der fundamentalsten aller Spielregeln, nämlich jener, „etwas" auszustellen. *Der Künstler ohne Werke* … wird während der Ausstellung *Unruhe der Form* zum ersten Mal auf Deutsch vorgestellt. Die Performance wurde 2009 im Rahmen der Ausstellung *Félicien Marboeuf (1852–1924)* in der Fondation Ricard in Paris uraufgeführt und war seit 2011 Teil der erweiterten Performance *The Inadequate.*

The Artist without Works: A Guided Tour Around Nothing is exactly what the title says it is: a guided tour of the works of an artist who doesn't produce anything. It's the artist's rejection of the game's most fundamental rule, which is to show something. *The Artist without Works* was presented during the exhibition *Unrest of Form* for the first time in Germany. The performance premièred in 2009 for the exhibition *Félicien Marboeuf (1852–1924)* at the Fondation Ricard, Paris, and since 2011 has been part of the extended performance *The Inadequate.*

BA:TSM(ILS) *Exhausted Books* (Erschöpfte Bücher), 2013
Installation und Lesezirkel, performatives Projekt / Installation and reading circle, performative project

G

Die Kunst- und Kulturanthropologin Dora García ist fasziniert von Marginalität, Inkongruenz und Abweichung. Seit Langem schon interessiert sie sich für das Phänomen der zahlreichen „Lesezirkel", die rund um James Joyces Roman *Finnegans Wake* (1939) entstanden sind. Für García sind diese Zirkel geheime Forschungsgesellschaften, und sie ist voller Bewunderung für die engagierten Amateure und ihre Begeisterung für „Sprache als Code" und die Entschlüsselung dieses Codes. Hier handelt sich um ein Reenactment eines solchen Lesezirkels mit Publikum, den García mit einer bereits erschlossenen Auflage von *Finnegans Wake* mit Kommentaren und Anmerkungen ausgestattet hat. Das Kuratorenteam entdeckte in einer Dauerinstallation im Schulmuseum in Bergen ein aus dem ausgehenden 18. Jahrhundert stammendes Gemälde eines unbekannten Künstlers, auf dem ein Lesezirkel zu sehen ist. Dieses Gemälde wurde für die Dauer der Ausstellung in den Raum mit Garcías Installation transferiert.

Dora García is an anthropologist of art and culture, fascinated by marginality, incongruity, and deviancy. She has long been attracted to the phenomenon of numerous "reading circles" that have been established around James Joyce's *Finnegans Wake* (1939). For García, such circles are secret societies of research. Garcia is deeply moved by these dedicated amateurs and their commitment to language-as-code and to the procedure of "cracking" this code. Here, García reenacts such a reading circle with an audience, providing it with "pre-exhausted" editions of *Finnegans Wake*, full of comments and notes. A painting by an unknown artist representing a reading circle from the late eighteenth century was seen by the curatorial team in the permanent installation of the School Museum in Bergen, and it was moved into the room with García's installation for the duration of the exhibition.

Ritwik Ghatak

BA:BKH(IDF) *Reason, Debate and a Story* (Vernunft, Debatte und eine Geschichte), Indien / India 1974
Schwarz-weiß, 120', Ausschnitt / Black-and-white, sound, 120', excerpt

Reason, Debate and a Story war die letzte Arbeit des bengalischen Filmemachers Ritwik Ghatak. Der autobiografische Film erzählt die Geschichte eines heruntergekommenen Intellektuellen, der aufgrund seiner Trunksucht alles verloren hat und sich aufmacht zu einer Reise in ein im Chaos versunkenes Land, wo er obdachlosen Kriegsopfern, entlassenen Lehrern und maoistischen Rebellen ohne jede Hoffnung begegnet. Der Film ist ätzende Selbstkritik eines kom-

Reason, Debate and a Story was Bengali filmmaker Ritwik Ghatak's last work. An autobiographical film, it tells the story of a down-and-out intellectual who loses everything to alcoholism and sets out on a journey into a country in chaos, encountering homeless victims of war, sacked schoolteachers, and hopeless Maoist rebels. The film is a communist intellectual's scathing self-criticism in the aftermath of the Bangladesh Liberation War (1971) and the first wave of

munistischen Intellektuellen im Gefolge des Bangladesch-Krieges (1971) und der ersten Welle des Naxaliten-Aufstandes in Westbengalen. Die Zukunft geht in einem Strudel moralischer Dekadenz, in einem unaufgeregten Zerfall unter, und das trotz der andauernden Allegorisierung der zentralen Charaktere in einer ungebrochenen Begeisterung für das Geschichtenerzählen, das sich letztlich als „Humbug" entpuppt, wie Ghatak selbst es formuliert.

Naxalite rebellion in West Bengal. The future disappears into a maelstrom of moral decadence, in an anticlimatic falling apart, despite all the main characters' constant allegorization in an ongoing passion for storytelling that proves to be nothing but "humbug," as Ghatak himself put it.

WF:S *Bollidigg* (Pollitický) **Thomas Glavinic**
Autorenrede, 10-teiliges Autorenprojekt: Audiothek und Performances /
Author's speech, ten-part author's project: audio-bar and performances

Der Redner, ein Weintrinker, äußert sich freizügig zu den Fernsehnachrichten – unter anderem zu einem österreichischen Neopolitiker, dem Krieg in Syrien, der Lage in Ägypten, der deutschen Kanzlerin, dem Papst, der EU, dem Pferdefleischskandal und der Fußballmannschaft Rapid Wien. Sein Blickwinkel wird geprägt von einer zentralen Leidenschaft, dem Sammeln von Autogrammen.

A wine drinker speaks candidly about TV news, for example about a newcomer to Austrian politics, the war in Syria, the situation in Egypt, the Federal Chancellor, the Pope, the European Union, the horse-meat scandal, and the Rapid soccer team. His viewpoint is influenced by his one burning passion, collecting autographs.

BA:BKH(IDF) *An Attempt of Seeing Oneself in the Past and Future* (Ein Versuch, sich selbst in der Vergangenheit und Zukunft zu sehen), aus der Serie / from the series *Non-Functional Art* (Non-funktionelle Kunst), 1977 **Gnezdo Group**
Fotodokumentation der Performance, aktueller Digitaldruck /
Photo documentation of the performance, contemporary digital print
Courtesy: Victor Skersis, Bethlehem, PA

In *An Attempt of Seeing Oneself in the Past and Future* springen die Künstler des Gnezdo-Kollektivs unbeschwert umher, um in der Bewegung einen Blick auf sich selbst zu erhaschen – in der Vergangenheit oder, was eine noch größere Herausforderung bedeutet, in ei-

In *An Attempt of Seeing Oneself in the Past and Future*, artists from the Gnezdo Group are jumping carelessly, trying to catch a glimpse of themselves in motion—in the past, or, even more challenging, in an uncertain future. Although there is freedom and a certain noncha-

ner ungewissen Zukunft. Obgleich die Arbeit dieser jüngsten und humorvollsten Künstler aus dem Umfeld des Moskauer Konzeptualismus Freiheit und Sorglosigkeit ausstrahlt, verbirgt sich hinter diesem Versuch, die Linearität der Zeit zu überwinden, ein Fünkchen Traurigkeit.

lance in this work of the youngest and most quizzical artists in the circle of Moscow conceptualism, this poetic attempt to overcome the linear vector of time hides a pinch of sadness.

Pedro Gómez-Egaña

BA:BK(IDM) *The Chariot of Greenwich* (Der Greenwich-Wagen), 2013
Holz, Aluminium, Pendel, Seil, DC-Motor, 170 × 120 × 120 cm /
Wood, aluminum, pendulum, rope, DC motor, 170 × 120 × 120 cm
Im Auftrag von / Commissioned by Bergen Assembly 2013

Bei seiner Beschäftigung mit der Geschichte von Orientierungsgeräten stieß Pedro Gómez-Egaña mit dem Magnetwagen mit Südweiser auf eine mechanische Erfindung, die älter ist als der europäische Magnetkompass. Einer chinesischen Legende nach wurde der Wagen im späten 3. Jahrhundert v. Chr. vom Gelben Kaiser erfunden, um den ersten Han-Chinesen aus einem magischen Nebel zu führen. Als Navigationshilfe war das Gerät allerdings ungenau und lieferte merkwürdige und überraschende Ergebnisse. In *The Chariot of Greenwich* ersetzt Gómez-Egaña den traditionellen General und spannt das sprichwörtliche Pferd hinter den Wagen oder platziert es darauf – so wie es durch Eadweard Muybridges Serienfotografien galoppiert oder in Andrei Tarkowskis *Andrej Rubljow* von einem Turm fällt. Alles, was von dem Pferd bleibt, ist ein Bild der Stärke, Pferdestärke, die stets nach Süden weist und glauben lässt, dass sich etwas definitiv verändert hat mit der einzig wahren Orientierung. Breiten- und Längengrad funktionieren nicht mehr wie zuvor, und irgendetwas stimmt überhaupt nicht mit dem Nullmeridian in Greenwich.

While studying the history of orientation devices, Pedro Gómez-Egaña came across the south-pointing chariot, a mechanical invention older than the European magnetic compass. According to Chinese myth, the chariot was invented by the Yellow Emperor in the late third century BC to lead the first Han Chinese out of a magical fog. Used in navigation, it was inaccurate, producing strange and unexpected results. In *The Chariot of Greenwich*, Gómez-Egaña replaces the traditional general and puts the proverbial horse behind or on top of the chariot—as found galloping through Eadweard Muybridge's seminal photographs, or falling from a tower in Andrei Tarkovsky's *Andrei Rublev* (1966). All that is left of the horse is an image of strength, horsepower that always points south, suggesting that something has definitively changed with one true orientation. Latitude and longitude no longer work the way they did, and something is seriously wrong with the Greenwhich Meridian.

G

WKV *Cerrado – Estamos Vigilando – Ocup[ ]do* (Gesperrt – Wir beobachten – Bes[ ]tzt / Closed – We Are Watching – Occup[ ]d), 1994 **Grupo Baja Mar**
Videodokumentation einer dreiteiligen Intervention mit Harken an der Playa de Gros und der Playa de La Concha in San Sebastián im Juli 1994 / Video documentation of a three-part intervention with rakes at the beaches Playa de Gros and Playa de La Concha in San Sebastián in July 1994

1994 wurde der spanisch-US-amerikanische Künstler Antoni Muntadas zu einer Einzelausstellung in das Kunstinstitut Arteleku in San Sebastián eingeladen. Stattdessen schlug er einen Workshop für KunststudentInnen vor, der schließlich unter dem Titel *Urban Intervention* stattfand und den er gemeinsam mit Künstlern wie Hans Haacke und Krzysztof Wodiczko durchführte. Zu den TeilnehmerInnen zählten unter anderem Ricardo Basbaum, Igor Vamos (heute eher unter dem Namen The Yes Men bekannt), Dale Yeo, Elisabeth McLendon und Daniel G. Andújar, die gemeinsam die Grupo Baja Mar bildeten. Ihr Projekt bestand aus drei Aktionen an der Playa de Gros und der Playa de La Concha. Nacheinander schrieben sie bei Ebbe mit Harken folgende Sprüche in den Sand: *Cerrado* (Gesperrt), *Estamos Vigilando* (Wir beobachten) und *Ocup[ ]do* (etwa: Bes[ ]tzt). Bei jeder Aktion überließen sie diese Markierungen sich selbst und dokumentierten die Reaktionen der Öffentlichkeit: etwa die Verwunderung oder das Sich-Echauffieren darüber, dass der Strand geschlossen oder besetzt sein soll. Eine Person kann anscheinend nicht anders, als das fehlende a von *Ocup[a]do* zu ergänzen, während eine andere Person das Wort „Gesperrt" durch „Geöffnet" ersetzt. Wieder andere kümmert es dagegen nicht, was da im Sand geschrieben steht. Sie legen einfach ihr Badetuch darüber. Es ist ein Projekt, das Partizipation als Akt des Ungehorsams verhandelt.

In 1994, the Spanish-American artist Antoni Muntadas was offered a solo show at the Arteleku Art Institute in San Sebastián. He instead suggested a workshop for art students, which finally led to the project *Urban Intervention*, run by Muntadas and artists such as Hans Haacke and Krzysztof Wodiczko. Among the participants were Ricardo Basbaum, Igor Vamos (better known these days as The Yes Men), Dale Yeo, Elisabeth McLendon, and Daniel G. Andújar, who together made up the Grupo Baja Mar (Low Tide). Their project consisted of three conceptual pieces done at the Gros and La Concha beaches. They used rakes to write three statements in the sand, one after the other, at low tide—*cerrado* (closed), *estamos vigilando* (we are watching), and *ocup[ ]do* (occup[ ]d). In each case, they left the sand slogans in place and documented the reactions of the public—from amazement to annoyance that the beach was closed or occupied. One person feels compelled to insert the missing "a" in "ocup[a]do," another replaced the "closed" with the word for "open." Others were indifferent to what was written in the sand; they simply laid their beach towels down over the writing. In this project participation is be understood as an act of disobedience.

G

Inti Guerrero

BA:R8(ITF) *Men Amongst the Ruins: A Curatorial Research on a Tropical Experience of Fascism* (Männer in Ruinen. Ein kuratorisches Forschungsprojekt über die Erfahrungen mit dem Faschismus in den Tropen), 2012–13
Bücher, Farbfotografien, Digitaldrucke, Filme, Video, Vinylbuchstaben, unterschiedliche Größen / Books, color photographs, digital prints, films, video, vinyl lettering, variable dimensions

Inti Guerrero verfolgt als Ausstellungsmacher in seiner kuratorischen Praxis einen ähnlichen Ansatz wie ein Künstler und erforscht und enthüllt in Vergangenheit und Gegenwart disparater Artefakte verborgene Ideologien. Das Archivmaterial für das kuratorische Projekt *Men Amongst the Ruins: A Curatorial Research on a Tropical Experience of Fascism* kreist um ein Denkmal von faschistischer Bildsprache in Costa Rica. Die Statue im Maya-Stil, die vermutlich 1939 von einem faschistischen Sympathisanten errichtet wurde, wacht aufrecht über einer natürlichen Quelle und sollte damit möglicherweise den Ort markieren, an dem eine neue, „reine" Zivilisation ihren Anfang nehmen würde. Das mystische Aufeinandertreffen der finstersten Ideologie des 20. Jahrhunderts und ethno-futuristischer indigener Ästhetiken ist beispielhaft für die Paradoxien des zentralamerikanischen Faschismus. Wie die europäischen Ausformungen der faschistischen Ideologie bedient er sich antiker Formen und Symbole, die als Ausdruck einer glorreichen Vergangenheit gelten. In einer Zeit, da Nationalismus und politischer Extremismus in Costa Rica und anderswo an Boden gewinnen, nimmt *Men Amongst the Ruins* die symbolischen Implikationen des Denkmals in den Blick und stellt einen Bezug zu den Formen her, in denen ideologische Radikalisierungen in den verschiedensten Kontexten aktuell zum Ausdruck kommen. Dazu gehört auch der Mainstre-

Inti Guerrero is a curator whose practice in exhibition-making approaches one of an artist. He explores and unmasks ideologies hidden in disparate artifacts past and present, creating thought-provoking and disturbing narratives of images and texts. The archival material from the curatorial project *Men Amongst the Ruins: A Curatorial Research on a Tropical Experience of Fascism* is centered around a monument of fascist iconography in Costa Rica. Presumably built in 1939 by a fascist sympathizer, this Mayan pastiche stays perched atop a natural spring, marking perhaps the foundational site from whence a new, "pure" civilization was meant to arise. The mystical encounter between the darkest ideology of the twentieth century and its ethno-futurist indigenous aesthetics embodies the paradoxes of Central-American fascism. Like European variants of fascism, it relies on ancient forms and symbols deemed to be expressions of a glorious antiquity. At a time of rising nationalism and political extremism in Costa Rica and elsewhere in the world, *Men Amongst the Ruins* explores the symbolic implications of this structure in relation to the forms through which ideological radicalization is expressed today in various contexts, including in the mainstream gay porn industry, where perhaps the fascist representation of human body has migrated.

am der schwulen Pornoindustrie, wo die faschistische Darstellung des menschlichen Körpers womöglich eine neue Nische gefunden hat.

BA:K4(IAF) *Death of a Bureaucrat* (Tod eines Bürokraten), Kuba / Cuba, 1966 **Tomás Gutiérrez Alea**
Schwarz-weiß, Ton, 85', Ausschnitt / Black-and-white sound, 85', excerpt
Courtesy: Instituto Cubano de Arte e Industria Cinematográficos, Havanna / Havana

Death of a Bureaucrat von Tomás Gutiérrez Alea ist ein in Vergessenheit geratenes Meisterstück des „Dritten Kinos". Der amüsante Film nimmt die im postrevolutionären Kuba aufkommende sozialistische Bürokratie aufs Korn, ohne den Idealen dieser Revolution untreu zu werden. Erzählt wird die Geschichte eines Aktivisten der kommunistischen Partei, der in Anerkennung seines Engagements mit seiner Arbeitskarte begraben wird. Dann aber benötigen die Behörden eben diese Arbeitskarte, um der Witwe ihre Rente auszahlen zu können. Die Formalitäten verbieten jedoch eine Exhumierung des Toten. Als sich schließlich der Neffe der Angelegenheit annimmt, gerät der Film zur Slapstick-Komödie mit magischen Särgen, die à la René Clair plötzlich Beine bekommen. Aus ästhetischer Sicht ist der Film eine unangestrengte Mischung ohne formalistische Schranken: Bürokratische Ästhetik und der ausschweifende Surrealismus der Stummfilm-Ära finden in der vertrauten Sprache des sozialistischen Realismus zusammen, sodass die kritisch-dialektischen Ansätze des Films viel deutlicher werden als bei seinen weitaus größeren formalen Zwängen unterliegenden osteuropäischen Pendants.

Tomás Gutiérrez Alea's *Death of a Bureaucrat* is a forgotten "Third Cinema" masterpiece that pokes serious fun at the socialist bureaucracy emerging in Cuba after the revolution, while remaining firmly committed to the same revolution's goals. The film tells the story of a Party activist who is buried with his work card as a sign of his commitment. But the authorities need the work card to pay his widow her pension, and the formalities don't allow an exhumation. As their nephew intervenes, the film degenerates into slapstick comedy, with magical runaway coffins reminiscent of René Clair. On an aesthetic level, the film is a heady mix, with a real anti-formalist program: the aesthetics of administration intertwine with exuberant silent-film-era surrealism on the common cinematic basis of a socialist neorealism, far more dialectically critical and less constrained by formal convention than its Eastern European counterpart.

Dmitry Gutov

BA:K4(IAF) *Patience* (Geduld), 2013
Gemäldeserie, Öl auf Leinwand, unterschiedliche Größen / Series of paintings, oil on canvas, variable dimensions
Im Auftrag von / Commissioned by Bergen Assembly 2013

Seit seiner Zeit als junger Forscher in der späten Sowjetunion ist Dmitry Gutov besessen vom Motiv des steinernen Fußabdrucks in Kunst und Philosophie, den er als Metapher für eine unerschütterliche Denkungsart begreift, die ihre Spuren in jedem noch so widerstandsfähigen Material hinterlassen kann und damit cinc unglaubliche Beständigkeit auch angesichts massivster historischer Umwälzungen zeigt. Gutovs Studie zu einem derartigen Engagement mit dem Titel *Patience* spiegelt seine Sicht der Situation der marxistischen Philosophie nach Untergang des real existierenden Sozialismus wider – als eine Idee, die ungeachtet der Wendungen der Geschichte weiter fortbesteht. Über Jahre hinweg hat Gutov Texte zu dem Thema von Autoren wie Alexander Herzen, Hegel oder dem sowjetischen Kunstphilosophen Michail Lifschitz zusammengetragen, außerdem Bilder aus so unterschiedlichen Bereichen wie buddhistische Gartenarchitektur, russische Malerei des 19. Jahrhunderts und Skulpturen im sozialistischen Realismus. „Notizzettel" für diese Studie sind Gutovs Leinwände, die er häufig abwäscht und neu bemalt.

Ever since he was a junior research assistant in the late Soviet Union, Dmitry Gutov has been obsessed with the motif of the footprint in stone in art and philosophy, which he sees as a metaphor for a stubborn thought capable of imprinting itself onto the most resistant possible matter, demonstrating incredible perseverance to prevail despite the greatest historical turmoil. Gutov's study of such commitment, *Patience*, is linked to his view of the situation for Marxist philosophy after the collapse of real socialism—an idea that can still prevail despite the twists of history. For years, Gutov has been collecting texts on the topic by authors such as Alexander Herzen, Hegel, or Soviet aesthetic philosopher Mikhail Lifshitz, as well as images from sources as diverse as Buddhist garden architecture, nineteenth-century Russian painting, and socialist realist sculpture. The notepad for this study are Gutov's canvases, which he often washes off and repaints.

Dmitry Gutov / David Riff

WF:S *The Karl Marx School of the English Language: The Need for Money …* (Die Karl-Marx-Schule der englischen Sprache. Die Notwendigkeit des Geldes …), 2012–13
Audioinstallation und fünf Bilder, je 40 × 30 cm / Audio installation and five paintings, 40 × 30 cm / each
Koproduktion / Co-Production: Württembergischer Kunstverein Stuttgart

Die *Karl Marx School of the English Language* (KMSEL) war ursprünglich ein Sprachkurs samt Lesegruppe, der 2005 in Moskau gegründet wurde. Zwei englische Muttersprachler halfen den russischen Teilnehmenden, durch das Lesen von Marx-Übersetzungen ihr Englisch zu verbessern. Die Gruppentreffen fanden im Atelier des Künstlers Dmitry Gutov statt. Die Sprachstunden gingen stets in heftige politische und künstlerische Debatten zur aktuellen Relevanz von Marx und Marxismus über. Anstatt der geforderten schriftlichen Hausarbeiten fertigte Gutov für jedes Treffen ein neues Gemälde an. Mehrere Biennalen und Großausstellungen später lebt diese Auseinandersetzung in Einzelsprachstunden und regelmäßigen Gruppentreffen weiter. Sie entwickelte sich zu einem performativ-malerischen Idiom, in dem grundlegende ästhetische und politische Probleme formuliert werden.

The Karl Marx School of the English Language (KMSEL) was originally a language workshop and reading group founded in Moscow in 2005. Two native speakers would help the Russian participants to improve their English by reading translations of Marx. The group's meetings took place at the studio of the artist Dmitry Gutov. Language lessons would segue into intense political and artistic debates on the current relevance of Marx and Marxism. Gutov made paintings for every new session to avoid doing his written homework. Several biennials and big exhibitions later, the practice survives in the form of one-on-one language lessons and periodic group workshops, and it has become a performative-painterly idiom for voicing fundamental aesthetic and political concerns.

WF:S *Das Lifschitz-Institut* (The Lifshitz Institute), 2013
Installation mit Prints / with prints

WKV *Das Lifschitz-Institut* (The Lifshitz Institute), 2013
Installation mit Prints und Videos / with prints and videos

Das 1994 von den Künstlern Dmitry Gutov und Konstantin Bokhorov in Moskau gegründete *Lifschitz-Institut* widmet sich der Sichtung und Neuinterpretation des Werks und Nachlasses des sowjetischen Denkers Michail Lifschitz (1905–1983), einer der, wie es in Gutovs Film zum *Lifschitz-Institut* heißt, wohl unzeitgemäßesten und „paradoxesten Erscheinungen der kommunistischen Epoche“. Lifschitz ist ebenso berühmt für seine in den 1930er-Jahren entdeckte „verborgene Ästhetik“ bei Marx, wie er für seinen orthodoxen Marxismus

The Lifshitz Institute, which was founded 1994 in Moscow by the artists Dmitry Gutov and Konstantin Bokhorov, dedicates itself to the rereading of the work of Soviet thinker Mikhail Lifshitz (1905–1983), who, as is stated in Gutov's film about the Lifshitz Institute, was one of the most untimely and "paradoxical figures of the Communist epoch." Lifshitz is as famous for his contributions to uncovering Marx's "hidden aesthetic" in the nineteen-thirties as he is notorious for his orthodox Marxism and conservative anti-modernist cultural criticism.

und seine konservative anti-modernistische Kulturkritik berüchtigt ist. Letztere fand ihren Höhepunkt in seiner 1968 erschienenen Schrift *Krise des Häßlichen. Vom Kubismus zur Pop Art.* Gutov und andere dagegen sehen ihn als einen wesentlich facettenreicheren Denker der Zwischenräume der Geschichte und machen in seinem Werk einen antistalinistischen Kern aus.

The latter reached its climax in his book *The Crisis of Ugliness: From Cubism to Pop-Art*, published in 1968. By contrast, Gutov and others understand Lifshitz to be a far more manifold thinker and detect an anti-Stalinist essence in his work.

WKV *Lifschitz-Seminar*, 8.–9. 11. 2013

Im Rahmen eines zweitägigen Seminars führten Dmitry Gutov und David Riff in die Schriften des Kunstwissenschaftlers Michail Lifschitz ein, kontextuierten diese und stellten schließlich ihre eigene Relektüre derselben zur Diskussion.

In the framework of a two-day-seminar, Dmitry Gutov and David Riff introduced the writings of the art historian Mikhail Lifshitz, contextualized these writings, and discussed their own rereading of them.

Ane Hjort Guttu

BA:K4(IAF) *How to Become a Non-Artist* (Wie man ein Nicht-Künstler wird), 2007
Video, Farbe, Ton, 12' / Video, color, sound, 12'
Static Dynamic Tension Force Form Counterform (Statik, Dynamik, Spannung, Kraft, Form, Gegenform), 2009
Tintenstrahl-Drucke / Ink-jet prints, 50 × 70 cm
Untitled (The City at Night) / Ohne Titel (Die Stadt bei Nacht), 2013
HD-Video, Farbe, Ton, 25' / HD video, color, sound, 25'
Im Auftrag von / Commissioned by Bergen Assembly 2013

Ane Hjort Guttu vertritt eine kritische und unabhängige Position im Bereich der akademischen „künstlerischen Forschung". In ihren Werken, vornehmlich Filmen, untersucht sie Bedingungen für die Produktion und Präsentation von Kunst, um die akademische Selbstgefälligkeit von „Forschungskunst" zu entlarven und die Scheinheiligkeit sogenannter kollaborativer Strategien zu hinterfragen. Guttu untersucht die Grundlagen nicht nur der künstlerischen Ausbildung unter spezifisch skandinavischen Bedingungen, wo moralische Werte des

Ane Hjort Guttu holds a critical and independent position inside the field of academic "artistic research." In her works, predominantly films, she explores conditions of artistic production and representation, unmasking the academic complacency of "research art" and questioning the hypocrisy of so-called collaborative strategies. Guttu studies the very basis of education, artistic or not, under specific Scandinavian conditions where welfare state moral values are now meeting the entrepreneurial spirit of neoliberalism. In her film *Untitled (The City*

Wohlfahrtsstaates heute auf den Unternehmergeist des Neoliberalismus treffen. Ihr Film *Untitled (The City at Night)* zeigt ein Interview mit einer Künstlerin, deren konstante „Forschungsstrategie" ihr gesamtes Leben überschattet. In *How to Become a Non-Artist* zeigt sie Kunstwerke ihres kleinen Sohnes und versucht sie in den Kontext „erwachsener" Kunstproduktion zu stellen. In *Static Dynamic Tension Force Form Counterform* konfrontiert Guttu uns mit unbeholfenem „studentischem Modernismus" in Form anonymer formalistischer Stilübungen, die uns die Leere „professioneller Kunst" unverhohlen vor Augen führen.

at Night), we hear an interview with a female artist whose constant "research strategy" overpowers her life. In *How to Become a Non-Artist,* she shows artworks produced by her young son and tries to place them in the context of "grown-up" art-making; in *Static Dynamic Tension Force Form Counterform* (2009), Guttu confronts us with awkward "student modernism," anonymous formalist exercises where the emptiness of "professional art" becomes blatantly evident.

WF:FQ21 *Attacking Zhanggao Village* (Angriff auf die Stadt Zhanggao), 2012 **Wang Haian**
Video, 86'
Im Rahmen des Projekts / Within the framework of the Caochangdi (CCD) Workstation: *The Memory Project*

„Nachdem ich mich 2010 dem *Memory Project* angeschlossen hatte, kehrte ich in mein Dorf zurück und befragte meinen Großvater und andere ältere Personen. Ich brachte Erinnerungen an die dreijährige Hungersnot von 1959 bis 1961 ans Licht. Wie andere Teilnehmer am Projekt wollte auch ich einen Gedenkstein für die Dorfbewohner errichten, die 1960 gestorben waren, aber diese Idee fand wenig Gegenliebe in der Siedlung und auch bei meiner Familie. Obwohl ich Namen und Alter der Verstorbenen aufgezeichnet hatte, wurde mir nicht gestattet, auf dem öffentlichen Friedhof einen Grabstein aufzustellen." (Wang Haian)

"After joining the *Folk Memory Project* in 2010, I went back to my village and began interviewing my grandpa and other elders. I was digging up memories of the three years of hunger, from 1959 to 1961. I hoped to join the other participants and erect a commemorative headstone for the villagers who died in 1960. However, the idea met with strong opposition from my village and family. Even though I collected the deceased names and ages, I wasn't allowed to put a headstone in the public cemetery." (Wang Haian)

BA:VUSF(IZ) *Tilikum,* 2013 **Jan Peter Hammer**
HD-Video, Farbe, Ton, ca. 50' / HD video, color, sound, approx. 50'
Im Auftrag von / Commissioned by Bergen Assembly 2013

Die Geschichte in Jan Peter Hammers Film *Tilikum* beginnt am 24. Februar 2010 mit einem Notruf. Nur Sekunden nach dem Ende einer Vorstellung im Meerespark SeaWorld in Orlando, Florida, wurde die 40-jährige Tiertrainerin Dawn Brancheau von dem Orca-Wal Tilikum ins Wasser gezogen, heruntergedrückt, sodass sie ertrank, und verstümmelt. Wie später bekannt wurde, war Brancheau schon Tilikums drittes Opfer. Hammer war fasziniert von der Geschichte (und deren Fortleben in den großen Nachrichtenkanälen) und begann, den Zwischenfall näher zu untersuchen. Bei seinen Recherchen stieß er auf interessante Details über die Institutionen der Unterhaltungsindustrie, zu denen auch SeaWorld gehört. Weiterhin entdeckte er ein Netz aus bizarren Verflechtungen zwischen den ersten Meeres-Themenparks und militärischen Forschungsprojekten während des Kalten Krieges – Verbindungen ausgesprochen schockierender Natur, ob es nun um die Entwicklung von Technologien zur Reizdeprivation, frühe Delfin-Experimente mit tödlichem Ausgang, Wissenschaftler auf LSD oder verschrobene Träume von gattungsübergreifender Kommunikation ging – und was das alles mit dem Wettlauf ins All zu tun hat.

The narrative of Jan Peter Hammer's film *Tilikum* starts on February 24, 2010 with a 911 call. Seconds after having completed a live performance at Sea World in Orlando, Florida, a forty-year-old trainer named Dawn Brancheau was dragged underwater, drowned, and dismembered by Tilikum, a bull orca. As it later became known, Brancheau was Tilikum's third victim. Fascinated by this story (and its afterlife in the mainstream news media), Hammer began to research the incident, which revealed details about the entertainment-industrial complex of which Sea World is a part. He also discovered a bizarre web of connections between the earliest "oceanic" leisure centers and Cold War military research—links full of grim twists and turns ranging from the grisly development of sensory deprivation techniques, fatal early experiments on dolphins, LSD-fueled scientists, crazy dreams of interspecies communication, and what all this has to do with the space race.

Kiluanji Kia Henda

WKV *Karl Marx, Luanda*, 2006
Triptychon, 3 Fotografien, Fotodruck auf Aluminium, je 86 × 130 cm / Triptych, three photographic prints mounted on aluminium, 86 × 130 cm each
Courtesy: Nomas Foundation, Raffaella and Stefano Sciarretta Collection, Rom / Rome

Der Bürgerkrieg in Angola, der mit Unterbrechungen von 1975 bis 2002 andauerte, wurde bis 1989 durch die Einmischung der beiden Supermächte des Kalten Krieges angeheizt, die Angola

The Angolan Civil War raged off and on from 1975 to 2002. Until 1989, the conflict was exacerbated by the involvement of the two sides of the Cold War, which used Angola as a surrogate battle-

als Ersatz-Kriegsschauplatz benutzten. Das Fototriptychon *Karl Marx, Luanda* verweist auf die Jahre der Handelsbeziehungen und politischen Kollaboration des Landes mit der Sowjetunion. Es zeigt das rostige Wrack eines sowjetischen Fischereibootes, das die UdSSR Angola geschenkt hatte. Es trägt den Namen „Karl Marx, Luanda".

ground. The photo triptych *Karl Marx, Luanda* deals with the country's years of trade relations and political collaboration with the Soviet Union. It shows the rusty wreck of a fishing boat that the USSR gave Angola as a gift. The boat is called the "Karl Marx, Luanda."

WKV *Balumuka – Ambush* (Balumuka - Hinterhalt), 2010
Serie von 12 Fotografien, je 30 × 40 cm / Series of twelve photographs, 30 × 40 cm each
Courtesy: Galleria Fonti, Neapel / Naples

Die Serie zeigt verschiedene Ansichten eines eigenwilligen Schauplatzes in Luanda, einer Art „Friedhof der Erinnerungen" (Henda), der sich unweit der Festung São Miguel befindet. Neben ausrangierten Waffen und Militärfahrzeugen, die aus verschiedenen Epochen stammen, finden sich hier auch die ausgedienten Monumente diverser Autoritäten der Kolonialzeit – und die Skulptur einer der wichtigsten afrikanischen Königinnen, Nzinga Mbandi, die sich im 17. Jahrhundert gegen die portugiesischen Kolonialherren auflehnte. Aufgrund temporärer Renovierungsarbeiten an ihrem angestammten Platz hat man sie hierher verfrachtet.

The series of photographs entitled *Balumuka – Ambush* portrays a place of passage, a kind of "graveyard of memories" (Henda) located at the São Miguel Fortress in Luanda, where a number of historical objects have been left behind in a state of latency. History appears to be recreated in private dialogues between monuments to colonial heroes and one of the most important queens in African history, Nzinga Mbandi, who was temporarily moved to the fortress while renovation work proceeded on the city square containing her pedestal.

WKV *Redefining the Power III* (Neubestimmung der Macht III), Serie / Series 75 mit / with Miguel Prince, 2011
Triptychon, 3 Fotografien, Fotodruck auf Aluminium, je 80 × 120 cm / Triptych, three photographs, photo print mounted on aluminium, 80 × 120 cm each
Courtesy: AGI Verona Collection

Redefining the Power III ist Teil einer Serie von Porträts, die Kiluanji Kia Henda an verschiedenen öffentlichen Plätzen in Luanda zwischen 2011 und 2012 aufnahm. Für diese Aufnahmen lud er „Persönlichkeiten aus Luandas Kunst-

For the series *Redefining the Power*, "Kia Henda invited individuals from Luanda's arts scene, whose lives are a sort of permanent performance, to pose on the pedestals originally built for the Portuguese monuments. The monuments

szene, deren Leben aus einer Art permanenter Performance besteht, dazu ein, auf Sockeln zu posieren, die einst für portugiesische Denkmäler gebaut worden waren. Die Denkmäler waren 1975, als Angola seine Unabhängigkeit erreichte, entfernt worden … Die meisten Sockel blieben in den nächsten 35 Jahren leer und nahezu unsichtbar für die Bewohner Luandas. Sie bilden eine Leerstelle und die perfekte Metapher für den Mangel an Auseinandersetzung sowie für das Versäumnis, die Vergangenheit auf neue Weise zu begreifen“ (Kiluanji Kia Henda).

were removed in 1975, when Angola gained its independence, and their removal is regarded by the artist as the first act of production, which made this project feasible. For thirty-five years, most of the pedestals remained empty and almost invisible to the population of Luanda, forming an empty space which is the perfect metaphor for the absence of reflection and the failure to create means for recording history, such as the reinstatement of new historical symbols during the turbulent early decades of the birth of the nation.” (Kiluanji Kia Henda)

BA:BKH(IDF) *Icarus 13*, 2008
8 digitale Chromogendrucke, 80 × 120 cm, Modell, unterschiedliche Größen, Vinylbuchstaben, 180 × 100 cm / Eight digital chromogenic prints, 80 × 120 cm, maquette, variable dimensions, vinyl lettering, 180 × 100 cm
Courtesy: Galleria Fonti, Neapel / Naples, und / and Galeria Filomena Soares, Lissabon / Lisbon

Icarus 13 von Kiluanji Kia Henda ist die fiktive Dokumentation eines nicht existierenden angolanischen Raumfahrtprogramms, für dessen Bestehen der Künstler vorherwissende Spuren in Denkmälern aus der Epoche der sozialistischen Architektur sowie im postkommunistischen Alltag identifiziert. Zudem bedient er sich der Ideen der sozialistischen Science-Fiction, in der kosmischer Kommunismus nur als internationalistisches Projekt möglich ist. Sein Werk dokumentiert die Anstrengungen hinter Angolas erster bemannter Raummission *Icarus 13,* einer allegorischen Reise zur Sonne, die nicht nur eine Reflexion über die kosmischen Utopien der kommunistischen Ära ist, sondern auch die schwierige Transformation des postkommunistischen Angola in den Blick nimmt, die sich in einem rasenden Prozess mit ausufernden

For *Icarus 13*, Kiluanji Kia Henda created fictitious documentation of the nonexistent Angolan space program, finding its prescient traces in monuments of socialist-era architecture and the post-socialist everyday, and drawing upon the imaginary of socialist sci-fi, where cosmic communism is only possible as an internationalist project. His work shows the efforts behind Angola's first manned mission, *Icarus 13*, an allegorical voyage to the sun that perhaps reflects as much on the cosmic utopia of the communist era as it does on post-communist Angola's troubled transformation, a version of rapid progress replete with land-grabbing and massive inequality—yet another journey to the sun. The research presented here has a prognostic character, documenting a launch to take place in 2013, even though it was made in 2008.

gewaltsamen Landnahmen und massiver Ungleichheit vollzieht – und dennoch eine weitere Reise zur Sonne ist. Die hier präsentierte Studie hat einen prognostischen Charakter, indem sie einen Start im Jahr 2013 dokumentiert, obgleich sie im Jahr 2008 entstanden ist.

WKV *Travelling Amazonia* (Fahrt durch Amazonien), 2006 **Marine Hugonnier**
DVD, 24'
Vorgeführt im Rahmen des Filmprogramms / Screened in the framework of the film program *Everything Happens on the Surface* (6.–8.12.2013), Kuratorin / curator: Katrin Mundt

Eine Reise entlang der Trans-Amazonas-Schnellstraße in Brasilien, die, während der Militärdiktatur in den 1970er-Jahren geplant, den Kontinent wie eine horizontale Linie zerschneidet. Eine mehr als nur formale Annäherung an eine koloniale Geste.

A journey along the Trans-Amazonian Highway in Brazil. Planned in the seventies during the military dictatorship, the highway dissects the continent like a horizontal line. An approximation of a colonial gesture that extends beyond mere form.

WF:FQ21 *Listening to Third Grandmother's Stories* (Großtantes Geschichten hören), 2011 **Wen Hui**
Video, 75'
Im Rahmen des Projekts / Within the frame of the Caochangdi (CCD) Workstation: *The Memory Project*

„Auf der Suche nach Erinnerungen, die meine ganze Familie bereits vergessen hat, fand ich meine dritte Großmutter. Sie ist die letzte Person aus der Generation meiner Großeltern, die noch am Leben ist. Sie ist die Tante meines Vaters, also meine Großtante, aber weder mein Vater noch meine Familie haben mir je von ihr erzählt. Im vergangenen Winter fand ich sie in einem Dorf in den Bergen von Yunnan. Sie heißt Su Meiling und ist 83 Jahre alt. Als ich sie kennenlernte, war es, als ob sie ihr ganzes Leben auf mein Kommen gewartet hätte, die ganzen 83 Jahre lang. Ich wohnte

"While searching for the memories that my entire family has forgotten, I found my third grandmother. She is the only one of my grandparents' generation still living. She is my father's aunt, my great-aunt, but neither my father nor my family ever mentioned her to me. Last winter I found her in a village in the mountains of Yunnan. Her name is Su Meiling and she is eighty-three-years-old. When I met her it was as if she had been waiting her whole life for me to come. Waiting for eighty-three years. I stayed with her and she began to tell me about her life. Through her stories I could see

bei ihr, und sie erzählte mir aus ihrem Leben. Durch ihre Geschichten sah ich, wie die großen Umwälzungen in China das Leben dieser einen Frau verändert haben." (Wen Hui) Wen Hui ist Choreografin und Tänzerin. 1994 gründete sie mit Wu Wenguang das Living Dance Studio in Peking. In den darauffolgenden Jahren erarbeitete und choreografierte sie zahlreiche Performances, die weltweit gezeigt wurden. Im Jahr 2005 gründete sie – wieder zusammen mit Wu Wenguang – CCD Workstation als unabhängigen Kunstraum in Peking.

how China's great changes changed one woman's life." (Wen Hui) Wen Hui is a choreographer and dancer. In 1994 she founded Living Dance Studio in Beijing with Wu Wenguang. In the following years she created and choreographed many performance pieces that toured worldwide. In 2005 she and Wu Wenguang founded CCD Workstation, an independent art space in Beijing.

Francis Hunger

BA:K(ILLT) *Deep Love Algorithm* (Algorithmus der innigen Liebe), 2013
Installation, unterschiedliche Größen, HD-Video, Farbe, Ton, 30' / Installation, variable dimensions, HD video, color, sound, 30'
In Zusammenarbeit mit / In collaboration with Torsten Hampel (Schauspieler / actor), Sebastian Huhmer (Fotograf / photographer), Franziska Leiste (Schauspielerin / actress), Tom Morrison (Übersetzer / translator) und / and Cornelia Friederike Müller (Ton / sound)
Im Auftrag von / Commissioned by Bergen Assembly 2013

Francis Hunger beschäftigt sich gegenwärtig mit Geschichte und Entwicklung von Datenbanken und deren Verflechtungen mit der Biopolitik des Postfordismus. *In Deep Love Algorithm* widmet er sich seinem Thema in Form einer Geschichte unerfüllter Liebe. Jan, ein mit einem erstaunlich gut bezahlten Rechercheauftrag ausgestatteter Journalist, lädt die Autorin Margret ein, mit ihm eine Reise an verschiedene Orte zu machen, die in einem losen Zusammenhang mit der „Erfindung" von Datenbanken stehen. Margret sieht aus wie 27, ist aber schon über 80; sie könnte ein Cyborg sein, und es hat den Anschein, als sei sie in soziale Konflikte und Experimente involviert gewesen, etwas, das Jan eher meidet. Gemeinsam sinnieren sie über die Orte, die sie ansteuern sollten. Eine

Francis Hunger's ongoing research addresses the history and evolution of databases and their intertwinement with the biopolitics of post-Fordism. In *Deep Love Algorithm* this examination takes the form of a story of unrequited love. Jan, a journalist on an amazingly well-paid research commission, invites Margret, a writer, to come along on a road trip to places loosely connected with the "invention" of databases. Margret looks about twenty-seven, even though she's already over eighty; she might be a cyborg, and she seems to have participated in social struggles and experiments, something Jan sort of avoids. Together they contemplate all the places they should visit. A collection of sad love songs comments on the many cybernetic roads not taken …

Sammlung trauriger Liebeslieder kommentiert all die kybernetischen Wege, die nie begangen wurden …

WKV *Tolpa*, 2012
Zwei-Kanal-Videoprojektion, ohne Ton, 22', Ein-Kanal-Video, ohne Ton, 10', 3 Siebdrucke, gerahmt, je 40 × 30 cm / Two-channel video projection, silent, 22', one-channel video, silent, 10', three silkscreens, framed, 40 × 30 cm each

In seiner Installation *Tolpa* editiert und kommentiert Francis Hunger Filmszenen des sowjetischen Regisseurs Dziga Vertov. Zu Vertovs berühmtesten Filmen zählt *Der Mann mit der Filmkamera* (1929), der das Großstadtleben in der Sowjetunion und dessen Beschleunigung durch damals neue Technologien thematisiert. Für seine Installation verwendet Hunger Originalmaterial aus diesem und zwei weiteren Filmen des Regisseurs: *Enthusiasmus / Donbass-Symphonie* (1930) und *Drei Lieder über Lenin* (1934), einer Hymne auf den Begründer der Sowjetunion. Hunger montiert ausschließlich Massenszenen aneinander, die er zu folgenden Themen clustert: Stadt, Alltagsleben, Arbeiter, Demonstration, Armee, Trauer. Im Kommentar der laufenden Szenen, der sich – wie beim Stummfilm – nur in Form eingeblendeter Schriften manifestiert, diskutieren zwei Figuren über verschiedene konzeptuelle Ansätze, ein Bühnenstück über Vertov zu verfassen. Auch diese beiden unsichtbar bleibenden Figuren setzen bei den Massenszenen an, doch diese sind für sie nur der Ausgangspunkt für eine Beschäftigung mit dem Schicksal der russischen Avantgarde zu Beginn des 20. Jahrhunderts. Vor dem Hintergrund der Diskurse dieser Zeit geht Hunger der Frage nach, warum und wie die Avantgarde, von Stalin kaltgestellt wurde. (Fabian Saavedra-Lara)

In his installation *Tolpa*, Francis Hunger edits and comments on different scenes from films by Dziga Vertov, the historical Soviet film director and contemporary of Sergei Eisenstein. *Man with a Movie Camera* (1929) counts among his most famous works. For his installation, Hunger also uses original material from two other, less-known films entitled *Enthusiasm* (1930) and *Three Songs about Lenin* (1934). From these three films, Hunger only edits scenes that depict masses of people, reorganized through categories: city, everyday life, workers, demonstrations, army, grief. The commentary is only present, like in silent films, as inserted text. The texts describe a dialogue of two fictitious characters about different conceptual approaches to writing a stage play about Vertov. The two invisible protagonists also talk about the mass scenes, yet these only form the starting point for a conversation about the fate of the Russian avant-garde in the early twentieth century. In light of these discourses, Hunger addresses the question why and how the avant-garde was sidelined by Stalin. (Fabian Saavedra-Lara)

H

WKV *Tradition der Erbfeind, Modernismus der falsche Freund. Über den Architekten Hannes Meyer* (Tradition of the Archenemy, Modernism of the False Friend: On the Architect Hannes Meyer)
Vortrag / Lecture, 8. 11. 2013

Francis Hungers Vortrag beschäftigte sich mit dem Architekten und zeitweiligen Direktor des Bauhauses Dessau Hannes Meyer, der einer doppelten Form des Vergessens unterworfen wurde: In der DDR dauerte es bis Mitte der 1980er-Jahre, bis sein vom Stalinismus diskreditiertes Schaffen, welches grob der funktionalistischen Architektur zuzuordnen ist, rehabilitiert wurde. Es unterlag dem Vorwurf des sogenannten Formalismus. In der Bundesrepublik wurde er wiederum wegen seiner kommunistischen Gesinnung von der Kunstgeschichtsschreibung mit Skepsis behandelt. Hunger verfolgte Meyers Weg von Dessau in die Sowjetunion und zurück in die Schweiz und seinen Gesinnungswandel vom linken Sozialdemokraten zum (stalinistischen) Kommunisten. Er stellte Meyer in eine Reihe von KünstlerInnen der Moderne, die in den 1920er- und 1930er-Jahren aus dem Westen in die junge Sowjetunion mit ihren Verheißungen, Utopien zu realisieren, gingen.

Francis Hunger's lecture dealt with the architect Hannes Meyer, who was the temporary director of the Bauhaus Dessau. Meyer was subjected to a dual form of oblivion: in the GDR, it was not until the mid-1980s that his work, which can be loosely classified as functionalist architecture and had been discredited by Stalinism, was vindicated. It had been overshadowed by the accusation of so-called formalism. In the Federal Republic, Meyer was in turn treated with art-historiographical skepticism due to his communist sentiments. Hunger traced Meyer's path from Dessau to the Soviet Union and back to Switzerland, including his change of heart from leftist social democrat to (Stalinist) communist. In his lecture, Hunger localized Meyer amid a series of modernist artists who traveled from the West to the young Soviet Union in the 1920s and 1930s, impelled by the promise of living out utopias.

Hannah Hurtzig / Mobile Academy

WF:S *Das Milieu der Toten* (The Milieu of the Dead), 2013
Übung, Studie, Interview / Exercise, study, interview

Der Blick in das Gesicht eines Toten war das früheste Bild, das sich der Mensch vom Menschen machte. Die Leiche ist ein Doppelgänger, sie zeigt das Gesicht des Verstorbenen und gleichzeitig das Gesicht des Todes. Unsere Beziehung mit den Toten beruht auf Irrtum und Zweifel, und der Versuch, eine gemeinsame Sprache für dieses Verhältnis zu fin-

The gaze into the face of a deceased person, a corpse, was humankind's earliest visualization of itself. The dead body is a doppelgänger: it shows the face of the deceased and, at the same time, the face of death. Our relationship with the dead is based on error and doubt, and the attempt to find a common language for this relationship is problematic. Hence,

den, ist problematisch. Es gilt also, systematische Verwandtschaftsforschung zu betreiben. *Das Milieu der Toten* von Hannah Hurtzig – die mit der „Mobilen Akademie“ Formate und Installationen zum Wissenstransfer, Gedächtnisräume und mobile Archive konzipiert – bietet dazu drei Versuchsanordnungen an: eine dynamische Meditationsübung, die den Übergang vom lebenden Menschen in die Bildwerdung des Verstorbenen visualisiert, ein Interview zur Schauspieltechnik der Leichendarstellung und eine Begegnung mit drei WissenschaftlerInnen, die an mehreren Tagen öffentliche Interviews und Gespräche führen. Sie formulieren daraus einen Forschungsantrag, nach dem die Voraussetzungen und Bedingungen eines guten gemeinsamen Milieus von Lebendigen und Toten geklärt werden sollen.

it is necessary to engage in systematic kinship research. *Das Milieu der Toten* by Hannah Hurtzig—whose "Mobile Academy" develops formats and installations on knowledge transfer, memory spaces, and mobile archives—offers three experimental designs for this purpose: a dynamic meditation exercise that visualises the transition from the living person to the image created of the deceased; an interview on the acting technique required to play a corpse; and encounters with three scientists, who will conduct public interviews and talks on several occasions. On the basis of these encounters, they will formulate a research application aimed at clarifying the prerequisites and conditions of a common milieu that is conducive to both the living and the dead.

BA:K1(IIS) *NSK Passport Holders* (NSK Passinhaber), 2007 **IRWIN**
Mehrkanal-HD-Video, Ton, 80' / Multichannel HD video, sound, 80'
Gefilmt vom 5. bis 7. Mai 2007 in London von dem Filmemacher und visuellen Anthropologen Esben Hansen in Zusammenarbeit mit der Filmemacherin Julie Boticello / Filmed in London May 5–7, 2007, by the filmmaker and visual anthropologist Esben Hansen in collaboration with filmmaker Julie Boticello
Words from Africa (Worte aus Afrika), 2007
Mit / With NSKSTATE.COM
Digitale Cloud, Blitzlicht / Digital cloud, flash

NSK (Neue Slowenische Kunst) ist ein Zusammenschluss von drei Künstlergruppen der slowenischen Kulturszene, der 1984 in Ex-Jugoslawien gegründet wurde. Die aktivste Gruppe war und ist IRWIN. 1992 wandelte IRWIN NSK in NSK State in Time um – einen imaginären Staat, der jedem, der auf einer eigens eingerichteten Website und in den „Botschaften“, die sporadisch an verschiedenen Orten ihre Türen öffneten, darum ersuchte, seine Staatsbürger-

NSK (Neue Slowenische Kunst or New Slovenian Art) is an association of three artistic groups in the Slovenian cultural scene, founded in 1984 in former Yugoslavia. The most active of them was and remains IRWIN. In 1992, IRWIN transformed NSK into the NSK State in Time—an imaginary state that offered citizenship and passports to any applicant through a special website and at various "embassies," which popped up intermittently in several locations. In the chaot-

schaft und einen Pass offerierte. Unter den chaotischen Umständen der frühen 1990er-Jahre gelang es den Künstlern tatsächlich, die Räumlichkeiten des slowenischen Innenministeriums zu nutzen und echt aussehende Pässe herzustellen. Mehrere Tausend Menschen, im Wesentlichen aus der Sphäre der Kunst, wurden Bürger des NSK State in Time, und während des Balkankriegs wagten einige von ihnen es sogar, diese Pässe bei der Überquerung von Staatsgrenzen zu benutzen, wenn sie nicht über andere Dokumente verfügten. Mitte der 2000er-Jahre beobachtete IRWIN einen signifikanten und verwunderlichen Anstieg von Anträgen aus Nigeria. Es stellte sich heraus, dass Menschen, die mit zeitgenössischer Kunst rein gar nichts zu tun hatten, von den NSK-Pässen gehört hatten und nun ihre Hoffnungen auf geografische und gesellschaftliche Freizügigkeit darauf setzten. Die Künstler beschlossen, sich mit einigen Antragstellern zu treffen. Die Aufnahmen dieser Gespräche machen auf ebenso traurige wie amüsante Art die Diskrepanz zwischen den Erwartungen der Antragsteller und der Realität deutlich und offenbaren das Potenzial künstlerischen Erfindungsreichtums.

ic circumstances of the early 1990s, the artists were actually able to use the facilities of the Slovenian Ministry of Interior Affairs and to produce authentic-looking passports. Several thousand people, mostly from the art field, became citizens of the NSK State in Time, and during the Balkan wars, some of them even took the risk of using the passports to cross national borders when other documents were missing. In the mid-2000s, IRWIN saw a significant and puzzling increase in applications from Nigeria. It emerged that people completely unrelated to contemporary art had heard about NSK passports and placed their hopes of geographical and social mobility on them. The artists decided to meet some of these applicants and recorded the conversations, which exposed, in a sad and amusing way, the discrepancy between the applicants' expectations and the reality, as well as the potentiality of artistic imagination.

Anna Jermolaewa

WF:FQ21 *Methods of Social Resistance on Russian Examples*
(Methoden des gesellschaftlichen Widerstands am Beispiel Russlands), 2012
HD-Video, 89'

Es gibt ganz unterschiedliche Methoden des politischen Widerstands. Sie reichen von den „Klassikern“ wie Demos oder Flugblattaktionen über Blogs bis hin zu Aktionen, mit denen das herrschende Regime lächerlich gemacht wird. Dies belegen auch die derzeitigen Proteste in Russland, wo Putin auf einer Fahrt

Methods of resistance can be very diverse, from the “classical instruments” like demonstration and flyers to blogs or even happenings that ridicule the regime. This can be currently seen in the protests in Russia, where, for example in St. Petersburg, during a drive of Putin through the city, there spontaneously

durch St. Petersburg beispielsweise von einem spontanen Hupkonzert überrascht wurde. Das Hupkonzert brachte den Unmut der Leute symbolisch zum Ausdruck. Ein anderes Beispiel stammt aus dem sibirischen Bernaul, wo man mit Spielzeugfiguren, die an die Protestschilder angebracht wurden, gegen das Demonstrationsverbot aufbegehrte.

arose a chorus of horns as a symbol of disapproval, or in the Siberian Barnaul where toys were provided with protest signs to make a statement on the banning of demonstrations there.

WKV *Carnival* (Karneval), 2008

Sven Johne

Diptychon, Farbfotografien, 160 × 250 cm, gerahmt / Diptych, color photographs, 160 × 250 cm, framed
Courtesy: Galerie Nagel Draxler, Köln / Cologne

Die beiden Fotos des Diptychons *Carnival* stammen aus den Archiven des Ministeriums für Staatsicherheit der DDR. Sie zeigen Aufnahmen einer Geburtstagsfeier, bei der sich die Beamten offensichtlich über die von ihnen bespitzelten Personenkreise lustig machen, indem sie sich als eben diese verkleiden. So tritt ein hoher Stasi-Beamter, der für die Überwachung der Kirche verantwortlich war, als katholischer Bischof auf und hält zur Unterhaltung der Gäste eine Zeremonie ab. Auch die niederen Beamten, die auf dem zweiten Foto zu sehen sind, haben sich aus Anlass des Festes in ihr jeweils zu überwachendes „Alter Ego“ verwandelt: in eine Ballerina, einen Sportler, Professor, Arzt, Punk et cetera.

The two photographs in the diptych titled *Carnival* come from the archives of East Germany's ministry of state security, or Stasi. They are pictures of a birthday party where the agents appear to be mocking people upon whom they spied by dressing up as them. For instance, a high-level Stasi agent, who was responsible for surveillance of the church activities, is dressed as a Catholic bishop and is performing some rite for the amusement of the other guests. The lower-level agents seen in the other photo have also costumed themselves as their surveillance subjects—a prima ballerina or an athlete, professor, doctor, punk, and so on.

WKV *Griechenlandzyklus* (Greece Cycle), 2012

11 Fotografien aus einer Serie von 37, je 110 × 72 cm / Eleven photographs from a series of thirty-seven, 110 × 72 cm each
Courtesy: Klemm's, Berlin

Sven Johnes *Griechenlandzyklus* zeigt Nachtaufnahmen von 37 verschiedenen Orten in Griechenland. Zu sehen ist darauf hauptsächlich ein opulenter Sternen-

Sven Johne's *Griechenlandzyklus* consists of photographs taken at night at thirty-seven different places in Greece. Most of the images are filled primarily

himmel, während der obere Bereich des Horizonts am unteren Bildrand meist nurmehr in einem letzten Glimmen zu erahnen ist. Jedes Foto ist zudem mit einer Reiseanekdote des Künstlers versehen. Diese kurzen, lakonisch erzählten Geschichten bewegen sich zwischen Verstörung, Absurdität und Tragikomik. In ihrer Gesamtheit zeichnen sie ein ambivalentes und widerstreitendes Bild der Krisensituation des Landes, das weder eindeutig Täter und Opfer benennt, noch sich auf die eine oder andere Seite schlägt. Und so ist auch das dominierende Schwarz des Sternenhimmels nicht nur ein Verweis auf düstere Aussichten, dienen Sterne doch auch der Orientierung.

by a night sky lush with stars, while the upper part of the horizon is mostly only suggested by a last glimmer at the bottom edge of the frame. Each photo is accompanied by a travel anecdote written by the artist. These short, succinctly couched stories vacillate between disturbing, absurd, and tragicomic. Overall, they draw an ambivalent and conflicting picture of the crisis in Greece; one that does not clearly specify who is a perpetrator and who is a victim, and that also does not champion one side or the other. In this senses the dominant black of the sky not only refers to a dark future, as stars also serve for orientation.

Ilya Kabakov / Emilia Kabakov

BA:BKH(IDF) *Painting #349, Charles Rosenthal: They Are Discussing the New Plan* (1930) (Gemälde #349, Charles Rosenthal: Sie diskutieren den neuen Plan [1930]), 1998, aus / from: Ilya und / and Emilia Kabakov, *An Alternative History of Art* (Eine alternative Kunstgeschichte)
Digitale Reproduktion / Digital reproduction

Painting #349, Charles Rosenthal: They Are Discussing the New Plan (1930) ist Teil von Ilya und Emilia Kabakovs Projekt *An Alternative History of Art* (1998) und mit Charles Rosenthal einer ihrer imaginären „Künstler-Gestalten“ zugeschrieben. Rosenthal war angeblich ein Kunstforscher avant la lettre, ein Schüler von Kasimir Malewitsch, der in Paris lebte, aber ausschließlich sowjetische Sujets malte, wie er sie sich vorstellte, da er nie in der UdSSR war. Dieses beispielhafte Bild, in dem nüchterner offizieller Sowjetstil und surrealistisches Bildvokabular aufeinandertreffen, ist – sowohl für Rosenthal als auch für die Kabakovs – der Inbegriff futuristischer Forschung.

Painting #349, Charles Rosenthal: They Are Discussing the New Plan (1930), part of Ilya and Emilia Kabakov's *An Alternative History of Art project* (1998), is attributed to one of their imaginary "artist-characters." Rosenthal was allegedly an artist-researcher avant la lettre, a pupil of Kazimir Malevich who lived in Paris but painted only Soviet themes as he imagined them, having never actually been to the USSR. This iconic image, in which austere official Soviet style meets surrealist iconography, represents—for both Rosenthal and the Kabakovs—futuristic research per se.

K

Volko Kamensky

WKV *Divina Obsesión* (Göttliche Obsession / Divine Obsession), 1999
16-mm-Film, 28'
Vorgeführt im Rahmen des Filmprogramms / Screened in the framework of the film program *Everything Happens on the Surface* (6.–8. 12. 2013), Kuratorin / Curator: Katrin Mundt

Eine Gesellschaft, die ihren Verkehr effizient regelt, schafft damit viel mehr als freie Straßen. Eine Betrachtung über die architektonischen und transzendentalen Dimensionen des Kreisverkehrs.

A society that efficiently regulates traffic creates much more than just clear roads in the process. A reflection on the architectural and transcendental dimensions of the roundabout.

Schorsch Kamerun

WF:S *Agora I + II*
Ausstellungsparcours / Exhibition course

Erleben wir gerade eine Renaissance physischer Treffpunkte außerhalb von Facebook und Supervernetzung in Flash-mobs, auf Demos, urbanen Umstürzen oder Aufmerksamkeitsrandalen? Was wird aus den Stadtplätzen, aus der direkten Kommunikation an diesen okkupierten Orten? Zu diesen Fragen entwickelte der Hamburger Musiker, Regisseur und Autor Schorsch Kamerun in Wien die Untersuchung *Agora I + II*, die mit einer Überprüfung und Neubestimmung heutiger Versammlungsmöglichkeiten zu tun haben soll.

Are we witnessing a renaissance of physical encounters outside of Facebook and super-networking in the form of flash mobs, demonstrations, urban revolts or attention rioting? What happens to the urban sites and to direct communication in these occupied places? Iconic Hamburg-based musician, director and author Schorsch Kamerun developed the two-part event *Agora I + II* for Vienna to address these questions by evaluating and reassessing contemporary assembly venues and options.

Patrick Keiller

WKV *The End* (Das Ende), 1986
16-mm-Film, 18'
Vorgeführt im Rahmen des Filmprogramms / Screened in the framework of the film program *Everything Happens on the Surface* (6.–8. 12. 2013), Kuratorin / curator: Katrin Mundt

„Der Reisebericht eines Fußgängers, der (unter anderem) die bequeme, aber unzureichende Annahme untersucht, dass ‚in jedem Gedankengang auf das ENDE des einen der Anfang des nächsten folgt'." (Patrick Keiller) Eine systematische Durchkreuzung der Geraden.

"The travelogue of a pedestrian, which expounds (amongst other things) the convenient but inept supposition that 'in any train of thought, the END of one is followed by the beginning of the next.'" (Patrick Keiller). A systematic foiling of straight lines.

K

Hassan Khan

WF:S *Evidence of Evidence II* (Beweis des Beweises II), 2010
Digitaldruck auf Vinyl, 298 × 350 cm (gescanntes und vergrößertes gefundenes Ölgemälde, Originalgröße 34,5 × 25 cm) / Digital print on vinyl, 298 × 350 cm (found oil painting, scanned and resized, original dimensions 34.5 × 25 cm)

Das beschädigte Gemälde, das dieser Arbeit zugrunde liegt, wurde bei einem Hausverkauf in der „Bitte mitnehmen"-Ecke gefunden – ein Kunstwerk, das jeglichen Wert verloren hat. Der Inhalt dieses vermutlich von einem Laien geschaffenen Gemäldes, ein typisches Stillleben mit Geranien in einem Blumentopf, reflektiert die Wahrnehmung der breiten Masse in Bezug auf das Unterfangen der Kunst. In gewissem Sinne ist es ein Trope, eine Kultur: Es reflektiert die Umwandlung einer Reihe von gemeinsamen Werten und sozioökonomischen Fakten in ästhetische Fakten. Die Vergrößerung dieses „Beweisstücks" vergegenwärtigt seine materiellen Bedingungen, lädt es auf und ermöglicht die Vermittlung seines Erlebens von Zeit und seiner Existenz in der Welt.

The damaged oil painting that serves as a source for this work was found in a house sale in the bin marked "take for free"—it is an artwork that has lost all value. The content of this probably amateur painting, a generic still life of geraniums in a pot, seemingly reflects a common mass perception of what the endeavor of art is. In a sense it is a trope, a culture: the reflection of a set of shared values and socioeconomic factors being transformed into aesthetic facts. Blowing up this piece of "evidence" makes its material conditions present and charged, allows its experience of time, its being in the world, to be communicated.

WF:S/WKV *Studies for Structuralist Film n. 2* (Studien für den strukturalistischen Film Nr. 2), 2013
Full-HD-Video, stumm, s/w / Full HD Video, silent, black-and-white

In Hassan Kahns *Studies for Structuralist Film n. 2* kreist die Kamera in unterschiedlichen Geschwindigkeiten und aus unterschiedlichen Entfernungen kontinuierlich um verschiedene Personen, die in der Mitte eines leeren weißen Raums auf einem Stuhl sitzen. Sie erwidern den Blick der Kamera und folgen ihm, während die Kamera sie umkreist. In bestimmten Momenten werden die Personen gebeten, sich an persönliche Erlebnisse aus ihrer Vergangenheit zu erinnern. Dabei schweifen sie gedanklich ab und verlieren den Sichtkontakt

Following a long-term interest in portraiture that spans several mediums comes this series of moving image portraits of the human subject. The portrait does not claim to reveal "personality" as much as it builds a delicate relationship between the artist, the camera, the subject, and ultimately the viewer. The camera is constantly rotating (at different speeds and distances) around subjects sitting on a chair in the middle of an empty white room who have volunteered to have their portrait done. They return the gaze of the camera directly,

zur Kamera. Nach einem kurzen Augenblick wird ihnen die Kamera wieder bewusst, und sie nehmen erneut Blickkontakt auf. Die Aktion wird mit jeder Person mehrmals wiederholt.

following it as it turns around them. At certain moments, they are asked to remember personal events from the past, and thus lose the visual connection with the camera, to sink into their thoughts and look away. After a moment they begin noticing the camera and establishing contact again. The action is repeated several times with each subject.

WF:S *The Twist* (Die Windung), 2013
Edelstahlstange mit Verzierung, 496 × 13 cm (an der breitesten Stelle) /
Stainless-steel bar with ornamentation, 496 × 13 cm (at the widest point)

„In dieser Geste geht es um den Ursprung der Zivilisation", erklärt Hassan Khan in seiner Beschreibung von *The Twist.* Für Khan verkörpert die Entscheidung, eine nicht funktionale Windung in ein Geländer einzubauen, genau den Moment, in dem die menschliche Zivilisation beginnt, sich von dem, was vorher war, zu unterscheiden. Die Skulptur basiert auf dem Detail eines Geländers, das einen Balkon mit Seeblick schmückt. In seiner Reproduktion als baukünstlerische Skulptur korreliert *The Twist* mit dem Moment, in dem Objekte sich über ihre reine Funktionalität hinausbewegen, und nimmt so auch deren Identifikationsmerkmale und besondere Kennzeichen an, die sie unter anderem als Eigentum definieren, als Erweiterung einer Gemeinschaft oder eines Ichs. (Fawz Kabra)

"This gesture is about the origin of civilization," explains Hassan Khan as he describes *The Twist.* For Khan, the decision to produce a non-functional twist in a railing embodies the moment when human civilization distinguished itself from what came before. The sculpture is based on a detail found on the banister of a balcony overlooking the sea. Replicated as an architectural sculpture, *The Twist* correlates with the moment when objects moved beyond pure function and gained the characteristics that identify and mark them, thus defining them amongst other things as property, extensions of a community, or a self. (Fawz Kabra)

Jakob Kolding

WKV *Untitled Balance Acts* (Balanceakte ohne Titel), 2013
Serie von 6 Collagen, je 42 × 29,7 cm / Series of six collages, 42 × 29.7 cm each
Produziert im Ramen der Ausstellung / Produced in conjunction with the exhibition *Der Ungeduld der Freiheit Gestalt zu geben.*

WKV Untitled (Graz), 1999; Untitled, 2001; Untitled (Copenhagen), 2007; Untitled (Graz), 1999; Untitled, 2011
Auswahl von 5 Plakaten / Selection of five posters

Jakob Kolding zeigt eine Auswahl seiner seit 1999 entstandenen Poster, die auf Schwarz-Weiß-Collagen basieren und sich zwischen den Ästhetiken von Dada und Agitprop bewegen. Montiert werden Ansichten und Details urbaner Räume mit menschlichen Figuren und Parolen. Dabei entsprechen die Innen- und Außenräume samt deren Dekors beziehungsweise Ausstattungen ebenso den Stereotypen und Standards des modernen / modernistischen Stadtlebens wie die darin eingefügten Figuren: zum Beispiel SkaterInnen, die gleichermaßen für eine widerständige Aneignung des städtischen Raumes wie für die Kommodifizierung des urbanen Lebensgefühls stehen. Dabei scheinen die Figuren den sie umgebenden Raum entgegen seiner eigentlichen Funktion auszuloten, ihn in gewisser Weise umzuwidmen. Es handelt sich um eine offene Befragung urbaner Strukturen und Einöden, aber auch mentaler und psychischer Räume.

Jakob Kolding shows a selection of the posters he has created since 1999. They are based on black-and-white collages and fall somewhere between Dada and agitprop. They are assemblies of aspects and details of urban spaces, human figures, and slogans. Both the interior and exterior spaces, along with their decor or furnishings, and the figures that have been placed in the spaces, correspond to the clichés and standards of modern/modernist city life. For instance, skateboarders, who stand for both the appropriation of city spaces, and the commoditization of urban attitude to life. At the same time, the figures seem to be sounding out the space around them in opposition to its actual function, almost as if they were repurposing it. These posters are an open inquiry into urban structures and wastelands, as well as into mental and psychic spaces. In addition to the posters, Kolding will also show a series of six collages produced specifically for this exhibition.

Hilary Koob-Sassen

WKV *Transcalar Investment Vehicles*, 2012
HD-Video, 65'
Vorgeführt im Rahmen des Filmprogramms / Screened in the framework of the film program *Everything Happens on the Surface* (6.–8.12.2013), Kuratorin / curator: Katrin Mundt

Eine Naturkatastrophe löst einen Algorithmus aus, dessen Kalkulationen wiederum das globale Wirtschaftssystem umprogrammieren. Am Ende steht nicht der Zusammenbruch, sondern die utopische Vision einer radikal neuen Art des Wirtschaftens und Zusammenlebens, angetrieben von der Bewegung einer endlosen Feedbackschleife zwischen lebenden Organismen und gebauter Umwelt.

A natural catastrophe triggers an algorithm with calculations that in turn reprogram the global economic system. It ends not in collapse, but with the utopian vision of a radically new kind of economic activity and cohabitation—propelled by the movement of an endless loop of feedback between living organism and built environment.

K

WF:S Ohne Titel / Untitled
Leihgeber/ Lender: Július Koller Society

Július Koller

Als Gegenrede zum modernistischen Mainstream der slowakischen Kunst der Jahre vor 1968 begann Július Koller ab ca. 1960 seine ästhetische Position unter dem Stichwort „Anti-Happening" zu entwickeln. Parallel zu den Methoden der internationalen Avantgarden der Nachkriegsjahre wollte Koller – gegen die zynischen technoiden Allmachtsfantasien des sozialistischen Staatsapparats oder die gestalttherapeutischen Bestrebungen der modischen Modernisten – dem Individuum wieder die direkte Erfahrung der Realität im Kunstwerk zurückgeben. Von diesem Gedanken aus arbeitete er an einem Oeuvre, das in seiner Stringenz, Obsession und Eigenart zu den unvergleichbaren in der europäischen Gegenwartskunst gehört. Kollers Strategie bestand darin, reale Objekte, die reale Welt, den Alltag als vorgegebenes Programm für eine ästhetische Operation zu verwenden und diese Bezeichnungsoperation universell auf verschiedene Medien anzuwenden.

Around 1960 Július Koller began to develop his aesthetic position under the banner of the "anti-happening" as a riposte to the modernist mainstream in pre-1968 Slovakian art. In an approach parallel to the methods adopted by international postwar avant-gardes, Koller sought—in contradistinction to the socialist state apparatus' cynical technoid fantasies of omnipotence or the Gestalt-style endeavors of the fashionable modernists—to return direct experience of reality in the artwork to the individual. Drawing on this idea, he created an oeuvre that is one of the incomparable achievements of European contemporary arts in its stringency, obsession, and particularity. Koller's strategy comprised deploying real objects, the real world, the everyday as a preexisting program for an aesthetic procedure and deployed this designation procedure universally in a range of different media.

WF:S *Not All Germans Believe in God, But They All Believe in the Bundesbank* (Nicht alle Deutschen glauben an Gott, aber sie alle glauben an die Bundesbank), 2013
Mehrkanal-Videoinstallation / Multi-channel video installation

Chris Kondek

Im Jahr 1911 nahm der bekannte Spiritualist Baron von Schrenck-Notzing an Seancen des französischen Mediums Eva C. teil, bei denen er Phänomenen beiwohnte und sie auch fotografierte, die er als „Materialisierungen" bezeichnete. Diese Materialisierungen nannte er Ektoplasma und definierte sie als spirituelle, durch ein physisches Medium „veräußerlichte" Energie. Für Kon-

In 1911, noted spiritualist, Baron von Schrenck-Notzing attended séances held by the French medium Eva C. There he witnessed, and photographed, what he called "materialization phenomena." These materializations he named ECTOPLASM, defined as a spiritual energy "exteriorized" by a physical medium. For Kondek this notion, a virtuality made real, fetishized, is a perfect

dek ist dieses Konzept – etwas Virtuelles, das real gemacht und fetischisiert wird – eine perfekte Definition des Geldes, die die performativen Aspekte von Geld und Bankwesen klar hervortreten lässt. Eine Währung, die als Fiatgeld geschaffen wird, wie eben der Euro, ist Geld aus dem Nirgendwo. Die Griechen nannten dieses Phänomen *Ousia Aphanes*, den „unsichtbaren Stoff". Für Kondek sind die Zentralbanker Hohepriester, die durch Zaubertricks and Blendwerk den Zugang zu diesem unsichtbaren Stoff kontrollieren. Kondeks Meditation bietet ein Triptychon bestehend aus der Banker-Seance, beobachtet von einem zeitgenössischen Baron von Schrenck-Notzing, kombiniert mit einer weiteren Performance und Found Footage der Proben zu einem Lehrstück mit dem Titel *Ousia Aphanes.* Das Ergebnis ist ein spielerisch nachhakender Zugang zum Geist des Geldes und des Bankwesens.

definition of money, highlighting the performative aspects of money and banking. Currency created by FIAT, like the Euro, is money called into being from out of nowhere. The Greeks called it "Ousia Aphanes," the invisible substance. For Kondek, Central Bankers are High Priests, involved in a smoke and mirrors performance, controlling access to this invisible substance. Kondek's meditation offers a triptych of a bankers séance, as seen by a modern day Baron von Schrenck-Notzing, and juxtaposes to this another performance, found footage of a rehearsal of a Lehrstuck called *Ousia Aphanes.* The result is a playfully inquisitive approach to the spirit of money and banking.

KwieKulik

WF:S *Open Form: Game on an Actress' Face* (Offene Form. Spiel auf dem Gesicht einer Schauspielerin), 1971
35-mm-Film, DVD, 2:39'

Diese Szene aus dem Film *Open Form* ist eine vielschichtige Reflexion über Prozesshaftigkeit, Partizipation, Medien und Mediatisierung. Das „öffentliche" Gesicht einer bekannten Schauspielerin wird wie zu einer neutralen Folie für ein Gemeinschaftskunstwerk. Im Rahmen eines prozesshaften visuellen Spiels wurden die Teilnehmenden aufgefordert, den vorherigen Spielzug sukzessive nachzuahmen. Da jede Geste, jede „Äußerung" gleichsam die folgende beeinflusst und zugleich die ursprüngliche Situation verändert, wurde es zur Regel, wechselseitig aufeinander zu reagieren.

This scene from the film *Open Form* presents a multilayered reflection on processuality, participation, media, and mediatization. Using the "public" face of an actress as if it were a neutral surface for a collaborative artistic act, this processual visual game instructed participants to perform successive moves on this premise. Given that each move, each "utterance," influenced the next one and modified the original situation, the rule was to react to each other's moves, opening new possibilities for others to express themselves. The collective activity established a form of

So eröffneten sich den anderen neue Ausdrucksmöglichkeiten. In diesem gemeinsamen Vorgehen entwickelte sich eine Art kollektiver visueller Sprache. Die Szene zeigt Ewa Lemańska, die in der Rolle der Maryna in der Fernsehserie *Janosik* in den frühen 1970er-Jahren in Polen große Berühmtheit erlangte.

visual language. The scene featured Ewa Leman'ska, who gained huge popularity in Poland in the early 1970s as Maryna in the TV series *Janosik*.

WKV *The Desert People* (Das Wüstenvolk), 1974
16-mm-Film, 48'
Vorgeführt im Rahmen des Filmprogramms / Screened in the framework of the film program *Everything Happens on the Surface* (6.–8.12.2013), Kuratorin / curator: Katrin Mundt

David Lamelas

Ein konzeptuelles Roadmovie: Fünf Personen sind im Auto unterwegs durch die nordamerikanische Wüste. In quasidokumentarischen Szenen berichten sie über ihre Erfahrungen mit der Gesellschaft und Kultur der Papago-Indianer. Ein Film über das Filmemachen und das Fremdwerden des Vertrauten im Bild.

A conceptual road movie: five people are traveling in a car through the North American desert. In quasi-documentary scenes they report on their experiences with the society and culture of the Papago Indians. A film about filmmaking and the alienation of the familiar in images.

BA:S3,14(IPA) *Birmingham Ornament* (Fragmente / Fragments 141–145), 2013
HD-Video, Farbe, Ton, ca. 20' / HD video, color, sound, approx. 20'
Mit Unterstützung von / Supported by Cine Fantom, Moskau / Moscow
Im Auftrag von / Commissioned by Bergen Assembly 2013

Yuri Leiderman / Andrey Silvestrov

Birmingham Ornament (2007–2013) von Yuri Leiderman und Andrey Silvestrov ist ein laufendes Rechercheprojekt, das zwischen Gegenwartskunst, Film und Literatur oszilliert. Es umfasst inszenierte und gefilmte surrealistische Situationen, in denen Profi- und Amateurschauspieler sowie unerschütterliche TV-Moderatoren poetische Texte rezitieren. Die Texte, die sowohl eigenwillig als auch elementar sind und ebenso rätselhaft wie eindeutig, greifen ernste Themen wie den Holocaust auf atem-

Yuri Leiderman and Andrey Silvestrov's project *Birmingham Ornament* (2007–13) is an ongoing investigation that oscillates between contemporary art, cinema, and writing. It includes staged and filmed surrealist situations where professional and amateur actors, as well as imperturbable TV presenters, recite poetic texts. The texts—both heteroclite and basic, enigmatic and direct—touch on topics as serious as the Holocaust in a breathtakingly light and airy way. Their film, shot in ancient Mi-

beraubend leichte, unangestrengte Weise auf. Ihr Film, der in antiken minoischen Palästen auf Kreta entstanden ist, nimmt die für die europäische Zivilisation so wichtige Idee des Bewahrens in den Blick.

noan palaces on Crete, centers on the idea of storage, fundamental to European civilization.

Enrique Lihn

WKV *Batman in Chile*, Buenos Aires, Juni / June 1973
Comic
Courtesy: Stadt- und Landesbibliothek Stuttgart

„Im Juni 1973, sechs Monate vor dem Militärputsch [in Chile], erschien in Buenos Aires *Batman in Chile* – ein Comic im Romanformat von dem chilenischen Dichter Enrique Lihn. Der Roman schildert die Anti-Abenteuer des von der CIA und der rechten chilenischen Elite für eine streng geheime Mission angeheuerten Superhelden. Von Batmans Anwesenheit in Santiago verspricht man sich wichtige Unterstützung bei dem Versuch, den Vormarsch der Roten Armee in der Ära Allendes zu stoppen. Das Buch beginnt mit der Ankunft des Helden am Flughafen Pudahuel und seiner sofortigen Weiterreise per Privathubschrauber zu einer Willkommensparty in einem Batcave-ähnlichen Anwesen in den Anden. Die anwesenden einheimischen Gäste begrüßen den Helden im Batman-Outfit. *The Decline of an Idol* – einer der alternativen Titel des Romans – liefert eine ausführliche Schilderung von Batmans existenziellem Gefühlsaufruhr bei den frustrierten Versuchen, seinen Auftrag auszuführen. Die Situation wird für den verlorenen Sohn Gotham Citys immer verwirrender, da die chilenischen Roten so gar nicht seinen vom Kalten Krieg geprägten Vorstellungen entsprechen. Nicht nur stehen die Rebellen unter dem Schutz der Demokratie, die herrschen-

"In June 1973, six months before the military coup [in Chile], *Batman in Chile*—a comic book in novel format—by the Chilean poet Enrique Lihn was published in Buenos Aires. The novel described the anti-adventures of the American superhero, hired by the CIA and the local right-wing elite to carry out a top-secret mission in the country. Batman arrives in Santiago as a key asset to help overthrow the 'red army's' advance during the Allende period. The book opens with the hero's arrival in the Pudahuel airport and his immediate transport—via private helicopter—to a welcome party in a Batcave-like mansion in the Andes. All the local guests greet the hero dressed up as Batman lookalikes. *The Decline of an Idol*—one of the novel's alternative titles—details Batman's existential turmoil in his frustrated attempts to fulfill his task. Things are increasingly confusing for the prodigious son of Gotham City, who is bewildered by the local reds who hold no resemblance whatsoever to his Cold War references. The rebels are not only protected by democracy, but the ruling communists were actually voted into power … Batman's perplexed state turns to depression when the local carabineros arrest him for disturbing the peace, and accuse him of 'deco-

Bergen

Stuttgart

Wien / Vienna

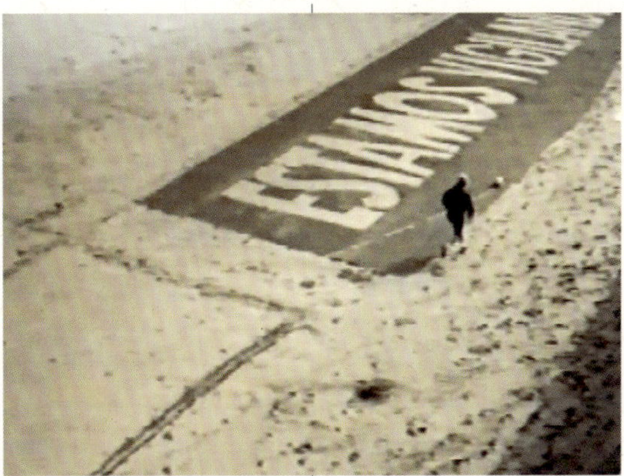

Grupo Baja Mar *Cerrado – Estamos Vigilando – Ocup[ ]do*

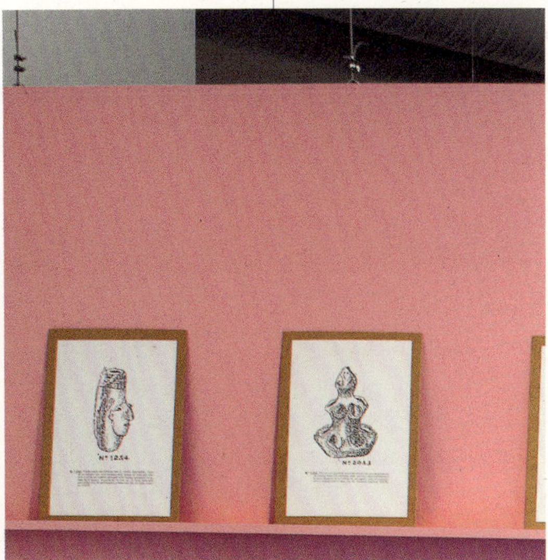

Inti Guerrero
Men Amongst the Ruins: A Curatorial Research on a Tropical Experience of Fascism

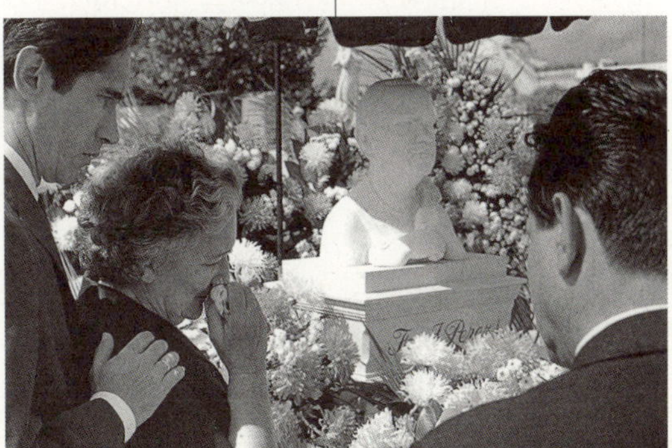

Tomás Gutiérrez Alea *Death of a Bureaucrat*

Bergen

Stuttgart

Wien / Vienna

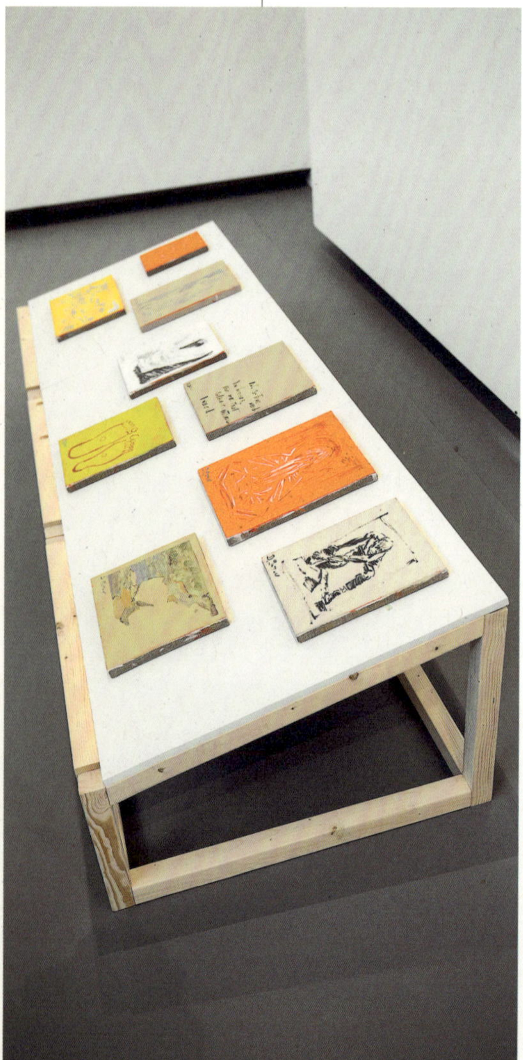

Dmitry Gutov *Patience*

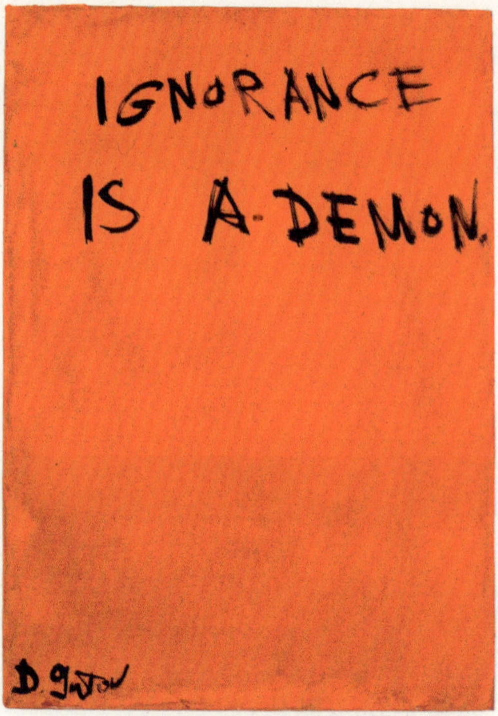

Dmitry Gutov *English Lessons*

Bergen **Stuttgart** **Wien / Vienna**

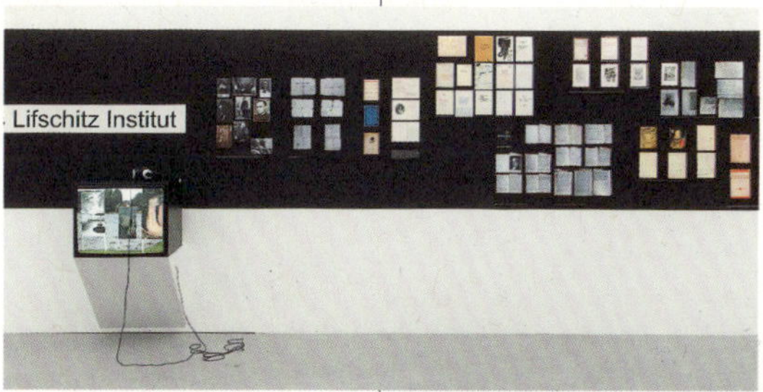

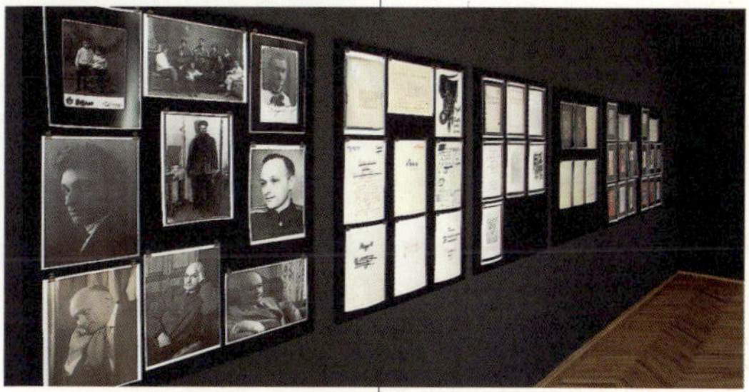

Dmitry Gutov, David Riff *Das Lifschitz Insitut*

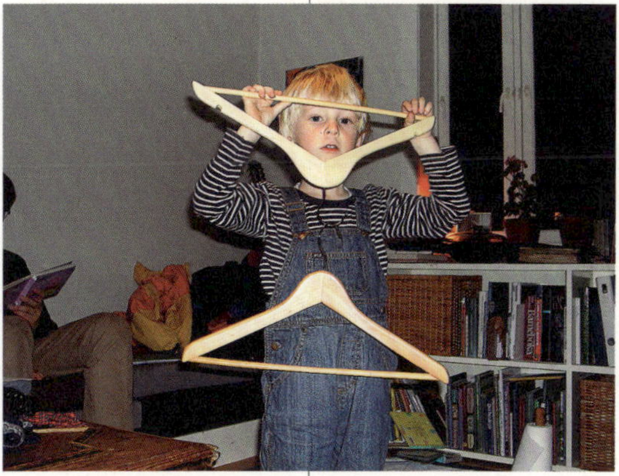

Ane Hjort Guttu *How to Become a Non-Artist*

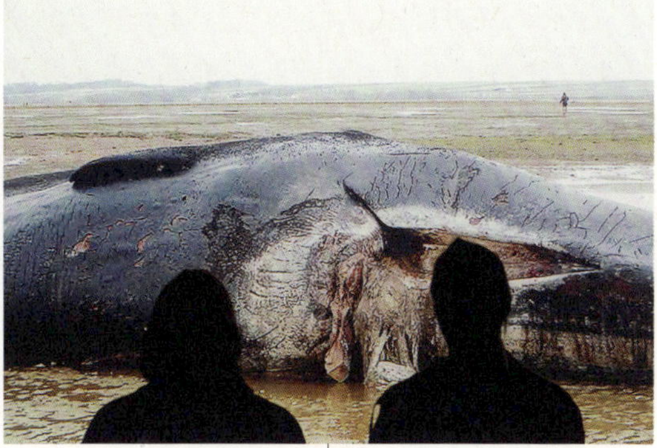

Jan Peter Hammer *Tilikum*

Bergen **Stuttgart** **Wien / Vienna**

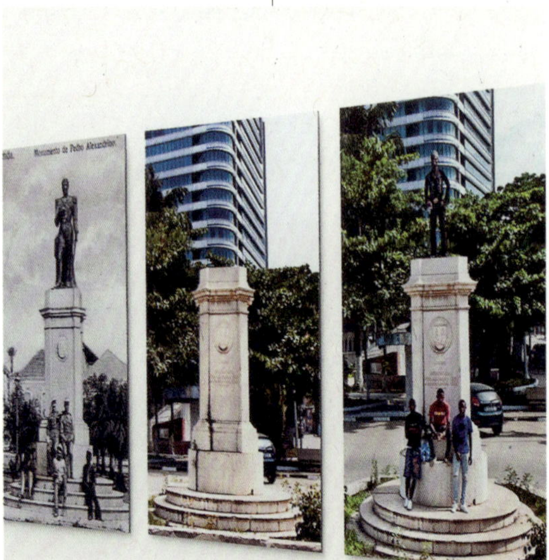

Kiluanji Kia Henda
Redefining The Power III (Serie 75 with Miguel Prince)

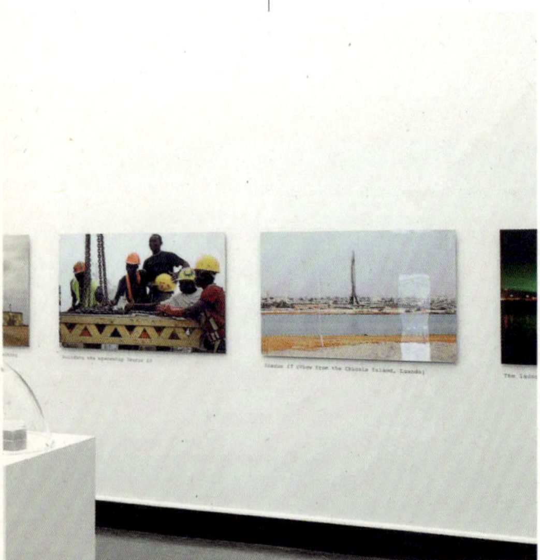

Kiluanji Kia Henda *Icarus 13*

Bergen **Stuttgart** **Wien / Vienna**

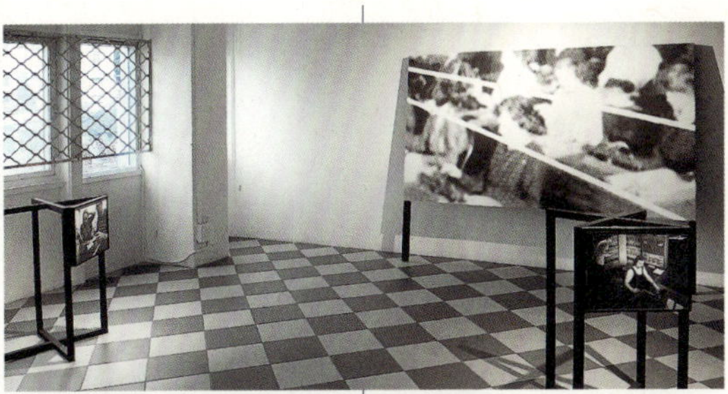

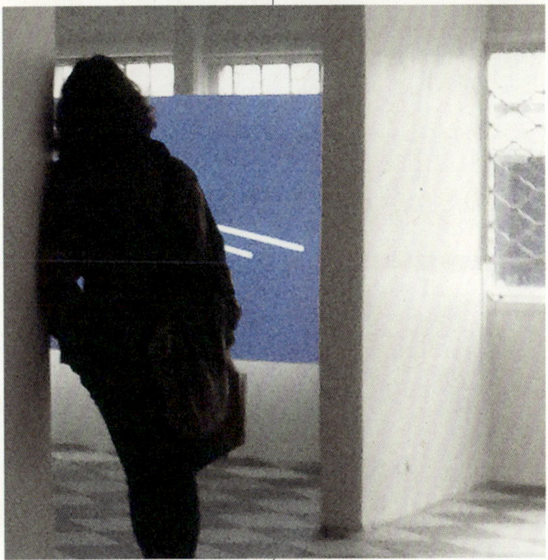

Francis Hunger *Deep Love Algorithm*

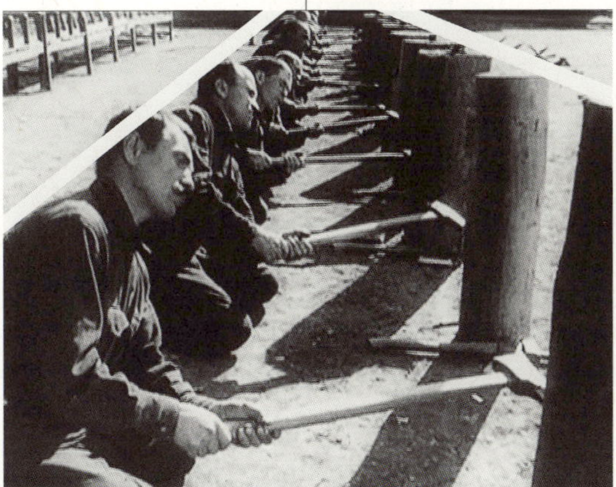

Francis Hunger *Tolpa*

Bergen **Stuttgart** **Wien / Vienna**

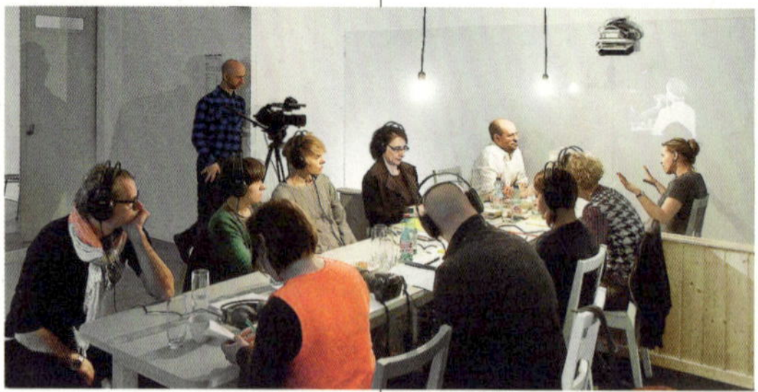

Hannah Hurtzig *Das Milieu der Toten*

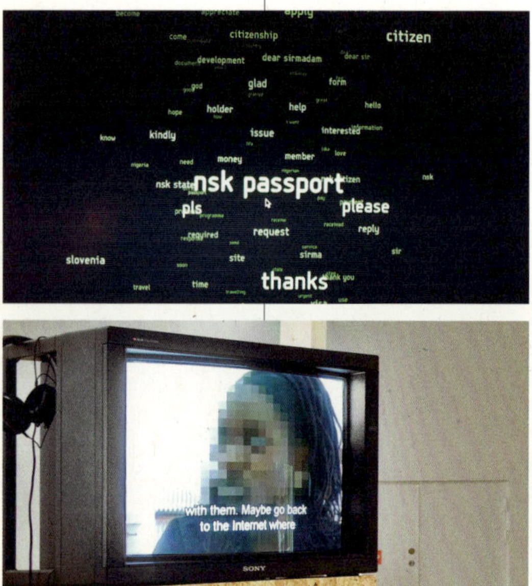

Irwin *NSK Passport Holders*

Bergen

Stuttgart

Wien / Vienna

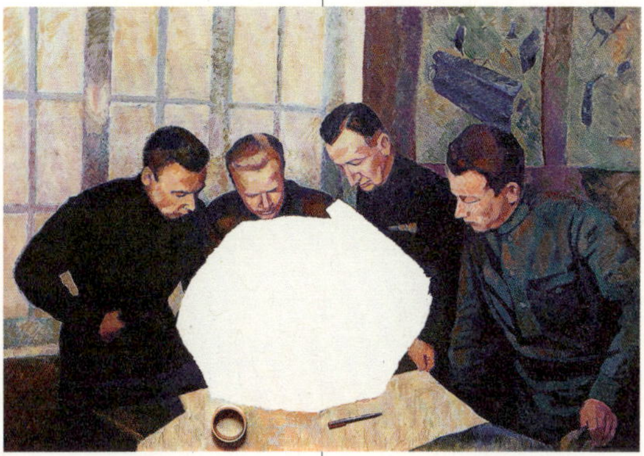

Ilya Kabakov / Emilia Kabakov *Painting #349*

Sven Johne *Griechenlandzyklus*

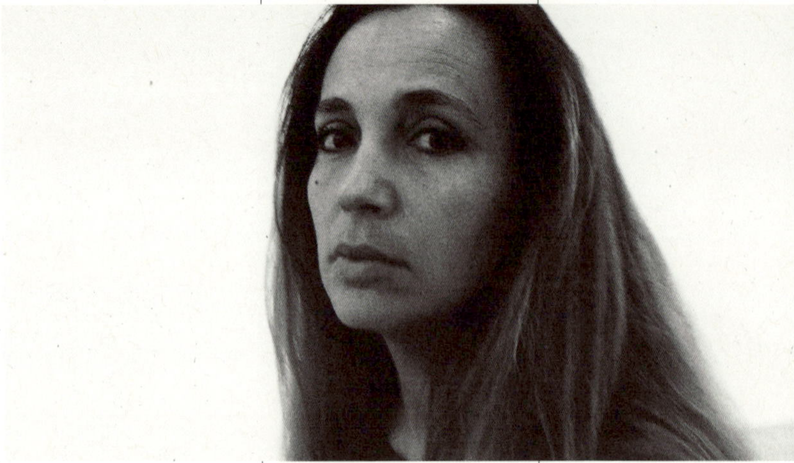

Hassan Khan *Studies for Structuralist Film n. 2*

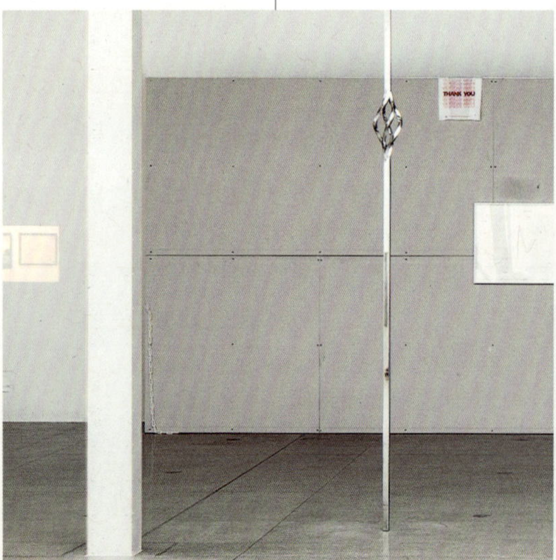

Hassan Khan *The Twist*

Bergen | **Stuttgart** | **Wien / Vienna**

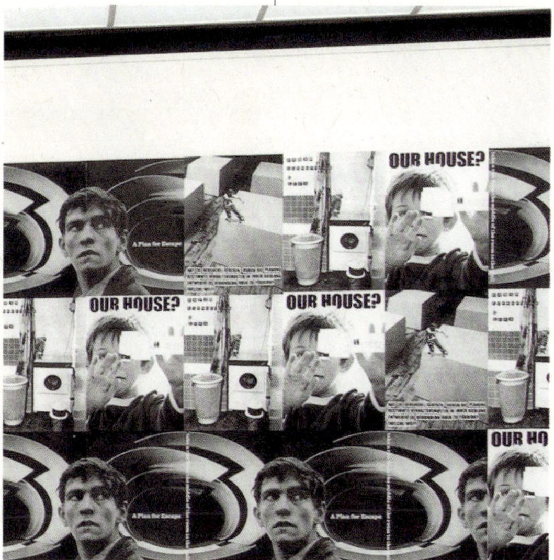

Jakob Kolding
Untitled (Graz); Untitled;
Untitled (Copenhagen);
Untitled (Graz); Untitled

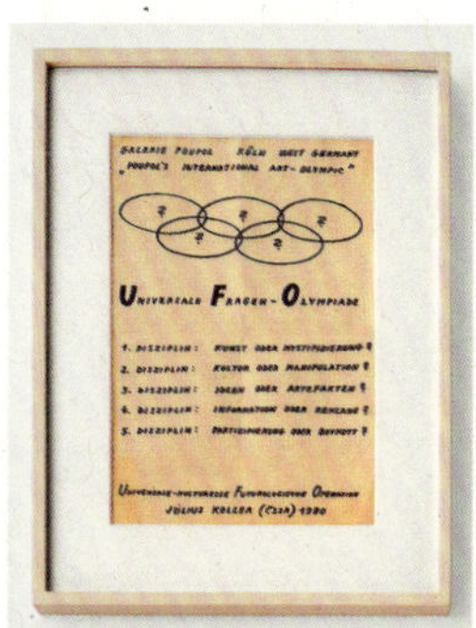

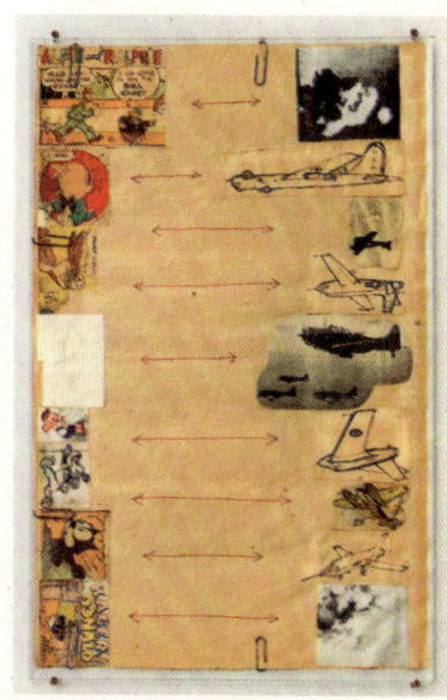

Julius Koller Ohne Titel / Untitled

Bergen **Stuttgart** **Wien / Vienna**

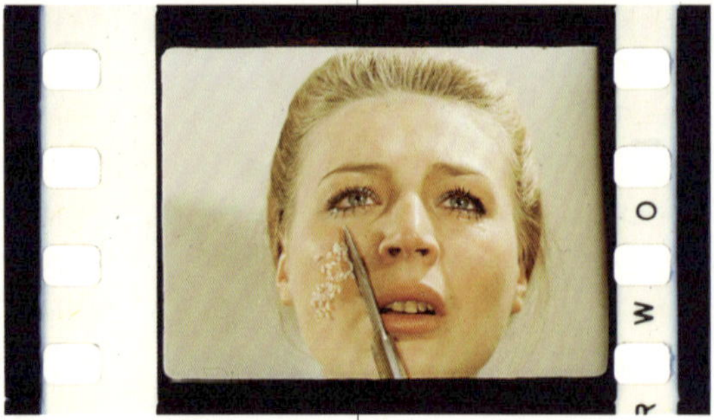

KwieKulik *Open Form – Game on an Actress' Face*

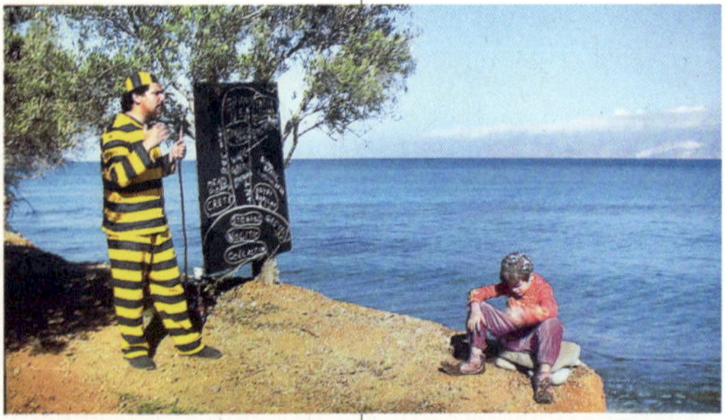

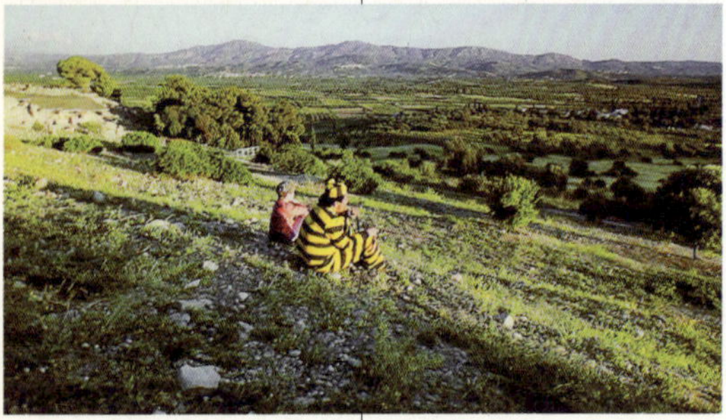

Yuri Leiderman / Andrey Silvestrov *Birmingham Ornament*

Bergen **Stuttgart** **Wien / Vienna**

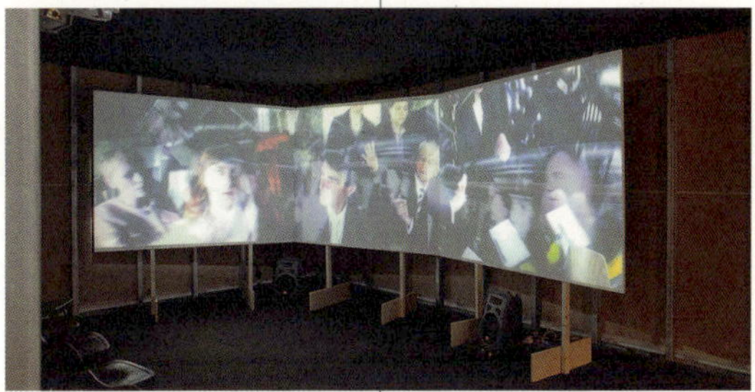

Chris Kondek
Not All Germans Believe in God, But They All Believe in The Bundesbank

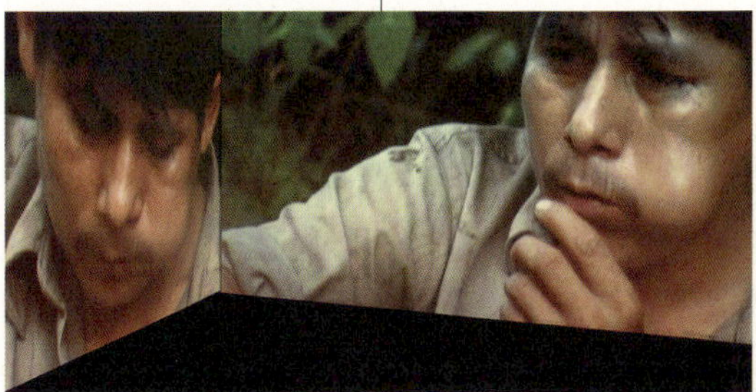

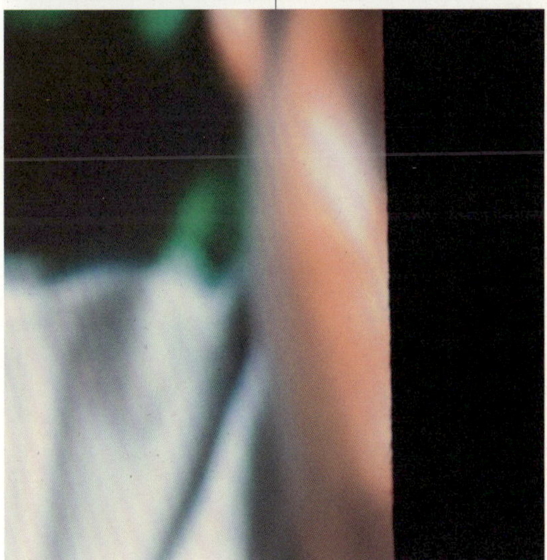

Mapa Teatro *Akulliku*

Bergen **Stuttgart** **Wien / Vienna**

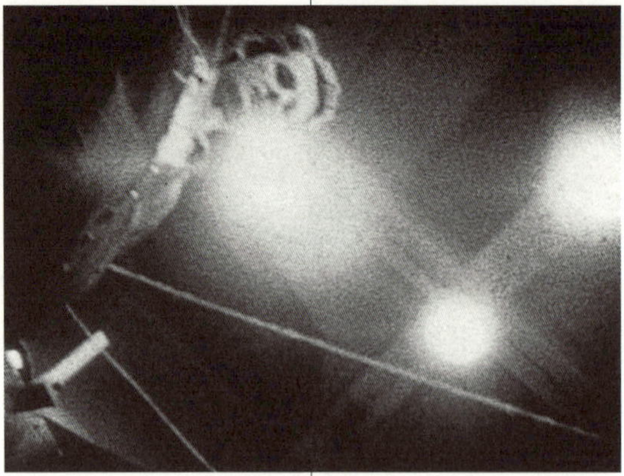

Dora Maurer *Kreativität. Visualität*

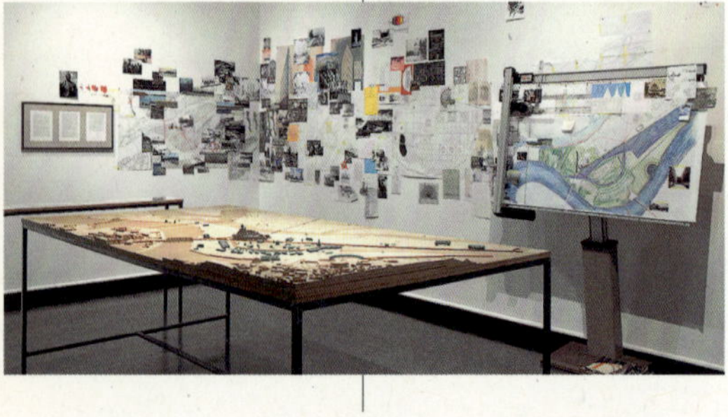

Ivan Melnychuk / Oleksandr Burlaka – Grupa Predmetiv
Island

Bergen **Stuttgart** **Wien / Vienna**

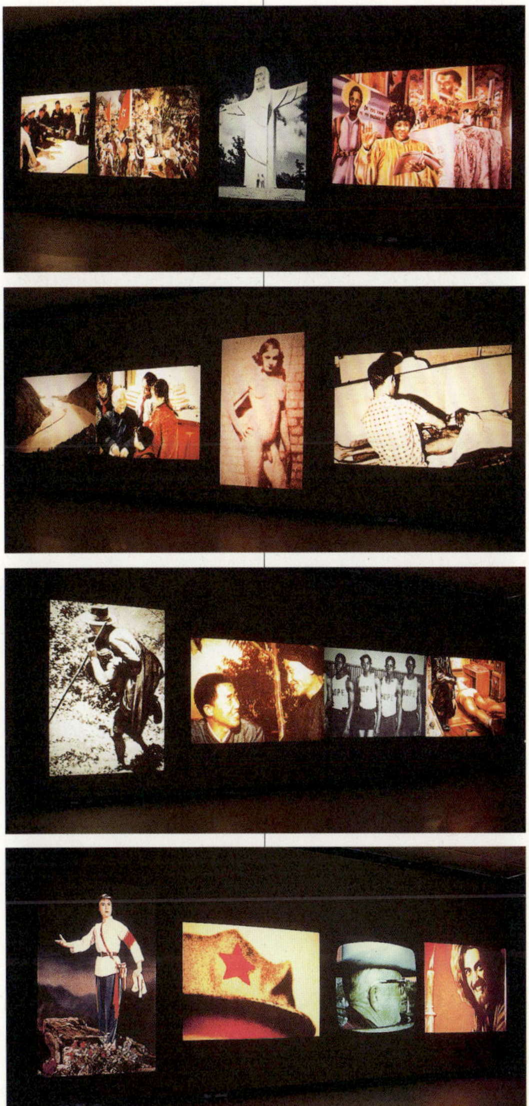

Klaus Mettig / Katharina Sieverding *China-America*

Bergen **Stuttgart** **Wien / Vienna**

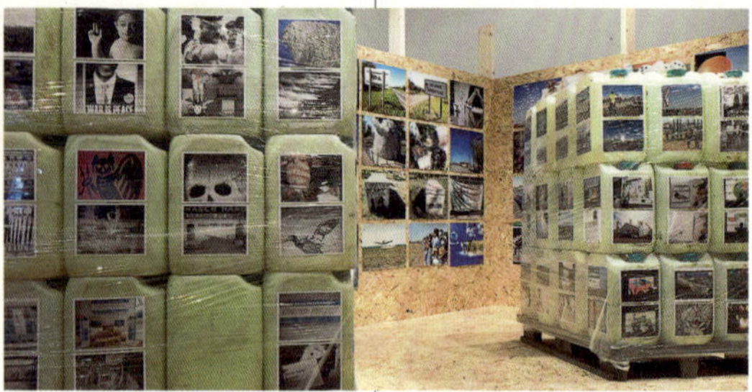

Eduardo Molinari – Archivo Caminante
B.O.G.S.A.T. / The Responsibility

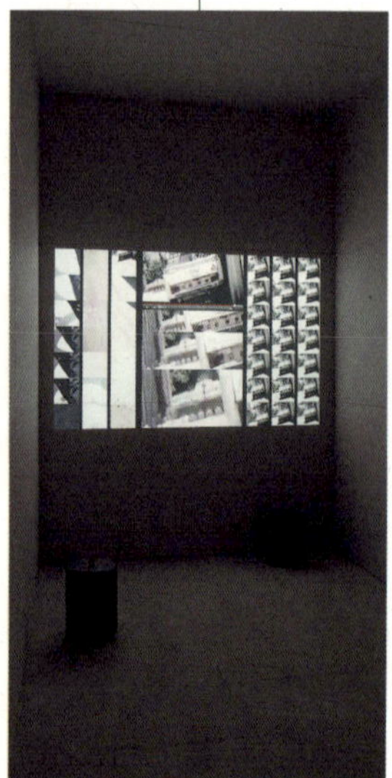

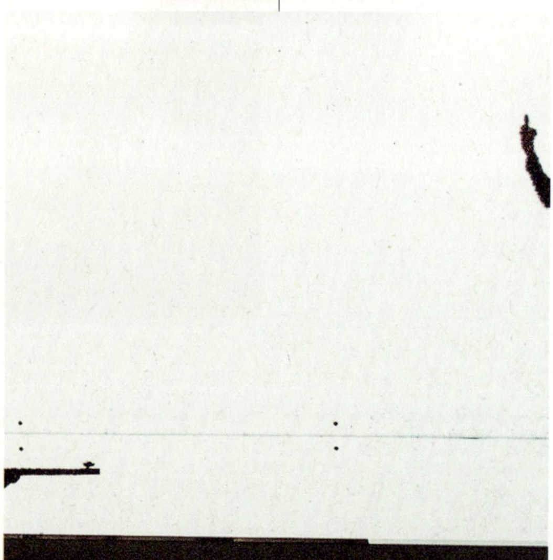

Rabih Mroué *The Pixelated Revolution*

den Kommunisten wurden sogar an die Macht gewählt … Batmans Verwirrung verwandelt sich in eine Depression, als die örtlichen *carabineros* ihn wegen Ruhestörung festnehmen und ihn der ‚dekorativen Beteiligung' an einem karnevalistischen Maskenball beschuldigen." (aus: María Berríos, „‚Auf Wiedersehen, Tarzan.' Undokumentierte Gerüchte und spurloses Verschwinden in Chile", in: Hedwig Saxenhuber (Hrsg.), *Kunst + Politik*, Wien 2008)

rative participation' in a carnavalesque masked ball." (Excerpted from: María Berríos, "'Auf Wiedersehen, Tarzan': Undokumentierte Gerüchte und spurloses Verschwinden in Chile," in *Kunst + Politik*, ed. Hedwig Saxenhuber [Vienna, 2008].)

Jumana Manna / Sille Storihle

BA:K1(IIS) *The Goodness Regime* (Das Güte-Regime), 2013
HD-Video, Farbe, Ton, 20' / HD video, color, sound, 20'
Mit Unterstützung von / Supported by Sharjah Art Foundation, Sharjah; Arts Council Norway, Oslo; Norsk Fotografisk Fond, Oslo; Billedkunstnernes Vederlagsfond, Oslo, und / and OCA Office for Contemporary Art Norway, Oslo

The Goodness Regime ist eine Reise durch die Geschichte Norwegens und des Nahen Ostens in Form einer als Theaterstück inszenierten Erzählung. Dargestellt wird sie von Kindern, unterlegt unter anderem mit archivalischen Audio-Einspielungen von Politikerreden, Auszügen aus Hollywoodfilmen und TV-/Radioaufnahmen. Zentrales Sujet des Films ist das 1993 unterzeichnete Oslo-Abkommen zwischen Israel und der Palästinensischen Befreiungsorganisation PLO. Das Abkommen war seinerzeit hoch problematisch hinsichtlich der potenziellen Lösung des israelisch-palästinensischen Konflikts und ungeheuer wichtig für die offizielle Darstellung Norwegens als Friedensstifter und Wohltäter-Nation. Mit ihrem Film hinterfragen Manna und Storihle den Prozess der Geschichtsneutralisierung, wie er mit dem Abkommen in Gang gesetzt wurde, und das Selbstbild von Norwegen als Ort des Friedens und der Tugend.

The Goodness Regime navigates through the history of both Norway and the Middle East in a staged theatrical narrative performed by children and accompanied by various archival voiceovers from politicians' speeches, Hollywood films, and television/radio recordings, among other sources. The film is centered around the Oslo Accords between Israel and the Palestine Liberation Organization, signed in 1993. The agreement has been highly problematic in terms of the potential resolution of the Israeli-Palestinian conflict, and crucial to the official narrative of Norway as a peace facilitator and nation of benevolence. Manna and Storihle's film questions the process of neutralization of history set into motion by the Accords and the self-identification of Norway as a territory of peace and goodness.

M

Mapa Teatro

WF:X *Akulliku*, 2013
Videoinstallation / Video installation

Während seiner Amtszeit als US-Präsident gab Ronald Reagan bei einem Staatsbesuch in Kolumbien seiner Freude Ausdruck, in La Paz zu sein. Bei einer Tour durch Kolumbien begrüßte ein spanisches Musikerduo sein Publikum mit: „Guten Abend, Bolivien!" Und ein internationaler Experte bei einer Tagung in Österreich erklärte: „Willkommen beim Kokainkongress!", anstatt zu sagen „beim Wiener Kongress". Während der 56. Sitzung der UN-Drogenkommission in Wien am 11. März 2013 bestand der bolivianische Präsident Evo Morales darauf, dass Kokablätter nicht mit Kokain gleichzusetzen seien. Der kolumbianische Drogenbaron Pablo Escobar erklärte in einer hypothetischen Antrittsrede als Präsident, die angeblich am Tage seines Todes in seiner Hemdtasche gefunden wurde, dass Kokain nunmehr legalisiert würde. Koka, Coca-Cola, Kokain? Bei der traditionellen Methode des Kauens von Kokablättern (*Akulliku* genannt) wird ein speichelgetränkter Klumpen Kokablätter als mildes Anregungsmittel im Mund gekaut, um Hunger, Durst, Schmerzen, Erschöpfung und Höhenkrankheit zu lindern. Der Konsum von Kokablättern ist eine alltägliche Gewohnheit von Millionen Menschen in den Anden und gilt indigenen Kulturen als heilig.

During his time as US president, whilst visiting Colombia, Ronald Reagan stated that he felt very happy to be at La Paz. During a tour around Colombia, a Spanish music duo greeted their audience by saying: "Good evening, BOLIVIA!" Also, in Austria, an international expert said: "Welcome to the Cocaine Convention," instead of saying "The Vienna Convention." During the 56th UN Commission on Narcotic Drugs in Vienna, on March 11, 2013, Evo Morales, president of Bolivia, insisted that the coca leaf is not cocaine. Furthermore, the Colombian drug dealer Pablo Escobar also put forward, in a hypothetical presidential speech allegedly found in his shirt pocket on the day of his death, the legalization of cocaine. Coke, coca-cola, cocaine? The traditional method of chewing coca leaf, called *akullico*, consists of keeping a saliva-soaked ball of coca leaves in the mouth—as a mild stimulant that suppresses hunger, thirst, pain, fatigue, and altitude sickness. Coca chewing and drinking of coca tea is carried out daily by millions of people in the Andes without problems and is considered sacred within indigenous cultures.

Dóra Maurer

WKV *Kreativität. Visualität* (Creativity. Visuality), 1976
16mm-Film auf DVD, 25' / 16-mm on DVD, 25'

Ein Film über die Einübung kreativer Praktiken in den Workshops der ungarischen KonzeptkünstlerInnen Dóra Maurer und Milkós Erdély von 1975

This is a film about the creative practices in workshops run in 1975 and 1976 by the Hungarian conceptual artists Dóra Maurer and Miklós Erdély. The work-

und 1976. In diesen Workshops wurde mit avantgardistischen künstlerischen Arbeitsweisen experimentiert, die kollektive Prozesse ebenso wie die Einbeziehung des Körpers oder das Spiel mit der Kamera betrafen. „Wir haben versucht uns von dem Zwang, etwas tun zu müssen, zu befreien, indem wir uns unmögliche Ziele setzten", wird Erdély zu Beginn des Filmes zitiert. Seine und Maurers Workshops wendeten sich auch gegen den starren, hierarchischen und zentralisierten (Kunst-)Ausbildungsapparat, den das sozialistische Regime verordnet hatte. Sie wurden schließlich von den Behörden untersagt.

shops were about experimenting with avant-garde artistic methods that applied to the collective process, as well as involving the body or playing with the camera. At the beginning of the film, Erdély is quoted as saying, "We tried to get rid of the constraint of doing something by setting impossible aims." His and Maurer's workshops were also an attempt to counteract the rigid, hierarchical, and centralized (art) education apparatus prescribed by the socialist regime. And, in the end, they were prohibited by the authorities.

Ivan Melnychuk / Oleksandr Burlaka – Grupa Predmetiv

BA:BKH(IDF) *Island* (Insel), 2013
Diverse Medien, Modell (MDF, Kunststoff), Digitaldrucke, Zeichnungen, Tusche auf Papier, unterschiedliche Größen / Mixed media, maquette (MDF, plastic), digital prints, drawings, ink on paper, variable dimensions
Im Auftrag von / Commissioned by Bergen Assembly 2013

Für *Island* schlüpfen Ivan Melnychuk und Oleksandr Burlaka in die Rolle eines fiktiven Architekten, der einst ein sowjetischer Modernist war, der sich zu einem Reaktionär und einer Marionette der Reichen gewandelt hat und sich zur Ethik des Vasallentums in einer unbestimmten Zukunft bekennt. Das größenwahnsinnige Projekt des Architekten für das neue Anwesen eines Oligarchen am Standort eines großen öffentlichen Sportkomplexes umfasst auch einen künstlichen See, in dem diejenigen, die den Herrn verraten, ertränkt werden … und außerdem ein Museum für zeitgenössische Kunst. In Sachen Stil indes erlebt man, wie die Geschichte sich auf verstörende Weise fortsetzt, wenn sich spätsowjetische brutalistische soziale Ästhetik nahtlos mit neokapitalistischer Ideologie verbindet.

For *Island*, Ivan Melnychuk and Oleksandr Burlaka put themselves in the shoes of a fictitious architect, once a Soviet modernist, now a right-wing obscurantist and servant of the rich, professing an ethics of vassalage in an undefined future. The architect's phantasmagoric project of a new manor for an oligarch on the site of a huge public sports complex includes an artificial lake where those who betrayed the lord are to be drowned, as well as a contemporary art museum. In terms of style, however, we can identify a disturbing continuation: here, late-Soviet brutalist social aesthetics blend well with neocapitalist ideology.

M

Zhang Mengqi

WF:FQ21 *Self-Portrait with Three Women* (Selbstporträt mit drei Frauen), 2010
Video, 70'
Im Rahmen des Projekts / Within the frame of the Caochangdi (CCD)
Workstation: *The Memory Project*

Dieser Film begann mit meiner eigenen Suche; dann beschäftigte ich mich mit meiner Mutter und ihrer Mutter – Frauen, die in so ganz unterschiedlichen Zeiten aufgewachsen sind. Als Opfer einer unglücklichen Ehe wünschte sich meine Großmutter, dass ihre Tochter – meine Mutter – eine schöne, sogar vollkommene Ehe schließen sollte. Als meine Mutter jedoch selbst zum Opfer wurde, übertrug sie diese Hoffnung auf mich. Vielleicht ist die Ehe ja der Traum jedes Mädchens, aber sie ist auch der Tod dieser Träume. (Zhang Mengqi)

This film began with my own search, then delving into the stories of my mother and her mother, women who grew up in such different times. As a victim of an oppressive marriage, my grandmother held hopes for my mother to enter a beautiful, perfect marriage. When my mother became a victim herself, she turned those hopes to me. Marriage may be every girl's dream, but it is also the murderer of those dreams. (Zhang Mengqi)

WF:FQ21 *Self-Portrait: At 47 KM* (Selbstporträt. In 47 KM), 2011
Video, 77'
Im Rahmen des Projekts / Within the frame of the Caochangdi (CCD)
Workstation: *The Memory Project*

Mein zweites ‚Selbstporträt' entstand in einem Dorf namens ‚47 KM'. Das Dorf liegt 47 Kilometer von Suizhou in der Provinz Hubei entfernt und ist der Ort, wo mein Vater geboren wurde. Er verließ die Siedlung im Alter von 20 Jahren, sein Vater, mein Großvater, lebt noch immer dort. Ich kehrte in das von meinem heutigen Leben so weit entfernte Dorf zurück und schloss aufs Neue Bekanntschaft mit meinem Großvater, den alten Dorfbewohnern und der katastrophalen Hungersnot vor 50 Jahren. Was bedeutet mir ‚47 KM' also wirklich? Mir erscheint es wie ein Spiegel, ich sehe mich selbst darin. (Zhang Mengqi)

My second 'Self-Portrait' was painted in a village named '47 KM.' This village is located 47 kilometers from Suizhou, Hubei Province, where my father was born. He left the village when he was twenty, but his father, my grandfather, still lives there. I went back to this village disconnected from my current life and rediscovered my grandfather, the old villagers, and the disaster of the famine fifty years ago. What does '47 KM' really mean to me? It seems to be like a mirror; I see myself in front of it. (Zhang Mengqi)

M

WF:FQ21 *Self-Portrait: Dancing at 47 KM* (Selbstporträt. Tanzen in 47 KM), 2012
Video, 82'
Im Rahmen des Projekts / Within the frame of the Caochangdi (CCD) Workstation: *The Memory Project*

Diesen Winter kehrte ich nach ‚47 KM' zurück und setzte meine Forschungsarbeit über die Hungersnot im Dorf fort. Wer hatte damals Hunger gelitten? Was mussten diese Menschen erdulden? Erinnert sich überhaupt noch jemand an sie? Meine Nachforschungen konzentrierten sich auf jene Personen, die während der dreijährigen Hungersnot gestorben waren. Ich habe im Dorf ein paar lächerliche Tänze aufgeführt. Der dritte Film in meiner ‚Selbstporträt'-Serie ergab sich daraus. (Zhang Mengqi)

I went back to '47 KM' again this winter and continued to research the people who went hungry in the village. Who were they? What did they go through? Is there anyone who still remembers them? My research concentrated on those who perished during the 'three famine years.' I did a series of ridiculous moves in the village. The third film in my 'Self-Portrait' series emerged out of this. (Zhang Mengqi)

Klaus Mettig / Katharina Sieverding

WKV *China – America*, 1976
4-Kanal-Diaprojektion, 80 Konstellationen, 60' / Four-channel slide projection, eighty constellations, 60'
Soundtrack: Verhör Bertolt Brechts vor dem HUAC (House Un-American Activities Committee / Komitee für unamerikanische Umtriebe) am 30. Oktober 1947 / Soundtrack: Testimony of Bertolt Brecht before the HUAC House Un-American Activities Committee, October 30, 1947

In 80 verschiedenen Konstellationen stellt die 1976 entstandene 4-Kanal-Diaprojektion *China – America* die visuellen Repräsentationen Chinas und der USA einander gegenüber. Die Bilder aus China entstammen der 1950 gegründeten und in zahlreiche Sprachen übersetzten Propaganda-Zeitschrift *China im Bild*, mit der sich China im Ausland empfehlen wollte. Unter den USA-Bildern befinden sich sowohl Abbildungen aus den Massenmedien als auch Aufnahmen von Klaus Mettig selbst. Sind es auf der chinesischen Seite eher die Massen und das ländliche Leben, die im Mittelpunkt stehen, dominieren in den

China–America is a four-channel slide show created in 1976. In eighty different constellations, it contrasts visual representations of China and the US. The Chinese images come from the propaganda magazine *China Pictorial*, founded in 1950 and translated into numerous languages, which China used to try and profile itself abroad. The pictures from the US include both images from the mass media and pictures taken by Klaus Mettig himself. The Chinese pictures are predominantly of the masses and of rural life, while on the American side, it is largely about the individual and urban life—its glitz and glamour, but also

US-amerikanischen Bildwelten Individuum und Großstadtleben – ihr Glanz und Glamour, aber auch ihre Abgründe und Ausschlüsse. Anstelle eines klischeehaften Abgleichs der Systeme geht es hier allerdings vielmehr um eine offene Untersuchung von Bildern: ihrer formalen Sprache sowie ihrer Beziehung zu Wirklichkeit, Inszenierung und Bedeutung. Die starren Grenzen zwischen Ost und West, die von der strengen Bildaufteilung noch aufgenommen werden, verschieben sich zunehmend – und zwar im gleichen Maße wie die Grenzen zwischen Wirklichkeit und Inszenierung. Diese Stabilisierung und Destabilisierung ideologischer Eindeutigkeit findet ihre Entsprechung auf der Tonebene der Installation. Sie besteht aus dem originalen Audiomitschnitt des Verhörs von Bertolt Brecht vor dem „Komitee für unamerikanische Umtriebe". Es geht um Brechts politische Gesinnung. Dabei wird immer wieder um die Übersetzung und Auslegung seiner Werke gerungen.

its abysses and marginalization. However, the exhibit is less a clichéd comparison of the two systems than it is an open examination of images—their formal language as well as their relationship to reality, staging, and meaning. The rigid borders between East and West, upon which the strict arrangement of the images still acts, shift increasingly—just as much as the borders between reality and staging do. That stabilization and destabilization of ideological clarity has a counterpart in the sound element of the installation. It consists of the original recording of Bertolt Brecht's appearance before the US Congress' House Un-American Activities Committee. Brecht is questioned about his political affiliations and the inquirers wrestle with the translations and interpretations of Brecht's work.

Karen Mirza / Brad Butler

WF:FQ21 *Deep State* (Staat im Staat), 2012
HD-Video, 45'
Courtesy: waterside contemporary

Das Drehbuch zu *Deep State* entstand in Zusammenarbeit mit dem Schriftsteller China Miéville. Der Titel stammt vom türkischen Ausdruck *derin devlet*, was „Staat im Staat" bedeutet. Obwohl er formlos und unsichtbar ist, erhascht man den ganzen Film hindurch immer wieder kleine Indizien für diesen Staat im Staat. Am deutlichsten erscheint er in seinen reflexhaften Reaktionen auf Proteste und in gesetzlich gedeckten Gewalt- und Eindämmungsaktionen. Der „Staat im Staat" ist indes eine mächtige Bewegung, die die gesamte Geschichte

Deep State, scripted in collaboration with author China Miéville, takes its title from the Turkish term "Derin Devlet," meaning "state within the state." Amorphous and unseen, the influence of this deep state is glimpsed at regular points throughout the film—most clearly surfacing in its reflexive responses to popular protest, and in legislated acts of violence and containment. A powerful undertow in the ongoing tide of history, this push and pull of competing forces is deftly illuminated in a vivid montage of newly filmed and archival footage. On

der Menschheit durchzieht. Dieses ewige Hin und Her widerstreitender Kräfte in den fortlaufenden Gezeiten der Geschichte wird im Film geschickt durch die schnelle Montage neu gedrehter und alter Filmaufnahmen dargestellt. In einer Mondlandschaft steht ein Ur-Diktator – die Personifizierung des „Staats im Staat". Vor dem Hintergrund eines Streiks, der bereits in Unruhen umschlägt, deklamiert er stumpfsinnig leere Politikerfloskeln über den Neoliberalismus. Karen Mirza und Brad Butler arbeiten seit 1998 zusammen. 2004 gründeten sie den Offspace no.w.here. Seit 2007 widmen sie sich der Serie *The Museum of Non-Participation.*

a moonscape, confronted with a picket that becomes a riot, an ur-dictator, personification of the Deep State, blurts stupefying, hot-air abstractions of neoliberalism. Karen Mirza and Brad Butler have worked together since 1998, and in 2004 formed no.w.here, an artist-run space. Since 2007 they have pursued a strain of practice entitled *The Museum of Non-Participation.*

Eduardo Molinari - Archivo Caminante

BA:K1(IIS) *B.O.G.S.A.T. / The Responsibility* (B.O.G.S.A.T. / Die Verantwortung), 2013
Installation, unterschiedliche Größen / Installation, variable dimensions
Im Auftrag von / Commissioned by Bergen Assembly 2013

B.O.G.S.A.T. / The Responsibility erforscht die Auswirkungen der transgenen Revolution in der Agrarindustrie auf den ländlichen Raum in Argentinien, wo der Einsatz von genmanipuliertem Saatgut endlose eintönige Landstriche mit Soja-Monokulturen für die Produktion von Bio-Kraftstoffen hervorbringt. Die Geschichte dieser neuen „Soja-Republik" schreiben einzig die Werbeabteilungen der multinationalen Konzerne, die die Samen und Düngemittel an die Bauern verkaufen, die wiederum ihre Felder von den gleichen Drohnen bewachen lassen, die das US-Militär verwendet, um in Afghanistan nach Widerstandskämpfern zu suchen. Für ihre Arbeit stellen Molinari und Archivo Caminante ein „wandelndes Archiv" mit transgenen Bildern dieses riesigen neuen imaginären Staates zusammen.

B.O.G.S.A.T. / The Responsibility is researching the effects of the transgenic revolution in agrobusiness on the countryside in Argentina, where the spread of genetically modified seeds creates mono-cultural wastelands of soy grown for biofuel as far as the eye can see. The only narrative for this new "soy republic" is produced by the advertising departments of the multinational corporations who sell such seed and fertilizer to farmers, who in turn observe their fields with the same kind of drones that the US military uses to hunt down militants in Afghanistan. Here, Molinari and Archivo Caminante assemble a "walking archive" of the transgenic images of this vast new imaginary state.

Rabih Mroué

WF:X,MK *The Pixelated Revolution* (Die verpixelte Revolution), 2012
HD-Video, 20' und / and Lecture-performance

The Pixelated Revolution setzt sich mit den verschiedenen Hinweisen und Anleitungen zu Aufzeichnungen per Mobiltelefon auseinander, die über Facebook und andere Kanäle virtueller Kommunikation im ersten Jahr der syrischen Revolution ausgetauscht wurden. Die Arbeit stellt die Frage nach den Bezügen des Akts der fotografischen Dokumentation aus dem Blickwinkel der Dogma-95-Bewegung: Wie können wir die fotografischen Spuren der syrischen Bevölkerung im riesigen Universum des Internets nachvollziehen? Dieses Universum ist formlos und stetigem Wandel unterworfen, mit niedrig auflösendem Bildmaterial und fragmentarischen Kommunikationsformen. Sind die unvollständigen Bilder, die von syrischen BürgerInnen gesendet wurden, eine Erweiterung ihrer physischen Erfahrung? Mroué geht davon aus, wie die Syrer und Syrerinnen ihre Bilder „jetzt“ und „hier“ aufzeichnen, und stellt Überlegungen zum Bezug dieses Akts der fotografischen Dokumentation zum Tod und unserer Wahrnehmung dieser Videos als „jetzt“, aber „dort“ stattfindend an.

The Pixelated Revolution aims to study the various tips and directions on mobile-phone documentation, as shared via Facebook and other virtual communication tools during the first year's events of the Syrian Revolution. It questions the relationship of their act of photographic documentation, when seen through the prism of Dogma 95. In which manner can we envisage the photographic traces broadcast by the Syrians in the vast universe of the Internet? A universe that is loose and ever-changing, framed by low-resolution images and ruptured modes of communication. Are the broken-up and incomplete images sent by the Syrians an extension of their physical experience? Mroué starts from the point of how Syrians are recording their images "now" and "here" and reflects on the relationship of this act of photographic documentation with death, and how we perceive these videos "now" but "there."

Jia Nannan

WF:FQ21 *My Grandpa's Winter*, 2011
Video, 30'
Im Rahmen des Projekts / Within the frame of the Caochangdi (CCD) Workstation: *The Memory Project*

Ich wollte meinen Großvater filmen, um ihn besser verstehen zu lernen. Ich hatte mir nie überlegt, wie er etwa die Wintermonate verbrachte. Heute, nachdem ich den Film gemacht habe, weiß ich mehr. Ich weiß mehr über seine Denkweise. (Jia Nannan)

I felt I should film my grandfather to try to understand more about him. I never thought about how my grandfather spent his winters. And now, after making the film, I know more. I know more about his thoughts. (Jia Nannan)

WKV *The Office for Anti-Propaganda* (Das Büro für Anti-Propaganda), seit 2007 / since 2007

Marina Naprushkina

The Office for Anti-Propaganda wurde 2007 von Marina Naprushkina gegründet. Das „Büro“ umfasst ein Videoarchiv sowie Text- und Bildmaterial über politische Propaganda. Im Schwerpunkt befasst es sich mit Weißrussland und untersucht den Einfluss staatlicher Autorität auf die Gesellschaft. Das Büro organisiert politische Aktionen und produziert Zeitungen, die in Weißrussland und weltweit verbreitet werden. In der Ausstellung stellte Naprushkina anhand von Wandzeichnungen und -texten, Malereien, Fotografien und Fotomontagen das *Office for Anti-Propaganda* sowie ihr neuestes partizipatives Projekt vor, das sie mit Unterstützung des Württembergischen Kunstvereins im September 2013 begann. Im Mittelpunkt dieses Projektes steht ein AsylbewerberInnenheim in Berlin-Moabit, das neu bezogen wurde und in dem ein Raum geschaffen werden soll, der MigrantInnen, AsylbewerberInnen und die umliegend wohnende Bevölkerung zusammenführt, um mithilfe von VermittlerInnen voneinander zu lernen. Dies soll ohne Hierarchien, ohne staatliche Stellen, ohne SozialarbeiterInnen und unter Umgehung des kapitalistischen Prinzips „Ware gegen Geld“ vonstattengehen.

The Office for Anti-Propaganda was founded by Marina Naprushkina in 2007. The office consists of a video archive, as well as documents and pictures, about political propaganda. Its focus is on Belarus, providing tools to investigate the influence of state authority on society. The “office” organizes political campaigns and produces newspapers that are distributed in Belarus and elsewhere in the world. In the exhibition Naprushkina introduced *The Office for Anti-Propaganda*, as well as her new participatory project, which she began in September 2013 with the support of the Württembergischer Kunstverein, using wall drawings, wall texts, paintings, photographs and photomontages. The focus of the new project is a housing for asylum seekers in Berlin’s Moabit district. The aim was to create a space within the recently opened home where immigrants, asylum seekers, and the residents of the surrounding area can come together and learn from each other with the help of facilitators. The idea is for this to take place without hierarchies, without state authorities, without social workers, and to bypass the capitalist principle of “goods for money.”

WKV/WKV-B *Unter Ausschluss der Öffentlichkeit* (In camera)
Workshop, Januar / January 2014

Der zweiteilige Workshop *Unter Ausschluss der Öffentlichkeit*, der sich vor allem an AsylbewerberInnen in Stuttgart richtete, widmete sich dem Thema der Flüchtlingspolitik in Deutschland und der EU. Ausgangspunkt war dabei das von Marina Naprushkina im

The two-part workshop *Unter Ausschluss der Öffentlichkeit*, primarily directed toward asylum seekers in Stuttgart, was devoted to the topic of refugee policy in Germany and the EU. The point of departure was the project initiated by Marina Naprushkina in the summer of

Sommer 2013 initiierte und durch den Württembergischen Kunstverein unterstützte Projekt in einem Berliner Asylheim. Im ersten Teil des Workshops stellte Naprushkina ihre Erfahrungen mit diesem Projekt vor. Darüber hinaus wurden Themen wie Gerichtsverhandlungen zum Asylrecht anhand von Naprushkinas Gerichtzeichnungen diskutiert. Wie funktioniert das deutsche Justizsystem? Wie wird die Diskrepanz zwischen den Interessen der Wirtschaft und denen der MigrantInnen (Menschen gegen Märkte) staatlich geregelt? Zudem ging es um die Unterkünfte und die mangelnde Transparenz der Sozialpolitik des Staates. Der zweite, praktische Teil des Workshops fand in Berlin statt. Die TeilnehmerInnen aus Stuttgart hatten die Möglichkeit, zwei Tage lang Naprushkinas Berliner Projekt und dessen AkteurInnen vor Ort kennenzulernen und sich auszutauschen. Es haben sich daraus in unterschiedlichen Konstellationen langfristige Beziehungen zwischen Flüchtlingen und Flüchtlingsinitiativen in Stuttgart, dem Württembergischen Kunstverein und Naprushkina ergeben.

2013 at a Berlin refugee shelter—a project that was supported by the Württembergischer Kunstverein. In the first segment of the workshop, Naprushkina talked about her project experiences. Moreover, various issues were discussed, such as court cases related to refugee law based on Naprushkina's courtroom sketches. How does the German justice system work? How is the discrepancy between economic interests and the interests of migrants (humans versus markets) regulated by the government? Another topic involved refugee accommodations and the lack of transparency of governmental social policy. The second segment of the workshop—the practical part—took place in Berlin. The participants were given the opportunity to experience Naprushkina's Berlin-based project and engage on site with the involved individuals.

WKV *Home Aerobic* (Heim-Aerobic), 2012
Fotomontage / Photo-montage

Im Sommer 2011 während der sogenannten "stillen Proteste" wurden in Weißrussland um die 2.000 Leute festgenommen. Die Repressionen der Regierung reichten diesmal nicht nur in die oppositionelle Szene, sondern trafen eine breite Schicht der Bevölkerung. Viele der Inhaftierten haben nicht an den durch die sozialen Netzwerke organisierten Protestaktionen teilgenommen, sondern wurden zum Teil wahllos auf ihrem Weg nach Hause von der Mi-

In the summer of 2011, during the so-called "silent protests," 2,000 people were arrested in Belarus. This time the repression of the government reached not only the opposition, but also a large segment of the population. Many of the imprisoned people did not participate in the protest activities, which were launched via social media, but had actually been randomly attacked by the militia on their way home. Photographs of the brutal arrests flooded the Inter-

liz überfallen. Die Aufnahmen der brutalen Festnahmen, auf denen oft Frauen zu sehen sind, fluteten das Internet und zeigten, dass für die Weißrussinnen die Flucht ins Private nicht mehr möglich ist. Die behauptete Grenze zwischen Öffentlichem und Privatem kann sich in einer grausamen Form zeigen. Der Staat diszipliniert und übt Macht mit brutalen Techniken aus.

net, often showing women who were no longer able to escape to private space. The claimed borders between the public and the private were presented in quite a cruel manner. The state executes power using brutal techniques.

WF:X *Wandarbeit* (Wall Piece), 2013
Text

Die Proteste nach den Wahlfälschungen in Weißrussland Ende 2010 und anschließend in Russland haben zu einer breiten Mobilisierung der Bevölkerung geführt. Eine kleine, in den 1990er-Jahren entstandene politische und wirtschaftliche Elite profitierte jahrelang von der Passivität der entpolitisierten Masse. Doch kann man heute fast von einem klassischen Aufstand und Klassenkampf reden. Die politische Theorie steht dabei nicht im Vordergrund. Eher hat es mit einer Körperlichkeit zu tun, einer spontanen Reaktion und dem Wunsch, Teil einer Erfahrung in der Bewegung zu sein. Wie bildet sich politische Subjektivität aus, wie verändert sich unser politisches Bewusstsein? Und was bringt die Leute auf die Straße?

The protests in the wake of electoral fraud in Belarus in late 2010, and subsequently in Russia, led to wide citizen mobilization. For years a small political and economic elite, which first appeared in the 1990s, had profited from the passivity of the depoliticized masses. Nowadays, however, there could almost be said to be a classical revolution and class struggle. Political theory does not take center stage here. Instead the emphasis is on corporeality, spontaneous reactions, and the desire to be part of a experience of "being-in-the-movement." How does political subjectivity form? How does our political consciousness change? And what draws people out into the streets?

WF:X *Samoupravlenie / Self#Governing, Nr. 3* (Selbst#Verwaltet, Nr. 3) 2013
Zeitung / Newspaper
Auflage: 1.000 deutsche Ausgabe, 70.000 russische Ausgabe / German edition: 1,000 copies, Russian edition: 70,000 copies

Samoupravlenie (Self#Governing) besteht fast nur aus Zeichnungen der Künstlerin und wird von Aktivisten der weißrussischen NGO Nash Dom als Medium verteilt, um zu politischer Mitwirkung der Bürger aufzurufen.

Samoupravlenie / Self#Governing is made up almost entirely of drawings by the artist and is disseminated of activists from the Belarusian NGO Nash Dom as a means of calling for political involvement and citizen participation.

O

Mustafa Erdem Özler / Group P

WF:FQ21 *Calling the Precarious* (Anrufung der Prekären), 2013
Intervention
Im Rahmen der Gruppenausstellung / In the framework of the group exhibition *Go Get Them Tiger* der / by Group P, kuratiert von / curated by Burak Delier und / and Süreyyya Evren

Mustafa Erdem Özler ist ein Dichter, der mit Klängen arbeitet. Seine Intervention thematisiert ein bestimmtes Merkmal des Zeitalters der Prekarität, nämlich dass unter den heutigen wirtschaftlichen und von ihnen bedingten kulturellen Bedingungen Menschen permanent darauf warten, angefragt zu werden. Wir alle warten auf eine erfreuliche E-Mail, einen vielversprechenden Anruf. Wir wollen unseren Namen hören, weil das wiederum neue Chancen, neue Angebote, neue Jobs, neuen Auftrieb verspricht. Özler stellt solche Augenblicke nach. Damit führt er uns vor, dass wir sie erwarten.

Mustafa Erdem Özler is a poet who uses sound as a medium in his artistic practice. His intervention is about a specific character of the precarious age: in today's precarious economic and related cultural conditions, people are constantly waiting to be called. We are all expecting to receive a good e-mail, a promising phone call, to hear a fruitful calling of our name, which is followed by a good opportunity, a new offer, a new job, or a new promotion. Özler recreates such moments and makes us remember the moments we expect to be called.

Iz Öztat / Group P

WF:FQ21 *Your Ability to Juggle Many Tasks Will Take You Far* (Spruch aus einem Glückskeks / Saying from a fortune cookie), 2013
Performance / Installation
Im Rahmen der Gruppenausstellung / In the framework of the group exhibition *Go Get Them Tiger* der / by Group P, kuratiert von / curated by Burak Delier und / and Süreyyya Evren

Iz Öztat stellt die Fertigkeiten, die sie im alltäglichen Erwerbsleben gelernt hat, als Kunst aus. Schreiben, Redigieren, Übersetzen, Ausstellungstouren machen, Künstlern assistieren und Projekte umsetzen sind die Dienstleistungen, die Öztat bereits im Kunstbetrieb erbracht hat. In der Ausstellung stellt sie diese Dienste gratis zur Verfügung. Damit transformiert sie ihre rastlosen Funktionsjobs zu einem Kunstwerk. Anlässlich der Ausstellung organisiert Öztat die „Group P Fundraising Lottery". 500 Lose werden verkauft, und

For the exhibition, Iz Öztat positions her cognitive skills, which she acquired and utilized toward making a living, as her art practice. Writing, editing, translating, guiding tours, assisting artists, and managing projects are services that she has been providing within the art system. In the context of the exhibition, she provides these services free of charge to reclaim her fragmented and instrumentalized labor as a body of work. For the exhibition, she manages the "Group P Fundraising Lottery". An edition of five hundred tickets are sold and the winner

der Gewinner / die Gewinnerin bekommt ein Group-P-Kunstwerk seiner / ihrer Wahl. Die Nettoeinnahmen finanzieren dann die Publikation, die nach der Ausstellung hergestellt werden soll.

gets to own an artwork of their preference from the Group P exhibition. The money raised will finance a publication to be produced following the exhibition.

WF:S *Introducing My Family: Mrs. Fork, Mr. Knife* (Vorstellung meiner Familie: Frau Gabel, Herr Messer), 2010 **Henrik Olesen**
Lackierte Gabel, Messer, Schraube, Konservendose, Filz auf Papier, 100 × 65 cm, Acrylglasrahmen / Painted fork, knife, screw, tin can, felt on paper, 100 × 65 cm, acrylic glass frame
Courtesy: Galerie Buchholz, Berlin / Köln / Cologne
Introducing My Family: Portrait of My Parents Sleeping (Vorstellung meiner Familie: Porträt meiner schlafenden Eltern), 2010
Lackierte Gabel, Messer, Konservendose, Filz auf Papier, 100 × 65 cm, Acrylglasrahmen / Painted fork and knife, tin can, felt on paper, 100 × 65 cm, acrylic glass frame
Courtesy: Galerie Buchholz, Berlin / Köln / Cologne
Introducing My Family (Vorstellung meiner Familie), 2010
Lackierter Löffel, Konservendose, Filz auf Papier, 100 × 65 cm, Acrylglasrahmen / Painted spoon, tin can, felt pen on paper, 100 × 65 cm, acrylic glass frame
Courtesy: Galerie Buchholz, Berlin / Köln / Cologne

Henrik Olesen beschäftigt sich in seinen Collagen, Skulpturen und minimalistischen Raumeingriffen mit dem Körper, Körperdarstellungen und Genderfragen. Er untersucht Machtstrukturen sowie die Konstruktion von Geschichtsschreibung und Identitäten. Hauptthemen sind dabei die politischen Folgen dessen, was als normal und alltäglich erachtet wird, Familienstrukturen, die Medien und das wachsende Machtungleichgewicht in der Gesellschaft. Die Assemblageserie *Introducing My Family* ist sowohl eine Darstellung als auch eine kritische Analyse der heterosexuellen Kernfamilie, ihrer potenziell gestörten Repräsenten und des Reproduktionsbedürfnisses.

Henrik Olesen uses collage, sculpture, and minimalist spatial interventions to engage with the body and questions of gender and its representation in order to interrogate structures of power relations and the construction of historiography and identities. In a perspective on the political consequences of what is regarded as normality and everyday life, family structures, media, and divergent balances of power within society form one thematic focus of Olesen's work. In the assemblage series *Introducing My Family,* he presents a depiction and critical analysis of the heterosexual nuclear family, its potentially dysfunctional representatives and reproductive needs.

O

Boris Ondreička

WF:S/WKV *Entoptic & Tacit*, 1987–2013
Bilder und Texte aus Boris Ondreičkas Archiv von 1987 bis 2013 / Images and texts from Boris Ondreička's archive from 1987 to 2013

WKV Lecture-Performance, 5.10.2013

Entoptic dient mir als Bildarchiv für Vorträge, die ich ähnlich wie ein VJ oder DJ auch im Format der klassischen Dichterlesung vortrage und die oft von Musik und Bildprojektionen begleitet werden. Das Bildarchiv hat allgemeinen Charakter. Dasselbe Archiv dient diversen Vortragsarten (Poesie, Vortragsperformance …). Jeder Vortrag, jeder Ort bringt neue Bilder, neue Kategorien, neue Themen. Jedes Bild wird je nach Vortragsdauer für eine bestimmte Zeit projiziert. Eine polysemantische Oszillation von Frequenzen, hergestellt durch Kategorien wie Kindheit, Kuss, kaputtes Klavier, Krähe, Pamphlet, Widerstand, Wahrnehmen / Aufnehmen, unbewusst, entoptisch, psychoaktiv, Halluzination, Rave, Wandern, Horror, Gewalt, Zerstörung, Grundlegendes, Melancholie und so weiter. Die Bilder stammen von Google Image Search. *Tacit* sind die gelesenen Texte, der gesprochene Teil der Arbeit also. (Boris Ondreička)

Entoptic is an image archive created as a general background for readings (similar to VJing at DJ performances), in the tradition of poetry readings (which are many times accompanied by music or image). Each reading, each venue (Karlsruhe, Alexandria, Taipei, Bratislava, Prague …) brings new images and new categories related to a particular subject. Each slide has a particular timing according to the total measure of reading needed. There is a polysemantic oscillation of frequencies made by categories like childhood, kiss, broken piano, blackbird, pamphlet of alternative, resistance, perception/reception, tacit, entoptic, psychoactive, hallucination, rave, peregrination, horror, violence, destruction, basics, melancholy, and so forth. All pictures come from Google images searches … *Tacit* are those texts read, the spoken word part. (Boris Ondreička)

Ontroerend Goed

WF:FQ21 *All That Is Wrong* (Alles, was falsch ist)
Performance
Text: Koba Ryckewaert, Regie / directed by: Alexander Devriendt
Koproduktion / Co-production Ontroerend Goed Gent und / and Laika
Richard Jordan Productions Ltd, London und / and Drum Theater Plymouth

Bereits als Jugendliche hat Koba Ryckewaert auf offener Bühne Barbies verbrannt, Erwachsene als Käfigtiere beschimpft und ihren Zuschauern effektive Tipps gegeben, wie man sich auf „Size Zero" herunterhungert. Heute ist sie 18 Jahre alt und stellt sich die Fra-

When still a child, Koba Ryckewaert participated in projects by Ontroerend Goed where she burned Barbie dolls onstage, insulted adults for being caged animals, and offered up practical suggestions on how to starve yourself to size zero. Today, she is eighteen and won-

ge, was sie mit diesen Kompetenzen eigentlich anfangen soll angesichts dessen, was in der Welt so alles schiefläuft. Sie fängt bei sich an. *All That is Wrong* beschreibt das Erwachsensein aus der Perspektive von Koba, die es gerade wird. Und es erzählt fast ohne Worte, jedoch in einem großartigen „Tableau in progress" davon, ob und wie künstlerische Strategien im Beziehungsgeflecht von Menschen, Dingen und Ereignissen weiterhelfen. Das junge belgische Performancekollektiv Ontroerend Goed bestellt die Grenzen zwischen Akteur und Zuschauer, Repräsentation und Authentizität, Jugendprojekten und „Erwachsenentheater" in Performances und Installationen zur Disposition.

dering what to do with her skills in this world where so many things are awry. She starts with herself. *All That Is Wrong* describes adulthood from the perspective of Koba, who is just entering this stage. Almost wordlessly, more like a splendid "tableau in progress," the production poses the question of whether and how artistic strategies can be of help in the tangled interplay of people, objects, and events. The young performance collective Ontroerend Goed from Belgium questions the borders between actor and spectator, representation and authenticity, youth projects and "adult theater" through performances and installations.

BA:K4(IAF) *Ersatzproblem am Beispiel der Bohne* (Ersatz Problem by Example of Beans), 1968–77
Diverse Medien, unterschiedliche Größen / Mixed media, variable dimensions
Courtesy: Nachlass Anna Oppermann / the Estate of Anna Oppermann und / and Galerie Barbara Thumm, Berlin

Anna Oppermann

Die raumgreifenden, aus unterschiedlichen Medien bestehenden Ensembles, die Anna Oppermann nach einer selbst erdachten Methode beinahe ihr ganzes Künstlerleben lang schuf, dienten ihr zur Entwicklung einer Theorie des Denkens. Ausgehend von realen Objekten, Situationen oder Readymades – die sie entweder als Readymades verwendete oder auf naturalistische Weise darstellte – arbeitete sie mit den Medien Zeichnung und Fotografie, unter anderem auch mit Fotografien früherer Installationen, um deren kulturelle und formale Phänomenologie in einem erweiterten Kontext zu untersuchen. Dabei kombinierte sie nüchterne dokumentarische Strategien mit dem surrealistischen Verfahren der Écriture

Anna Oppermann spent most of her life developing a theory of reflection in large-scale mixed media ensembles made according to a method of her own invention. Departing from real objects, situations, or readymades—installed as readymades or represented in a naturalistic manner—she would use drawing, photography, and also photographs of previously realized installations to probe their broader cultural and formal phenomenologies, blending straightforward documentary strategies with an actualization of surrealist automatism. Oppermann's work emerged in the late 1960s as a self-reflexive counter-proposal to both an overly autonomized formalism in art and its politically engaged opposite, the formal, nearly bureaucratic

automatique. Oppermanns Werk wurde in den späten 1960er-Jahren bekannt als selbstreferenzieller Gegenentwurf sowohl zu einem über-autonomisierten Formalismus in der Kunst als auch dessen politisch-engagiertem Gegenteil, dem formellen, ja bürokratischen Anspruch, dass KünstlerInnen sich ausschließlich mit politischen Problemen befassen dürften. Der politische Aspekt von Anna Oppermanns Werk betrifft die Struktur von Erfahrungen und wie diese die ihnen zugrunde liegende objektive Realität transformieren.

demand that the artist deal only with political problems. The politics of Oppermann's work concerns the structure of experience and how it transforms the objective reality that lies at its base.

Uriel Orlow

BA:BKH(IDF) *Unmade Film* (Ungemachter Film), 2013
35-mm-Film, übertragen auf 16-mm-Film, stumm, 7', Loop / 35mm transferred to 16mm film, silent, 7' loop
Im Auftrag von / Commissioned by Bergen Assembly 2013
Mit zusätzlicher Unterstützung von / Additional support from Al Ma'mal Foundation for Contemporary Art, Jerusalem, und / and Pro Helvetia, Zürich / Zurich
Unmade Film: The Reconnaissance (Ungemachter Film: Die Erkundung), 2012–13
Fototapete, auf Aluminum aufgezogene Fotografien, Diaprojektion, Sandkasten, Tonmaterial, unterschiedliche Größen / Photo wallpaper, photographs mounted on aluminum, slide projection, sandbox, audio, variable dimensions
Mit zusätzlicher Unterstützung von / Additional support from Al Ma'mal Foundation for Contemporary Art, Jerusalem, und / and Pro Helvetia, Zürich / Zurich

Uriel Orlows mehrteiliges Projekt *The Reconnaissance* ist, ebenso wie *Closing Credits* und *The Proposal*, Teil eines größeren Projekts mit dem Titel *Unmade Film*, das sich um seine – nie direkt erwähnten – Kindheitserinnerungen an Besuche bei seiner Tante entwickelt, die in einer Nervenheilanstalt in einer Stadt im Westjordanland lebte. Dass diese Anstalt ein verlassenes arabisches Dorf war, erfuhr er erst später. Die Erzählung findet nie zu einem Ende, der Film wird nie gemacht, und Zukunft und Vergan-

Uriel Orlow's multipart project *The Reconnaissance*, along with *The Closing Credits* and *The Proposal*, is part of a larger project called *Unmade Film*. The latter is built around his—never directly mentioned—childhood memories of visiting his aunt in a mental institution in a town in the West Bank, which, as he learned only later, was in fact a depopulated Arab village. The narrative is never rounded up, the film never made, and the future and the past never clearly defined in favor of something which

genheit bleiben stets unbestimmt zugunsten von etwas, das „gewesen sein könnte“. Das Drehbuch basiert auf einem unmöglichen Gespräch zwischen Pier Paolo Pasolini (der vorhatte, einen Film in Palästina zu drehen, es aber nie tat) und Robert Smithson, das in drei Stimmen aufgeteilt ist. Die „closing credits“ – der Abspann – des nicht gemachten Films bestehen aus einer Liste arabischer Dörfer, die während der Besatzung des Westjordanlandes zerstört wurden, und ist ebenso monoton wie bewegend.

"might have been." The screenplay is based on an impossible conversation between Pier Paolo Pasolini (who was planning to shoot a film in Palestine but never did) and Robert Smithson, which is split into three voices. The "closing credits" for this unmade film present a list of Arab villages destroyed during the occupation of the West Bank, as monotonous as it is poignant.

WF:S *wir nicht (Riot of Form)* (we not [Riot of Form]) **Ewald Palmetshofer**
Autorenrede, 10-teiliges Autorenprojekt: Audiothek und Performances / Author's speech, ten-part author's project: audio-bar and performances
In Kooperation mit / In cooperation with Max Reinhardt Seminar (mdw)

Die Redner sind eine Gruppe junger Menschen, denen ihr Leben vor dem Bildschirm nicht genügt. Sie gehen hinaus aus ihren Zimmern auf die Straße und suchen die Begegnung mit anderen und finden nur ihresgleichen, Suchende wie sie selbst, die ihnen nicht genügen. Sie wollen mehr Gemeinschaft und sehen, wie Gemeinschaft heute mit den Händen in den Hosentaschen dasteht, in denen das Kleingeld klimpert. Jetzt intervenieren sie mit einem Sprechchor, einer Aktion: „Raus, verdammt! Die Hände raus, die Hände hergezeigt jetzt, raus. Wir brüllen vielleicht und fassen an den Armen sie und schütteln, beuteln, reißen in Gemeinschaft der Gemeinschaft ihre Arme mit den Händen aus den Hosentaschen alle raus.“

This text speaks of a group of young people who are not content with spending their lives in front of a television or computer screen. They take to the streets and seek to meet others but find only people like themselves, searchers like themselves, which is not enough for them. They want more, they want to be part of a community, and they see how the community today stands with its hands in its pockets, loose change jingling merrily. Now they intervene with an action by chanting in unison, "Take them out, damn you! Take your hands out of your pockets, show them now! We, the community, may yell and seize you, the community, by the arms and shake, joggle and yank your arms with your hands from your pockets, all out."

BA:K1(IIS) Ohne Titel / Untitled, aus der Serie / from the series *Altars*, 2012 **Pavel Pepperstein**
5 Gemälde, Acryl auf Leinwand, 40 × 50 cm / Five paintings, acrylic on canvas, 40 × 50 cm
Courtesy: Regina Gallery, Moskau / Moscow

P

Pavel Pepperstein ist in erster Linie Schriftsteller – ein Fantasy-Autor und Geschichtenerzähler, dessen Fantasie ebenso unerschöpflich ist wie seine Sicht der kapitalistischen Welt finster. In seiner Praxis sind Zeichnung und Text nicht voneinander zu trennen. Pepperstein schreibt von Hand auf Papier, und selbst wenn er auf weißer Leinwand zeichnet oder malt, ist er noch im Schreibmodus. Seine Welt – sei es die malerische oder die literarische – ist bevölkert von abstrakten, universalistischen und noch nicht privatisierten ideologischen, politischen und philosophischen Konzepten, verkörpert durch eigentümliche, wundersame Formen, die anstelle von unerträglich fehlerbehafteten Menschen kämpfen, sich vereinigen, sterben und wiederauferstehen.

Pavel Pepperstein is first and foremost a writer—a fantasy novelist and a storyteller, whose imagination is as inexhaustible as his view of the capitalist world is dark. In his practice, drawing and text are inseparable. Pepperstein writes by hand on paper, and even when he draws or paints on white canvas, he is still in the regime of writing. His world, be it pictorial or literary, is populated by abstract, universalist, and not-yet-privatized ideological, political, and philosophical concepts, embodied in strange and miraculous forms who struggle, couple, die, and resurge in place of impossibly flawed humans.

Judith Nika Pfeifer

WF:S *Loop*
Autorenrede, 10-teiliges Autorenprojekt: Audiothek und Performances / Author's speech, ten-part author's project: audio-bar and performances

Der frei mit der Sprache spielende Text imaginiert eine spontane Begrüßung aller Anwesenden, ein Grüß Gott und Hallo an alle. Der Blick auf dieses Gegenüber lässt ein umfassendes „wir" und ein nicht minder radikales „ihr" entstehen. Fragen, Zweifel, Ängste, Hoffnungen, die die Welt und uns alle betreffen, werden laut, unterbrochen von Sprachsplittern des öffentlichen Diskurses, die uns ins Gedächtnis rufen, wo wir stehen.

This text, a free play on language, imagines a spontaneous welcome extended to all present, a greeting and a hello to all. This face-to-face generates a comprehensive sense of "we" and a no less radical sense of "you." Questions, doubts, fears, hopes relating to the world and to us all are externalized, interrupted by bits and pieces of the public discourse that reminds us of where we stand.

Pil and Galia Kollectiv

WKV *Co-Operative Explanatory Capabilities in Organizational Design and Personnel Management* (Kooperative erläuternde Fähigkeiten in organisatorischer Gestaltung und Personalmanagement), 2010
DVD, 23'

Auf der Basis eines Online-Bildarchivs, das den Aufbau und die Geschichte eines frühen Computerunternehmens dokumentiert, konstruiert die Videoarbeit eine fiktive Erzählung über die Steigerung der Produktivität von ArbeiterInnen. Untersucht werden dabei die Räume, Strukturen und Biopolitiken des Effizienzmanagements sowie die Funktion bürokratischer Systeme in einem postindustriellen Arbeitsumfeld. (Pil and Galia Kollectiv)

Based on an online image archive documenting the construction and history of an early computing company, the fictional story of *Co-Operative Explanatory Capabilities in Organizational Design and Personnel Management* follows the development of an experimental approach to worker productivity into a religious cult. The project investigates the place of creativity in efficiency management and the operation of bureaucratic systems in a postindustrial work environment. (Pil und Galia Kollectiv)

WKV *Art in the Age of its Dissolution: About Artistic Critique and the Encroachment of Neo-liberal Management into the Production of Subjectivity*
(Kunst im Zeitalter ihrer Auflösung. Über kritische Kunst und die Übergriffe des neoliberalen Managements auf die Produktion von Subjektivität)
Vortrag / Lecture, 5. 10. 2013

In unserem Film *Co-Operative Explanatory Capabilities in Organizational Design and Personnel Management* untersuchen wir die Schrecken der postfordistischen Produktion des Selbst und der Instrumentalisierung von Kreativität. Die Arbeit basiert auf einem Fotoarchiv, das den Aufbau und die Geschichte eines frühen Computerunternehmens dokumentiert. Viele Theoretiker haben beobachtet, dass sich mit dem Wandel von der manuellen zur immateriellen Arbeit als dominierende Produktionsform des Westens Arbeit in den spätkapitalistischen Ökonomien den Produktionsweisen der Kunst angenähert hat, wenn nicht gar ununterscheidbar von dieser geworden ist. Künstlerische Kritik wurde konsequent davon bedroht, durch Vereinnahmung überflüssig gemacht zu werden. In unserem Vortrag möchten wir die These diskutieren, ob nicht die Übergriffe des neoliberalen Managements auf die Produktion von Subjektivität nur dann zu bekämpfen sind,

In our film *Co-Operative Explanatory Capabilities in Organizational Design and Personnel Management*, we explore the horror of post-Fordist production of the self and instrumentalization of creativity. The piece uses an archive of photographs documenting the construction and history of an early computing company. However, while the work represented in the film centers on efficiency management and the operation of bureaucratic systems, the implications of the infiltration of creative self-expression into this environment go beyond this office environment. Many theorists have observed that since the transition from manual to immaterial labor as the dominant form of production in the West, work in late capitalist economies has grown closer to, or even inseparable from, artistic modes of production. Artistic critique has consequently been threatened with redundancy through recuperation. In this paper, we would like to argue that in order to battle this en-

wenn wir den Humanismus, auf dem die künstlerische Kritik größtenteils beruht, aufgeben – wenn wir stattdessen ein neues Verständnis über die Rolle der Kunst in der Gesellschaft forcieren, das nicht auf der Externalisierung von Arbeit beruht. (Pil and Galia Kollectiv)

croachment of neoliberal management into the production of subjectivity, we have to abandon the humanism that underlies much artistic critique and forge a new understanding of the role of the artist in society that does not rely on externality to labor. In doing so, we hope to interrogate the wage-labor relationship extending beyond the confines of the art world and its practices. (Pil and Galia Kollectiv)

Johannes Porsch

WF:X *Theater der Ausschweifung* (Theater of Debauchery), 2013
Poster

Auf Schloss Silling ist der Hauptort das Theater der Ausschweifung. In diesem Theater ist jeder Schauspieler und Zuschauer. Der Raum ist dort also zugleich der einer Mimesis, die rein auditiv ist und der Erzählung anvertraut wird, und der einer Praxis (eine Verbindung, die im Allgemeinen ohne Erfolg manches Avantgardetheater erreichen will). Was auf den Thron erhoben wird, ist das Sprechen, das Wunderorgan der Mimesis. (Es zirkuliert zwischen Erzählern, Zuhörern und Lustobjekten.) Zwischen Mimesis und Praxis befindet sich also ein Zwischenraum der Virtualität: Der Diskurs durchquert diesen Raum und verwandelt sich bei diesem Durchgang langsam in Praktiken. Die erzählte Geschichte wird zum Programm einer Aktion. (Nach Roland Barthes, *Sade – Fourier – Loyola*, 1971)

The principal site at the Chateau Silling is the Theater of Debauchery. In this theater, everyone is both actor and spectator. The area is therefore simultaneously that of a mimesis, here purely auditory, consigned to the storyteller's narrative, and of a praxis (a conjunction attempted, generally unsuccessfully, by many avant-garde theaters). Here speech is enthroned, the prestigious organ of mimesis. (Circulating between storytellers, listeners, and subjects.) Thus between mimesis and praxis an intermediate space, that of virtuality, extends: the discourse traverses this space, and in this traversal it is gradually transformed into practice: the story being told becomes the program for an action. (After Roland Barthes, *Sade Fourier loyola*, 1971)

Shu Qiao

WF:FQ21 *Shuangjing Village, I'm Your Grandson* (Shuangjing Stadt. Ich bin dein Enkel), 2012
Video, 78'
Im Rahmen des Projekts / Within the frame of the Caochangdi (CCD) Workstation: *The Memory Project*
Courtesy: Regina Gallery, Moskau / Moscow

Diese Arbeit beruht auf einer durch meinen Familienstammbaum inspirierten Geschichte. Mein Großvater hat die Puzzleteile der Geschichte zusammengesetzt. Zuerst dachte er, das Ganze sei bedeutungslos, aber schließlich erzählte er mir doch davon. Nach einer gewissen Zeit fühlte ich, dass sich etwas in ihm veränderte, und so kamen wir einander näher. (Shu Qiao)

This work is based on a story inspired by my family tree. My grandfather pieced the story together. At first he thought it was meaningless but eventually he began telling it. After some time I sensed a shift in him, and in the end I got closer to my grandfather. (Shu Qiao)

WF:FQ21 *Illuminal os terreiros* (Erleuchtet die Gelände / Illuminate the Grounds), 2007
Video, 43'

Nuno Ramos

Nuno Ramos drehte diesen Film mit Eduardo Climachauska und Gustavo Moreria im Landesinnern des brasilianischen Bundesstaates Minas Gerais, an entlegenen und verlassenen, schwer zugänglichen Orten, die er „terreiros“ nannte in Anlehnung an einen berühmten Samba von Assis Valente: „Brasil, esquentai vossos pandeiros. Iluminai os terreiros, que nós queremos sambar“ (Brasilien, erhitze deine Pauken, erleuchte deine Gelände, wir wollen Samba tanzen). Dieses optimistische Motto steht im Gegensatz oder in einem Spannungsverhältnis zum Inhalt des Filmes: „Wir kamen im Morgengrauen und errichteten im Laufe des Tages einen Kreis aus Straßenlaternen, angeschlossen an einen Generator, zur Dämmerung war alles fertig und wir begannen zu filmen, wartend auf das, was kommen würde. (Würde jemand kommen? Ein Tier? Insekten? Gaukler? Die Polizei? Lokale Bewohner?) Auf diese zirkulare Weise einen Film zu produzieren, versetzte uns in einen Rhythmus der Schlaflosigkeit. Warum waren wir wach? Was wollten wir aufwecken? Was erwarteten wir von unseren Geländen?“ (Nuno Ramos)

Nuno Ramos shot this film together with Eduardo Climachauska and Gustavo Moreria in the interior of the Brazilian state of Minas Gerais, in locations so remote, deserted, and almost inaccessible that he called them “terreiros” in memory of a famous samba by Assis Valente: “Brasil, esquentai vosso pandeiros/iluminais os terreiros, que nós queremos sambar” (Brazil, warm up your tambourines, illuminate your grounds, for we want to dance the samba). This optimistic motto contradicts or is at odds with the content of the film: “We arrived at dawn and, over the course of the day, built a circle of streetlights connected to a power generator; at dusk, everything was ready and we began to film, waiting for what might happen. (Would somebody arrive? An animal? Insects? Jugglers? The police? Local inhabitants?) Making a film in this circular fashion put us into a rhythm of insomnia. Why were we awake? What did we want to wake up? What did we expect of our grounds?” (Nuno Ramos)

R

Milo Rau

WF:X *Die Moskauer Prozesse* (The Moscow Trials), 2013
Videoinstallation / Video installation
Produktion / Production: IPM – International Institute of Political Murder

Als die Punkaktivistinnen von Pussy Riot für ihren Auftritt in der Moskauer Erlöserkathedrale zu zwei Jahren Straflager verurteilt wurden, führte das zu Protestkundgebungen in der ganzen Welt. Doch es war nur der Endpunkt einer zehnjährigen Reihe von Schauprozessen gegen Künstler und Dissidenten, mit denen das System Putin jeden demokratischen Wandel unmöglich macht. Rau thematisiert dies mit den Mitteln des politischen Theaters: Im Moskauer Sacharow-Zentrum wurde vom 1. bis 3. März 2013 ein Gerichtssaal aufgebaut, in dem in einem dreitägigen Prozessspektakel die Exponenten des russischen Kulturkampfs gegeneinander antraten. Auf der Bühne standen dabei keine Schauspieler, sondern Akteure aus dem realen Leben: Künstler, Politiker, Kirchenführer, richtige Anwälte und ein richtiger Richter. Ein Schöffengericht aus sieben Moskauer Bürgern fällte schließlich das Urteil: ein knapper Freispruch für die Künstler.

When the punk activists of Pussy Riot were sentenced to two years' imprisonment in a penal colony for their performance in the Moscow Cathedral of Christ the Saviour, the world reacted with widespread protest rallies. Yet this was only the latest episode in a ten-year series of show trials of artists and dissidents, staged by Putin's system to prevent any form of democratic change. Rau thematizes this issue by drawing on the techniques of political theater: from March 1–3, 2013, a courtroom was set up at the Moscow Sakharov Center to provide a stage for a three-day show trial that pitted the different sides of the cultural war waged in Russia against each other. Yet the people on stage were not professional thespians but real-life actors: artists, politicians, church leaders, real lawyers, and a real judge. A jury composed of seven Moscow citizens finally handed down their sentence—an acquittal, albeit by a narrow margin, for the artists.

Navin Rawanchaikul

WF:FQ21 *Navins of Bollywood* (Die Navins aus Bollywood), 2006
HD-Video, 10'

Navins of Bollywood, die Geschichte der Gründung der „Navin-Partei", ist ein vom Regie-Newcomer Naren Mojidra aus Mumbai inszeniertes Kurzmusical von 10 Minuten Länge. Es verbindet das Malen eines Filmplakats von S. Rehman und eine Gruppe der letzten Filmplakatmaler Mumbais mit der Suche eines einsamen Künstlers nach Kontakt und Gemeinschaft in einer immer stärker fragmentierten Welt. *Navins*

The story of the Navin Party's foundation, *Navins of Bollywood* is a ten-minute short musical film directed by emerging Mumbai-based director Naren Mojidra. It combines the painting of a movie billboard by S. Rehman and a group of Mumbai's last movie billboard painters with the story of a lonely artist's quest for connection and community in an increasingly fragmented world. *Navins of Bollywood* is a humorous, suspense-filled

of Bollywood ist ein humorvolles und spannendes musikalisches Abenteuer im Bollywood-Stil, in dem Navin Rawanchaikul sich selbst in der Hauptrolle spielt. Als er sich eines Abends allein in seinem Studio in Thailand alte Arbeiten ansieht, in Gedanken damit beschäftigt, wie sehr er seine Familie in Japan vermisst und wie abgetrennt er sich von der Welt im Allgemeinen fühlt, findet er unter den vielen Papieren auf seinem Schreibtisch einen Brief von einem anderen Mann mit demselben Vornamen, Navin. Der melancholische Navin ist fasziniert und fragt sich, ob es vielleicht ein anderer einsamer Navin sei, der Kontakt sucht. Also googelt er zunächst seinen eigenen Namen und findet eine unerwartete Vielfalt von Einträgen. Noch neugieriger geworden, ruft er den myseriösen Navin an, aber niemand antwortet. Er gibt die Hoffnung nicht auf, reist unverzüglich nach Mumbai, woher das Schreiben kam, und baut eine weltweite Community von Navins auf.

Bollywood-style musical adventure starring Navin Rawanchaikul as himself. Alone one night in his Thai studio reviewing old work, reflecting on how he misses his family in Japan and how detached he feels from the world in general, Navin Rawanchaikul finds a letter in the clutter of his desk. It's from a person who shares his name, Navin. The melancholic Navin is intrigued, wondering if it might not be another lonely Navin trying to connect, so before making any other move he googles his own name and finds a diversity he never would have expected. Now even more curious, he calls this mystery Navin only to be met by silence, but persistent in hope, he promptly travels to the city of the letter's origin, Mumbai, and builds a global community of Navins.

WF:S *Red Painting* (Rotes Gemälde), 1953 **Ad Reinhardt**
Öl auf Leinwand / Oil on canvas, 61 × 51 cm
Leihgeber / Lender: Mumok – Museum Moderner Kunst Stiftung Ludwig Wien, Österreichische Ludwig-Stiftung, seit / since 1991

Ad Reinhardt ist einer der wichtigsten Vertreter der amerikanischen Abstraktion. Ab 1949 begann er mit einer absoluten, reinen, geordneten und ausgewogenen abstrakten Malerei, die jede gestische Handschrift verbannt. Daneben arbeitete er auch als Kunstkritiker und politisch engagierter Karikaturist. *Red Painting* ist eines jener formal strengen Bilder mit fein nuancierten und nur durch den Kontrast der Oberfläche voneinander abgesetzten Farbflächen. Ab 1955, am Ende der McCarthy-Ära,

Ad Reinhardt is one of the most important figures in American abstract art. In 1949 he began to paint absolute, pure, ordered, and balanced abstract works, banishing any form of gestural imprimatur. Besides painting, Ad Reinhardt also worked as an art critic and was a gifted caricaturist. *Red Painting* is one of these formal, rigorous pieces, with subtly nuanced color fields distinguished from each other only by contrasts in the surface of the work. After 1955, at the end of the McCarthy era, Reinhardt

radikalisierte Reinhardt seine Formensprache und Farbpalette und schuf nur mehr monochrom schwarze Bilder. Seine „Black Paintings“ waren der Kulminationspunkt einer Idee, die bei der Vorkriegsabstraktion eines Piet Mondrian oder Kasimir Malewitsch ihren Anfang nahm und die Reinhardt auf die höchstmögliche Entwicklungsstufe eines rein selbstreferenziellen Purismus in der Kunst zu heben suchte.

turned to a more radical formal language and color palette, painting only monochrome black works from then on. Ad Reinhardt's "black paintings" marked the apex in the evolution of an idea born in the prewar abstraction of Piet Mondrian or Kazimir Malevich, an idea that Ad Reinhardt sought to elevate to the highest possible developmental plane in the form of purely selfreferential purism in art.

Johann Christoph Rembold / Andrea Puteus / Albrecht Dürer / Jean-Francois Lyotard

WF:X *Perspektivische Konstruktionen* (Perspectival Coinstructions), aus / from: Johann Christoph Rembold, *Perspectiva Practica*, Augsburg 1710, S. / pp. 9, 15; Andrea Puteus (Pozzo), *Perspectiva Pictorum et Architectorum*, Rom 1695–1700; Albrecht Dürer, *Underweysung der Messung*, Nürnberg / Nuremberg 1525 (1531); Jean-Francois Lyotard, *Discourse Figure*, Minneapolis 2011, S. / p. 198

Im klassischen Theaterraum wird der Blick der Zuschauer nach den Regeln der Perspektive geleitet. Diese beruhen in der rechtwinkligen Rotation, mit der die Entfernung zwischen dem „Augenpunkt“ und der Leinwand auf Letztere übertragen wird, um die Schräge einzurichten, von der aus die Verkürzung des Objekts sich definiert. Von dieser Rotation ausgehend ist die Vorgehensweise des Manuskripts zu verstehen: die Umsetzung von Tiefe in Länge und Breite und die entsprechende Umwandlung der durchsichtigen Scheibe in eine undurchsichtige Oberfläche. Dieser simple Vorgang verdeutlicht, worum es in der neuen, an der Darstellungsfunktion beteiligten Verschlussform geht. Es handelt sich um den Verschluss der geometrischen Optik, die nicht durch Symbolik, sondern durch die maßvolle Kombination geometrischer Elemente zu Figuren agiert, welche vollkommen unabhängig davon sind, was sie „sagen“, von ihrem Signifikat. (Nach Jean-Francois Lyotard, *Über eine Figur des Diskurses*, 1971)

In classical theater space, the view of the spectator is guided by the rules of perspective. The regulating function of the perspective consists in the right-angle rotation by which the distance from the "eye point" to the screen is transferred to the latter, so as to establish the oblique from which the objects' foreshortening will be determined. From this rotation, we come to understand the operation of the script: the transcription of depth into length and width, and the corresponding transformation of the clear sheet into opaque surface. This simple operation makes clear what is at stake in the new form of closure involved in the representational function. This closure is that of geometrical optics, acting not through the symbolic but rather through the measured combination of geometrical elements into figures entirely independent of what they "say," of their signified. (After Jean-Francois Lyotard, *Discourse Figure*, 1971)

R

WKV *You Don't Bring Me Flowers* (Du bringst mir keine Blumen), 2005
16-mm-Film, 8'
Vorgeführt im Rahmen des Filmprogramms / Screened in the framework of the film program *Everything Happens on the Surface* (6.–8. 12. 2013), Kuratorin / curator: Katrin Mundt

Michael Robinson

Doppelseiten des *National Geographic* lassen die Vergangenheit als Panorama wieder auferstehen und werfen historische Ängste auf uns zurück.

Spreads in *National Geographic* magazine resurrect the past as panorama and project historical fears onto us in the present.

BA:Ø(IPPB) *Recherchematerialien für den Bau des Weißmeer-Ostsee-Kanals* (Research Materials for the Construction of the Belomor-Baltic Canal), 1933: Landmaschinenlager; Die Allee; Brennende Zweige; Sträflinge auf dem Weg zur Arbeit; Fuchswelpen; Flößerei; Einsame Kiefer; 1. Mai; Bepflanzter Garten, Pushnoselkhoz; Kolchosbetrieb für Pelzhandel; Straße in Karelien; Steine und Winterlandschaft, Karelien / Agricultural Equipment Stock; The Alley; Burning Branches; Convicts Going to Work; Fox Cubs; Log Driving; Lonely Pine Tree; May 1; Planted Garden; Pushnoselkhoz, Collective Farm for Fur Trade; The Road in Karelia; Stones and Winter Landscape, Karelia
Aktuelle Digitaldrucke, ca. 30 × 40 cm / Contemporary digital prints, ca. 30 × 40 cm
Courtesy: Alexander Lavrentiev

Alexander Rodtschenko / Aleksandr Rodchenko

Alexander Rodtschenko reiste 1933 nach Karelien, um den Bau des Weißmeer-Ostsee-Kanals zu dokumentieren, der die großen schiffbaren Seen im Norden Russlands miteinander verbindet und so eine direkte Passage von der Arktis bis nach Moskau ermöglicht. Die Umsetzung des von der Geheimpolizei OGPU organisierten Projekts erfolgte ausschließlich durch die Arbeit von unbezahlten Strafgefangenen und wurde der sowjetischen Bevölkerung als Resozialisierungsmaßnahme verkauft. Rodtschenkos Fotografien waren Teil eines berühmten Bildbandes, der von den Stars der sowjetischen Schriftstellerzunft betextet wurde, die unter der Aufsicht von hochrangigem Sicherheitspersonal per Dampfboot nach Karelien gebracht wurden. Rodtschenko machte

Aleksandr Rodchenko traveled to Karelia in 1933 to document the construction of the White Sea Canal, a set of channels and sluices connecting the large navigable lakes of Russia's north into one big route from the Arctic straight to Moscow. Organized by the state security service OGPU, the project was based exclusively on zero-investment prisoner labor and marketed to the Soviet public as a humanizing reeducation measure. Rodchenko's photographs were part of a famous coffee-table book made by an all-star brigade of Soviet writers brought to Karelia by steamboat and accompanied by high-ranking security personnel. Rodchenko went on a longer trip away from the main group—where his work was delayed by bureaucratic hassles—taking snapshots at the canal's various

sich unabhängig von der großen Gruppe auf eine längere Reise, da sein Einsatz sich aufgrund bürokratischer Schwierigkeiten verzögerte, und fotografierte die Baustellen entlang des Kanals. Einige Aufnahmen wurden berühmt und später in vielen Fotomontagen wiederverwendet. Doch die interessantesten Fotos von dieser Reise sind bis dato unveröffentlichte Aufnahmen, scheinbar harmlose touristische Schnappschüsse der rauhen karelischen Landschaft.

construction sites. Some of the results became famous and were later recycled in many a photomontage. But the most interesting photos from this trip are the previously unpublished ones, seemingly innocuous tourist shots of Karelia's harsh landscape. Signs of human intervention in this otherwise pristine landscape read as evidence of hidden violence, felt in every bump of the car.

Kathrin Röggla

WF:S *Lobbyisten* (Lobbyists)
Autorenrede, 10-teiliges Autorenprojekt: Audiothek und Performances / Author's speech, ten-part author's project: audio-bar and performances

Die Rednerin, eine Journalistin, kommentiert ihre Begegnung mit einer Gruppe von Lobbyisten. Sie muss vor diesen Menschen auf der Hut sein, ihnen im Habitus so weit als möglich entgegenkommen, um etwas von ihnen zu erfahren, und sich gleichzeitig in Erinnerung rufen, wer sie ist, um nicht alles abzunicken. Niemand ist heute gegen Käuflichkeit immun.

A journalist comments on her encounter with a group of lobbyists. She must be on her guard with these people, must mimic their ways of doing and being as far as possible to learn something from them while remembering who she is to keep from agreeing with them on everything just on their say-so. Nobody today is immune from venality.

Pedro G. Romero

WF:FQ21/WKV *La Casa* (Das Haus / The House), 2005
Video, 21', Tänzer: Israel Galván / Video, 21', dancer: Israel Galván

Der Flamenco-Tänzer Israel Galván lotet mit seinem Körper und Tanz die räumlichen Gegebenheiten eines Apartments in Badía del Vallès aus, einer in der Nähe von Barcelona gelegenen Ortschaft, die nahezu ausschließlich aus sozialem Wohnungsbau besteht. Es ist die einzige Wohnung, die dem freien Markt angehört. Ist diese Wohnung deshalb anders als die anderen? Nicht ohne Humor geht Galván dieser Frage nach. „Bei *Das Haus* entschieden wir uns dafür, einen

In the video *La Casa*, viewers discover the Flamenco-dancer Israel Galván measuring up an apartment in Badia del Vallès, a town close to Barcelona consisting almost completely of social housing. It is the only apartment that belongs to the free market. Is it, because of this circumstance, different? Galvan approaches this question not without humor. "For *The House* we decided to work on a special case of competition and its dynamics in Badía del Vallès … How to ex-

besonderen Fall aus der Wettbewerbsdynamik in Badía del Vallès zu bearbeiten … Wie markiert man den einzigen bewohnbaren Ort in Badía, der sich auf dem freien Markt befindet? Veränderte diese Besonderheit seine Physiognomie? Hat sich aufgrund dieser liberalen Situation seine Lebensqualität verändert? Hat etwas von der Ausstattung den ökonomischen Mehrwert am Markt wahrgenommen? Hat der neue Marktwert der Miete die Ausführung der Fenster und Türen verbessert? Es ist uns nichts anderes eingefallen, als dies durch einen Tanz aufzuzeigen und zu markieren. Ein Tanz, der diesen Raum neu vermessen soll.“ (Aus dem Skript)

pose the only habitable space in Badía, which belongs to the free market? Does this specificity change its physiognomy? Does this liberal situation have an impact on its quality of life? Did a part of its furniture recognize the economic surplus at the market? Did the new market value of the rent improve the workmanship of its windows and doors? We saw only one possibility for dealing with these questions: by exposing and referring to them via dance. A dance surveying the space." (Excerpt from the script)

WF:FQ21/WKV *Los Trabajadores* (Die Arbeiter / The Workers), 2011
Video, 5', Tänzer / dancer: Israel Galván
Courtesy: Palmadotze, Barcelona

Eine Ökonomie der Kunst: Der Tänzer Israel Galván zeigt alle Formen von Arbeit, die sein Körper verrichten kann.

An economy of art: the dancer Israel Galván shows all possibilities of work that his body can perform.

WKV *Entrada: Barraçao* (Eingang: Barraçao / Entrance: Barraçao), 2013
Nachbau der checa des Klosters / Reconstruction of the checa of the convent Santa Ursula (Valencia), Holzkonstruktion, Mischtechnik / wood construction, mixed media
Produziert durch / Produced by WKV Stuttgart (Baupläne / Construction plans: Antonio Marín; Umsetzung / Realization: Serge de Waha, Steffen Osvath, Michael P. Hoffmann, Jan Löchte)

Während des Spanischen Bürgerkriegs wurden in diversen Kirchen sogenannte *checas*, illegale Gefängnis- und Folterzellen eingerichtet, deren Interieurs in ihrer Farb- und Formgestaltung von Künstlern wie Kandinsky, Klee oder Itten inspiriert waren. Viele von ihnen hatte der aus Slowenien stammende französische Künstler und Architekt Alphonse Laurencic entworfen. Absicht war es, die Wahrnehmung der Inhaftierten zu be-

During the Spanish Civil War, the so-called "checas" were established in various convents, illegal prisons that were designed with geometric patterns reminiscent of works by Kandinsky, Klee, Itten, et cetera. Many of them had been designed by the French artist and architect Alphonse Laurencic. The aim was to make the prisoners dizzy: modern art as psycho-technical torture. Spanish artist Antoni Tàpies, who visited one of the

einträchtigen: moderne Kunst als psychotechnische Folter. Der spanische Künstler Antoni Tàpies, der eine der *checas* lange nach dem Ende des Spanischen Bürgerkriegs besuchte, schrieb dazu: „Es scheint, dass die Suggestivkraft der abstrakten und geometrischen Malerei […] in jenen Jahren sehr viel stärker und gravierender war als Jahre später, wo ihre Formen zum Dekor für die banalsten Dinge verfielen." Romero hat im Kontext seines Langzeitprojektes *Archivo F.X.* bereits zwei verschiedene *checas* rckonstruiert. In Stuttgart entstand eine dritte, die sich ursprünglich in Valencia befand. In Romeros *Archivo F.X.*, ein Archiv, das Bilder des antiklerikalen Ikonoklasmus in Spanien mit Personen und Werken der modernen Avantgarde verschränkt, ist diese *checa* unter dem Schlagwort „Barracão" zu finden, das auf eine aus begehbaren Zellen bestehende Installation von Hélio Oiticica (1969) verweist. Romero interessieren an dem Phänomen der *checas* nicht so sehr der Schrecken, den sie mit den Mitteln der modernen Kunst möglicherweise erzeugten, sondern die Auseinandersetzung mit den unterschiedlichen propagandistischen Bewertungen seitens der Linken und der Rechten: „Durch ihre Überbeanspruchung als vollkommener ‚Schrecken' seitens der revisionistischen Propaganda", schreibt er, „werden sie zu einer anekdotischen Fiktion. Um sie als das Symptom, das sie sind, wiederherzustellen, muss man sie auf der Ebene des Diskurses, der rhetorischen Produktion verhandeln, wo sie kein Gegenstand der Propaganda mehr sind."

checas in Barcelona many years after the Spanish Civil War, stated: "In some of the cells it surprised me to see on the walls a series of paintings similar to the geometric Kandinskys and Mondrians … It seems that at that time the power of suggestion of abstract and geometric painting and op art effects was much more notable and serious than in later years, when it was lowered to the decoration of the most banal things." In the context of his long-term project *Archivo F.X.*, Pedro G. Romero has reproduced two checas. A third one has been realized in the framework of the exhibition *Giving Form to the Impatience of Liberty.* In Romero's *Archivo F.X.*, an archive that links images of the anti-clerical iconoclasm in Spain with protagonists or works of the modern avant-garde, this checa can be found under the keyword "Barracão" refering to an installation by Brazilian artist Hélio Oiticica from 1969. Romero's interest in the phenomena of the checas is less focused on the horror they might have caused by means of modern art, but rather on the different propagandist interpretations formulated by the left and the right. When the checas "were overexploited by the revisionist propaganda as absolute 'horror,' they became something false, an anecdotal fiction. To restore them as the symptom they are, they must be taken to the level of discourse, to rhetorical production, and there, of course, they are no longer an object of propaganda."

WKV *About An Artistic Reconsideration Of Spanish Torture Chambers And Their References To Modern Avant-Gardes* (Über die künstlerische Neubetrachtung spanischer Folterkammern und deren Bezüge auf die modernen Avantgarden)
Vortrag / Lecture, 5. 10. 2013

BA:BK(IDM) *Maxim Komar-Myshkin and The Buried Alive Group: A Manifesto and 6 Videos (2004–2010)*, 2013
Mehrkanal-Videos, Farbe, Ton, Wandtext, unterschiedliche Größen / Multichannel videos, color, sound, wall text, variable dimensions
Im Auftrag von / Commissioned by Bergen Assembly 2013

Roee Rosen

In den vergangenen Jahren hat Roee Rosen sich der Erfindung und Ausstellung des Werkes eines fiktiven israelischen, ex-sowjetischen Künstlers namens Maxim Komar-Myshkin (angeblich ein Pseudonym von Efim Poplavsky, Künstler und Autor, 1974–2011) gewidmet. Nun weitet er die Geschichte auf Myshkins Umfeld, die Gruppe Buried Alive, aus, die zwischen 2004 und 2011 in Tel Aviv aktiv war, bis Komar-Myshkin sich das Leben nahm. Seine Überzeugung, dass er von Wladimir Putin ermordet werden würde, verarbeitete Poplovsky in einem Werk, das er in aller Heimlichkeit als magische Waffe gegen seinen Feind produzierte. Dabei handelte es sich um das postum entdeckte Album *Vladimir's Night.* Viele der in dem Album auftauchenden Themen finden sich in den Videos von Buried Alive wieder: Versuche, Objekte durch Kunst zum Leben zu erwecken und zu töten; das paradoxe Streben nach dysfunktionaler Magie sowie ein spezieller selbstverleugnender Modus zwischen Humor und Horror. Als Dada-Terroristen, desillusionierte Kidnapper, fröhliche Nihilisten und geschlechtslose Magier versuchen sich die Mitglieder von Buried Alive sowohl in der provokativen Rhetorik der politischen Rechten wie in den kämpferischen Forderungen nach Konsumverzicht der Linken und repräsentieren damit die widersprüchlichen politischen Ansichten der realen Ex-Sowjet-Community in Israel.

Over the last few years, Roee Rosen has been inventing and exhibiting the work of a fictitious Israeli ex-Soviet artist, Maxim Komar-Myshkin (allegedly a pen name for Efim Poplavsky, artist and writer, 1974–2011), and now he expands the story to Myshkin's entourage, the group Buried Alive, active from 2004 to 2011 in Tel Aviv, before Komar-Myshkin committed suicide. Poplavsky's conviction that he will be assasinated by Vladimir Putin resulted in a work he produced in secret as a magical protective weapon against his enemy—the posthumously discovered album *Vladimir's Night.* Many of the themes permeating the album are present in the Buried Alive videos: attempts at animating objects and killing through art (they force their victims to tell dark jokes); the paradoxical pursuit of dysfunctional magic; and a particular self-negating mode combining humor and horror. Dada terrorists, disaffected kidnappers, joyous nihilists, and genderless magicians, the members of Buried Alive explored both provocative right-wing rhetoric and fierce left-wing anti-consumerist claims, representing the contradictory political views of the real ex-Soviet community in Israel.

R

Ben Russell

WKV *Trypps #7 (BADLANDS)* (Trypps #7 (Ödland), 2010
HD-Video, 10'
Vorgeführt im Rahmen des Filmprogramms / Screened in the framework of the film program *Everything Happens on the Surface* (6.–8. 12. 2013), Kuratorin / curator: Katrin Mundt

In einer einzigen Einstellung dokumentiert der Film den LSD-Trip einer jungen Frau im Badlands National Park. Eine intime Beobachtung und formale Studie über Landschaften als Spiegel.

In just one single shot this film documents the LSD trip of a young woman in Badlands National Park. An intimate survey and formal study of landscape as a mirror.

Ada Rybachuk / Volodymyr Melnychenko

BA:K4(IAF) *Mauer der Erinnerung* (Wall of Memory), 1968–82
(zerstört / destroyed)
Mauerelief für Baikowe-Krematorium und -Friedhof, Kiew / Public mural at Baykovo Crematorium and Cemetery, Kiev
Dokumentation aus dem Archiv der Künstler / Documentation from the artists' archive

1965 legten die Kiewer KünstlerInnen Ada Rybachuk und Volodymyr Melnychenko einen Entwurf für ein Mahnmal für die Opfer des NS-Massakers in Babyn Yar bei Kiew vor, bei dem zwischen 1941 und 1943 über 100.000 Juden, Roma und sowjetische Kriegsgefangene ermordet wurden. Das Projekt, das als moderne, minimalistische Arbeit konzipiert war, wurde aus politischen Gründen nie verwirklicht. 1968 griffen Rybachuk und Melnychenko das Raumkonzept für ein Projekt für das Krematorium und den Friedhof Baikowe in Kiew erneut auf. Sie hatten vor, einen einzelnen starken gegenständlichen Akzent zu setzen: eine Mauer aus farbenfrohen Reliefs, die Szenen aus Mythologie und Geschichte der Menschheit darstellen sollten. Beinahe fünfzehn Jahre (1968–1982) arbeiteten sie mit wenigen Helfern an der 213 m langen *Mauer der Erinnerung.* Als das Werk 1982 beinahe vollendet war, wurden die Reliefs – Rybachuks und Melnychenkos

In 1965, Kiev artists Ada Rybachuk and Volodymyr Melnychenko proposed a monument for the victims of the Nazi massacre in Baby Yar in Kiev, where over 100,000 Jews, Roma, and Soviet captives were murdered between 1941 and 1943. For political reasons, this project, which took a minimal modernist form, was never realized. In 1968, Rybachuk and Melnychenko revived its spatial concept for a project for the Baykovo Crematorium and Cemetery, Kiev. They planned to make one strong figurative accent: a wall of brightly painted reliefs representing scenes from human mythology and history. For almost fifteen years (1968–82) they worked on the 213-meter long *Wall of Memory* with a small team on-site. In 1982, when the whole complex was almost complete, the reliefs—Rybachuk and Melnychenko's lifelong work—were brutally destroyed by city authorities unsatisfied with their pessimistic and "unhealthy" character. Ironically, the flattened out

Lebenswerk – von den Behörden brutal zerstört, weil ihnen deren pessimistischer und „ungesunder" Charakter nicht zusagte. Ironischerweise scheint die geglättete Wand der formalen Sprache der Moderne deutlich näher und trägt gleichzeitig tiefe Wunden der Gewalt, die unter ihrer glatten, modernen Oberfläche liegen.

wall now seems closer to the formal language of modernism, revealing at the same time the deep wounds of violence which lie underneath modernist sleekness.

WKV *Farmacopea* (Arzneimittelkunde), 2012
16-mm-Film, 6'
Vorgeführt im Rahmen des Filmprogramms / Screened in the framework of the film program *Everything Happens on the Surface* (6.–8. 12. 2013), Kuratorin / curator: Katrin Mundt

Beatriz Santiago Muñoz

Ein filmisches Verzeichnis giftiger und halluzinogener Pflanzen in Puerto Rico. Ein Versuch, das potenziell Bedrohliche im Kern jeder Gemeinschaft zu rehabilitieren.

A filmic index of poisonous and hallucinogenic plants in Puerto Rico. An attempt at rehabilitating the potential dangers at the core of any community.

WKV *Unrest of Form: Imagining the Political Subject* (Unruhe der Form. Entwürfe des politischen Subjekts)
Vortrag / Lecture, 5. 10. 2013

Hedwig Saxenhuber / Georg Schöllhammer

WF:S *Meine her geleerten Samen und Beeren* (My Seeds and Berries, Poured Before You)
Autorenrede, 10-teiliges Autorenprojekt: Audiothek und Performances / Author's speech, ten-part author's project: audio-bar and performances

Ferdinand Schmatz

Der Redner führt uns in eine von der Sprache geträumte Natur, um außerhalb des Lärms gemeinsam mit uns eine Utopie zu entwickeln, eine Utopie des Sprechens, des Denkens und des Zusammenlebens. Diese Natur ist winterlich: Sie leistet Widerstand und bietet nur wenige Handhaben, mit denen immer neue Versuche zur Neuordnung der Dinge unternommen werden, bis sich ein Ausblick auf die Zukunft ergibt.

The speaker leads us into Nature dreamed by Language in the desire to join forces with us and to develop a utopia far from the noise and din, a utopia of speaking, thinking, and co-existence. This is a wintry Nature—one that puts up resistance and offers only few tricks for us to engage in infinitely varied efforts to rearrange things, until a prospect of the future emerges.

S

Konstanze Schmitt

BA:BK(IDF) *Milda*, 2013
5-Kanal-Video, 48:55', Soundinstallation, unterschiedliche Größen / Video, five channels, 48: 55', sound installation, variable dimensions
SchauspielerInnen / Performers: Bini Adamczak, Irene Mattioli, Felicita Reuschling, Anna Schmidt und / and Susanne Schultz
Im Auftrag von / Commissioned by Bergen Assembly 2013

Für ihre Untersuchung von Reproduktionspolitik und deren Auswirkungen auf persönlicher Ebene wählt Konstanze Schmitt hier die Methode einer Theaterprobe, die jedoch nicht auf die Produktion eines Stückes abzielt, sondern auf politische Selbstreflexion. Für ihre Arbeit *Milda* bat sie die Teilnehmerinnen, sich in Beziehung zu Milda, der Hauptfigur in Sergej Tretjakows Theaterstück *Ich will ein Kind haben* (1926), zu setzen, indem sie Szenen, Auszüge und Gestik proben. Die performative Arbeit wird begleitet von dramatisierten Ausschnitten aus Interviews, die Schmitt als Teil der Proben führte. So fern der Futurismus der sowjetischen Avantgarde heute scheint, seine Vision einer autonomen Frau, die die Erziehung der Kinder einem größeren Kollektiv überträgt, ist auch im Postfordismus mit seinen neoliberalen Träumen noch attraktiv.

In her exploration of reproductive politics and how they play out on a personal level, Konstanze Schmitt's research method is that of the theater rehearsal, but one where political self-reflection, and not a theatrical production, is the main goal. For *Milda*, Schmitt asked participants to relate to Milda, the main character in Sergei Tretyakov's play *I Want a Baby* (1926), by rehearsing scenes, lines, and biomechanical gestures. The performative work is accompanied by a screenplay that Schmitt extracted from rehearsal interviews. As impossible as the reproductive futurism of the Soviet avant-garde might seem, its vision of an autonomous woman delegating the function of child care to the larger collective still seems salient, even in our very different age of post-Fordist reproduction and its neoliberal dreams.

Franz Schuh

WF:S *Dunkelblau mit weißen Streifen* (Navy Blue with White Pinstripes)
Autorenrede, 10-teiliges Autorenprojekt: Audiothek und Performances / Author's speech, ten-part author's project: audio-bar and performances

Der Redner räsoniert wienerisch zwanglos über das Neujahrskonzert der Philharmoniker, das er einmal im Leben in einem dunkelblauen Anzug mit weißen Streifen besuchen möchte. Möchte er mit dem Bundespräsidenten und seiner Gattin gemeinsam das neue Jahr beklatschen? Früher ist er zur kritischen Zeit ins Irish Pub ausgewichen, um dort

In typically Viennese, informal style, a music lover falls into musings about the New Year's Concert of the Vienna Philharmonic, which, clad in a navy-blue pinstripe suit, he would like to attend as a once-in-a-lifetime experience. Does he dream of ushering in the first day of the new year in the presence of the Federal President and the First Lady? In the

politisch zu diskutieren. Das Politische betrachtet er jetzt melancholischer. Die NS-Vergangenheit der Philharmoniker verblasst bei der Erinnerung an den Trompeter, dem Philharmoniker, dem er seine Lebensmelodie, die Symphonien Gustav Mahlers und ein Liebesglück verdankt, und der berühmt wurde, weil er in den 1960erJahren Baldur von Schirach, dem ehemaligen Gauleiter von Wien, noch einmal den Ehrenring der Philharmoniker überreichte.

past, he used to skip over to the Irish pub when the time of year got too critical, and engaged in political discussions. Now his views on politics are tinged with melancholy. The Philharmonic's shadow of a National Socialist past pales when pitted against the memory of the trumpet player to whom he owes the joys of Gustav Mahler and love, and who won fame because he presented the Philharmonic's ring of honor to Baldur von Schirach, the former Gauleiter of Vienna, as late as in the 1960s.

Tino Sehgal

WF:S *Instead of Allowing Some Thing to Rise Up to Your Face Dancing Bruce and Dan and Other Things* (Statt etwas zu erlauben, zu deinem Gesicht aufzusteigen, Bruce und Dan und andere Dinge tanzen), 2000

Tino Sehgal nennt sein Werk „konstruierte“ Situationen. Er inszeniert eine Masse von Menschen, vergänglich wie chinesische Wassermalereien, sogenannte „Interpretatoren“, die das Publikum wie ein Schwarm umgreifen und ihm ihre kleinen Geschichten erzählen. Es ist auch ein Spiel, wie viel Individualität einer Menge zumutbar ist, ohne dass sie zerfällt.

Tino Sehgal directs a swarm of people to surround an audience and tell them a vast array of different little stories. How much individuality can a crowd take before it breaks up?

Allan Sekula

WKV *Aerospace Folktales* (Volksmärchen der Raum- und Luftfahrt), 1973
Foto-Audio-Installation, 51 Schwarz-Weiß-Fotografien (48 davon 14,8 × 22,4 cm; 3 davon 22,4 × 14,8 cm), 3 rote Regiestühle, 6 Fächerpalmen, 3 Audioaufnahmen, 17', 21' und 23', Edition 1/2 / Photo-audio installation, fifty-one black-and-white photographs (prints forty-eight photographs 14.8 × 22.4 cm each and three photographs 22.4 × 14.8 cm each),, three red canvas director's chairs, six potted fan palms, three sound recordings, total duration 17', 21' and 23', edition 1/2
Courtesy: Sammlung Generali Foundation, Wien / Vienna

In *Aerospace Folktales* untersucht Allan Sekula seine eigene Klassenherkunft. Die Installation umfasst unter anderem eine Serie von Fotografien aus dem

In *Aerospace Folktales*, Allan Sekula investigates his own class legacy. It is an installation comprising among other things a series of photographs depict-

häuslichen Lebensumfeld seiner Eltern sowie zwei Interviews: zum einen mit seinem Vater, einem ehemaligen Angestellten der Firma Lockheed, der in der Post-Vietnam Ära entlassen wurde, und zum anderen mit seiner Mutter. Es geht um die Frustrationen und Stigmatisierungen, die mit Arbeitslosigkeit einhergehen, aber auch um Themen wie den Vietnam-Krieg. Die Eltern, die sich aus proletarischen Verhältnissen hochgearbeitet haben, bewohnen ein Haus in einem Arbeiterviertel in San José. Einrichtung, Bücher und andere Details, die in den nüchternen Fotografien zu sehen sind, zeigen, dass sie sich von ihrem direkten Wohnumfeld abheben wollen. In einer dritten Audioquelle ist der Künstler selbst zu hören, der sowohl die Rollenaufteilung zwischen seinen Eltern als auch ihren kleinbürgerlichen Konservatismus kritisch kommentiert. Die Installation, die neben den Fotos und drei Soundstationen auch Regisseurstühle und Pflanzen umfasst, ist in seiner Trennung von Klang – beziehungsweise Stimme – und Bild in der Art einer räumlichen Demontage eines nicht existenten Films aufgefasst.

ing the domestic environment of his parents and two interviews: one with the artist's father, a former Lockheed employee who was made redundant in the post-Vietnam era, and the other with his mother. The topic is the frustration and stigma attached to unemployment, but the talks also touch on issues such as the Vietnam War. The parents who had worked their way up from proletarian to middle-class conditions are living in a working-class district of San José. Furniture, books and other details to be seen in the sober photographs show that they want to set themselves apart from their direct living environment. In a third sound station we hear the artist himself, who critically comments the division of roles between his parents and their petit-bourgeois conservatism In its separation of sound—for instance the voice—and image, the installation, which besides the photographs and sound stations comprises a set of plants and director's chairs, appears like the spatial dismantling of a nonexistent film.

Mrinal Sen

BA:S3,14(IPA) *In Search of Famine* (Auf der Suche nach Hungersnot), Indien / India 1980
Film, Farbe, Ton, 105' / Film, color, sound, 105'
Courtesy: Mrinal Sen, Kalkutta / Kolkata und / and Kunal Sen, Chicago

Der Film *In Search of Famine* erzählt die Geschichte einer Filmcrew, die in ein bengalisches Dorf kommt, um einen Spielfilm über eine Hungersnot im Jahr 1943 zu drehen, die trotz ihrer fünf Millionen Opfer aufgrund der alles überschattenden Ereignisse des Zweiten Weltkriegs von der Öffentlichkeit nicht wahrgenommen wurde. Die Filmleute

In Search of Famine tells the story of a film crew that comes to a Bengali village to make a fiction film about a famine, which killed five million people in 1943 and remained largely unknown, overshadowed by World War II. The film crew encounters difficulties with locals—their fading memories and their disturbing visions. The researcher him-

geraten bald in Konflikt mit den Dorfbewohnern – mit ihren schwindenden Erinnerungen und ihren verstörenden Visionen. Der Rechercheur ist sich seiner Motive nicht mehr sicher, und wegen der Anwesenheit der Filmcrew im Dorf steigen die Lebensmittelpreise, sodass die Bewohner eine neue Hungersnot fürchten. Zentrale Themen von *In Search of Famine* sind Filmrecherchen und deren Bezug zu fundamentalen Realitäten wie Essen und Überleben, aber auch die Gefahren des Geschichtenerzählens und das plötzliche Auftauchen der Dimension Zukunft in der Archäologie der Vergangenheit.

self is not sure of his motives, and with the presence of the film crew in the village, food prices begin to rise, leaving the residents fearful of another famine. *In Search of Famine* is a film about cinematographic research and its complex relation to the ultimate reality of food and survival, about the hazards of storytelling, and the sudden emergence of the dimension of the future inside the archeology of the past.

BA:BKH(IDF) Anatoly Boldin, *Freshman: Bauman Moscow State Technical University* (Neuling. Moskauer Staatliche Technische Universität Bauman), 1962
Aktueller Silbergelatine-Abzug, 30 × 40 cm / Contemporary silver-gelatin print, 30 × 40 cm
Yakov Khalip, *Mayan Language Unraveled: Punch Cards* (Enträtselte Maya Sprache. Lochkarten), 1962
Aktueller Silbergelatine-Abzug, 30 × 40 cm / Contemporary silver-gelatin print, 30 × 40 cm
Nicolay Khorunzhiy, *Eyes of the Twentieth Century* (Augen des 20. Jahrhunderts), 1960er-Jahre / 1960s
Aktueller Silbergelatine-Abzug, 30 × 40 cm / Contemporary silver-gelatin print, 40 × 30 cm
Nicolay Khorunzhiy, *Seismologists* (Erdbebenforscher), 1957
Aktueller Silbergelatine-Abzug, 27,5 × 27 cm / Contemporary silver-gelatin print, 27.5 × 27 cm
Anatoly Khrupov, *Vilnius. State University: In the Physics Lab* (Vilnius. Staatliche Universität. Im Physiklabor), 1960er-Jahre / 1960s
Aktueller Silbergelatine-Abzug, 30 × 40 cm / Contemporary silver-gelatin print, 30 × 40 cm
Anatoly Khrupov, *Physics and Lyrics* (Physik und Lyrik), 1960
Aktueller Silbergelatine-Abzug, 40 × 30 cm / Contemporary silver-gelatin print, 40 × 30 cm
Vladimir Lagrange, *Template, Eraser, Pencil: New Model of the Volga. Gorky Car Plant. Design Bureau* (Schablone, Radierer, Bleistift. Neues Modell der Wolga. Gorky Autowerk. Planungsbüro), 1969
Aktueller Silbergelatine-Abzug, 32 × 28,5 cm / Contemporary silver-gelatin print, 32 × 28.5 cm

Sowjetische Fotografie / Soviet Photography

Vladimir Lagrange, *World of Formulas: Moscow State University. Graduate Students* (Welt der Formeln. Staatliche Universität Moskau. Doktoranden), 1966
Aktueller Silbergelatine-Abzug, 30 × 40 cm / Contemporary silver-gelatin print, 30 × 40 cm
Vladimir Lagrange, *In the Early Days of Computer Technology* (In den frühen Jahren der Computertechnologie) 1979
Aktueller Silbergelatine-Abzug, 30 × 40 cm / Contemporary silver-gelatin print, 30 × 40 cm
Alle Arbeiten / All works courtesy: The Lumiere Brothers Center for Photography, Moskau / Moscow

Viele sowjetische Pressebilder der 1960er-Jahre dienten der Dokumentation von Arbeitsethos und -ästhetik in den vielen neu gegründeten wissenschaftlichen Forschungsinstituten in der ganzen Sowjetunion, die alle auf den bald zu erwartenden Übergang zum Kommunismus hinarbeiteten. Damals herrschte in der sowjetischen Wissenschaft und Gesellschaft eine Aufbruchstimmung, und es gab hitzige und häufig romantische Diskussionen zwischen „Lyrikern“ und „Physikern“ (in denen sich die „Zwei Zivilisationen“-These des Soziologen Lewis Mumford aus den späten 1930ern widerspiegelte). Heute sind die Erinnerungen an diese aufregende Ära längst verblasst, und sie lebt nur noch hier und da in zeitgenössischen Fotografien fort.

Numerous examples of Soviet photographs made for the press in the 1960s served to document the ethos and aesthetics at work in the many newly founded scientific research institutes all over the Soviet Union, all of which were working toward the soon-to-be-realized jump to communism. It was a time when Soviet science and society at large still felt young, when heated, often romantic debates between “lyricists” and “physicists” (echoing sociologist Lewis Mumford’s “two civilization” thesis, advanced in the late 1930s) took place. By now, this heady age is a distant memory, its cosmic-communist ambitions consigned to disappearance, punctually present in the photographs of the time.

Sozialistische Science-Fiction / Socialist Sci Fi

BA:BKH(IDF) *Aelita* (Aelita), UdSSR (USSR), 1924
Regie: / Directed by Yakov Protozanov, Schwarz-weiß, stumm, 113’, Ausschnitt / Black-and-white, silent, 113’, excerpt, courtesy: Nationale Filmstiftung der Russischen Föderation (Gosfilmofond), Moskau / National Film Foundation of Russian Federation (Gosfilmofond), Moscow
Andromedanebel (The Andromeda Nebula), UdSSR (USSR), 1967
Regie: / Directed by Yevgeniy Sherstobitov, Farbe, Ton, 77’, Ausschnitt / Color, sound, 77’, excerpt
Kosmische Reise (Cosmic Journey), UdSSR (USSR), 1935
Regie: / Directed by Vasily Zhuravlev, Schwarz-weiß, Ton, 65’, Ausschnitt / Black-and-white, sound, 65’, excerpt, courtesy: Nationale Filmstiftung der Russischen Föderation (Gosfilmofond), Moskau / National Film Foundation of Russian Federation (Gosfilmofond), Moscow

S

Eolomea (Eolomea), DDR (GDR), 1972
Regie: / Directed by Hermann Zschoche, Farbe, Ton, 83', Ausschnitt / Color, sound, 83', excerpt, courtesy: PROGRESS Film-Verleih, Berlin
Planet der Stürme (Planet of Storms), UdSSR (USSR), 1962
Regie: / Directed by Pavel Klushantsov, Farbe, Ton, 82', Ausschnitt / Color, sound, 82', excerpt
Der schweigende Stern (The Silent Star), DDR / Polen (GDR / Poland), 1959
Regie: / Directed by Kurt Maetzig, Farbe, Ton, 94', Ausschnitt / Color, sound, 94', excerpt, courtesy: PROGRESS Film-Verleih, Berlin

Die sozialistische Science-Fiction war ein hochpolitisches Genre; häufig kontrovers, bisweilen kritisch und immer extrem populär, spiegelte es die bewegte Geschichte der Sowjetunion im Besonderen und des Sozialismus im Allgemeinen wider. Während die Avantgarde in ihren Science-Fiction-Fantasien roten Stern und Weltrevolution noch in kosmischen Dimensionen denken durfte, wurden langfristige Träumereien von einer fernen Zukunft im Stalinismus unterbunden, begriff er sich doch selbst als Ende der Geschichte. In den 1960er-Jahren erlebte das Genre mit dem Wettlauf ins All und Chruschtschows Tauwetter eine Wiedergeburt, und die sowjetische Filmindustrie produzierte viele neue Filme auf einem überraschend hohen technischen Niveau. Langfristige Zukunftsvisionen wurden wieder möglich, und man sah eine vereinte Menschheit auf der Suche nach unbekannten Zivilisationen durch das Universum reisen und zahlreiche Hindernisse auf dem langen Weg heroisch meistern. Sowjetische und osteuropäische Science-Fiction lässt sich angesichts der vorgeblichen Internationalität ihrer Raummissionen, der überzogenen Darstellung der Geschlechtergleichheit im Sozialismus und der allgegenwärtigen Bürokratie, die das individuelle Heldentum ihrer Kosmonauten bremst, häufig auch als selbstironischer Kommentar deuten.

Socialist Sci-Fi was a profoundly political genre. Often controversial, sometimes critical, and always extremely popular, it reflected the turbulence of Soviet and socialist history more broadly. If the avant-garde's science fictions could still imagine red stars and world revolution on a cosmic scale, such long-term, far-in-the-future dreaming was stopped short by Stalinism, which already understood itself as the end of history. In the 1960s, inspired by the Space Race and the thaw under Khrushchev, the genre was revived, with many new films produced by the Soviet film industry at a surprisingly high technical standard. Long-term visions of the future once again became possible, imagining a united humanity on a journey through the universe in search of lonely, "uncontacted" civilizations, heroically meeting many an obstacle along the way. Soviet and Eastern European sci-fi also often reads as an ironic self-reflection upon the purported internationalism of its space missions, overblown claims of socialist gender equality, and the pervasive bureaucracy stunting the individual heroism of its cosmonauts.

S

Maxim Spivakov

BA:K1(IIS) *Marks* (Markierungen), 2013
14 Zeichen, 50 × 40 cm, Legende, 60 × 90 cm, Siebdruck auf Sperrholz, Holzpfosten / Fourteen signs, 50 × 40 cm, legend, 60 × 90 cm, silkscreen on plywood, wooden posts

Das Projekt *Marks* des Künstlers Maxim Spivakov, der sich Formen grafischen Designs aneignet und untergräbt, besteht in der Deutung des zeitgenössischen musealen Raumes durch eine unbekannte Zeichensprache. Zu Beginn der 1960er-Jahre begann die UdSSR stillschweigend, bestimmte Elemente aus der kapitalistischen Wirtschaft zu übernehmen, und traf eine Sonderregelung über die Einbeziehung von Designern in die industrielle Produktion. In der Folge wurde das Nationale Forschungsinstitut für Technik und Ästhetik in Moskau gegründet, das sich zu einem bedeutenden Zentrum für Designtheorie und -praxis entwickelte, dem eine Vielzahl von Designbüros untergeordnet waren. Die Grafikdesign-Abteilungen dieser Büros hatten die Aufgabe, laufend Logos und Markenzeichen für Institutionen, Waren und Dienstleistungen zu entwickeln. Dabei kamen die meisten Designs nie über das reine Entwurfsstadium hinaus, da es keine freie Wirtschaft und auch keinen Wettbewerb gab und somit auch keinen echten Bedarf nach Markenzeichen. So entwickelten diese Büros sich zu bizarren staatlichen Industriekomplexen, die abstrakte Kunst produzierten. Die Designer, die dort arbeiteten, betrachteten ihre Werke vor diesem Hintergrund als „wahre" Kunst, wie Malewitsch sie postuliert hatte. Direktor des Sonderbüros Kunst im Ministerium für die Verbrauchsgüterindustrie war Michail Schwarzman, der gleichzeitig ein im Untergrund aktiver, hoch geschätzter abstrakter Maler mit mystischen Tendenzen war. In *Marks*

Marks, a project by Maxim Spivakov—an artist who appropriates and subverts forms of graphic design—reads the contemporary museum space through an alien language of signs. In the early 1960s, the USSR began to quietly adopt elements of capitalist economy and introduced a special regulation about involving designers in industrial production. Thus the VNIITE Institute (National Research Institute of Technical Aesthetics) was founded in Moscow, and it became an important center of theory and practice, to which numerous design bureaus were subordinated. The graphic design departments of these bureaus were charged with constantly producing logos and trademarks signifying institutions, commodities, and services. Yet in most cases, these designs remained on paper, since given the absence of a free market and competition there was no real need for trademarks. As a result, these bureaus turned into bizarre state industrial complexes producing abstract art. The designers who worked there saw their work in this perspective, as "true art" worthy of Malevich. The position of the Director of the Special Artistic Bureau for the Ministry of Consumer Goods Industry was held by Mikhail Shvartsman, who, in parallel, was a highly-esteemed underground abstract painter with mystical ambitions. In *Marks*, Spivakov transforms and extends this elaborate and hermetic system of signs and applies it to a museum that exists in a very different, neocapitalist world—one that recently underwent radical rebranding. These signs signify

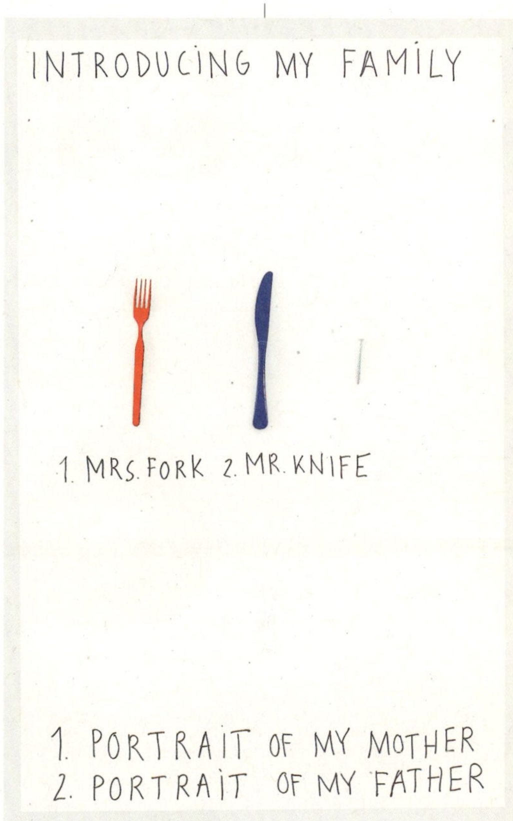

Henrik Olesen *Introducing My Family: Mrs. Fork, Mr. Knife*

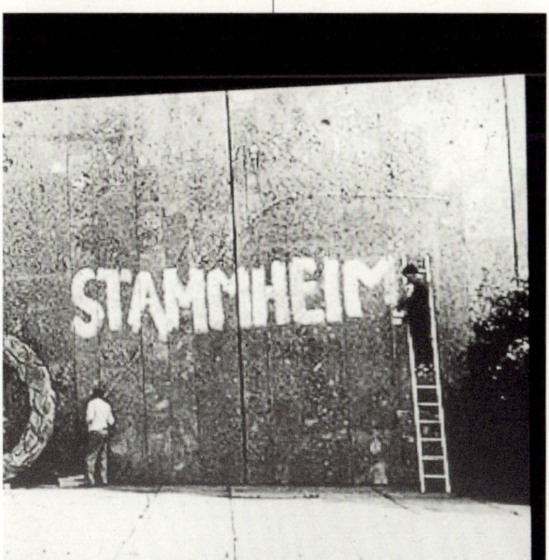

Boris Ondreička *Entoptic & Tacit*

Bergen | Stuttgart | Wien / Vienna

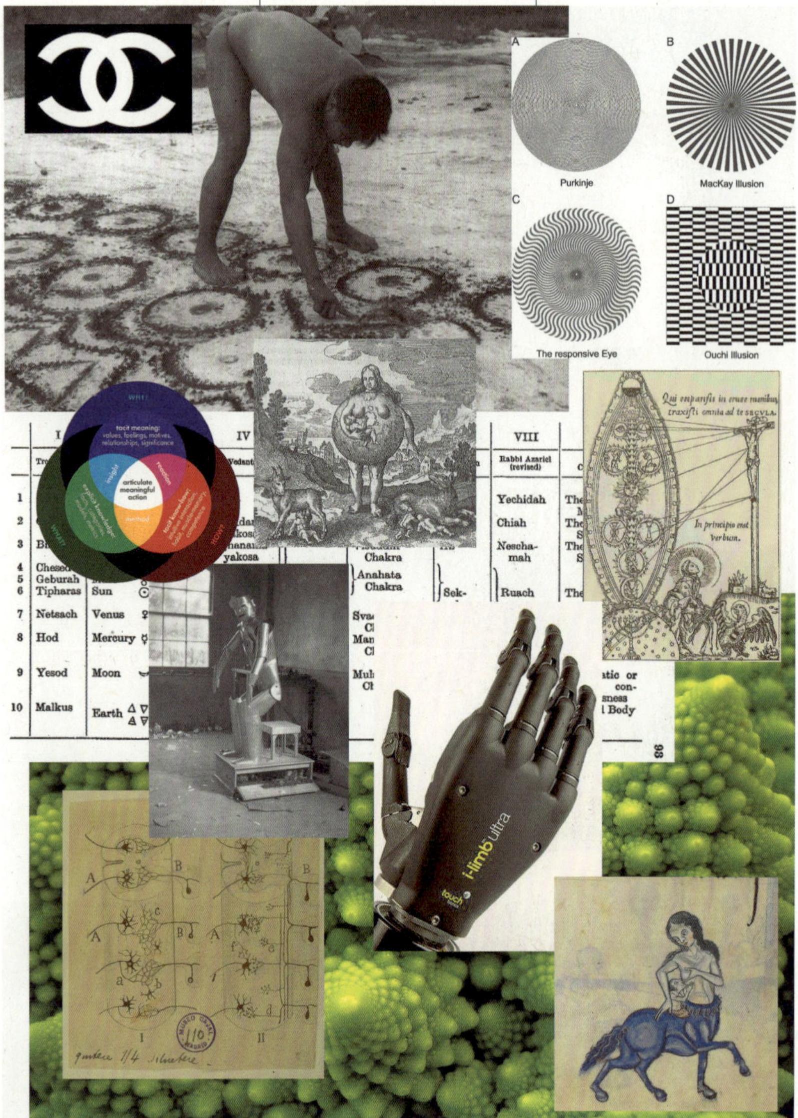

Boris Ondreička *Entoptic & Tacit*

Bergen **Stuttgart** **Wien / Vienna**

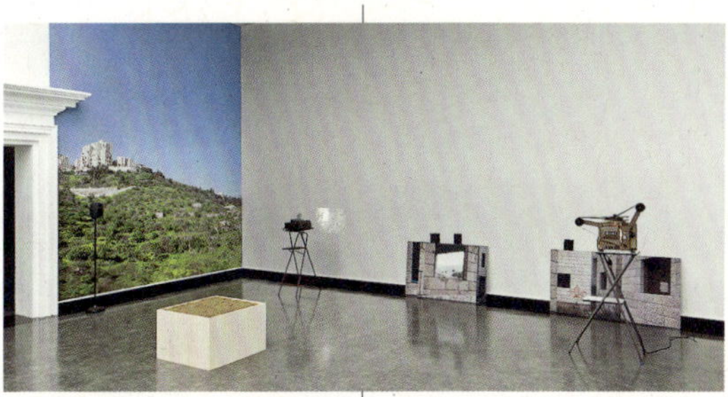

Uriel Orlow *Unmade Film*

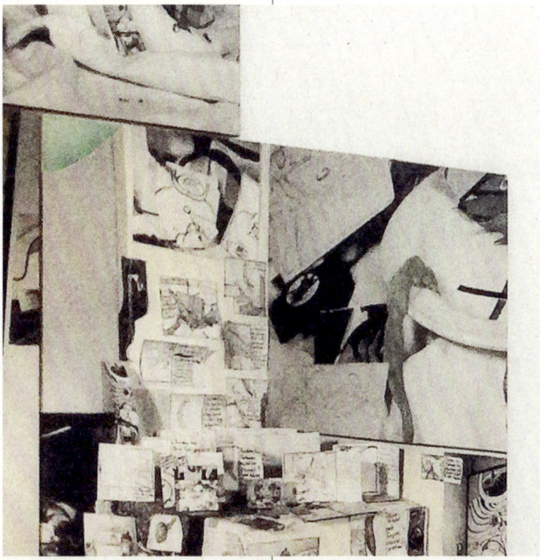

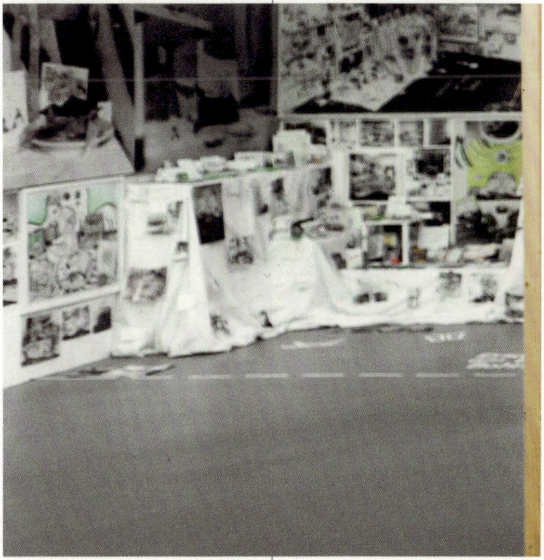

Anna Oppermann *Ersatzproblem am Beispiel der Bohne*

Bergen **Stuttgart** **Wien / Vienna**

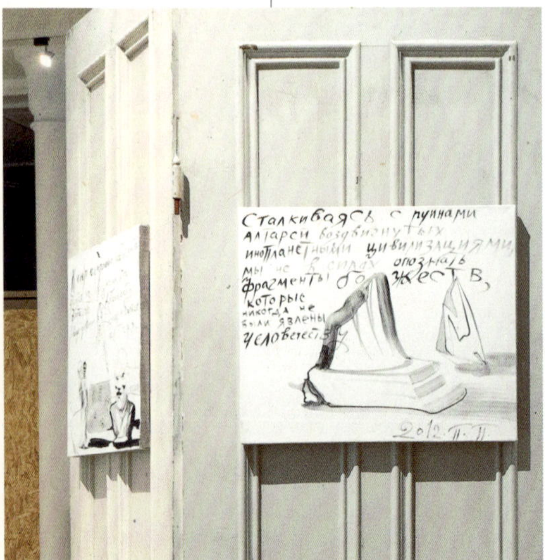

Pavel Pepperstein Ohne Titel

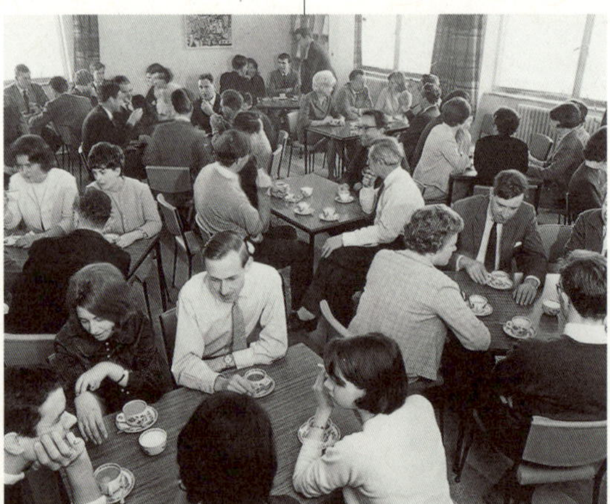

Pil and Galia Kollectiv
Co-Operative Explanatory Capabilities in Organizational Design and Personnel Management

Bergen **Stuttgart** **Wien / Vienna**

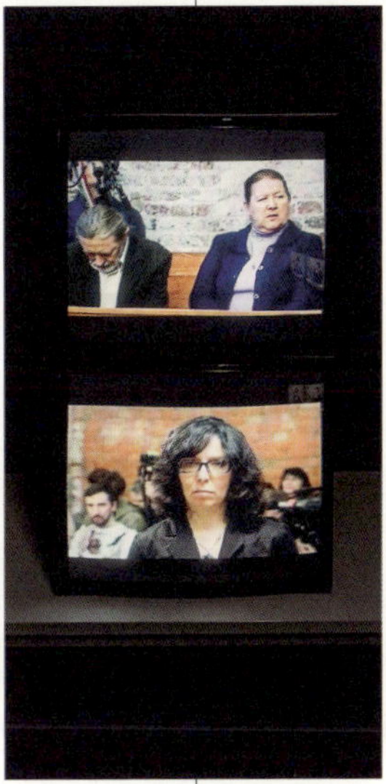

Milo Rau
Die Moskauer Prozesse

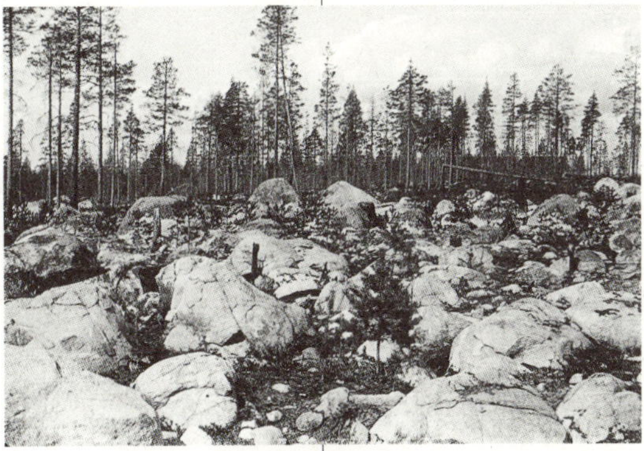

Alexander Rodtschenko / Aleksandr Rodchenko
Recherchematerialien für den Bau des Weißmeer-Ostsee-Kanals; Steine und Winterlandschaft, Karelien (Research Materials for the Construction of the Belomor-Baltic Canal; Stones and Winter Landscape, Karelia)

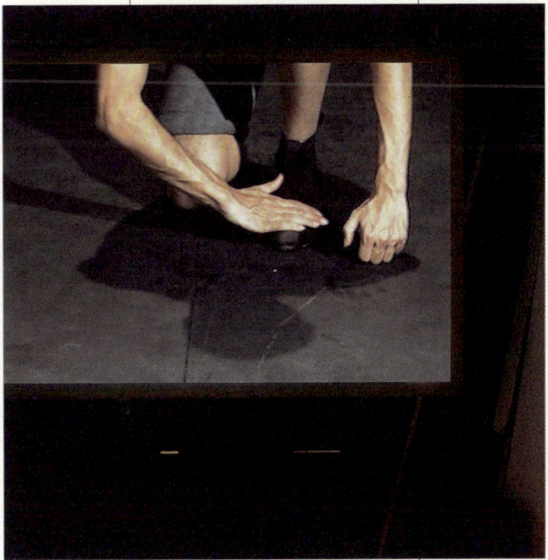

Pedro G. Romero *Los Trabajadores*

Bergen **Stuttgart** **Wien / Vienna**

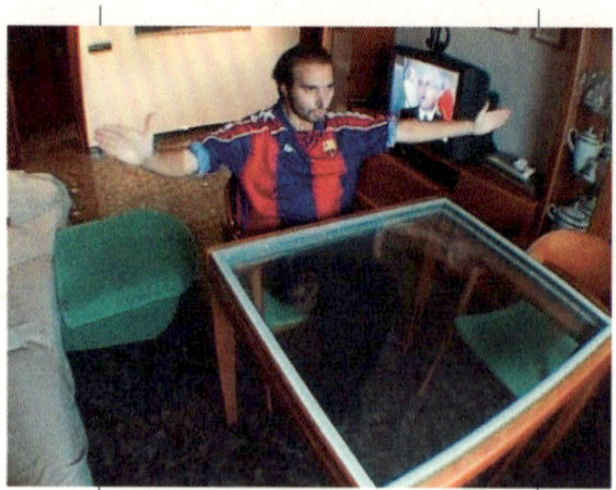

Pedro G. Romero *La Casa*

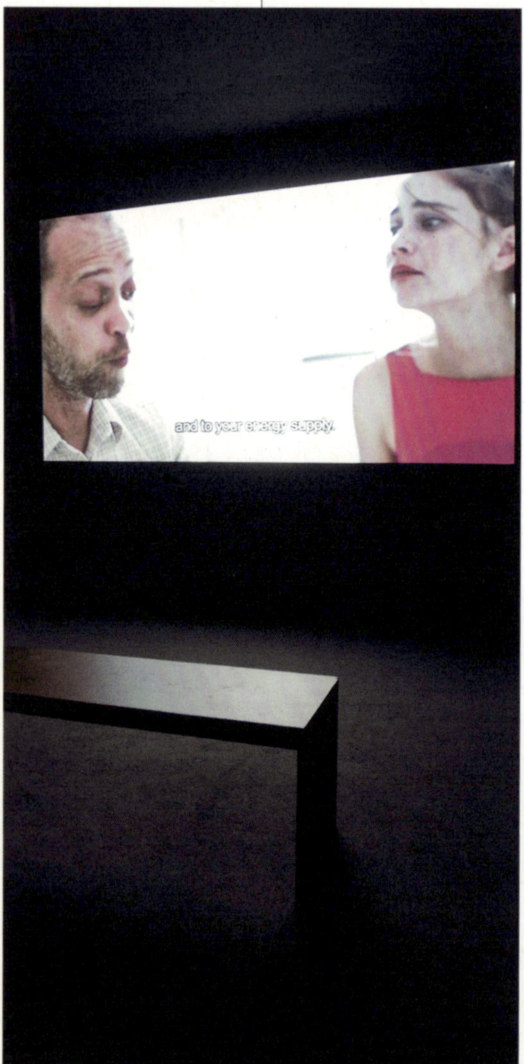

Roee Rosen
Maxim Komar-Myshkin and The Buried Alive Group: A Manifesto and 6 Videos

Bergen	Stuttgart	Wien / Vienna

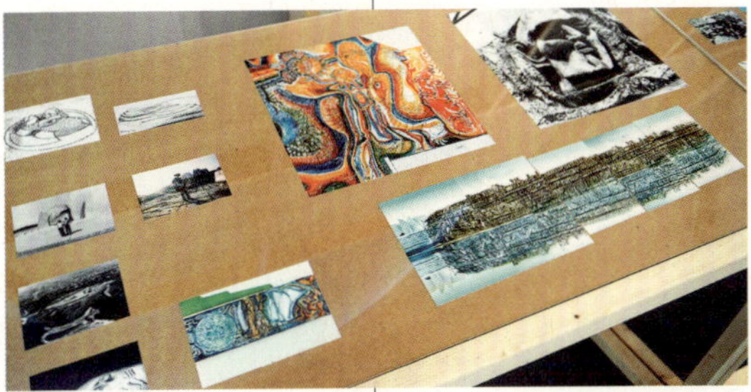

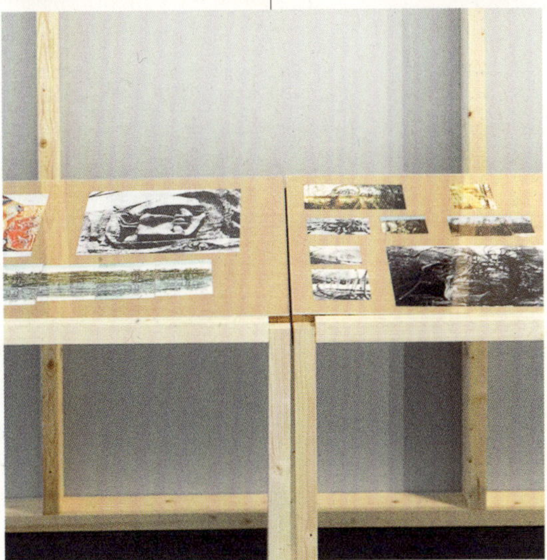

Ada Rybachuk / Volodymyr Melnychenko *Mauer der Erinnerung*

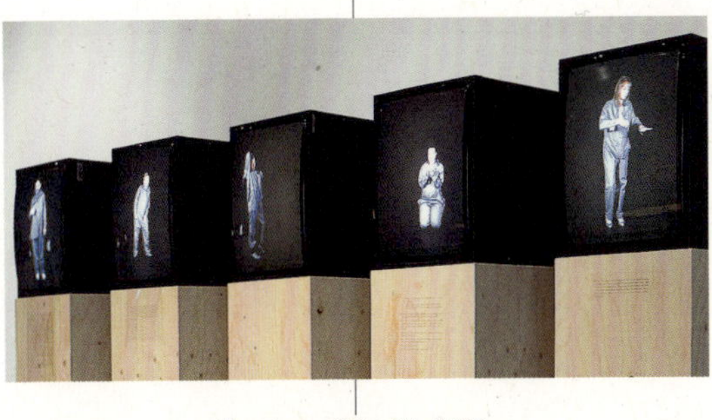

Konstanze Schmitt *Milda*

Bergen **Stuttgart** **Wien / Vienna**

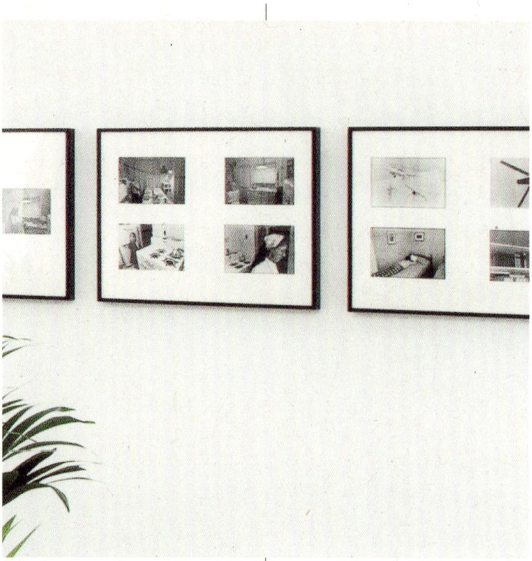

Allan Sekula *Aereospace Folktales*

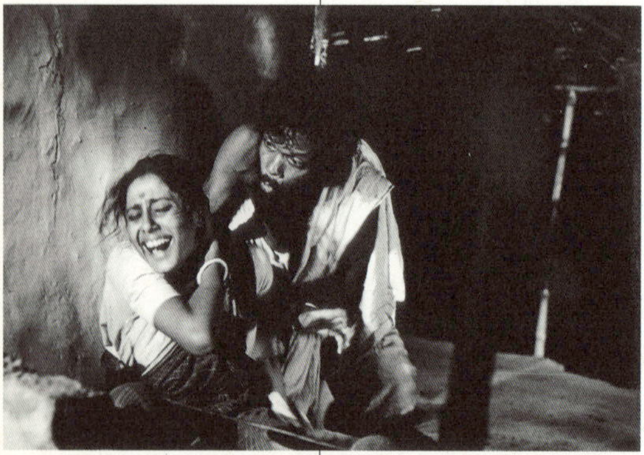

Mrinal Sen *India*

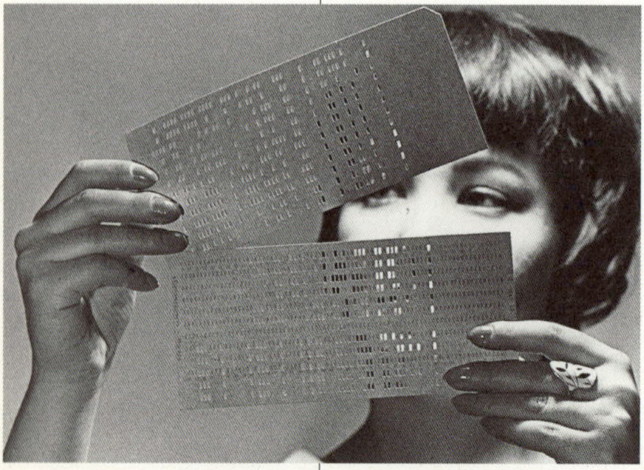

Soviet Photography: Yakov Khalip
Mayan Language Unraveled. Punch Cards

Bergen

Stuttgart

Wien / Vienna

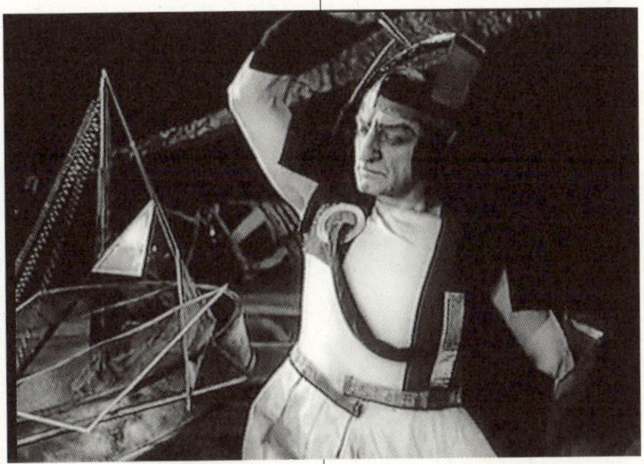

Socialist sci fi: Yakov Protozanov *Aelita*

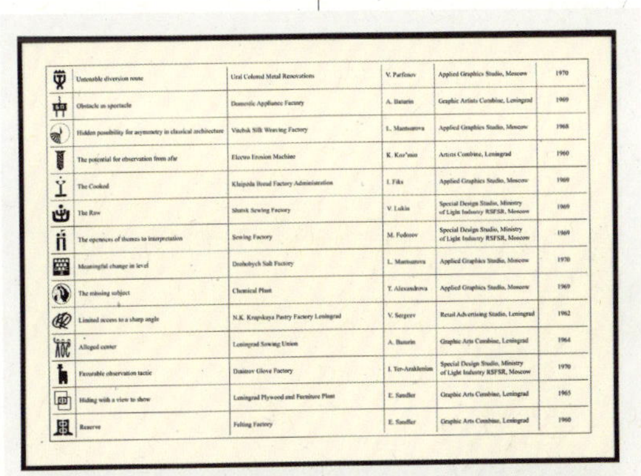

	Untenable diversion route	Ural Colored Metal Renovations	V. Parfenov	Applied Graphics Studio, Moscow	1970
	Obstacle as spectacle	Domestic Appliance Factory	A. Baturin	Graphic Artists Combine, Leningrad	1969
	Hidden possibility for asymmetry in classical architecture	Vitebsk Silk Weaving Factory	L. Mamsurova	Applied Graphics Studio, Moscow	1968
	The potential for observation from afar	Electro Erosion Machine	K. Koz'min	Artists Combine, Leningrad	1960
	The Cooked	Klaipeda Bread Factory Administration	I. Fiks	Applied Graphics Studio, Moscow	1969
	The Raw	Slutsk Sewing Factory	V. Lukin	Special Design Studio, Ministry of Light Industry RSFSR, Moscow	1969
	The openness of themes to interpretation	Sewing Factory	M. Fedorov	Special Design Studio, Ministry of Light Industry RSFSR, Moscow	1969
	Meaningful change in level	Drohobych Salt Factory	L. Mamsurova	Applied Graphics Studio, Moscow	1970
	The missing subject	Chemical Plant	T. Alexandrova	Applied Graphics Studio, Moscow	1969
	Limited access to a sharp angle	N.K. Krupskaya Pastry Factory Leningrad	V. Sergeev	Retail Advertising Studio, Leningrad	1962
	Alleged center	Leningrad Sewing Union	A. Baturin	Graphic Arts Combine, Leningrad	1964
	Favorable observation tactic	Dmitrov Glove Factory	I. Ter-Arakhelian	Special Design Studio, Ministry of Light Industry RSFSR, Moscow	1970
	Hiding with a view to show	Leningrad Plywood and Furniture Plant	E. Sandler	Graphic Arts Combine, Leningrad	1965
	Reserve	Felting Factory	E. Sandler	Graphic Arts Combine, Leningrad	1960

Maxim Spivakov *Marks*

Bergen | Stuttgart | Wien / Vienna

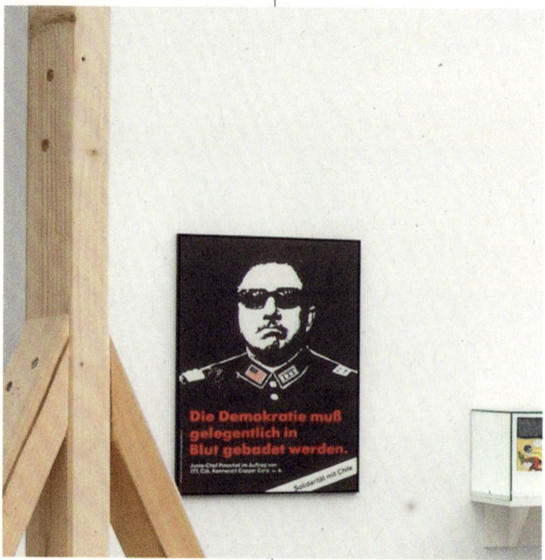

Klaus Staeck
Die Demokratie muß gelegentlich in Blut gebadet werden

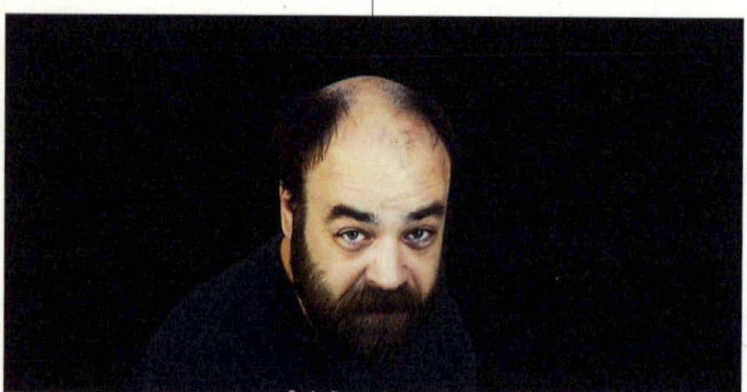

Imogen Stidworthy *A Crack in the Light*

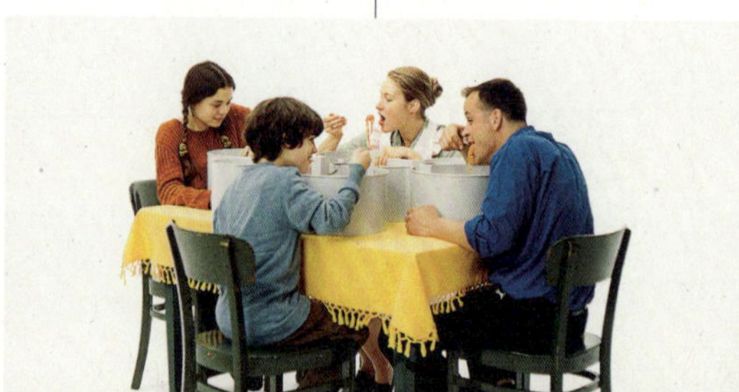

Wolfgnag Stehle *Maccaron*

Bergen

Stuttgart

Wien / Vienna

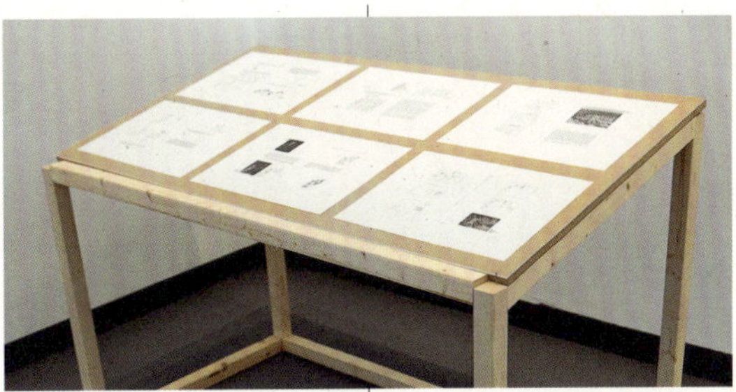

Władysław Strzemiński *The Hands. A Study for Harvesters*

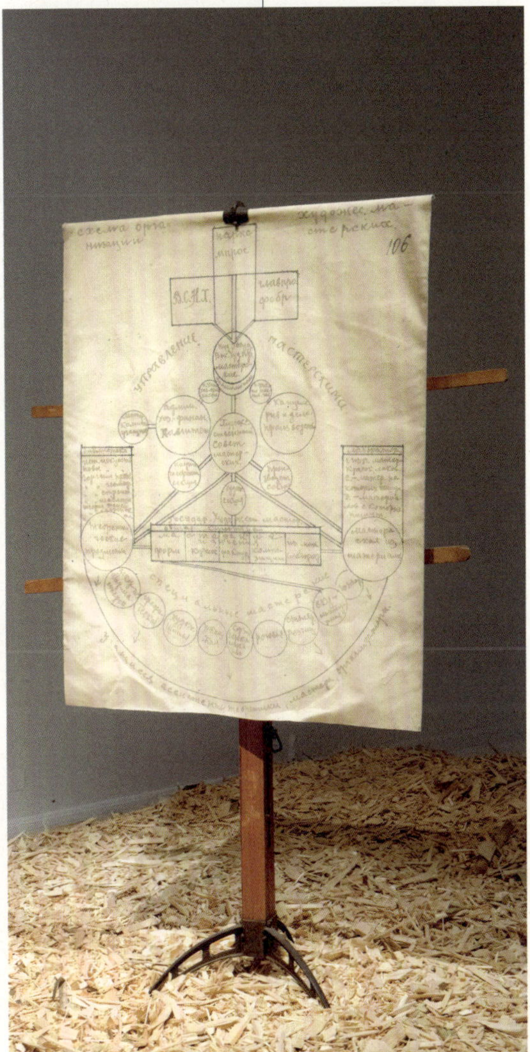

Pyotr Subbotin-Permyak
Scheme for the Organization of the Art Studio

Bergen **Stuttgart** **Wien / Vienna**

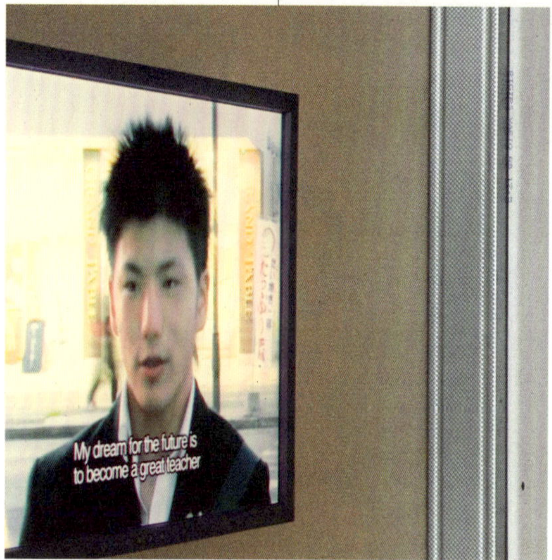

Akira Takayama *Referendum-Project*

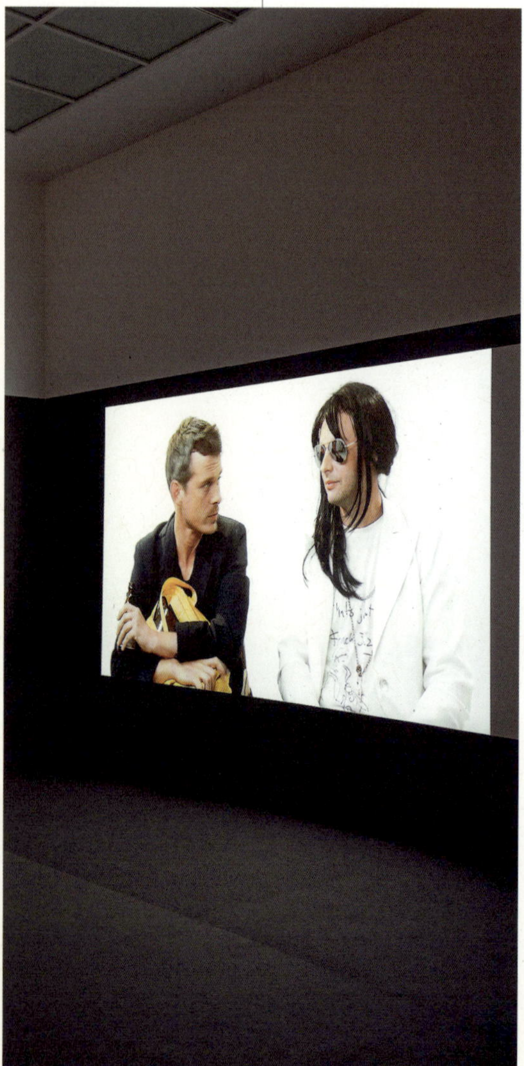

Pelin Tan / Anton Vidokle *2084–Episode I*

Bergen

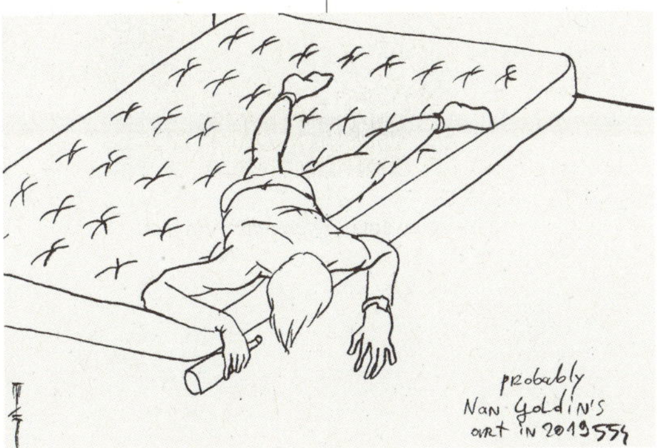

Mariusz Tarkawian *The Artworks of the Future*

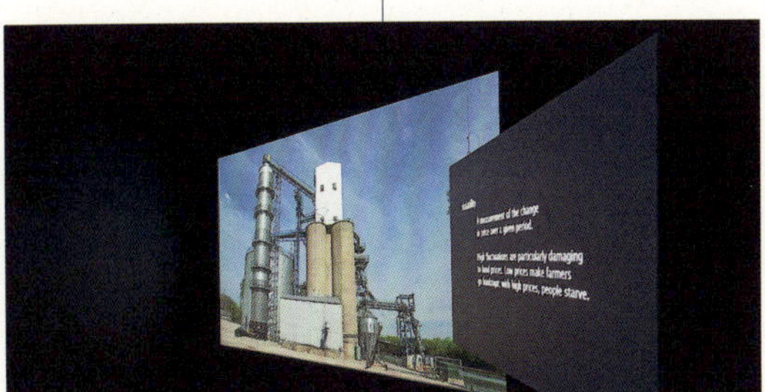

Minze Tummescheit / Arne Hector – cinéma copains
Fictions and Futures – Happiness in the Abstract

Stuttgart

Wien / Vienna

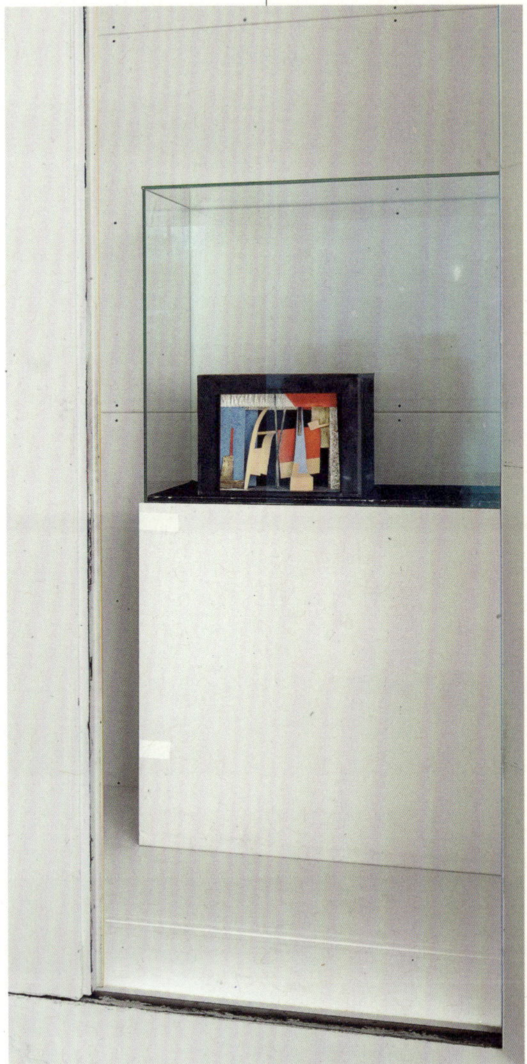

Vladimir Tatlin *Bühnenbildmodell Zangezi*

Bergen	Stuttgart	Wien / Vienna

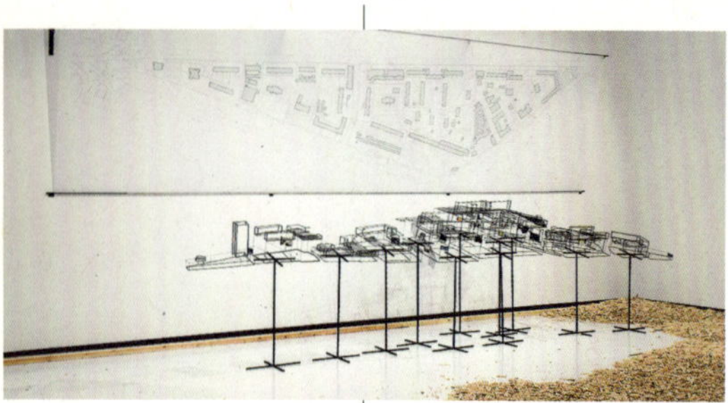

Urban Fauna Laboratory *Valley of Beggars*

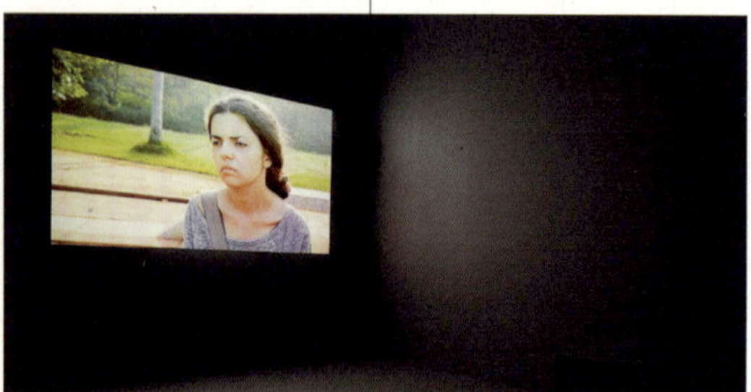

Dimitri Venkov *Like the Sun*

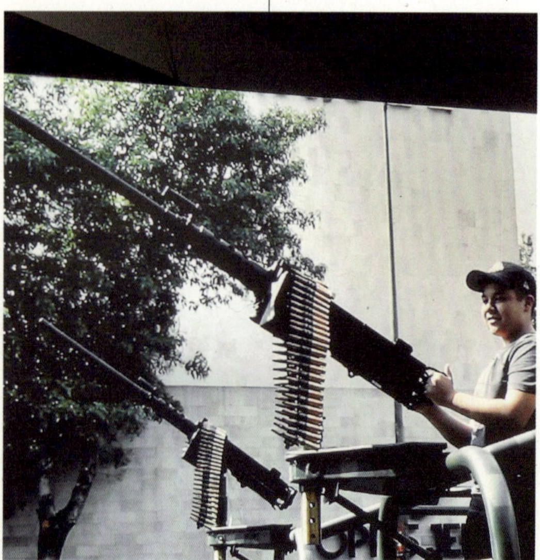

Christian von Borries *I'm M*

Bergen **Stuttgart** **Wien / Vienna**

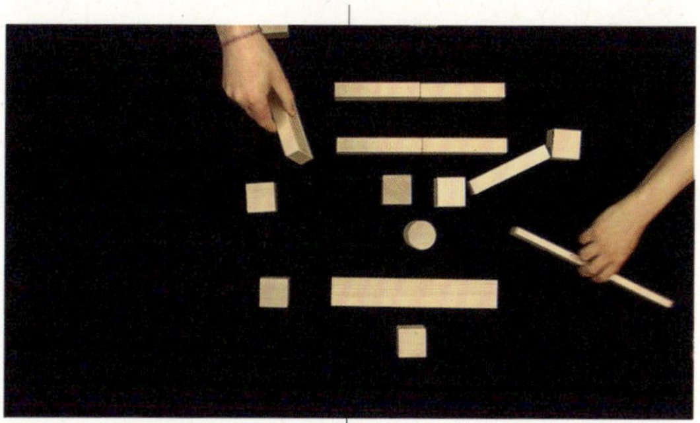

Marion von Osten *The Glory of the Garden*

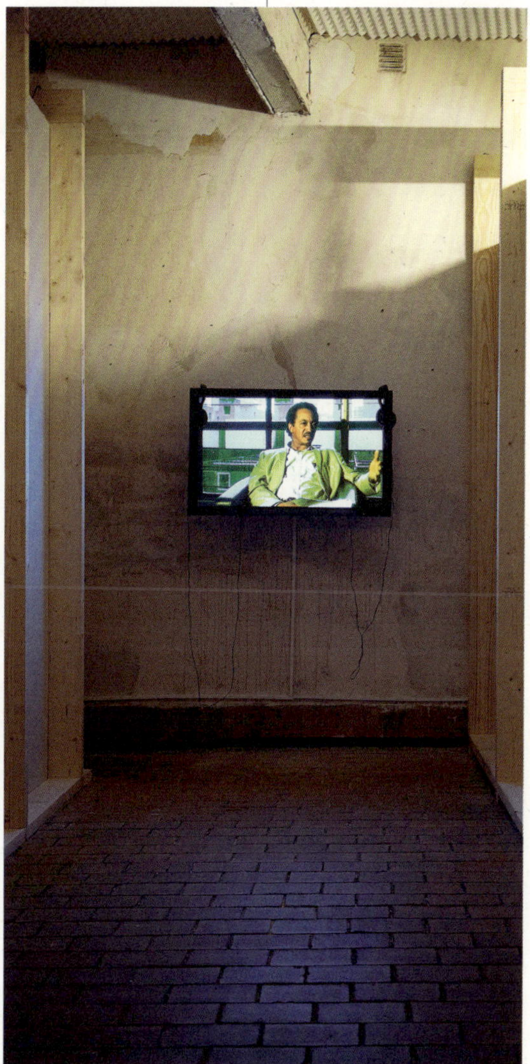

Clemens von Wedemeyer *How to Deal with the Uncontacted?*

Bergen **Stuttgart** **Wien / Vienna**

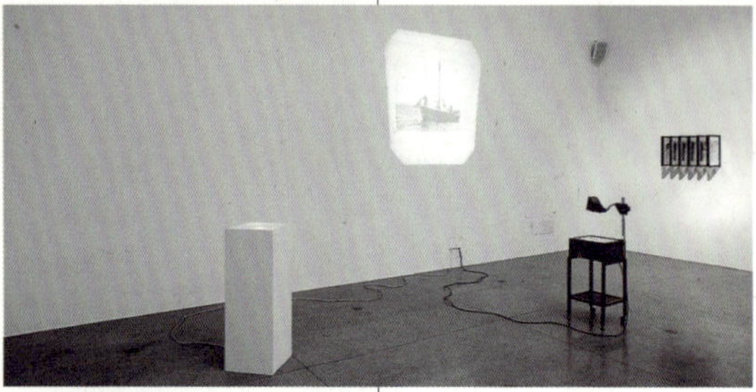

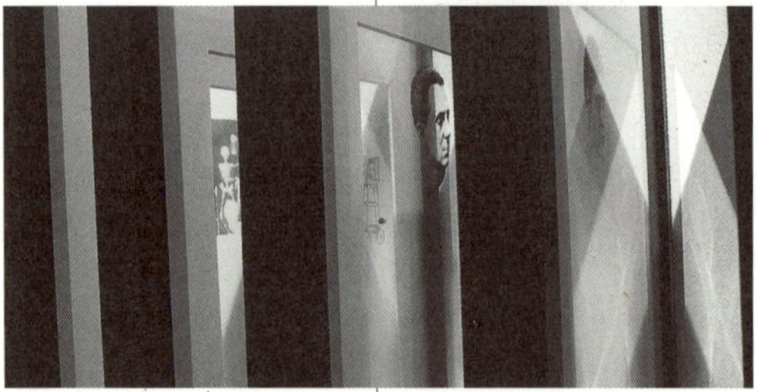

Jeronimo Voss *Aufstand der Fischer*

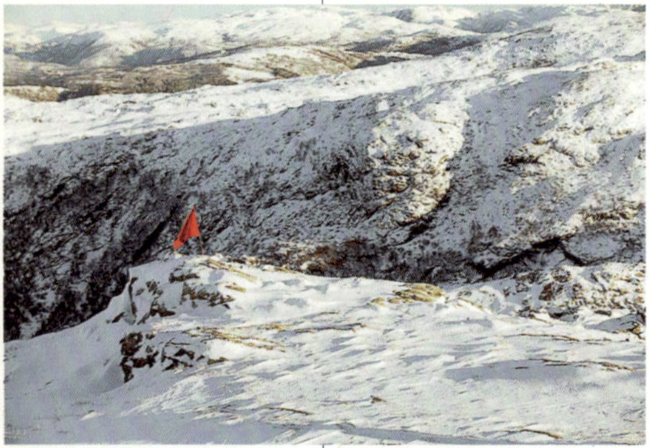

Wong Men Hoi *The East is Red*

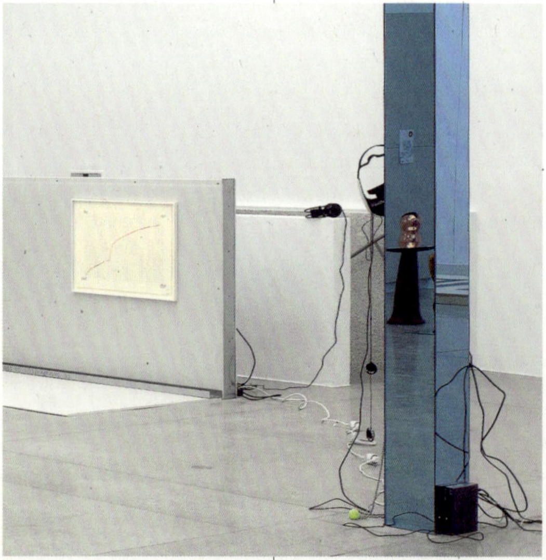

Tanja Widmann *TJW presents Hard Currency. Revaluation*

transformiert und erweitert Spivakov dieses komplexe und hermetische Zeichensystem und wendet es auf ein Museum an, das sich in einer ganz anderen, neokapitalistischen Welt befindet – eines, das unlängst ein radikales Rebranding erlebt hat. Die Zeichen bezeichnen etwas, das keiner Bezeichnung bedarf, etwas, das flüchtig, zu vernachlässigen ist, etwas, das weder Werbung benötigt noch will.

something that does not need signifying, something elusive, negligible, something that does not need and does not support advertisement.

WKV *Die Demokratie muß gelegentlich in Blut gebadet werden* (Democracy Must Occasionally Be Bathed in Blood), 1973
Plakat / Poster

Klaus Staeck

Vor vierzig Jahren, am 11. September 1973, wurde mit der Bombardierung des Präsidentenpalastes La Moneda in Chile und dem darauffolgenden Einfluss der „Chicago Boys“ auf die wirtschaftlichen Entwicklungen des Landes in gewisser Weise der Neoliberalismus eingeläutet. „Was Pinochet mit staatlicher Gewalt erzwang, erreichte Thatcher durch die Organisation eines demokratischen Konsenses … In den schwierigen Zeiten der ökonomischen Stagnation in den 1970er-Jahren gewannen … Konzepte und Denkrichtungen an Resonanz, in denen es um Individualismus, Freiheit und Freizügigkeit im Gegensatz zur Macht der Gewerkschaften und der hinderlichen bürokratischen Unfähigkeit seitens des Staates ging.“ (David Harvey, *Räume der Neoliberalisierung, Zur Theorie der ungleichen Entwicklung*, hrsg. v. VSA, Hamburg 2007, S. 15)

Forty years ago, on September 11, 1973, a coup d'état in Chile brought Augusto Pinochet to power. Combined with the subsequent influence of the “Chicago Boys” on economic developments in the country, it heralded to a certain extent the birth of neoliberalism. “What Pinochet did through coercive state violence was done by Thatcher through the organization of democratic consent … Strong currents of thought … about individualism, freedom, liberty as opposed to trade union power and stifling bureaucratic ineptitude on the part of the state had become widespread in Britain during the bleak years of economic stagnation during the 1970s.” (David Harvey, *Spaces of Neoliberalization: Towards a Theory of Uneven Geographical Development* [Stuttgart: Franz Steiner Verlag, 2005], p. 12)

WKV *Maccaron*, 1998
Video und Objekt / Video and object
Courtesy (Objekt / object): Städtische Galerie Villingen-Schwenningen

Wolfgang Stehle

Im Zentrum dieser Videoarbeit von Wolfgang Stehle, die formal zwischen Demovideo und Werbeclip angesiedelt ist, stehen ein Problem – der Verzehr von Nudeln in Tomatensoße im Kreise der Familie – und dessen Lösung: ein passgenaues und zugleich ein wenig unhandliches Objekt, das die kleckerfreie Nahrungsaufnahme garantieren soll. Das Manövrieren der Nahrung vom Topf in den Teller und vom Teller in den Mund ist durch klar definierte Verkehrswege geregelt. In der Tat erinnert das Objekt, das als Schaustück ebenfalls ausgestellt ist, eher an modernistische Stadtmodelle denn an Tischdekoration.

At the center of this video piece by Wolfgang Stehle, which is located somewhere in the space between a product demonstration and an advertisement, is a problem—namely, eating pasta with tomato sauce among family—and its solution—a custom-fitted, yet somewhat unwieldy object intended to ensure the consumption of solid food without making a mess. The transfer of the noodles from the pot to the plate to the mouth is governed by clearly defined traffic routes. In reality, the object, which is also on exhibit here, is more reminiscent of a modernist model city than something that decorates a table.

Imogen Stidworthy

BA:Ø(IPPB) *A Crack in the Light* (Ein Riss im Licht), 2013
HD-Videos, Mehrkanalton, Holzkonstruktion mit Gefängnisbeleuchtung für „Gefängniskorridor" / HD videos, multichannel sound, timber construction with custodial lighting for "Prison Corridor"
Im Auftrag von / Commissioned by Bergen Assembly 2013

In ihrer fortlaufenden Recherche befasst sich Imogen Stidworthy mit den Verbindungen zwischen Rede, Zuhören und Überwachungstechnologien. *A Crack in the Light* führt in die Welt des sowjetischen Dissidenten Alexander Solschenizyn in der Scharaschka-Morfino, einem Gefängnis für Wissenschaftler, dessen Insassen in den späten 1940er- und frühen 1950er-Jahren in kleinen Gruppen an der Entwicklung von Vocodern und anderen Kommunikationsgeräten arbeiteten. Ein Teil ihrer wissenschaftlichen Arbeit bestand darin, Sprechgeräusche in einem analytischen Prozess in so winzige Teile zu zerlegen, dass die Sprache jede Bedeutung verliert. Solschenizyn beschrieb seine Erfahrungen in seinem Roman *Der erste Kreis* (1968), und Stidworthy trianguliert eine Hörposition für dessen zeitgenös-

Imogen Stidworthy's ongoing research investigates the links between speech, listening, and technologies of control. Voice surveillance and voice encoding are the subject of *A Crack in the Light,* which delves into Soviet dissident Alexander Solzhenitsyn's work at the Marfino Sharashka or research prison, where during the late 1940s and early 1950s inmates worked in small teams to develop vocoders and other communications devices. Their research involved atomizing speech sounds into tiny particles, an analytical process by which language lost all meaning. Solzhenitsyn describes this experience in his novel *The First Circle* (1968), and Stidworthy triangulates a listening position for its contemporary reconstruction. In the piece, actor Alexei Kolubkov reenacts a key scene on the atomization of language from the

sische Rekonstruktion. In dem Stück spielt der Schauspieler Alexei Kolubkov eine Schlüsselszene über die Atomisierung von Sprache aus einer TV-Adaption des Romans nach. Ein Stück Brot, das Solschenizyn als Andenken aus dem Lefortowo-Gefängnis in Moskau mitnahm, bevor er in den Westen ausgewiesen wurde, wird zur atomisierten 3D-Punktwolke eines Laserscans. Und Sasha Van der Loo, Abhörspezialist bei der Polizei, beschreibt seine Erfahrungen als zeitgenössischer Zuhörer, der mit den unschuldigen Bruchstücken der potenziell schuldigen Leben anderer Menschen konfrontiert wird.

TV adaption of the novel. A piece of bread that Solzhenitsyn took as a souvenir from Lefortovo Prison in Moscow before his forced emigration to the West turns into the atomized 3D point cloud of a laser scan. And police wiretap expert Sasha Van der Loo describes his experiences as a contemporary listener, privy to the innocent fragments of other people's potentially guilty lives.

Władysław Strzemiński

BA:K4(IAF) *The Hands. A Study for Harvesters* (Die Hände. Eine Studie für Erntehelfer), 1950
Gouache und Bleistift auf Papier, 34 × 32 cm / Gouache and pencil on paper, 34 × 32 cm
Sammlung / Collection Piotr Nowicki, Warschau / Warsaw
Courtesy: Polish Modern Art Foundation, Warschau / Warsaw
Teoria widzenia (Theorie des Sehens / Theory of Vision), 1974
Digitale Scans von wissenschaftlichen Zeichnungen aus dem Buch *Teoria widzenia* von Władysław Strzemiński / Digital scans of research drawings from the book *Teoria widzenia* by Władysław Strzemiński, Krakau / Krakow 1974
The Unemployed (Der Arbeitslose), 1939
Bleistift auf Papier, 34 × 41 cm / Pencil on paper, 34 × 41 cm
Sammlung / Collection Dr. Werner Jerke, Recklinghausen
Woman in a Window (Frau im Fenster), 1948
Bleistift auf Papier, 65 × 40,6 cm / Pencil on paper, 65 × 40.6 cm
Sammlung / Collection Dr. Werner Jerke, Recklinghausen
Women Harvesting (Frauen bei Erntearbeiten), 1950
Tempera und Kreide auf Papier, 62 × 36 cm / Tempera and crayon on paper, 62 × 36 cm
Sammlung / Collection of Dr. Werner Jerke, Recklinghausen

Das Spätwerk von Władysław Strzemiński (1893–1952), dem Begründer der polnischen Avantgarde, ist kaum bekannt oder wird bewusst übersehen, da die unbequemen und häufig disharmonischen Arbeiten in unmittelbarem

The late oeuvre of Władysław Strzemiński (1893–1952), the father figure of the Polish avant-garde, is little known or overlooked since these unsettling and often disharmonious works seem to directly contradict Unism, Strzemiński's

Widerspruch zum Unismus, Strzemińskis viel gepriesener Version des modernen „Nullpunkts der Malerei", zu stehen scheinen. Doch wie Kasimir Malewitsch, der den polnischen Künstler in jungen Jahren unterrichtete, gelangte Strzemiński mittels Dialektik zur Synthese von Gegensätzen, und schon in den 1930er-Jahren begann er sich aus der von ihm empfundenen Sackgasse der Abstraktion herauszubewegen. 1948 bis 1949 schuf er die Gemäldeserie *Nachbilder*, die aus realistischen Darstellungen von Lichtreflexen auf der Netzhaut bestand, und entwickelte eine Theorie des „Realismus der Wahrnehmung". Nach 1950 begeisterte er sich für die neue Kunst im sozialistischen Polen und wandte sich Darstellungen der gesammelten Arbeiterschaft zu, die er mit seinen „Nachbildern" kombinierte. Für diese rätselhaften Werke bezichtigte man Strzemiński des Formalismus, was ihn seinen Posten als Lehrer kostete und zu seinem frühzeitigen Tod beitrug. Tatsächlich handelte es sich um bewusst anti-formalistische Arbeiten.

acclaimed version of the modernist "zero level of painting." Yet, like the teacher of his early years, Kazimir Malevich, Strzemiński saw himself evolving dialectically to the synthesis of oppositions, and already in the 1930s he started to move out of what he saw as an impasse of abstraction. In 1948 and 1949, he created a series of paintings called *Afterimages*, realistically representing solaristic shapes on the retina, and developed a theory of the "realism of cognition." After 1950, he enthusiastically joined the new art in socialist Poland, and turned to the representation of the collectivity of human labor, combining it with his "afterimages." These puzzling works were accused of formalism, which cost Strzemiński his teaching position and precipitated his death. But they were conceived and created as consciously anti-formalist.

Pyotr Subbotin-Permyak

BA:K1(IIS) *Scheme for the Organization of the Art Studios* (Organisationsschema für die Künstlerateliers), frühe 1920er-Jahre / early 1920s
Vergrößerte digitale Reproduktion auf Stoff von einer Tuschezeichnung auf Papier, 2013 / Enlarged digital reproduction on cloth of an ink-on-paper drawing, 2013
Courtesy: P.I. Subbotin-Permyak Archive und / and Museum of Komi-Permyak Regional History, Kudymkar

Gezeichnet wurde das Organisationsschema für die Künstlerateliers, das obskures Zeugnis der institutionellen Träume der frühen russischen Avantgarde ist und für die Ausstellung im Rahmen der Bergen Assembly vergrößert und in eine Fahne verwandelt wurde, in den frühen 1920er-Jahren von

An obscure document of the institutional dreams of the early Soviet avant-garde, the *Scheme for the Organization of the Art Studios*, enlarged and turned into a banner for the Bergen Assembly exhibition, was drawn in the early 1920s by Pyotr Subbotin-Permyak (1888–1923). A dutiful, enthusiastic, and naive fol-

Pyotr Subbotin-Permyak. Als diensteifriger, enthusiastischer und naiver Anhänger von Kandinsky und Malewitsch trug er deren Ideen in die winzige russische Stadt Kudymkor tief in den nördlichen Wäldern nahe Perm, um sie der analphabetischen, mittellosen Bevölkerung nahezubringen, die zu weiten Teilen aus Komi-Permjaken bestand, deren ethnische Bezeichnung er an seinen eigenen Nachnamen anhängte. In den wenigen Jahren vor seinem frühen Tod im Alter von 35 Jahren gründete Subbotin-Permyak diverse Kunstschulen, Theater, Museen und Ateliers in der Region und hoffte, diese hoffnungslose Provinz damit in eine „Republik der Künste" zu verwandeln. Die Initiativen lösten sich nach seinem Tod nach und nach wieder auf, und es bleibt nur noch eine ferne Erinnerung an diesen kurzlebigen, erratischen Ausbruch von Avantgarde-Kunst.

lower of Kandinsky and Malevich, he brought their ideas to the tiny town of Kudymkor, deep in the northern woods near Perm in Russia, and used them to educate its illiterate, poor, and predominantly Komi-Permyak population, whose ethnic name he adopted as an addition to his own last name. In just a few short years, before his premature death at the age of thirty-five, Subbotin-Permyak established several art schools, theaters, museums, and art studios in the region, hoping to turn this hopeless province into a "republic of arts." These initiatives gradually disappeared after his death, leaving a faint memory of this short-lived, erratic outburst of avant-garde art.

WF:FQ21 *Ship of Theseus* (Das Schiff des Theseus) **János Sugár**
Vortrag / Lecture, 6.6.2013

Der ungarische Künstler bezieht sich auf Plutarchs Paradoxon vom Schiff des Theseus. Er stellt Vergleiche an und wirft Fragen zur heutigen ungarischen politischen Lage auf. Während des Kalten Krieges bestand die wichtigste Botschaft der Kultur darin, Freiheit zu demonstrieren, die Kunst hat diese Freiheit in ganz neue Richtungen gelenkt, unter anderem hin zur medialen / gesellschaftlichen / politischen / globalen Bewusstheit. Der Kalte Krieg ist vorbei, die Krise ist da, und die Offenheit wird zunehmend durch Kontrolle ersetzt. In der Politik gibt es einen Wandel der Einstellung gegenüber Kunst und Kultur: Politiker sind sich der Bedeutung

In his lecture the Hungarian artist references Plutarch's "ship of Theseus" paradox. He draws comparisons with and poses questions about the political situation in Hungary today. During the Cold War, the main message of culture was demonstrating freedom, and art has taken this freedom, of course, in new directions, like medial, social, political, and global awareness. The Cold War is over, the crisis is here, and the openness is becoming replaced by control. In politics there is a change in attitude toward art/culture: politicians realize its importance, but they misunderstand it at the very same time. They simply want more control over the influential creative class

von beidem bewusst, aber zugleich missverstehen sie sie auch. Sie wollen mehr Kontrolle über die einflussreiche Schicht der Kreativen ausüben und haben daher eine Kreativindustrie vor Augen, die wie andere wichtige Bereiche der nationalen Wirtschaft steuerbar werden muss, sodass man auf ihren Registern spielen kann. Die kritische Kompetenz der Kunst wird von Populisten überall und in vielen lokalen Dialekten infrage gestellt. Kunst ist das letzte Refugium der freien Rede, die es vor allem anderen zu beschützen und zu bewahren gilt. Lösungen für die Probleme der Zukunft werden sich nur finden, wenn wir über diese Freiheit wachen.

and therefore envision a creative industry, which, like the other important sectors of a country's economy, has to be able to be governed, allowing play on its registers. The critical competence of art is questioned now by populists everywhere, in many local dialects. Art is the last refuge of free speech, which must be carefully guarded and preserved above all. Solutions for future problems can be found only if we keep watch over this freedom.

WKV *Coup d'Etat in Slow Motion (in a Global and Local Sense with Actual Hungarian Examples)* (Staatsstreich in Slow Motion [im globalen wie lokalen Sinne und mit aktuellen Beispielen aus Ungarn])
Vortrag / Lecture, 6.10.2013

János Sugár, der wegen einer künstlerischen Intervention im öffentliche Raum eine Haftstrafe auf Bewährung erhielt, sprach über die aktuellen Beziehungen von Kunst, Politik, Kapitalismus und Widerstand in Europa, insbesondere in Ungarn. „Das kapitalistische System (die auf Marktwirtschaft beruhende repräsentative Demokratie) hat sich als unfähig erwiesen, in seiner gegenwärtigen Form zu funktionieren. Zum einen haben wir die natürliche Grenze des Wachstums erreicht und produzieren hautsächlich Müll und Umweltschäden. Zum anderen haben wir technologische Möglichkeiten der Manipulation geschaffen, die sich zu subtilen, komplexen Systeme entwickelt haben, die Ökonomien, Finanzen und soziale Strukturen in völlig wirklichkeitsfremde Richtungen treiben. Die Politik hat derweil die Relevanz der kreativen Klas-

János Sugár talked about the current relationships between art, politics, capitalism and resistance in Europe and especially in Hungary. "The capitalist system (representative democracy based on a market economy) has become incapable of functioning in its present form. For one thing we have reached the natural limits of growth, and now produce predominantly trash and environmental damage. Furthermore we have developed technological avenues for manipulation that have evolved into a subtle, complex, and convergent system that has the capacity to take economies, finance, and social structures in entirely unrealistic directions. At the same time politicians realize the importance of the creative class, which they wish to control, whereas the critical competence of art is questioned by populists everywhere. Art is the last refuge of free

se erkannt, über die sie die Kontrolle gewinnen möchte. Die kritischen Potenziale der Kunst werden dagegen von PopulistInnen überall in Frage gestellt. Doch Kunst ist der letzte Schutzraum der freien Rede, den es sorgsam zu bewachen und erhalten gilt.“ (János Sugár)

speech, which must be carefully guarded and preserved above all.” (János Sugár)

WF *Fukushima – Epilog?* (Fukushima – Epilogue?)
Audiowalk in Wien / Audio walk in Vienna

Akira Takayama

Elfriede Jelineks *Fukushima – Epilog?* wurde am 12. März, genau ein Jahr und einen Tag nach dem großen Erdbeben in Ostjapan, veröffentlicht – und verkörpert den Widerstand gegen eine endgültige Bewältigung oder ‚Epilogisierung‘ der Katastrophe. Beeinflusst durch meine eigene Historisierung der Nuklearkatastrophe oder vielleicht auch infolge des Umgangs der Massenmedien mit dem Geschehen wurde das Unglück domestiziert, ehe ich mir dessen eigentlich bewusst geworden war. Diese Position wurde durch Jelineks Text aufgebrochen, weil er mich in die Realität zurückbeförderte, und ich entschloss mich, 200 km entfernt vom Kernkraftwerk Fukushima Daiichi eine ‚Fukushima Sightseeing Tour‘ in Shimbashi mitten in Tokio zu veranstalten, wo sich auch die Firmenzentrale von TEPCO (Tokyo Electric Power Company) befindet. Diese Tour verwendet Pressefotos aus der Evakuierungszone. Jelineks Text wird von Gymnasiastinnen aus Fukushima und Wien verlesen. Die Teilnehmer des Audiowalks stellen ihre mobilen Radioempfänger an jeder Station auf eine bestimmte Frequenz ein, um diesen Text zu hören. (Akira Takayama)

Elfriede Jelinek’s *Fukushima – Epilogue?* was published on the writer’s website on March 12, 2012, one year and one day after the Great East Japan Earthquake, and manifests a resistance to closure, to ‘epilogization.’ Through my own kind of historicizing of the Fukushima nuclear disaster, or getting carried by the memorialization and narratization by the mass media, before I knew it the disaster had been domesticated. This was disconcerted by Jelinek’s text that pulled me back to reality, and I chose to stage it 200 km away from the Fukushima Daiichi Nuclear Power Plant, as a ‘Fukushima sightseeing tour’ in Shimbashi in central Tokyo where the headquarters of TEPCO (Tokyo Electric Power Company) are. The tour also makes use of press photographs taken in the evacuation zone recapturing reality. Jelinek’s text is read out loud by Fukushima and Viennese female high school students, whose voices tour participants listen to by tuning mobile radios to a specific frequency at each station. (Akira Takayama)

WF *Prolog – Zwentendorf* (Prologue – Zwentendorf)
Atomkraftwerk-Tour / Nuclear power plant tour

T

Ich besichtigte das Kernkraftwerk Zwentendorf im Juni 2011, drei Monate nach dem Beginn der Katastrophe von Fukushima Daiichi. Im Fernsehen sah man Bilder des zerbrechlich aussehenden Baus, der wirkte, als ob er jeden Moment in sich zusammenstürzen könnte, als wäre er aus Holz gemacht. Bei der Besichtigung eines echten Atomkraftwerks gewann ich einen ganz anderen Eindruck. Der Reaktor war wie ein U-Boot. Die vielen sauberen Rohre, die das Gebäude durchzogen, erinnerten mich an Orgelpfeifen in einer Kirche. Der Bau war durchweg sonderbar stabil, so überwältigend, dass er fast himmlisch erschien. Der furchterregende Ernst einer Explosion an einem solchen Ort wurde mir klar bewusst. Als ich erfuhr, dass die Anlage nie in Betrieb gegangen und der Reaktor nach einer Volksabstimmung stillgelegt worden war, fragte ich mich, ob eine Volksabstimmung über die Atomkraft auch in Japan möglich wäre. Das war der Auslöser für das *Referendum Project.* Diese Besichtigungstour erkundet das Innere des Gebäudes, wobei ein Techniker uns führen und die Anlage erklären wird. Ich selbst gebe zusätzliche Statements ab. (Akira Takayama)

I first visited the Zwentendorf Nuclear Power Plant in June 2011, a mere three months after the Fukushima Daiichi disaster began. Television had been showing images of its feeble frame seemingly about to collapse at any moment, looking like it was made of wood. But actually going inside a nuclear power plant, my impressions were utterly different. The reactor was like a submarine. The numerous clean pipes that spread throughout the structure evoked the pipe organs of churches. Wherever one looked, it was oddly robust, so overpowering it felt almost celestial. The terrifying gravity of a place like this exploding struck me again. When I then learned that the plant was never used and the reactor had been decommissioned following a national referendum, it led me to consider if in Japan we could have a referendum on nuclear power. This was the catalyst for starting the *Referendum Project.* This tour will visit the inside of the building, primarily guided by an engineer, who will give explanations on the facilities. I will supplement the tour with guidance." (Akira Takayama)

WF:X *Referendum Project* (Referendum Projekt), 2011–13
Videoinstallation / Video installation

Dieses Projekt ist eine Reaktion auf das große Erdbeben in Ostjapan am 11. März 2011 und die darauf folgende Nuklearkatastrophe von Fukushima. In dieser Neuinterpretation des Konzepts der landesweiten Volksbefragung – eine solche hat in Japan noch nie stattgefunden – wird versucht, die Möglichkeiten des Theaters aufzuzeigen. Für eine mobile Videoinstallation in einem umge-

This project is a response to the Great East Japan Earthquake of March 11, 2011, and the Fukushima nuclear disaster that followed. Reinterpreting the concept of a national referendum—something that has never taken place in Japan—it is an experiment in demonstrating the possibilities of theater. For a mobile video installation inside a converted refrigerated truck, 440 junior high school students in

bauten Kühlwagen wurden 440 MittelschülerInnen in Tokio und Fukushima interviewt und zu 26 Themen befragt. Die BesucherInnen suchten sich die Interviews aus, die sie am meisten interessierten, und gaben dann ihre „Stimme“ in eine Wahlurne ab, indem sie dieselben Fragen beantworteten, die den Jugendlichen vorher gestellt worden waren. Dieser Prozess war als Versuch konzipiert, „unsere Stimmen“ zu sammeln. Dieses Archiv ist sowohl eine Dokumentation der Zeit „nach der Katastrophe“ als auch ein Bezugspunkt für eine Vision, die von nachfolgenden Generationen zu entschlüsseln ist. Das Projekt wird dieses Jahr auf Tournee nach Hiroshima and Nagasaki gehen; die Anzahl der Interviews beträgt bereits über 800. Für die Wiener Version wurden 20 Interviews aus Fukushima ausgewählt.

Tokyo and Fukushima were interviewed and answered twenty-six questions. Visitors chose which interviews to watch and then could cast a "vote" into a ballot box by writing answers to the same questions asked to the students. The process was an attempt to gather "our voices." This archive is both a documentation reflecting the so-called "post-disaster" era and a reference to the vision that should be deciphered by later generations. The project will tour this year to Hiroshima and Nagasaki; the number of interviews now totals over eight hundred. For the Vienna version, twenty interviews from Fukushima have been selected.

WKV *Who is the Enemy?: Art in the Age of Uprisings: About Resistive Appropriations of Public Spaces in Athens, Istanbul, and Various Asian Cities* (Wer ist der Feind? Kunst im Zeitalter der Aufstände. Über widerständige Aneignungen des öffentlichen Raums in Athen, Istanbul und verschiedenen asiatischen Städten)
Vortrag / Lecture, 6. 10. 2013

Pelin Tan

Wie definieren wir, wenn wir uns als KunstproduzentInnen im Kontext politischer und gesellschaftlicher Kunstpraktiken positionieren, unseren Feind? Jenen Feind, der unser Begehren nach Emanzipation wiederbeleben soll. Am Beispiel von Athen, Istanbul und einer Reihe asiatischer Städte verhandelt Tan in ihrem Vortrag die Rolle und das Engagement der Kunst in den jüngsten Kämpfen um soziale Gerechtigkeit und ökonomische Einsparungen.

When we as art producers are positioning ourselves in a political-socially engaged art practices, why / how do we define our enemy? The enemy, who is supposed to resurrect our desire for emancipation? Pelin Tan will discuss the role and engagement of art in the recent struggles of social justice and economical austerity. Thus also types of collaborations, forms of alternative economies, practice of solidarity and commoning will be discussed with examples from urban spaces of Istanbul, Athens, and various cities from Asia.

T

Pelin Tan / Anton Vidokle

BA:BKH(IDF) *2084 – Episode I*, 2011
HD-Video, Farbe, Ton, 22' / HD video, color, sound, 22'
2084 – Episode III, 2013
HD-Video, Farbe, Ton, 22' / HD video, color, sound, 22'
Im Auftrag von / Commissioned by Bergen Assembly 2013

Das Projekt *2084* (2011 bis heute) ist eine Untersuchung über die „Geschichte der Zukunft" im Film. *Episode 1* basiert auf den Anhörungen diverser Kunstschaffender aus Berlin, die aufgefordert wurden, laut Auszüge aus historischen Science-Fiction-Romanen zu lesen und ihre eigenen Vorstellungen über die Zukunft zu äußern (wie sich herausstellte, wagte die Mehrzahl von ihnen noch nicht einmal, an die Zukunft zu denken). In *Episode 3*, die sie im türkischen Kappadokien filmten, beziehen Tan und Vidokle sich auf die Ideen des „russischen Kosmismus", einer vitalistischen philosophischen Strömung, die zu Beginn des 20. Jahrhunderts bemerkenswerten Einfluss auf die Protagonisten der Oktoberrevolution hatte. Bei dem Skript für Episonde 3 handelt es sich um eine Collage aus Texten von und über berühmte Wissenschaftler, darunter auch Wladimir Wernadski, einer der brennendsten Verfechter der Idee der „Noosphäre", und Konstantin Ziolkowski, der Vater der sowjetischen Raumfahrt.

2084 (2011–present) is an ongoing exploration of the "history of the future" translated into films. *Episode I* was based on the auditions of a number of art professionals in Berlin, who were asked to read aloud fragments from historical sci-fi novels and to express their own ideas about the future (most of them proved to have apprehensions about even considering the future). In *Episode III*, which was filmed in Cappadocia, Turkey, Tan and Vidokle refer to the circle of ideas of "Russian Cosmism," a vitalist philosophical movement from the early twentieth century, which strongly influenced the protagonists of the Russian Revolution. The script for the latter film is a collage of texts by and about important scientists including Vladimir Vernadsky, one of the most ardent partisans promoting the idea of the "noosphere," and Konstantin Tsiolkovsky, the father of Soviet space exploration.

Mariusz Tarkawian

BA:BKH(IDF) *The Artworks of the Future* (Die Kunstwerke der Zukunft), 2013
Zeichnungen (Bleistift auf Papier), 10 × 15 cm, Installation, unterschiedliche Größen / Drawings (pencil on paper), 10 × 15 cm, installation, variable dimensions
Im Auftrag von / Commissioned by Bergen Assembly 2013
Umsetzung mit der großzügigen Unterstützung von / Realized with the generous support of Hordaland Art Centre, Bergen

Für sein aktuelles Projekt *The Artworks of the Future* zeichnet Mariusz Tarkawian, was zeitgenössische Künstler in

In his ongoing project *The Artworks of the Future*, Mariusz Tarkawian draws what contemporary artists will be making in

zehn, zwanzig oder hundert Jahren produzieren werden. Einige dieser Künstler sind bekannt, andere existieren noch nicht einmal, und wieder andere sind – wie Tarkawian sagt – für ihre aktuellen Berufe nicht geeignet (wie sein Bruder, der Mechaniker ist). Für die Ausstellung im Rahmen der Bergen Assembly erstellte Tarkawian eine „malerische Notiz" über das Institute of the Disappearing Future, die drei Wochen vor Schließung der Ausstellung buchstäblich verschwand.

ten, twenty, or a hundred years. Some of these artists are well-known, others do not yet exist, and others—as Tarkawian says—are misappropriated from their actual callings (such as his own brother, who is a mechanic). For the Bergen Assembly exhibition, Tarkawian creates a "pictorial digest" of the Institute of the Disappearing Future, which will literally disappear three weeks before the rest of the exhibition closes.

Vladimir Tatlin

WF:S *Bühnenbildmodell Zangezi* (Model for Set Design Zangezi), 1923
Holz, Karton, Papier, bemalt 34,5 × 49 × 30,5 cm / Wood, cardboard, paper, painted, 34.5 × 49 × 30.5 cm
Leihgabe des Österreichischen Theatermuseums, Wien / On loan from the Austrian Theatre Museum, Vienna

Dieses Bühnenbildmodell Vladimir Tatlins ist ein exemplarisches Werk des russischen Theaterkonstruktivismus: Das dramatische abstrakte Werk geht mit dem abstrakten Bühnenbildentwurf eine Symbiose ein. Die vor allem aus flächigen Elementen bestehende Dekoration ist ein Modell für die Uraufführung von Velimir Chlebnikovs „Über-Erzählung" (*sverchpovest*) *Zangezi*, deren Thema die politische Kraft der poetischen Rede ist. Der Entwurf gewinnt an Räumlichkeit, in dem Tatlin die dominierendsten Teile der Dekoration zu konkav oder konvex gekrümmten Formen gebogen hat, sodass diese zu hohlen Raumkörpern wurden.

This model for a set design by Vladimir Tatlin is emblematic of Russian Constructivism in stage decor: the dramatic abstract work enters into a symbiosis with the abstract set design. Composed primarily of flat planes, the set shown in this model was conceived for the world premiere of Velimir Khlebnikov's "supersaga" (*sverchpovest*) Zangezi, which took as its topic the political force of poetic speech. Tatlin opted to bend the principal section of the scenery into concave or convex forms, creating hollow cavities and imbuing the design with a greater sense of the three-dimensional.

Minze Tummescheit / Arne Hector - cinéma copains

BA:BKH(IDF) *Fictions and Futures – Happiness in the Abstract* (Fiktionen und Termingeschäfte – Glück im Abstrakten), 2013
Zwei-Kanal-HD-Video, Farbe, Ton, 21' / Two-channel HD video, color, sound, 21'
Im Auftrag von / Commissioned by Bergen Assembly 2013

In *Fictions and Futures – Happiness in the Abstract* loten Minze Tummescheit und Arne Hector – cinéma copains die Untiefen des Futures-Handels aus und damit einer zunehmend entmaterialisierten, undurchschaubaren Welt des spekulativen Kapitals, in der Menschen auf Geschäfte wetten, die noch gar nicht abgeschlossen wurden (und es vielleicht viele Jahren auch nicht werden). Während der Börsenhandel einst eine hoch emotionale Angelegenheit war, verliert das Trading heute in Windeseile seine „menschliche" Seite: Blackbox-Algorithmen, erdacht, um in Sekundenbruchteilen maximale Gewinne einzufahren, regieren das Parkett. Tummescheit und Hector erklären derlei Geschäfte in einem ironischen Talkshow-Format, das mit einer Anleitung, wie man ein besserer Trader wird, beginnt und mit einer Darstellung all der für die reale Zukunft fatalen Konsequenzen endet, die Trading in dieser Form hat.

In *Fictions and Futures – Happiness in the Abstract*, Minze Tummescheit and Arne Hector – cinéma copains plumb the depths of futures trading, an increasingly dematerialized, opaque world of speculative capital where people bet on deals that have not yet been concluded (and may not be so for many years to come). While the heart of the market was once highly emotional, trading is now quickly losing its "human" side, ruled as it is by black box algorithms designed to shave the smallest fractions of time off the trading process. Tummescheit and Hector explain this industry in an ironic talk-show format that starts off with instructions on how to be a better trader and ends with in an exploration of all this trading's consequences, fatal for the real future to come.

Urban Fauna Laboratory

BA:K1(IIS) *Valley of Beggars* (Tal der Bettler), 2013
Installation, unterschiedliche Größen / Installation, variable dimensions
Alexey Buldakov (Hauptermittler / principal investigator); Anastasia Potemkina (Künstlerin / artist) und / and Ekaterina Zavyalova (Architektin / architect)
Im Auftrag von / Commissioned by Bergen Assembly 2013
Umsetzung mit der großzügigen Unterstützung von / Realized with the generous support of Hordaland Art Centre, Bergen

Urban Fauna Laboratory ist ein Künstlerkollektiv, das sich mit Konkurrenz und Überleben wilder Spezies im urbanen Raum befasst und Biologen, Architekten und Philosophen in seine Untersuchungen einbezieht. Ratten, Katzen, Krähen, Füchse, Marder und Möwen gehen parasitäre und symbiotische Beziehungen zum Menschen ein und spiegeln und offenbaren damit gesell-

Urban Fauna Laboratory is a collective of artists who are studying competition and the survival of wildlife species in urban space, involving research biologists, architects, and philosophers in their investigations. Rats, cats, crows, foxes, martens, and seagulls create parasitic and symbiotic relationships with humans, mirroring and revealing social mechanisms of adaptation and

schaftliche Anpassungs- und Konkurrenzmechanismen ebenso wie den dialektischen Diskurs über Angeborenes und Erworbenes. Im Rahmen des Projekts *Valley of Beggars* zeigt Urban Fauna Laboratory die städtische Landschaft eines der vielen Moskauer Arbeiterbezirke in zwei Versionen: einmal als Karte für Menschen, einmal als Lebensraum von Katzen und Tauben, die in versteckten Öffnungen und Lüftungsschächten der typisch sowjetischen Sozialbauten hausen und als Parasiten der menschlichen Gesellschaft leben, die sie sich zum Sklaven machen. Dieses „Tal der Bettler" ist ein einzigartiges Ökosystem, dass die Ökonomie der menschlichen Infrastruktur widerspiegelt.

competition, as well as the dialectics of the inherited and the acquired. Urban Fauna Laboratory's project *Valley of Beggars* represents the landscape of one of many working-class districts in Moscow in two versions: one as a map for humans, the other for the cats and pigeons who inhabit the hidden orifices and ventilation ducts of typically Soviet social housing, and parasite on human communities, making them their slaves. This "valley of the beggars" is a unique ecosystem that reflects the economy of the human infrastructure.

BA:BK(IDM) *Like the Sun* (Wie die Sonne), 2013 **Dimitri Venkov**
HD-Video, Farbe, Ton, ca. 58' / HD video, color, sound, approx. 58'
Koproduziert von / Coproduced by Triumph Gallery, Moskau / Moscow
Im Auftrag von / Commissioned by Bergen Assembly 2013

Für *Like the Sun* folgte Dimitri Venkov drei Wissenschaftlern auf ihrer Suche nach der magischen Joghurtformel für ein perfektes Leben. Eine Zutat ist die Milch eines Kamels in der indischen Wüste, die nach Auroville gebracht wird, um in dieser utopischen Gemeinschaft von spirituellen Suchern aus aller Welt gesegnet zu werden. Eine weitere Zutat findet sich in der Wüste nahe Tucson, Arizona, in der berühmten Biosphäre 2. Das in den späten 1980er-Jahren entstandene Forschungsprojekt sollte eine Marskolonie simulieren und verfügt in seinem geschlossenen System über eigene Klimazonen und sogar einen künstlichen Ozean. Die dritte Zutat befindet sich, wie sich nach einigen Irrungen und Wirrungen herausstellt, unmittelbar vor der Nase des Filmemachers und der

For *Like the Sun*, Dimitri Venkov followed three researchers on their quest for the magical yoghurt starter of the perfect human existence. One ingredient was the milk of a camel in the Indian desert, taken to the utopian community of Auroville, where it was blessed by spiritual seekers from all over the world. Another ingredient was to be found in the desert near Tucson, Arizona, in the famous Biosphere 2, an experimental research space developed in the late 1980s to simulate a colony on Mars, which creates climactic zones in a perfectly self-contained environment, even featuring its own artificial ocean. The third ingredient was right under the filmmaker and researchers' noses, in Moscow's desert of the real, around several twists and turns. Auroville, Biosphere 2, and

Wissenschaftler in der Moskauer Wüste des Realen. Auroville, Biosphäre 2 und Moskau stehen nach Venkovs Überzeugung für die drei Bereiche, die letztlich von Bedeutung für die Menschheit sind: Kunst, Wissenschaft und Gesellschaft, außerdem Vergangenheit, Zukunft und Gegenwart. Nur in ihrer Kombination kann der Mensch sein Glück finden.

Moscow represent for Venkov the three grand areas of human inquiry—art, science, and society, as well as past, future, and present. It is only in their combination that human happiness can be found.

Miguel Ventura

WF:FQ21 *Mexican War Fair* (Mexikanische Kriegsführung/Kriegsfairness), 2009
Video, 50'

Ein bissiger Kommentar über die zeitgenössische mexikanische Gesellschaft und ihren Hang zu kultureller Überproduktion und Finanzierung von Einrichtungen, deren einziger Zweck die Verbreitung einer banalen neoliberalen Kultur als Instrument sozialer Kontrolle und Kompensation in einem Land sind, das stark von sozialer Ungleichheit geprägt und in einen fälschlicherweise als Drogenkrieg bezeichneten Bürgerkrieg verwickelt ist. Ursprünglich vom Goethe-Institut zur Feier der 200-jährigen Unabhängigkeit Mexikos im Jahr 2010 in Auftrag gegeben, verknüpft *Mexican War Fair* verschiedene Videofragmente voller lächerlicher Figuren und Charaktere miteinander, z.B. ein Museum, eine Küchenschabe, koprophile Sexbesessene, einen verschwundenen Nazi-Entdecker, einen edlen Indiohäuptling und so weiter. Es überrascht kaum, dass sich die beunruhigten mexikanischen Kulturbeamten ebenso wie die Kuratoren des Goethe-Instituts am Ende aufgrund der darin vorkommenden Geschmacklosigkeiten weigerten, das Video zu zeigen.

A caustic commentary on contemporary Mexican society and its emphasis on cultural overproduction and its funding of institutions dedicated to the transmission of banal neoliberal culture as an instrument of social control and compensation within a country overwhelmed by social inequality and in the midst of a civil war mistakenly known as the war against drugs. Originally commissioned by the Goethe-Institut to celebrate the 2010 Bicentenary Independence of Mexico, *Mexican War Fair* weaves together diverse video fragments peopled with ludicrous characters that include a museum, a cockroach, coprophilic sex addicts, a lost Nazi explorer, a noble Indian chief, et cetera. Needless to say, due to the video's tasteless contents, apprehensive Mexican cultural bureaucrats and Goethe-Institut curators refused to screen it.

V

WF:S *A Watermark: Capitol Complex* (Ein Wasserzeichen. Capitol-Komplex), 2013
Installation

Tris Vonna-Michell

A Watermark: Capitol Complex ist im indischen Chandigarh angesiedelt, dem bedeutsamsten Auftrag Le Corbusiers. Traveller, der Protagonist, dehnt seine Streifzüge aus, um die Stadt bei Nacht und damit eine größere Intensität und Furcht gegenüber urbaner Architektur zu erleben. Nach diesen nächtlichen Erkundungen wird er langsam müde und ändert seinen Kurs; anstatt die Architektur wahrzunehmen, sucht er nach Rissen und Einschlüssen, die er reflektieren und betrachten kann. Urbane Zeichen der Zerstörung, Überwachung und Entgleisung steuern seine Streifzüge und seine Pausen, bis Traveller plötzlich all sein Hab und Gut verliert. *A Watermark: Capitol Complex* ist um einen aus vier Akten bestehenden Text herum konzipiert, welche auf vier Figuren basieren. Die Tonspur läuft synchron zu einer Doppeldiaprojektion.

A Watermark: Capitol Complex is set in Chandigarh, India, Le Corbusier's most momentous assignment. The story is lead by Traveller, who extends his leisurely strolls to experiencing the city by night in order to induce a greater intensity and anxiety of urban architecture. After his nocturnal explorations he starts to grow weary and changes his course from architectural appreciation to searching for crevices and enclosures to reflect and observe. Urban fixtures of obstruction, surveillance, and derailment direct his passages of exploration and rest, until an alteration occurs and Traveller loses his belongings. The piece evolves around a manuscript, consisting of four acts based on four characters, which serves as an underlining blueprint for the work. The soundtrack is synchronized to a dual slide projection.

BA:E(IPH) *I'm M* (Ich bin M), 2013
HD-Video, Farbe, Ton, 62' / HD video, color, sound, 62'

Christian von Borries

I'm M von Christian von Borries ist eine „Science-Fiction-Doku". Mit diesem höchst musikalischen Film, in dem sich damit auch Borries' Tätigkeit als Komponist niederschlägt, greift er die wagnersche Trope der Zukunftsmusik im zeitgenössischen Mexiko auf und präsentiert Zukunft, wo sie schon Realität geworden ist, in einer nicht narrativen, aber nichtsdestoweniger vielsagenden Reihe musikalisch-visueller Episoden. Das Werk entstand zu weiten Teilen im September 2012, als Mexiko wie jedes Jahr im September seine Unabhängig-

Christian Von Borries's *I'm M* is a "science-fiction documentary." A profoundly musical film that reflects his practice as a composer, it revisits the Wagnerian trope of Zukunftsmusik in contemporary Mexico, presenting the future where it already became reality in a non-narrative but extremely telling series of musical-visual episodes. Largely filmed in September 2012 during the month Mexico celebrates its independence, the work explores the hallmarks of an authoritarian capitalism and its overwhelming political hallucinogens: police and military

keit feierte, und beschäftigt sich mit den Auswirkungen eines autoritären Kapitalismus und seiner Flut an politischen Halluzinogenen: polizeiliche und militärische Bildproduktion in Kombination mit nationalistischen präsidialen Rhetoriken, maßgeschneidert für eine Unterklasse, die sich das Leben als Telenovela träumt und ihre Schulbildung via Satellit im Fernkurs erhält, und das in einer weitgehend indifferenten Gesellschaft jenseits aller Klassen, die von Staaten und Monopolen regiert wird, die für Unterbeschäftigung für alle sorgen – was zu einer kontrollierten Frustration der Bürger als erschöpfte Zuschauer und Akteure in einer Ökologie der Angst führt.

image production, connected with nationalistic presidential rhethorics, custom-made for a telenovela-dreaming lower class and its telesecundaria school system via satellite, in an almost indifferent society beyond classes, governed by states and monopolies that install sub-employment for all—resulting in the controlled frustration of citizens as exhausted spectators and actors in an ecology of angst.

Marion von Osten

WKV *The Glory of the Garden* (Der Ruhm des Gartens), 2009
Video, 14'

In *The Glory of the Garden* beobachten wir das Gespräch einer Gruppe von Personen, von denen wir lediglich die Arme und Hände sehen, und wie diese eine Reihe von Holzklötzchen analog zu ihrem Gespräch zu immer neuen Konstellationen arrangieren. Wie sich im Verlauf des Gespräches herausstellt, handelt es sich um die MitarbeiterInnen einer britischen Kunstinstitution, die die strukturellen und räumlichen Veränderungen ihrer Institution seit den 1970er-Jahren analysieren. Diese Neustrukturierungen sind insbesondere aus dem Druck der Thatcher-Regierung und deren neoliberalen, auf Wettbewerbsfähigkeit und Profitorientierung fokussierten Kulturpolitik hervorgegangen, dem sich die Institution scheinbar ohne großen Widerstand fügte.

In *The Glory of the Garden*, we observe a conversation among a group of people, of whom we see only the arms and hands and how they continually rearrange a series of wooden blocks into new constellations, analogous to their conversation. As we find out, this is a group of employees from a British art institution who are analyzing the structural and spatial changes to their institution since the 1970s. The restructuring stemmed in particular from the pressures of the Thatcher government, with its neoliberal cultural policies that focused on competitiveness and profit orientation, which the institution apparently conformed to without much resistance.

V

Clemens von Wedemeyer

BA:BK(IDM) *Against Death (The Fourth Wall)* (Gegen den Tod [Die vierte Wand]), 2009
35mm-Film, überspielt auf HD-Video, Farbe, Ton, 9', Loop / 35mm film transferred to HD video, color, sound, 9', loop
Courtesy: KOW, Berlin, und / and Galerie Jocelyn Wolff, Paris
How to Deal with the Uncontacted? (The Fourth Wall) (Wie geht man mit dem Unberührten um? [Die vierte Wand]), 2009
HD-Video, Farbe, Ton, 35', Loop / HD video, color, sound, 35', loop
Courtesy: KOW, Berlin, und / and Galerie Jocelyn Wolff, Paris

Für sein Projekt *The Fourth Wall* verwandte Clemens von Wedemeyer mehr als ein Jahr auf die Erforschung der Tasaday. In der in Anthropologenkreisen wohlbekannten Geschichte geht es um die Entdeckung eines isoliert lebenden indigenen Stammes auf einer Philippineninsel, der angeblich niemals zuvor mit der modernen Welt in Berührung gekommen war. Die Nachricht von der Entdeckung erreichte die Weltöffentlichkeit in den 1970er-Jahren, vermeintlich als Schwindel entlarvt wurde sie in den 1980ern – was nun wahr ist, weiß man bis heute nicht. In seiner Untersuchung geht der Künstler nicht nur der Frage nach, wie „Unberührtheit" konstruiert, vermittelt und TV-tauglich als Fiktion aufbereitet wird, sondern befasst sich auch damit, inwieweit die Position des „Magiers" / Wissenschaftlers selbst eine „unberührte" Illusion, ein Zaubertrick ist. *Against Death* und ein Interview mit Geoffrey Frand sind Bestandteil von Wedemeyers Untersuchung von Rolle und Ethik des Forschers. In dem Interview verrät ein Anthropologe – ob echt oder falsch, bleibt unklar – die Tricks und Konflikte seines Metiers. In *Against Death* lässt sich die Form des Loops als magischer Kunstgriff zur Erlangung ewigen Lebens deuten. Der Protagonist ist so bewegt von der überwältigenden Erfahrung, die die Begegnung mit primitiven Stämmen ihm beschert hat, dass

For his project *The Fourth Wall* (2008–10), Clemens von Wedemeyer spent over a year researching the Tasaday. This story, well known in the history of anthropology, stems from the discovery of a supposedly "uncontacted people," members of an indigenous tribe on one of the Philippine islands that had supposedly had no contact with the modern world. The news broke in the 1970s, was accused of being a hoax in the 1980s, and the truth is still unknown to this day. In his research, the artist not only asked how "uncontactedness" is constructed, mediated, and televised as a fiction, but also how the position of the "magician"-qua-researcher itself is an "uncontacted" illusion, a magical effect. *Against Death* (2009) and an interview with Geoffrey Frand are part of Clemens von Wedemeyer's research on the role and ethics of the researcher. In the latter, an anthropologist—whether real or fake, we do not know—reveals the tricks and conflicts of his trade; in the former, the cinematic form of the loop is read as a magical device of eternal life. The protagonist, profoundly affected by a supernatural experience he had among primitive tribes, advocates abstaining from research to retain the ignorance for the sake of these people. But his abstinence from satisfaction of the urge to search—and, were he to be an artist, returned to more traditional devices of imagina-

er sich für einen Forschungs- und Wissensverzicht zum Schutze dieser Völker ausspricht. Doch hinter seinem Verzicht auf die Befriedigung des Forscherdranges – und, wäre er Künstler, dem Rückgriff auf traditionellere Vehikel für die Fantasie – verbirgt sich ein gewaltvoller Plan: Um die entdeckten Stämme daran zu hindern, ihr uneingezäuntes Lager zu verlassen, regt er den Einsatz von Filmen, Geräuschen und Bildern an, die „sie täuschen oder eine unheimliche Atmosphäre schaffen" würden.

tion and fantasy—has a hidden agenda of violence: to prevent discovered tribes from leaving their unfenced camps, he proposes to use films, sounds, or images, which would "create an illusion or frightening atmosphere."

Jeronimo Voss

WF:S/WKV *Aufstand der Fischer* (Revolt of the Fishermen), 2011
Installation
Courtesy: Galerie Cinzia Friedländer, Berlin

Die Installation inszeniert Erwin Piscators Versuch, in den Jahren 1931 bis 1934 Anna Seghers Novelle *Aufstand der Fischer von St. Barbara* in einen antifaschistischen Film zu übersetzen. *Aufstand der Fischer* macht Erwin Piscator dabei selbst zu einem der Protagonisten der Inszenierung. „Jeronimo Voss verbindet diese phantasmagorische Nutzung von Projektoren mit Erwin Piscators Methode des epischen Dramas – eine experimentelle Theaterpraxis, die in besonderer Weise den gesellschaftspolitischen Gehalt des Schauspiels betonte. Piscator erweiterte mit seinen Theaterinszenierungen die Bühne durch Filmmontagen und -projektionen, nicht nur zur Hervorhebung des narrativen Aspekts, sondern auch, um die Bühne selbst in eine eigenständige erzählerische Konstruktion zu verwandeln." (Hili Perlson) Diese Rekonstruktion gibt Seghers und Piscators *Aufstand der Fischer* nicht an die Geschichte zurück, sondern setzt dessen Scheitern als Ausgangspunkt für die Gegenwart.

This installation is a restaging of Erwin Piscator's 1931 to 1934 experiment in filming an anti-fascist adaptation of Anna Seghers's novella *Aufstand der Fischer von St. Barbara* (Revolt of the Fishermen of Santa Barbara). In Voss's mise-en-scène for *Revolt of the Fishermen*, Piscator himself becomes one of the protagonists. Piscator's theater enhanced the stage with film montage and projections, aiming both to bolster the narrative and to turn the stage itself into an independent narrative construction. "Jeronimo Voss combines this phantasmagorical use of projectors with Erwin Piscator's epic drama method—an experimental theater practice that places particular emphasis on the performance's sociopolitical content (Hili Perlson)." In revisiting Seghers's and Piscator's *Revolt of the Fishermen*, this reconstruction takes the failure of both revolts as a starting point for a contemporary observation, rather than for a uniquely historical appraisal.

W

WF:S *TJW presents Hard Currency: Revaluation* (TJW präsentiert Harte Währung. Neubewertung), 2010/2013
Film / Installation

Tanja Widmann

Tanja Widmanns filmische Installation basiert auf einer Textcollage, die von der Idee der Moderne als Attitüde, als Stil oder Spleen ausgeht und sich zunächst auf Witold Gombrowicz' *Ferdydurke* (1938) bezieht. Die Moderne führt in diesem Roman als junges Mädchen ihr strenges wie verwegenes Formenvokabular auf und entwirft nicht nur sich selbst in radikaler Manier, sondern auch eine neue Lebensform. Doch das Konzept des jungen Mädchens hat sich des utopischen Potenzials entledigt und raffiniert zur Ware verkehrt. In den ziellosen Screentests von *Hard Currency. Revaluation* zeigen sich Attitüde und Stil als doppelter Modus, als Unterfütterung und Unterbrechung eines Sprechens, das im Durchlauf durch alle möglichen Netzwerke distribuiert über diverse Technologien als zerstreute, oft comichaft verkürzte, ständig aktualisierte und damit endlose Rede wiederkehrt: I like. LOL. Neben *Ferdydurke* liefern *TIQQUN: Raw Materials for a Theory of the Young-Girl* (2001), die TV-Show *Germany's Next Top Model* (2010) und Internetchats das Textmaterial.

Tanja Widmann's film installation evolves from a text collage, which takes as its point of departure the idea of modernity as an attitude, a style or spleen, alluding in the first instance to Witold Gombrowicz's *Ferdydurke* (1938). In the guise of a young girl, modernity performs her rigorous and audacious formal vocabulary in this novel, radically reshaping not only herself but also creating a new life form. Yet the concept of the young girl has divested itself of utopian potential, which has been subtly inverted into a commodity. In the aimless screen tests of *Hard Currency: Revaluation*, attitude and style emerge as a dual mode for the underpinning and disruption of a form of speech which, transiting through every conceivable network and distributed via various technologies, recurs as fragmented, often condensed comic-like lingo, perpetually updated and thus infinite: I like. LOL. In addition to *Ferdydurke*, the text material is also drawn from *TIQQUN: Raw Materials for a Theory of the Young-Girl* (2001), the TV show *Germany's Next Top Model* (2010), and from Internet chat forums.

WF:FQ21 *Treatment* (Behandlung), 2010
Video, 80'
Im Rahmen des Projekts / Within the frame of the Caochangdi (CCD) Workstation: *The Memory Project*

Wu Wenguang

Ich wollte einen Film drehen, der meine tiefen Gefühle für meine 2007 verstorbene Mutter aufzeichnen und erforschen sollte. Doch wurde mir klar, dass dieser Film nicht nur der Erinnerung an sie gewidmet wäre, sondern auch

I wanted to make a film to memorialize and explore my deep emotions toward my mother who passed away in 2007. Then I realized this film is not just about remembering her—it's also an experiment to bring her back to life. Especial-

ein Experiment darstellen würde, um sie wieder ins Leben zurückzurufen. Insbesondere für meinen Versuch der Selbstheilung ist meine Mutter ein entscheidendes Element. Und so begannen sich die Struktur des Films und seine Art der (Wieder-)Erzählung ganz natürlich zu entwickeln – durch meine Mutter / die Erinnerung / die Gegenwart / Heilung und Selbstheilung … (Wu Wenguang)

ly when trying to heal myself, my mother is a crucial element. And so, through my mother / remembrance / the present / healing and self-healing, this film's structure and way of recounting began to naturally materialize. (Wu Wenguang)

WF:FQ21 *My Time in the Red Guards* (Meine Zeit bei den Roten Garden), 1993
Video, 165'
Im Rahmen des Projekts / Within the frame of the Caochangdi (CCD) Workstation: *The Memory Project*

Das monumentale Werk über die Erinnerungen ehemaliger Roter Garden an die Zeit der Großen Kulturrevolution (1966–1968) war auch Grundlage des Tanztheaters *Memory* mit Wen Hui (Wiener Festwochen 2012). Wu Wenguang arbeitete als Mittelschullehrer und Fernsehjournalist. 1988 gab er die TV-Arbeit auf und zog nach Peking, um als unabhängiger Dokumentarfilmer, Theatermacher und freiberuflicher Schriftsteller tätig zu sein. Zusammen mit Wen Hui gründete er 1994 das Living Dance Studio sowie 2005 die CCD Workstation.

This monumental film about former Red Guards painfully remembering their actions during the period of the Great Cultural Revolution (1966–68) also served as a basis of the dance theater piece *Memory* produced with Wen Hui (Vienna Festival, 2012). Wu Wenguang was a teacher at a junior high school and worked as a TV journalist. In 1988, Wu moved to Beijing and became an independent documentary filmmaker, dance theatermaker, and freelance writer. Together with Wen Hui, he founded Living Dance Studio in 1994 and CCD Workstation in 2005.

Dilek Winchester / Group P

WF:FQ21 *Dokumentation / Documentation (Go Get Them Tiger)*, 2013
Im Rahmen der Gruppenausstellung / In the framework of the group exhibition *Go Get Them Tiger* der / by Group P, kuratiert von / curated by Burak Delier und / and Süreyyya Evren

Dilek Winchesters Projekt untersucht, wie „Kunstereignisse" dokumentiert werden. Dazu arbeitet sie mit mehreren Künstlern zusammen, die über ihre Kunstwerke oder Performances

Dilek Winchester's project is an enquiry about how to document an "event." It involves collaborations with different people who report on the artworks, events, and/or performances sched-

im Rahmen der Ausstellung berichten. Winchesters Arbeit wendet sich also an etwas, dessen Teil sie selbst ist. Prekär Arbeitende aus so verschiedenen Bereichen wie Journalismus oder Recht schreiben Texte und Berichte. Die Ereignisse werden mithin von Leuten dokumentiert, die unter prekären Umständen „professionell" schreiben.

uled as part of an exhibition. The work exists by addressing the thing that it is a part of. Different kinds of texts and reports are written by precarious workers from different fields such as journalism and law. Written documentation of what happens is produced under precarious conditions by people whose job is to "write."

BA:Ø(IPPB) *The East Is Red* (Der Osten ist rot), 2013
HD-Video, Farbe, Ton, 96' / HD video, color, sound, 96'

Wong Men Hoi

Der Regisseur Wong Men Hoi drehte seinen Film *The East is Red* in Norwegen. Thema ist die Geschichte der heute nicht mehr existenten Kommunisitischen Partei Norwegens, deren Mitglieder während der Kulturrevolution in China stramme Maoisten waren. Die Protagonisten der Interviews (heute Akademiker, Journalisten oder hochrangige Manager) wirken, als seien sie in einem Zeitloch gefangen, verfolgt von ihrer Vergangenheit, die sie nicht in den Kontext der norwegischen Gegenwart einzuordnen vermögen, hat man doch der kommunistischen Hypothese längst den Rücken gekehrt und lehnt jede Form von gesellschaftlichem Radikalismus ab. Der Forscher selbst scheint gefangen im Weltall. Wongs Protagonist läuft in der Montur eines Gulag-Gefangenen durch eine öde Schneelandschaft mit abweisend wirkenden Kiefern und hält eine provozierend rote Flagge in der Hand, doch er trifft lediglich heidnische Holzfiguren, die seiner Mission vollkommen ungerührt gegenüberstehen.

Wong Men Hoi is a filmmaker whose work *The East is Red* was made in Norway. For this film, he researched the history of the now nonexistent Norwegian Communist party, whose members used to be committed Maoists during the time of the Cultural Revolution in China. The heroes of his interviews (now academics, journalists, or high-ranking managers) seem to be lost in time, haunted by their past but unable to place it in the Norwegian present, which denies the communist hypothesis and rejects any kind of social radicalism. The researcher himself seems to be lost in space. Wong's protagonist, dressed as a Gulag prisoner, runs through an eerie landscape of inhuman pine trees and snow with a defiant red flag in his hands, but there he only encounters pagan wooden idols indifferent to his quest.

WKV *Die politische Lithographie im Kampf um die Pariser Kommune*
(The Political Lithography in the Battles of the Paris Commun), 1976
Poster und / and Katalog / catalogue

Württembergischer Kunstverein Stuttgart

1976 zeigte der Württembergische Kunstverein eine Ausstellung über die politische Lithografie der Pariser Kommune, die der damalige Direktor Tilmann Osterwold mit einer Frankfurter Arbeitsgruppe zusammengestellt hat. Die Werke kamen fast ausschließlich von einem ebenfalls aus Frankfurt stammenden Sammler. Im Vorwort des Kataloges heißt es: „Die ausgestellten Lithographien stammen bis auf wenige Ausnahmen aus der Sammlung Helmut Poetter in Frankfurt … Er hat seine in ihrem Umfang und ihrer Vollständigkeit einmalige Sammlung von Lithographien zur Kommune dem chinesischen Volk zum 25jährigen Bestehen der Volksrepublik China zum Geschenk gemacht. Bevor die Sammlung ihren Weg nach China antritt, war es möglich, sie mit dieser Ausstellung noch einmal unserer Öffentlichkeit zugänglich zu machen." Am Ende des Katalogs ist ein Schreiben von 1976 veröffentlicht, das von der Staatsanwaltschaft Duisburg stammt und sich an den Kommunisten und „Sympathisant der KPD", Prof. Dr. Klaus Gerhard, der zur Arbeitsgruppe der Ausstellung gehörte, richtet. Es geht um ein Ermittlungsverfahren gegen diesen wegen „Verunglimpfung des Staates und Beleidigung". Gerhard hatte die Polizei für den Tod des Arbeiters Günther Routhier verantwortlich gemacht. Der Frührentner aus Duisburg war nach einem Polizeieinsatz im Juni 1974 ums Leben gekommen.

In 1976 the Württembergischer Kunstverein presented an exhibition about the political lithography of the Paris Commune, curated by the director at that time, Tilmann Osterwold, together with a Frankfurt-based research group. Nearly all works were loans by a collector who also came from Frankfurt. In the preface of the catalogue Osterwold states: "Almost all of the exhibited works are belonging to the collection Helmut Poetter in Frankfurt … He donated this collection, which is unique in terms of range and completeness, to the people of China to mark the 25th anniversary of the People's Republic of China. Before traveling to China, we want to present it to our public one more time." At the end of the catalogue a letter is reproduced which one member of the Frankfurt research group, the communist Prof. Dr. Klaus Gerhard, had received from the Office of the Public Prosecutor of Duisburg. It announces a preliminary investigation against him because of dispraise and affront of the State. Gerhard had held the police responsible for the death of the worker Günther Routhier who died after a police operation in 1974.

Li Xinmin

WF:FQ21 *Back to Huamuling* (Zurück nach Huamuling), 2011
Video, 75'
Im Rahmen des Projekts / Within the frame of the Caochangdi (CCD) Workstation: *The Memory Project*

„Ich bin im Dorf Huamuling aufgewachsen. Im Jahr 2002 verließ ich das Dorf, um Geld zu verdienen. Damals war ich 14 Jahre alt. Heute nehme ich zum ersten Mal eine Videokamera in die Hand und kehre in mein Dorf zurück. Ich versuchte, mein damaliges Leben zu filmen und meine Beziehung zu dem Dorf zu untersuchen. Ich benutzte die Kamera auch, um die Dorfältesten über die Vergangenheit zu befragen." (Li Xinmin) Li Xinmin wurde 1988 in einem Bergdorf in der Provinz Yunnan geboren. Aus finanziellen Gründen konnte sie nur vier Jahre lang die Schule besuchen. Im Alter von 16 Jahren begann sie in der Stadt zu arbeiten, um ihre Familie mit Geld zu unterstützen. Seit 2007 arbeitet sie für CCD Workstation.

"I grew up in Huamuling Village. In 2002, I left the village to make money. I was fourteen years old. Now I was using a video camera for the first time and returning to my village. I tried to film the life I had lived there and explore my relationship to the village. I also used the camera to interview the village elders about the past." (Li Xinmin) Li Xinmin was born in a mountain village in Yunnan Province in 1988. She went to school for only four years and had to quit for financial reasons. She started to work in the city when she was sixteen years old, to provide money for her family. Since 2007, she has been working in CCD Workstation.

WF:FQ21 *Huamuling*, 2012
Video, 75'

Im Winter 2011 kehrte ich erneut in mein Dorf zurück, um mehr über den Ort und mich selbst zu erfahren. Auf dieser Reise entdeckte ich weitere Geschichten. (Li Xinmin)

I returned to my village again in the winter of 2011, anticipating learning more about my village and myself. I discovered more stories on this trip. (Li Xinmin)

Zou Xueping

WF:FQ21 *The Starving Village* (Die hungernde Stadt), 2010
Video, 76'
Im Rahmen des Projekts / Within the frame of the Caochangdi (CCD) Workstation: *The Memory Project*

Eine fast achtzigjährige Frau erlebt die letzten beiden Jahre ihres Lebens von der Zeit, wo sie noch mit einem Stock gehen kann, bis zum Moment, in dem sie gelähmt ist. Das ist meine Großmutter. Wir sehen auch andere alte Menschen aus dem Dorf, in dem ich geboren und aufgewachsen bin, ihren Alltag, ihre Geschichten von der großen Hungersnot vor 50 Jahren. (Zou Xueping)

One woman, near eighty, is living the last two years of her life. From when she is still using a cane to walk to when she becomes paralyzed. This is my grandmother. We also see other elderly people from the village where I was born and raised, their daily activities, the tales of their starvation from fifty years ago. (Zou Xueping)

X

WF:FQ21 *Satiated Village* (Übersättigte Stadt), 2011
Video, 88'

Nachdem ich *The Starving Village* fertiggestellt hatte, kehrte ich in meine Heimatstadt zurück, um den Film zum ersten Mal meiner Familie zu zeigen. Meine Eltern und meine Brüder lehnten den Film scharf und einstimmig ab. Sie meinten, dass die Erforschung der Vergangenheit gefährlich sei, und erklärten auch, ich solle einen krisenfesteren Job finden, als alte Leute zu interviewen und Dokumentarfilme zu drehen. Zum Glück fand ich Unterstützung bei einer Person – meiner neunjährigen Nichte. (Zou Xueping)

After completing *The Starving Village*, I returned to my hometown to give the first screening of the film to my family. It was unanimously and fiercely opposed by my parents and brothers. They were worried that investigating the history was dangerous and also thought that I should find a more stable job than interviewing the elderly and making documentaries. Fortunately, I had one supporter—my nine-year-old niece. (Zou Xueping)

WF:FQ21 *Children's Village* (Stadt der Kinder), 2012
Video, 85'

Ich kehrte in das Dorf zurück und begann, um Spenden für ein Mahnmal für die Todesopfer der Hungersnot von 1959 bis 1961 zu bitten. Junge Leute im Alter von zehn bis 15 Jahren schlossen sich mir freiwillig an, nahmen die Videokamera, die ich ihnen geliehen hatte, und besuchten alte Menschen, befragten sie, stellten Statistiken auf, sammelten Spenden. Dank ihrer Hilfe fühlte ich mich plötzlich nicht mehr isoliert im Dorf. Ich konnte die Zukunft und die ihr innewohnende Hoffnung erkennen. (Zou Xueping)

Returning again to the same village, I began soliciting donations for a memorial for those who had died during the Three Years of Famine. Kids aged ten to fifteen voluntarily joined these activities, taking the video camera I gave them, visiting old folks, interviewing, and getting statistics, donations. With their help, I suddenly no longer felt alone in the village. I could see the future and its hopes. (Zou Xueping)

Orte / Venues

BA:S3,14(IPA)
Bergen Assembly, Stiftelsen 3,14, Bergen: Institut der Fortdauernden Akkumulation / Institute of Perpetual Accumulation

BA:BKH(IDF)
Bergen Assembly, Bergen Kunsthall, Bergen: Institut der Verschwindenden Zukunft / Institute of the Disappearing Future

BA:BK(IDM)
Bergen Assembly, Bergen Kjøtt, Bergen: Institut für Defensive Magie / Institute of Defensive Magic

BA:E(IPH)
Bergen Assembly, Entrée, Bergen: Institut für Politische Halluzinationen / Institute of Political Hallucinations

BA:K1(IIS)
Bergen Assembly, KODE 1, Bergen: Institut der Imaginären Staaten / Institute of Imaginary States

BA:K4(IAF)
Bergen Assembly, KODE 4, Bergen: Institut für Antiformalismus / Institute of Anti-Formalism

BA:K(ILLT)
Bergen Assembly, Knipsu, Bergen: Institut für Liebe und das Fehlen derselben / Institute of Love and the Lack thereof

BA:Ø(IPPB)
Bergen Assembly, Østre, Bergen: Institut für Kiefern und Knastbrot / Institute of Pines and Prison Bread

BA:R8(ITF)
Bergen Assembly, ROM 8, Bergen: Institut für Tropischen Faschismus / Institute of Tropical Fascism

BA:TSM(ILS)
Bergen Assembly, The School Museum, Bergen: Institut für Lyrische Soziologie / Institute of Lyrical Sociology

BA:VUSF(IZ)
Bergen Assembly, Visningsrommet USF, Bergen: Institut für Zoopolitik / Institute of Zoopolitics

WKV
Württembergischer Kunstverein, Stuttgart

WKV-B
Württembergischer Kunstverein, Stuttgart (Berlin)

WF:A
Wiener Festwochen, Wien / Vienna: Akademie der Bildenden Künste, Aktsaal / Academy of Fine Arts, Life drawing room

WF:FQ21
Wiener Festwochen, Wien / Vienna: Freiraum Quartier21, Museumsquartier

WF:MK
Wiener Festwochen, Wien / Vienna: mumok Kino / mumok, cinema

WF:S
Wiener Festwochen, Wien / Vienna: Secession

WF:X
Wiener Festwochen, Wien / Vienna: Akademie der Bildenden Künste, xhibit / Academy of Fine Arts, xhibit

Kurzbiografien / Short Biographies

Thomas Arzt WF:S,X,FQ21
*1983 in Schlierbach, lebt / lives in Wien / Vienna

Volkan Aslan / Group P WF:FQ21
*1982 in Ankara, lebt / lives in Istanbul

Asyl in Wien / Asylum in Vienna WF:FQ21
Selbstorganisierte Flüchtlingsbewegung / Self-organized Refugee Movement Wien / Vienna

Eric Baudelaire WKV
*1973 in Salt Lake City, lebt / lives in Paris

Manuela Beck WKV
*1981 in Friedrichshafen, lebt / lives in Stuttgart

Neïl Beloufa WF:S
*1985 in Paris, lebt / lives in Paris

Aeron Bergman / Alejandra Salinas BA:K4(IAF)
A.B.: *1971 in Detroit
A.S.: *1977 in Rioja
leben / live in Detroit und / and Washington State

Luo Bing WF:FQ21
*1986 in Gaolong, Hunan, lebt / lives in Peking / Beijing

Bureau of Inverse Technology WKV
Ein Zusammenschluss anonymer Künstler-Ingenieure / An organization of anonymous artist-engineers

Stefanie Carp WF
*1956, Schauspieldirektorin der Wiener Festwochen 2008–13, Co-Kuratorin von: Unruhe der Form / Director of the Theatre Program, Wiener Festwochen 2008–13, Co-curator of Unrest of Form

Banu Cennetoğlu / Yasemin Özcan WF:S/WKV
B.C.: *1970 in Ankara
Y.Ö.: *1974 in Istanbul, leben / live in Istanbul

Banu Cennetoğlu / Shiri Zinn WF:S
B.C.: *1970 in Ankara, lebt / lives in Istanbul
S.Z.: *1970 in Südafrika / South Africa, lebt / lives in London

Olga Chernysheva BA:TSM(ILS)
*1962 in Moskau / Moscow, lebt / lives in Moskau / Moscow

Hans D. Christ / Iris Dressler WKV
DirektorInnen Württembergischer Kunstverein Stuttgart, KuratorInnen von: Der Ungeduld der Freiheit Gestalt zu geben / Curators of Giving Form to the Impatience of Liberty
H.D.C.: *1963 in Dortmund, lebt / lives in Stuttgart
I.D.: *1966 in Neuss, lebt / lives in Stuttgart

Chto Delat? BA:K(ILLT)
Künstlerkollektiv / Artist collective gegründet / founded in 2003 in St. Petersburg

Keti Chukhrov BA:K(ILLT)/WF:A
*1970 in Rustavi, Georgien / Georgia, lebt / lives in Moskau / Moscow

Carlfriedrich Claus BA:K4(IAF)
*1930 in Annaberg-Buchholz, DDR / GDR - gest. / died 1998 in Chemnitz, DDR / GDR

Ştefan Constantinescu WKV
*1968 in Bukarest / Bucharest, lebt / lives in Stockholm und / and Bukarest / Bucharest

Antonio Cosentino / Group P WF:FQ21
*1970 in Istanbul, lebt / lives in Istanbul

Alice Creischer / Andreas Siekmann BA:S3,14(IPA)
A.C.: *1960 in Gerolstein, lebt / lives in Berlin
A.S.: *1961 in Hamm, lebt / lives in Berlin

Kurzbiografien / Short Biographies

Alice Creischer / Andreas Siekmann / Christian von Borries WKV
A.C.: *1960 in Gerolstein, lebt / lives in Berlin
A.S.: *1961 in Hamm, lebt / lives in Berlin
C.v.B.: *1961 in Zürich / Zurich, lebt / lives in Berlin

Tim Crouch WF:X
*1964 in Bognor Regis, West Sussex, lebt / lives in Brighton

Lars Cuzner / Fadlabi BA:K1(IIS)
L.C.: *1974 in Södertälje, F.: *1975 in Omdurman, Sudan, leben / live in Oslo

Cylixe WKV
*1985 in Hanau, lebt / lives in Berlin

Josef Dabernig BA:TSM(ILS)
*1956 in Kötschach-Mauthen, lebt / lives in Wien / Vienna

Kiri Dalena WKV
*1975 in Manila, Philippinen / Philippines, lebt / lives in Quezon City, Philippinen / Philippines

Cordula Daus WF:X/WF:FQ21
*1974 in Hanau, lebt / lives in Berlin

Ekaterina Degot / David Riff BA
KuratorInnen von: Der Montag fängt am Samstag an / Curators of Monday Begins on Saturday
E.D.: *1958 in Moskau / Moscow, lives / lebt in Köln / Cologne. D.R.: *1975 in London, lebt / lives in Moskau / Moscow und / and Berlin

Burak Delier / Group P WF:FQ21
*1977 in Adapazari, lebt / lives in Istanbul

Elmas Deniz / Group P WF:FQ21
*1981 in Bergama

Carola Dertnig WFS
*1963 in Innsbruck, lebt / lives in Wien / Vienna und / and New York

Stephan Dillemuth BA:BK(IDM)
*1954 in Büdingen, lebt / lives in Bad Wiessee und / and München / Munich

Jimmie Durham WF:S
*1940 in Washington, lebt / lives in Brüssel / Brussels

Barbara Ehnes WF:X/WKV
*1963 in Springe, lebt / lives in Berlin

Redmond Entwistle WKV
*1977 in London, lebt / lives in London

Gustav Ernst WF:S/WF:X
*1944 in Wien / Vienna, lebt / lives in Wien / Vienna

Tim Etchells WF:X/WF:FQ21
*1962 in Sheffield, lebt / lives in Sheffield und / and London

Tim Etchells / Kate McIntosh WF:FQ21
T.E.: *1962 in Sheffield, lebt / lives in Sheffield und / and London
K.M.I.: *1974 in Neuseeland / New Zealand, lebt / lives in Brüssel / Brussels

Kevin Jerome Everson WKV
*1965 in Mansfield, Ohio, lebt / lives in Charlottesville, Virginia

Antonio Fian WF:S
*1946 in Klagenfurt, lebt / lives in Wien / Vienna

Zachary Formwalt WKV
*1979 in Albany, Georgia, lebt / lives in Amsterdam

Luke Fowler WKV
*1978 in Glasgow, lebt / lives in Glasgow

Heinz Frank WF:S/WKV
*1939 in Wien / Vienna, lebt / lives in Wien / Vienna

Franzobel WF:S
*1967 in Vöcklabruck, lebt / lives in Wien / Vienna

Gerhard Friedl WKV
*1967 in Bad Ausee, gest. / died 2009 in Berlin

Inci Furni / Group P WF:FQ21
*1976 in Bursa, lebt / lives in Istanbul

Cyprien Gaillard WKV
*1980 in Paris, lebt / lives in Berlin

Dora Garcia WF:S/BA:TSM(ILS)
*1965 in Valladolid, lebt / lives in Brüssel / Brussels und / and Barcelona

Ritwik Ghatak BA:BKH(IDF)
*1925 in Dhaka, gest./died in 1976, lebte / lived in Kalkutta / Kolkata und / and Pune

Thomas Glavinic WF:S
*1972 in Graz, lebt / lives in Wien / Vienna

Gnezdo Group BA:BKH(IDF)
Gnezdo war ein Künstlerkollektiv, dem Gennady Donskoi (*1956), Michail Roshal (*1956–2007) und Victor Skersis (*1956) angehörten. Sie lebten und arbeiteten in Moskau. / Gnezdo was an artist collective whose members included Gennady Donskoi (*1956), Michail Roshal (*1956–2007), and Victor Skersis (*1956). They lived and worked in Moscow.

Pedro Gómez-Egaña BA:BK(IDM)
*1976, lebt / lives in Bergen und / and Kopenhagen / Copenhagen

Grupo Baja Mar WKV
Temporäres Künstlerprojekt unter der Leitung von Antoni Muntadas / Temporary artistic project under the direction of Antoni Muntadas. Mit / with: Ricardo Basbaum, Igor Vamos, Dale Yeo, Elisabeth Mc Lendon, Daniel G. Andújar

Inti Guerrero BA:R8(ITF)
*1983 in Bogotá, lebt / lives in Hong Kong

Tomás Gutiérrez Alea BA:K4(IAF)
*1928 in Havanna / Havana, gest. / died 1996 in Havanna / Havana

Dmitry Gutov BA:K4(IAF)
*1960 in Moskau, lebt / lives in Moskau / Moscow

Dmitry Gutov / David Riff WF:S/WKV
D.G.: *1960 in Moskau / Moscow, lebt / lives in Moskau / Moscow
D.R.: *1975 in London, lebt / lives in Moskau / Moscow

Ane Hjort Guttu BA:K4(IAF)
*1971, lebt und arbeitet / lives and works in Oslo

Wang Haian WF:FQ21
*1988 in Heguan, Shandong, lebt / lives in Peking / Beijing

Jan Peter Hammer BA:VUSF(IZ)
*1970 in Kirchheim unter Teck, lebt / lives in Berlin

Kiluanji Kia Henda WKV/BA:BKH(IDF)
*1979 in Luanda, lebt / lives in Luanda und / and Lissabon / Lisbon

Marine Hugonnier WKV
*1969 in Paris, lebt / lives in London

Wen Hui WF:FQ21
*1960 in Kunming, Yunnan, lebt / lives in Peking / Beijing

Francis Hunger BA:K(ILLT)/WKV
*1976 in Dessau, lebt / lives in Leipzig

Hannah Hurtzig / Mobile Academy WF:S
Kuratorin / Curator. Lebt / lives in Berlin. Sie gründete 2004 die Mobile Academy / She founded the Mobile Academy in 2004

IRWIN BA:K1(IIS)
Künstlerkollektiv / Artist collective, gegründet 1983 / founded in 1983 von / by: Dušan Mandič, Miran Mohar, Andrej Savski, Roman Uranjek, Borut Vogelnik, leben / live in Ljubljana

Anna Jermolaewa WF:FQ21
*1979 in St. Petersburg, lebt / lives in Wien / Vienna

Sven Johne WKV
*1976 in Bergen auf Rügen / Rügen Island, lebt / lives in Berlin

Ilya and Emilia Kabakov BA:BKH(IDF)
I.K.: *1933 in Dnepropetrovsk
E.K.: *1945 in Dnepropetrovsk, leben / live in Long Island, New York

Volko Kamensky WKV
*1972 in Würzburg, lebt / lives in Hamburg

Schorsch Kamerun WF:S
*1963 in Timmendorfer Strand, lebt / lives in Hamburg und / and München / Munich

Patrick Keiller WKV
*1950 in Blackpool, lebt / lives in London

Hassan Khan WF:S/WKV
*1975 in London, lebt / lives in Kairo / Cairo

Jakob Kolding WKV
*1971 in Albertslund, Dänemark / Denmark, lebt / lives in Berlin

Hilary Koob-Sassen WKV
*1975 in New York, lebt / lives in London

Július Koller WF:S
*1939 in Piestany, gest. / died 2009 in Bratislava

Chris Kondek WF:S
*1962 in Boston, lebt / lives in Berlin

KwieKulik WF:S
Zofia Kulik, *1947 in Breslau / Wroclaw
Przemyslaw Kwiek, *1945 in Warschau / Warsaw

David Lamelas WKV
*1946 in Buenos Aires, lebt / lives in Buenos Aires, Los Angeles und / and Paris

Yuri Leiderman / Andrey Silvestrov BA:S3,14(IPA)
Y.L.: *1963 in Odessa, lebt / lives in Berlin
A.S.: *1972 in Moskau / Moscow, lebt / lives in Moskau / Moscow

Enrique Lihn WKV
Santiago de Chile, 1929–1988

Jumana Manna / Sille Storihle BA:K1(IIS)
J.M.: *1987 in Princeton, NJ, lebt / lives in Berlin
S.S.: *1985 in Tromsø, lebt / lives in Oslo

Mapa Teatro WF:X
Künstlergruppe / Artist group. Gegründet 1984 in Paris, mit Sitz in Bogotá, Kolumbien / Founded in 1984 in Paris based in Bogotá, Colombia

Dóra Maurer WKV
*1937 in Budapest, lebt / lives in Budapest

Ivan Melnychuk / Oleksandr Burlaka - Grupa Predmetiv BA:BKH(IDF)
I.M.: *1982 in Litsk
O.B.: *1982 in Kiew / Kyiv
Mitglieder der / members of Grupa Predmetiv leben / live in Kiew / Kyiv

Zhang Mengqi WF:FQ21
*1987 in Suizhou, Hubei, lebt / lives in Peking / Beijing

Klaus Mettig / Katharina Sieverding WKV
K.M.: *1952 in Brandenburg, lebt / lives in Düsseldorf
K.S.: *1944 in Prag / Prague, lebt / lives in Düsseldorf

Karen Mirza / Brad Butler WF:FQ21
K.M.: *1970 in London
B.B.: *1970 in London
leben / live in London

Eduardo Molinari - Archivo Caminante BA:K1(IIS)
*1961 in Buenos Aires, lebt / lives in Buenos Aires

Rabih Mroué WF:X
*1967 in Beirut, lebt / lives in Beirut

Marina Naprushkina WKV/WF:X
*1981 in Minsk, lebt / lives in Berlin

Jia Nannan WF:FQ21
*1991 in Shenzhou, lebt / lives in Peking / Beijing

Mustafa Erdem Özler / Group P WF:FQ21
*1967 in Mugla, lebt in Istanbul

Iz Öztat / Group P WF:FQ21
*1981 in Istanbul, lebt / lives in Istanbul

Henrik Olesen WFS
*1967 in Esbjerg, lebt / lives in Berlin

Kurzbiografien / Short Biographies

Boris Ondreička **WF:S/WKV**
*1969 in Zlate Moravce, Slowakei / Slovakia, lebt / lives in Bratislava

Ontroerend Goed **WF:FQ21**
Belgische Theatergruppe mit Sitz in Gent / Belgian theatre company, based in Gent

Anna Oppermann **BA:K4(IAF)**
*1940 in Eutin - gest. / died 1993, lebte / lived in Hamburg, Berlin, Celle

Uriel Orlow **BA:BKH(IDF)**
*1973 in Zürich / Zurich, lebt / lives in London und / and Zürich / Zurich

Ewald Palmetshofer **WF:S**
*1978 in Linz, lebt / lives in Wien / Vienna

Pavel Pepperstein **BA:K1(IIS)**
*1966 in Moskau / Moscow, lebt nomadisch / lives a nomadic life, manchmal / occasionally in Moskau / Moscow

Judith Nika Pfeifer **WF:S/WF:X**
*1975 in Grieskirchen, lebt / lives in Wien / Vienna

Pil and Galia Kollectiv **WKV**
Israel / UK

Shu Qiao **WF:FQ21**
*1989 in Shuangjing, Hunan, lebt in Peking / Beijing

Nuno Ramos **WF:FQ21**
*1960 in São Paulo, lebt / lives in São Paulo

Milo Rau **WF:X**
*1977 in Bern, lebt / lives in Köln / Cologne und / and Avignon

Navin Rawanchaikul **WF:FQ21**
*1971 in Chiang Mai, Thailand, lebt / lives in Fukuoka, Japan und / and Chiang Mai, Thailand

Ad Reinhardt **WF:S**
*1913 in Buffalo, gest. / died 1967 in New York

Johann Christoph Rembold / Andrea Puteus / Albrecht Dürer / Jean-Francois Lyotard **WF:X**
J.C.R.:* geb. im späten 17. Jh / born in the late 17th century
A.P.:*1642 in Trient, gest. / died in 1709 in Wien / Vienna
A.D.: *1471 in Nürnberg / Nuremberg, gest. / died in 1528 in Nürnberg / Nuremberg
J.F.L.:*1924, Versailles, gest. / died in 1998 in Paris

Michael Robinson **WKV**
*1981, lebt / lives in Chicago

Kathrin Röggla **WF:S**
*1971 in Salzburg, lebt / lives in Berlin

Alexander Rodtschenko / Aleksandr Rodchenko **BA:Ø(IPPB)**
*1891 in St. Petersburg, gest. / died 1956, lebte / lived in Moskau / Moscow

Pedro G. Romero **WF:FQ21/WKV**
*1964 in Aracena, Huelva, lebt / lives in Sevilla / Seville

Roee Rosen **BA:BK(IDM)**
*1963 Rehovot, Israel, lebt / lives in B'nai Zion

Ben Russell **WKV**
*1976 in Springfield, Massachusetts, lebt / lives in Los Angeles und / and Berlin

Ada Rybachuk / Volodymyr Melnychenko **BA:K4(IAF)**
A.R.: 1931–2010, lebte / lived in Kiew / Kiev
V.M.: *1932, lebt in Kiew / Kiev

Beatriz Santiago Muñoz **WKV**
*1972 in San Juan, Puerto Rico, lebt / lives in San Juan

Hedwig Saxenhuber / Georg Schöllhammer **WF**
Co-KuratorInnen von Unruhe der Form / Co-curators of Unrest of Form, Wien / Vienna
Leben / live in Wien / Vienna

Ferdinand Schmatz **WF:S**
*1947 in Wien / Vienna, lebt / lives in Wien / Vienna

Konstanze Schmitt **BA:BKH(IDF)**
*1974 in Mannheim, lebt / lives in Berlin

Franz Schuh **WF:S**
*1947 in Wien / Vienna, lebt / lives in Wien / Vienna

Tino Sehgal **WF:S**
*1976 in London, lebt / lives in Berlin

Allan Sekula **WKV**
*1951 in Erie, PA, gest. / died 2013 in Los Angeles

Mrinal Sen **BA:S3,14(IPA)**
*1923 in Faridpur, lebt / lives in Kalkutta / Kolkata

Maxim Spivakov **BA:K1(IIS)**
*1984 in Moskau / Moscow, lebt / lives in Moskau / Moscow

Klaus Staeck **WKV**
*1938 in Pulsnitz, lebt / lives in Berlin

Wolfgang Stehle **WKV**
*1965 in München / Munich, lebt /lives in München / Munich

Imogen Stidworthy **BA:Ø(IPPB)**
*1963 in London, lebt / lives in Liverpool

Władysław Strzemiński **BA:K4(IAF)**
1893–1952, lebte / lived in Lódz

Pyotr Subbotin-Permyak **BA:K1(IIS)**
1888–1923, lebte / lived in Kudymkor und / and Perm

János Sugár **WF:FQ21/WKV**
*1958 in Budapest, lebt / lives in Budapest

Akira Takayama **WF**
*1969 in Tokio / Tokyo, lebt / lives in Tokio / Tokyo

Pelin Tan **WKV**
*1974 in Hilden, lebt / lives in Istanbul

Pelin Tan / Anton Vidokle **BA:BKH(IDF)**
P.T.: *1974 in Hilden, lebt / lives in Istanbul
A.V.: *1965 in Moskau / Moscow, lebt / lives in New York und / and Berlin

Mariusz Tarkawian **BA:BKH(IDF)**
*1983 in Luków, lebt / lives in Lublin

Vladimir Tatlin **WF:S**
*1885 in Charkov, gest. / died 1953 in Moskau / Moscow

Minze Tummescheit / Arne Hector – cinéma copains BA:BKH(IDF)
M.T.: *1967 in Lima
A.H.: *1970 in Eschwege
leben / live in Berlin

Urban Fauna Laboratory BA:K1(IIS)
(Alexey Buldakov Moskau / Moscow, Anastasia Potemkina Moskau / Moscow, Ekaterina Zavyalova New York

Dimitri Venkov BA:BK(IDM)
*1980 in Novosibirsk, lebt / lives in Moskau / Moscow

Miguel Ventura WF:FQ21
*1954 in San Antonio, Texas, lebt / lives in Mexico City

Tris Vonna-Michell WF:S
*1982 in Rochford, lebt / lives in Southend und / and Stockholm

Christian von Borries BA:E(IPH)
*1961 in Zürich, lebt / lives in Berlin

Marion von Osten WKV
*1963 in Dortmund, lebt / lives in Berlin

Clemens von Wedemeyer BA:BK(IDM)
*1974 in Göttingen, lebt / lives in Berlin

Jeronimo Voss WF:S/WKV
*1981 in Hamm, lebt / lives in Frankfurt

Tanja Widmann WF:S
*1966 in Villach, lebt / lives in Wien / Vienna

Wu Wenguang WF:FQ21
*1956 in Kunming, Yunnan, lebt / lives in Peking / Beijing

Dilek Winchester / Group P WF:FQ21
*1974 in Instanbul

Wong Men Hoi BA:Ø(IPPB)
*1982, lebt / lives in verschiedenen Städten / various cities in China

Württembergischer Kunstverein Stuttgart WKV
gegründet / founded 1927 in Stuttgart

Li Xinmin WF:FQ21
*1988 in Luodang, Yunnan, lebt / lives in Peking / Beijing

Zou Xueping WF:FQ21
*1989 in Shangdian, Shandong, lebt / lives in Peking / Beijing

Impressum / Colophon

Diese Publikation erscheint anlässlich des Projektes / This book is published in conjunction with the project **Politik der Form. Die Wiederentdeckung der Kunst als politische Imagination / Politics of Form. The Rediscovery of Art as Political Imagination**

Ein Gemeinschaftsprojekt der Wiener Festwochen, der Bergen Assembly und des Württembergischen Kunstvereins Stuttgart, bestehend aus / A collaborative project involving the Wiener Festwochen, Vienna, the Bergen Assembly, and the Württembergischer Kunstverein Stuttgart, featuring the following exhibitions:
Unruhe der Form / Unrest of Form
Monday Begins on Saturday /
Der Montag fängt am Samstag an
Der Ungeduld der Freiheit Gestalt zu geben /
Giving Form to the Impatience of Liberty

Hauptförderer / Main Sponsors
Dieses Projekt wurde mit Unterstützung der Europäischen Kommission finanziert. Die Verantwortung für den Inhalt dieser Veröffentlichung trägt allein der Verfasser; die Kommission haftet nicht für die weitere Verwendung der darin enthaltenen Angaben / This project has been funded with support from the European Commission. This publication reflects the views only of the author, and the Commission cannot be held responsible for any use which may be made of the information contained therein.

Co-funded by the
Creative Europe Programme
of the European Union

HerausgeberInnen / Editors
Hans D. Christ, Iris Dressler

Lektorat / Copyediting
Dawn Michelle d'Atri (Englisch / English), Petra Kästner-Henn (Deutsch / German), Ulrike Lowis (Deutsch / German)

Übersetzungen / Translations
(wenn nicht anders erwähnt / unless otherwise noted)
Dawn Michelle d'Atri (Deutsch–Englisch) / (German–English), Ulrike Lowis (Englisch–Deutsch / English–German), Katrin Mundt (Englisch–Deutsch / English–German)

Redaktion und Gesamtkoordination / Editorial Support and General Coordination
Christine Peters

Grafische Gestaltung + Satz / Graphic Design + Typesetting
Till Gathmann, Benedikt Reichenbach

Reproduktionen / Reproductions
Carsten Humme

Druck / Printing
Medialis, Berlin

Impressum / Colophon

Foto Credits / Photo Credits
Württembergischer Kunstverein: Hans D. Christ
Bergen Assembly: Liz Eve, Nils Klinger, Monika Zak
Wiener Festwochen: Armin Bardel, Oliver Ottenschläger

Erschienen bei / Published by
Spector Books
Harkortstraße 10
04107 Leipzig
Germany
mail@spectorbooks.com
www.spectorbooks.com

ISBN
978-3-95905-014-2

Printed in Germany

WÜRTTEMBERGISCHER KUNSTVEREIN STUTTGART

Der Ungeduld der Freiheit Gestalt zu geben / Giving Form to the Impatience of Liberty
Ausstellung / Exhibition
05. 10. 2013 – 12. 01. 2014

KuratorInnen / Curators
Hans D. Christ, Iris Dressler

Leihgeber / Lenders
Die KünstlerInnen / The artists
AGI Verona Collection
Galleria Fonti, Neapel / Naples
Galerie Cinzia Friedländer, Berlin
Galerie Nagel Draxler, Köln / Cologne
Klemm's, Berlin
Nomas Foundation, Raffaella and Stefano Sciarretta Collection, Rom / Rome
Sammlung Generali Foundation, Wien / Vienna
Städtische Galerie Villingen-Schwenningen
Universitätsbibliothek Johann Christian Senckenberg, Frankfurt am Main

Weitere Förderer / Further sponsors

STUTTGART

Baden-Württemberg

INNOVATIONSFONDS KUNST BADEN-WÜRTTEMBERG

MFG Filmförderung Baden-Württemberg

ifa Institut für Auslandsbeziehungen e. V.

Prolab

Unser besonderer Dank gilt / Special thanks are extended to
allen an diesem Projekt beteiligten KünstlerInnen, KuratorInnen und TheoretikerInnen, MitarbeiterInnen, LeihgeberInnen und Förderern / all artists, curators, and theoreticians, staff members, lenders and sponsors involved in this project
sowie / and to
Akademie Schloss Solitude, Barbara Heuss-Czisch, Júlia Perczel (Praktikum und Rechercheprojekt / Internship and research project Bauhaus), Christian Pyka, Patrycja Przybilla, Stockmayer Stiftung, Stuttgart, Alexander Stöckle

Rahmenveranstaltungen / Accompanying Events

Konferenz / Conference
Samstag, 5. 10. 2013, 13 – 21 Uhr /
Saturday, 5. 10. 2013, 1 – 9 p.m.
Mit / With: Hans D. Christ / Iris Dressler (Stuttgart), Hedwig Saxenhuber / Georg Schöllhammer (Wien / Vienna), Pil and Galia Kollectiv (London), Ekaterina Degot / David Riff (Moskau / Moscow), Pedro G. Romero (Sevilla), Alice Creischer / Andreas Siekmann (Berlin), Barbara Ehnes (Berlin), Kiri Dalena (Quezon City), Boris Ondreička (Bratislava) und anderen / among others
Sonntag, 6. 10. 2013, 12 – 15 Uhr /
Sunday, 6. 10. 2013, 12 – 3 p.m.
Mit / With: Banu Cennetoğlu / Yasemin Özcan (Istanbul), János Sugár (Budapest), Pelin Tan (Istanbul)

Vortrag / Lecture
Francis Hunger
Tradition der Erbfeind, Modernismus der falsche Freund. Über den Architekten Hannes Meyer (Tradition of the Archenemy, Modernism of the False Friend: About the Architect Hannes Meyer)
8. 11. 2013

Michail Lifschitz Seminar
8.– 9. 11. 2013
Von und mit / By and with Dmitry Gutov und / and David Riff

Filmprogramm / Film Program
Everything Happens on the Surface
6.–8. 12. 2013
Kuratorin / Curator: Katrin Mundt

Installation / Lecture Performance
Vincent Bonnet
fondcommun
13.12.2013

Workshop
Marina Naprushkina
Im Ausschluss der Öffentlichkeit (In camera)
Teil / Part 1: 11. 1. 2014 (WKV Stuttgart)
Teil 2: 17.–18. 1. 2014 (Berlin)

Vortrag / Lecture
Maurizio Lazzarato
Marcel Duchamp and The Refusal of Work
In Kooperation mit / In collaboration with Theater Rampe / Vagabundenkongress
14. 6. 2014

Vortrag / Lecture
Oleksiy Radynski, Anke Hoffmann
Artists in Times of Political Transition
6. 5. 2014

Impressum / Colophon

Publikation / Publication
Es erschien ein Begleit-Reader mit Kurztexten zu allen KünstlerInnen und Werken / An accompanying reader was published featuring short texts on all artists and artworks

**Württem
bergischer
Kunst
verein
Stuttgart**

Württembergischer Kunstverein Stuttgart
Schlossplatz 2
D-70173 Stuttgart
www.wkv-stuttgart.de

Impressum / Colophon

BERGEN ASSEMBLY

Monday Begins on Saturday / Der Montag fängt am Samstag an
Ausstellungsrundgang / Exhibition Parcours
31. 8. 2013 – 27. 10. 2013

KuratorInnen / Curators
Ekaterina Degot, David Riff

Der internationale künstlerische Beirat der Bergen Assembly 2013 / The international artistic advisory board of the Bergen Assembly 2013
Bruce W. Ferguson, Ina Blom, Ingar Dragset, Maria Hlavajova, Ranjit Hoskote, Solveig Øvstebø, Ute Meta Bauer

Partner, Orte / Collaborators, Locations
Bergen Kunsthall as the Institute of the Disappearing Future
KODE 4 as the Institute of Anti-Formalism
KODE 1 as the Institute of Imaginary States
ROM8 as the Institute of Tropical Fascism
KNIPSU as the Institute of Love and the Lack Thereof
Entrée as the Institute of Political Hallucinations
Visningsrommet USF as the Institute of Zoopolitics
Stiftelsen 3,14 as the Institute of Perpetual Accumulation
Østre as the Institute of Pines and Prison Bread
The School Museum as the Institute of Lyrical Sociology
Bergen Kjøtt as the Institute of Defensive Magic

Rahmenveranstaltungen / Accompanying Events
Symposium: 31. 8. – 1. 9. 2013
TeilnehmerInnen / Participants: Will Bradley, Keti Chukrov, Christian von Borries, Alice Creischer, Stephan Dillemuth, Cecilia Gelin, Inti Guerrero, Dmitry Gutov, Ane Hjort Guttu, Nataša Ilić, Anne Szefer Karlsen, Benedict Seymour
Vorträge von / Keynote lectures by Jan Verwoert, Renata Salecl, Oxana Timofeeva
ModeratorInnen / Moderators: Ekaterina Degot und / and David Riff

Bergen Assembly 2016

Publikation / Publication
Monday Begins on Saturday
Bergen Assembly 2013
Edited by Ekaterina Degot and David Riff
Sternberg Press
Beiträge von / Contributions by Jan Verwoert, Our Literal Speed, Boris Groys, Pavel Pepperstein, Renata Salecl, Benedict Seymour und die KuratorInnen und KünstlerInnen von / and the curators and artists of Monday Begins on Saturday, Bergen Assembly 2013

Leihgeber / Lenders
Die KünstlerInnen / The artists
Bergen City Museum
Collection Dr. Werner Jerke, Recklinghausen
Collection Piotr Nowicki, Warschau / Warsaw
Collection Jörg Seifert, Annaberg-Buchholz
DIEHL, Berlin
Galerie Andreas Huber, Wien / Vienna
Galeria Fonti, Neapel / Naples
Galeria Filomena Soares, Lissabon / Lisbon
Galerie Barbara Thumm, Berlin
Galerie Barbara Weiss, Berlin
Galerie Jocelyn Wolff, Paris
Instituto Cubano de Arte e Industria Cinematográficos, Havanna / Havana
KOW, Berlin
Alexander Lavrentiev, Moskau / Moscow
Wilfred Lentz, Rotterdam
National Film Foundation of Russian Federation (Gosfilmofond)
Regina Gallery, Moskau / Moscow
Victor Skersis, Bethlehem
The Lumière Brothers Center for Photography, Moskau / Moscow
The P.I. Subbotin-Permyak Archive and / und Museum of Komi-Permyak Regional History, Kudymkar
The Polish Modern Art Foundation, Warschau / Warsaw

WIENER FESTWOCHEN

Unruhe der Form: Entwürfe des politischen Subjekts / Unrest of Form: Imagining the Political Subject
Ausstellungs- und Performance Parcours /
Exhibition and Performance Parcours
10. 5. – 16. 6. 2013

KuratorInnen / Curators
Karl Baratta, Stefanie Carp, Matthias Pees,
Hedwig Saxenhuber, Georg Schöllhammer

Partner, Orte / Collaborators, Locations
Secession
Akademie der bildenden Künste
MuseumsQuartier

Rahmenveranstaltungen / Accompanying Events
Unruhe der Form, Tischgespräche /
Unrest of Form, Roundtables
Das Kontinuierliche 12. 05. 13, 15 Uhr / 3 p.m.
Das Unsichtbare 13. 05. 13, 10 Uhr / 10 a.m.
Gemengelagen und Affirmation 13. 05. 13, 15 Uhr / 3 p.m.

Publikation / Publication
springerin: *Unruhe der Form*, Band XIX Heft 2 /
vol. 19, no. 2
Das Heft versteht sich als begleitender Reader zum Ausstellungsparcours und wirft ausschnitthaft Schlaglichter auf die komplexen Beziehungen zwischen bildender Kunst, Performance und Theater / This booklet was conceived as a reader to accompany the exhibition parcours, and it highlights the complex relations between the visual arts, performance, and theater

Leihgeber / Lenders
Die KünstlerInnen / The artists
Galerie Buchholz, Berlin, Köln / Cologne
Galerie Cinzia Friedländer, Berlin
Galerie Andreas Huber, Wien / Vienna
Galerie Michel Rein, Paris
mumok – Museum Moderner Kunst Stiftung Ludwig Wien / Vienna
Museum of Contemporary Art Antwerp (M HKA), Antwerpen
Österreichisches Theatermuseum, Wien / Vienna
waterside contemporary, London

Wiener Festwochen